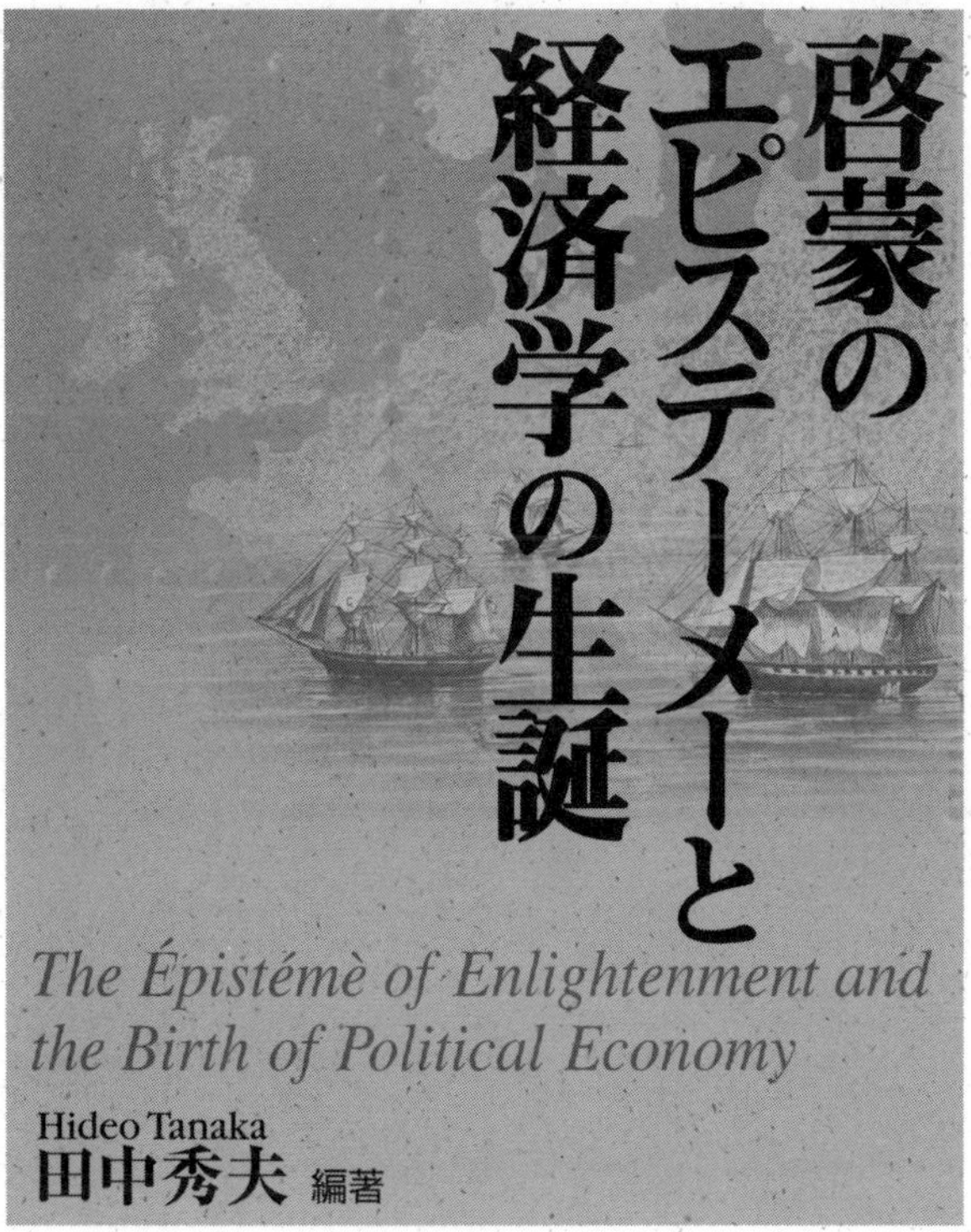

啓蒙のエピステーメーと経済学の生誕

The Épistémè of Enlightenment and the Birth of Political Economy

Hideo Tanaka
田中秀夫 編著

はしがき

二一世紀を迎えて、世界は平和と繁栄の時代に向かってほしいという人々の希望が、無残にも踏みにじられつつある。環境破壊がいよいよ深刻化し、世界中で洪水と旱魃が繰り返され、温暖化のつけが災害をもたらしているし、グローバリズムの波に乗って、過剰になった資金が、原油や穀物に投機資金として流れ込み、生活必需品の高騰を各地で招いている。これは明らかに国籍を問わない一部の富める者（金融資産保有者）による多くの地球市民、労働者、とくに貧しい民衆の搾取を意味するものにほかならない。飽食の国の廃棄食糧は厖大で、世界の飢餓を救って余りあるのだが、それが現代世界の需給のバランスらしい。

アメリカやヨーロッパに対抗するイスラム世界の自己主張、中国やインドの急速な経済発展も含めて、これはフランシス・フクヤマの『歴史の終焉』（一九九二）以後の、新しい歴史の始まりを意味するであろう。自由主義経済、市場システム、および資本主義とは何であるのか、それを人間的にするにはどうすればよいのか、そして今日の危機を招来したことに対して経済学という学問はどのような責任があるのかが、新たに今、問われようとしている。

繁栄と腐敗、富者による貧者の搾取、富者の所有権と貧民の生存権の対立という問題は、言うまでもなく古くて新しい問題である。それは啓蒙の一八世紀においても激しく論争された。

本書は、このような地球経済の現状を念頭に置いて、経済学の形成に即して、一七世紀から一九世紀にかけてのイングランドを中心とする英語圏における経済学の原点にあった問題を、改めて問おうとするものである。近代に誕生する経済学は啓蒙の産物であった。経済学は何をする学問として登場したのか。それはたんなる市場経済や商品、富、貨幣の分析の学問（サイエンス）にとどまらず、また富者による貧民の搾取の理論（テクノロジー）ではなく、あえて言えば大衆的富裕の理論であった。すなわち、経済学は、大衆が、市民として、この世でよく生きることとの関連において形成された学問であった。その誕生は論争を通じて実現した。本書は「経済学の生誕」が繰り展げた困難な知的展開を啓蒙思想の一環として位置づけて解明しようとするものである。

それは「豚のような民衆」に食わせるエリートの学問ではなかった。そうではなく、経済学は、少なくとも、啓蒙思想家の経済学は、民衆を市民にし、市民として自立させるための学問であった。経済学の生誕には政治学からの転回があった。法学からの転回もあった。商人によって商業活動を通じて形成されてきた商業の制度、国際貿易の慣行は、道徳哲学者の分析対象となり、総体としての商業社会の概念的把握を通じて批判的に分析されて、大衆的富裕の理念の実現に向けて、鋳直されたのである。

その過程は、政治社会としてのみ把握されてきた社会の概念の解体・再構築をも意味した。ヒュームやスミスの一八世紀の経済学、ポリティカル・エコノミーは、シヴィック・ヒューマニズム（市民的人文主義ないし公共的人間主義）の経済生活への適用であった。こうして市民社会の概念自体も政治社会の含意にとどまらず商業社会という新しい意味をもつようになった。これは市民社会の概念の大転換であった。市民社会はこうして二重の意味をもつことになったので、その二つを区別しようという試みが当然、生まれてくる。商業社会や文明社会という概念が、哲学者によって用いられるようになるが、すべての哲学者、啓蒙知識人が、援用する概念において、合意することはすぐには達成できなかった。

他方また、大衆的富裕を理念として掲げ、為政者の腐敗した政策、独占や特権賦与を批判した経済学者がすべてではなかった。国家理性に従属する、民衆にとって抑圧的な低賃金論も一七世紀から一八世紀にかけて存在し、むしろそれが主流であった。本書の生越論文（第三章）は、一八世紀の低賃金論を詳細に跡付けている。

しかし、低賃金政策が間違った政策であることは、啓蒙思想家によって論証された。貨幣や資本の役割だけではなく、経済循環の論理だけではなく、利己心に基づく労働が正当に評価され、また労働者に「良い暮らし」を可能にする高賃金の正当性が「生産性」の概念の発見によって根拠づけられ、資本蓄積による経済発展の論理が構築されたとき、経済学は学問として成立した。したがって、アダム・スミスの『国富論』がこの学問の中心に座るのは、当然と言わなければならない。国民的富裕の理論であったゆえに、経済学は「高貴な政治学」のなかに地位を占めることができた。「民富」Common Weal (Wealth) なしに、多くの国民が知的教養を身につけ、文明生活、ソーシャビリティ（社交性）を享受することなど考えられなかった。民衆を「野蛮」Barbarism と「無知」Ignorance から解放することが経済学の課題であった。

そのためには国民が訓練（教育と熟練）によって労働能力を高める必要があったが、この世が楽園ではないことは、一七世紀ともなると、自明であったから、勤労の義務を主張することに問題はなかった。この時代までのヨーロッパの伝統としての自然法思想は、勤労を人間の義務としていた。楽園としてのユートピアが描かれたのは、この世が楽園でないことの認識の反映であった。それでもディドロは「タヒチ」に現実の楽園を求めた。アメリカに理想社会を設けようとする運動は、ピルグリム・ファーザーズ以来、後を絶たなかった。労働の規律も必要であったが、大衆社会が労働も規律も教育もなしに繁栄することなどない以上、「規律」Discipline や教育に権力性を見たところで、規律をなくすことなどできない相談であった。

国家の平定、すなわち内乱や無政府状態を解決するためには、暴力の国家権力による独占も不可避であったが、しかしながら、国民から武器を取り上げることは容易ではなかった。文明が解体した自然状態では武器で自分を守る必要があり、それは啓蒙の時代にも、起こりうることであった。国家はいまだ解体しうるものであった。代議制民主主義が成熟するまでは、内乱、暴力革命は、腐敗した権力を倒す手段として正当性をもっていた。その意味では、商業社会、文明社会は代議制民主主義を形成してはじめて自己完結する。本書が取り上げるミルは、まさに大ブリテンの代議制民主主義が成熟を迎え、次々と登場する社会の課題を政権交代によって実現していくという、現代政治のモデルにたどり着いた時代の思想家であった。

近年の経済思想を中心とする学際的な分野で成功した試みの一つに、ケンブリッジ研究集団の Hont and Ignatieff eds., *Wealth and Virtue: The Shaping of Political Economy in the Scottish Enlightenment*, (Cambridge University Press, 1983) があり、それは邦訳もされ（水田洋・杉山忠平監訳『富と徳——スコットランド啓蒙における経済学の形成』未来社、一九九〇年）、わが国の経済思想史や社会思想史等を専攻する研究者に大きな影響を与えてきた。その成功の秘密は、とりわけ伝統として継承されていた有力なパラダイムとしての自然法思想、およびシヴィック・ヒューマニズムとの関係を鋭く問い、「伝統と革新」の関係において経済学形成のコンテクストを掘り下げたことにあった。

その後、英国では、サセックス学派の一九世紀政治経済思想史研究をはじめとして、一九世紀研究に目覚しい成果が見られるのに対して、全般的な傾向として、一七・一八世紀研究は政治思想史、大ブリテン史、帝国史・帝国思想史等に焦点が移ってしまって、John Brewer, *The Sinew of Power: War, Money, and the English State, 1688–1783*, Harvard University Press, 1990（ジョン・ブリュア、大久保桂子訳『財政・軍事国家の衝撃——戦争・カネ・イギリス国家 一六八八—一七八三』名古屋大学出版会、二〇〇三年）などの少数の業績を例外として、経済思想研究の分野においては、さほど華々しい研究の展開は見られないように思われる。David Armitage, *The Ideological Origins of the British Empire*, Cambridge University Press, 2000（アーミテージ、平田雅博・岩井淳ほか訳『帝国の誕生——ブリテン帝国のイデオロギー的起源』日本経済評論社、二〇〇五年）には経済思想の分析も見られるけれども、力点は政治思想史である。

本書は、そうした隣接分野の華々しい大ブリテン研究から刺激をうけつつ、一七世紀から一九世紀初頭にかけての大ブリテンとその周辺、すなわちイングランド、スコットランド、アイルランド、アメリカの四地域（Anglo-America Semisphere：以下、英語圏と呼ぶ）における啓蒙思想と経済思想の関係と展開を比較しつつ解明しようという試みである。より望ましいのは英語圏だけではなく、さらに広い視点から接近することだろうが、そこまでの前進は次の課題であり、今回は、大ブリテン経済圏（英語圏）における啓蒙と経済思想の展開をめぐるコンテクスト分析に限定した。

かつて経済学という新しい学問は、重商主義を批判する自然法思想から、いわば単系発生的に生まれたかのような理解が通説となっていた時代があったが、今日ではそのような単純な理解はおよそ支持されていない。経済学の興隆と発展を他の知的領域、とくに政治と法、そして歴史との関係に注目して、また国内的な文脈だけではなく国際的な文脈においても、多元的に分析する重要性が強調されるようになってきた。したがって、本書では、国際的、学際的な視野を重視し、経済思想の展開を法、政治、歴史（思想）との関連で、すなわちインターディシプリナリー（学際的）に析出することを目指した。啓蒙思想研究も、多様なプロジェクトとして、それぞれの地域の個別性に注目する方向へ飛躍的に展開されてきている。前述の『富と徳』はスコットランドに視野を限定し、しかも一七世紀はあまり重視しなかった。それに対して、本書は一八世紀とともに一七世紀を重視するだけでなく、英語圏・英米世界における啓蒙と経済学の相互関係を機軸にすえてダイナミックで多元的な経済思想の展開を析出しよう努めた。

本書は経済学が人文学（ヒューマニズム）として成立したという理解に立つ。したがって、啓蒙思想と経済学形成の相互の間に緊密な連関を見いだせるという主張を掲げる。この点では、啓蒙思想家であった自然法思想家の貢献が確かに大きい。経済学者という専門家がいて経済学を構築したのではなく、道徳哲学者・法学者・政治思想家などの啓蒙思想家が競って、新しい社会の原理を求めて辿り着いた学問が経済学であった。下層階級にまで人間としての権利を保証しなければならないという時代の要請を啓蒙の課題として受け止め、彼らが次第に形成したものが立法者の学問としての経済学であった。したがって、経済学の形成は啓蒙の改革の一環であった（フランコ・ヴェントゥーリ）。

本書は、歴史的出来事としての啓蒙のプロジェクトにおける経済学の成立を象徴的事件として理解し、その画期性に注目する。一時期、経済学の国籍が問われ、それはとりわけスコットランドの学問として成立したことが、強調されたことがあった。『富と徳』にはその残響が感じられる。しかし、経済学への関心はスコットランドにおいて際立っていたとしても、他の英語圏に存在しなかったわけではない。スコットランドの道徳哲学と経済学は他地域、諸外国に伝播し、変容を伴いつつ、それぞれの地域の伝統と結合し、次第に定着する傾向を検出することも可能であるけれども、他方またほぼ同時的に、そうした地域においても、啓蒙思想のなかからいわば自生的に経済思想が展開されつつあったし、逆にスコットランドへも影響を与えていたのである。

したがって、啓蒙と経済学の関係を問うとき、もはやスコットランド的モーメントだけでなく、他の英語世界の、さらにはフランスやオランダ等のモーメントにも注目しなければならない。そのために最新の歴史研究の成果を踏まえ、多元的で、複合的な大ブリテン圏における帝国形成を視野に置くとともに、啓蒙のプロジェクトの多元的な多様性と複合性、また啓蒙のコスモポリタニズム、共和主義、急進主義と保守主義などの歴史的展開にも着目し、こうした様々な要素との関係に照明を当てなければならない。本書は、思想の革新、伝播、変容という歴史的出来事として経済学の形成を受け止め、それを多元的、文脈的、あるいはパラダイム的、学際的に、啓蒙のプロジェクトの不可欠な、最重要なモーメントとして位置づけ、その形成史に迫ろうとした。

啓蒙思想と経済学形成の相互関連について、本書の執筆者たちは、程度は様々であるが、これまでも個別的に研究してきた。しかし、本格的に両者の関係を掘り下げることは十分に遂行できなかったし、またわが国の学界全体を見ても、いまだ不十分に思われる。わが国では専門分化の結果、法学者、政治学者、経済学者、歴史家、哲学者などが総合研究を行なうことはある種の研究所のプロジェクト以外には例外的である。経済学史家と社会思想史家が協力する研究でさえ少ない。啓蒙の多様なプロジェクトを掘り下げることは、社会思想史家の役割であり、経済学史専攻者は、狭い縦割りの学史に視野を限定すべきだという了解があるかのようである。そうした縦割りの歴史的研究は一七・一八世紀の経済学の形成に迫るのには限界がある。確かに小林昇の学史研究のような優れた成果もある。しかし、一七・一八世紀の経済学の形成は、ケンブリッジ研究集団や、内田義彦、水田洋の研究が示すように、経済学以外の伝統思想との対立と相克を展開しながら遂行されたという事実も否定できない。さらに、ヴェントゥーリ、アナール学派やケンブリッジ研究集団によって、啓蒙思想を普遍的なパラダイムとみなす通説が過度な単純化で、実体は多様な思想、文化、実践の複合体、多様なプロジェクトであったことが明らかにされてきた。

こうした成果を踏まえて、多様な啓蒙のプロジェクトとの関連で、どのようなコンテクストで、どのように多様な経済学、あるいは経済思想がヨーロッパ各地で形成されていったのかを追究することが問題にならなければならない。研究を進める間に、重要な二冊の研究が出版された。ホント『貿易の嫉妬』(Istvan Hont, *Jealousy of Trade: International Competition and the Nation-State in Historical Perspective*, Harvard University Press, 2005)、およびロバートスン『啓蒙の主張』(John Robertson, *The Case for the Enlightenment: Scotland and Naples 1680–1760*, Cambridge University Press, 2005)である。前者はヒュームをキー・パースンとして国際経済と国民国家の複雑な関係の歴史的展開を掘り下げた力作である。後者は、スコットランドとナポリという二つの国を相互比較しつつ、両国における経済学の形成をそれぞれの啓蒙の文脈と布置のなかに位置づけた意欲作である。この二冊に共同研究のメンバーが大きな刺激を受けたことは言うまでもない。ホント氏については二〇〇五年の一二月に京都大学大学院経済学研究科に招いて、二度のセミナーをもつことができた(一度は共同研究の事業として、もう一度はアダム・スミスの会の例会として行なわれた)ことは、極めて大きな刺激となった。また啓蒙については、二〇〇五年の三月にエディンバラ大学のディキンスン教授から、また一二月にはポーコック教授から講義をしていただくことができ、これまた大きな刺激となった。

本書の各章を執筆した八名はイングランドを中心とする英語圏各国、各地域の経済思想と社会思想の専門家として、この研究プロジェクトに取り組んだ。本書はいまだ不十分な点も多々あるが、今後、さらにメンバーを補強し、テーマの掘り下げもいっそう進めて、さらに充実した研究へと繋げていきたいと考えている。

本書は、元来、平成一五年度から一七年度にかけて、日本学術振興会の科学研究費補助金(基盤研究A)を得て行った共同研究が基になっている。その成果は平成一八年三月に研究報告書として取りまとめたが、その後の研究で拡充した成果が本書である。本書が何を実現したかは、読者の判断に委ねるほかにないが、学界への貢献と読者にとっての有益な知見がいくらかでもあることを願っている。

平成二〇年七月　　編者記す

目　次

第II部　経済学の鍛造――盛期啓蒙と経済認識の深化

序　章　啓蒙の遺産——解法としての経済学

田中秀夫

第一節　啓蒙とは何か

（1）啓蒙の概念の変容

啓蒙とは字義通り「明るくする、光を照らす」という意味であり、「暗黒」の克服を意味する。暗黒とは何か。それは未知の世界、神秘の世界、魑魅魍魎の住まう迷妄迷信の世界であり、人間精神の奥に潜む闇の世界でもある。それを最広義の「アンシャン・レジーム」と表現するとすれば、啓蒙とは文化的、精神的、制度的な様々なアンシャン・

レジームとの戦いであった。そのような暗黒を照らす思想と運動を啓蒙と考え、その起源をルネサンスに、その盛期を西欧の一八世紀に求めるという点では、共通の観念が成立している。言い換えれば、カントに倣って啓蒙を「理性」の力への信頼として、したがって啓蒙の時代を「理性の時代」として理解するという共通の理解が存在してきた。とはいえ「歴史的概念としての啓蒙」の理解は、今日では多様になっている。また時代的差異とともに地域的差異も無視できないと考えられており、一八世紀を中心とする啓蒙研究に関して「多様なプロジェクトの概念に基づく多様な研究」[(1)]が遂行されている状況にある。こうして、研究が進めば進むほど、多元的な啓蒙の存在と、相互間の差異が浮き彫りになってくる傾向がある。

トータル・ウォーの悲劇を経験した二〇世紀の後半の思想家は、改めて偉大な遺産としての啓蒙に目を向けたが、その意図は一様ではなく、現代の起源を啓蒙にネガティヴな意味で見いだそうとするものもあれば（アドルノ＝ホルクハイマー）[(2)]、失われた公共性をポジティヴな意味で掘り起こそうというものもあった（ハーバーマス）[(3)]。大別して、この二つの対照的な立場の研究はそれぞれ現在まで後継者をもっているとしても、啓蒙にポジティヴな遺産を見出そうという傾向が今では優勢なように思われる。それはなぜであろうか。

ヨーロッパ啓蒙の研究はファッシズムの危機の時代にカッシーラーや、アザールによって、時代精神を批判する意図をもってそれぞれ遂行されたが、戦後のフランクフルト学派によっては、まさにファシズムの元凶として啓蒙の合理主義が批判的に取り上げられた。

ナチズムの起源を啓蒙ではなく、プラトン以来の公共善の思想、共通善を国家に実体化・絶対化する「国家の神話」に見出したエルンスト・カッシーラーは、フランクフルト学派とは違って、啓蒙の普遍性に注目し、自然と社会の普遍理論を啓蒙思想の特徴として析出した。[(4)]ポール・アザール[(5)]は一七世紀の初期啓蒙から一八世紀の啓蒙盛期にかけての思想を危機意識と一体のものとして掘り下げた。カッシーラーとアザールにとって啓蒙は、とりわけフランスとドイツを中心とする人間精神の前進的な運動であり、英国、オランダなどの啓蒙はいまだ余り視野になく、したがって重視されなかった。

フランコ・ヴェントゥーリは背後に隠れていた理神論などの様々な思想に注目するとともに啓蒙概念を辺境へ拡張適用し、中央だけではなく、辺境・周縁における啓蒙の多様性に注意を促した。[6] ヴェントゥーリによって、イタリアの啓蒙思想は初めて壮大なスケールで描き出された。

一九六〇年代になると研究は厚みを増してくる。幼くしてアメリカに亡命を余儀なくされ、知識人としてアメリカで成長し活躍したピーター・ゲイは、ワイマール共和国を心の故郷として共感をこめて描いたが、啓蒙研究においても画期的な大著を残した。[7] 彼はキリスト教の縛りを超えていく人間精神の覚醒と進展に注目して、「自由の科学」と「神経の回復」という二つのサブトピックのもとに啓蒙を解釈するとともに、従来以上に視野を広くとり、ヴェントゥーリが着手した啓蒙世界の拡大をさらに進めた。ユルゲン・ハーバーマスの「市民的公共圏」の形成に焦点をおいた啓蒙研究が出たのも六〇年代である。フランクフルト学派の第二世代は啓蒙にネガティヴな側面だけを見るのではなく、よりポジティヴに啓蒙を再評価しようとした。

こうして啓蒙の公共圏・公共性・公共財が注目されるようになってくる。それはサロン、クラブ、出版文化、新聞、コーヒー・ハウス、劇場、街路、ライブラリ、階級間交流、社交、世論、文化伝播、Open Society、旅などの語彙に表現されるものである。

一九六〇年代には、すでに社会史と思想史の融合が始まっていた。経済学にとどまらず、人類学や社会学を歴史分析に導入した研究（歴史人類学、ミクロ・ヒストリー）が主流となる。公共圏を支える文化装置の研究は、以後、アナール学派の影響下で、凄まじい勢いで展開されていく。フェルナン・ブローデル率いるアナール学派の研究が代表する構造的な分析、「表層」における「事件」の多様性、多元性、変容と、変化しない共通の構造としての「深層」への着目は、イングランドの有力な思想史研究拠点においても支持され、ケンブリッジやサセックスの思想史研究でも啓蒙の多様性、多元性、融合、変容と持続性が問題になる。こうして初期啓蒙と、盛期啓蒙、後期啓蒙の区別、急進的啓蒙と保守的啓蒙の峻別等々が必要となり、こうした啓蒙の概念は今では確立した了解になっているであろう。

一九七〇年代から一九八〇年代以降、マーガレット・ジェイコブ[8]とジョナサン・イズリール[9]が提唱し先導した「急進的啓蒙」の研究は、啓蒙の背後にあって地下思想として無視できない影響力を及ぼしつつあった理神論、無神論、唯物論の系譜、要するに危険思想、哲学に光をあてた。啓蒙の革命的側面とも言うべき理神論、汎神論が本格的に研究されるようになった。またニュートン主義やボイル講義なども詳しく研究されるようになり、とくにニュートン主義が正統イデオロギーとして一八世紀イングランドの思想において占めた位置の重要性が論じられた。このように、この時期には、多様な文脈のなかで形成された多様な言説への関心が目立ってくる。とはいえ、イズリールは啓蒙を理神論などの急進的啓蒙とバークなどの保守的啓蒙に二分するという極論に陥った。ロックやスミスさえも、ディセンターや理神論者と一括して急進的啓蒙に入れてしまうのだから乱暴である。

しかしながら、啓蒙思想と啓蒙のプロジェクトをこのような多様性にすべて解消してよいわけはない。例えば、啓蒙の人間分析は人間の本性＝自然を長期的に変化しない普遍性をもつものとして分析した。人間本性の変化という観念は存在できなかった。啓蒙思想の根底を形成する人間哲学は変化しない構造であった。しかし、それは想定＝構造においてそうであるにとどまり、それぞれの啓蒙思想家の人間分析は個別的には極めて多様であった。ホッブズが利己心を重視したのに対して、シャーフツベリは仁愛を重視したが、両者ともに人間本性自体は普遍的であるとの想定を前提としていた。このように啓蒙思想には普遍的側面と個別的側面があった。

また重要なことに、啓蒙思想の多様性を貫いて、一七世紀から一八世紀にかけて、空間から歴史へ、斉一な自然から個性的な時間的変動への認識関心の移動が見られる。すなわち、概して一七世紀の初期啓蒙は社会を研究する方法において歴史的思考が弱く、空間的・普遍主義的・原子論的・自然主義的であったとすれば、一八世紀啓蒙は一方での普遍への関心に加えて、歴史的関心が強くなり、歴史と文化の個性、特殊性、および時間的変化を重視するようになって行く。一七世紀にまったく歴史意識がなかったということではない。ノルマン・コンクェストや封建法の実証的研究がスペルマンやブレディのようなトーリー史家によって行なわれ、注目すべき成果をもたらしていたことが今ではよく知られている。[10] しかしながら、封建法史学を別として、一七世紀の歴史意識は循環する時間の意識が強いのに対して、一八世紀になると進歩と発展という時間意識が強くなってくるという変化が見られる。そしてそれは歴史における普遍から特殊への関心の転換と関連していた。

そしてまさにそうした歴史における普遍と個性を媒介する仮説として生活様式の発展図式が登場する。野蛮から文明へ、未開から洗練への発展論、さらには狩猟、遊牧、農耕、商業という生活様式の四段階論が一八世紀には登場した。これは社会理論のパラダイム転換とも言うべき大きな変容であった。このような啓蒙の歴史主義への注目は、パスカル、ミーク、マクフィー、フォーブズ、スキナーなどが一九七〇年代までにスコットランド啓蒙と一部のフランス啓蒙の著しい特徴として指摘したが、その後は、ポーコックとホントによってさらに掘り下げて論じられている。[11]

このように一七世紀の初期啓蒙の理性中心主義、自然主義・普遍主義に対比した一八世紀盛期啓蒙の特徴が歴史主義に見られるとしても、啓蒙を全体として貫いているものが何かという観点から考えれば、人間の理性、人間精神への信頼であり、社会思想としては自由主義と個人主義こそ啓蒙の最大の遺産であったことを改めて確認すべきであろう。このような観点から考えると自生的秩序の思想として自由主義の成立を把握したハイエクの一八世紀研究[12]は無視できない。

（2）初期啓蒙から盛期啓蒙へ

では一七世紀の初期啓蒙はどのような特徴を持っているのであろうか。イングランドに即して考えれば、テューダー・ヒューマニズムがプロテスタンティズムと宗教戦争、内乱の激動を通して一七世紀に受け継がれ、そうした影響を受けてベイコン、ホッブズ、ペティ、ハリントン、ミルトン、ロック、シドニーなどの思想が生み出された。これだけでも多様であるが、共通の特徴としては、主知主義、理性中心主義、構築主義的傾向をまず挙げることができるであろう。

人間の実践的能力を称賛した経験主義者ベイコンの知と力の思想「知は力なり」を継承しつつ、ホッブズ、ロックは自然法思想に基づきつつ、社会の形成論、分析論として社会契約説を提起した。[13] ハリントン、ミルトン、シドニーは自然法思想を共有しながら、それぞれニュアンスのある共和主義的な国家像を提出した。ハリントンは古代の知恵と近代の知恵を峻別し、近代の知恵としての封建的土地保有に基礎を置いたゴシック・バランスの解体という時代認識に立脚して古代の知恵、ローマの共和政に範を取った共和政体の国家、「オシアナ」を描いたから、ハリントンには先駆的な歴史意識を見いだすことも可能であるが、全体としてのハリントンの思想傾向は、依然として理性中心主義、構築主義という性格が優勢である。このような主知主義的な思想に「科学革命」時代、あるいはマニュファクチュア時代の「作為の論理」の優位を見ることが可能であろう。一七世紀の初期啓蒙においてはいまだ経済に関する独立した学問としての経済学は萌芽にとどまっている。政治社会分析において経済分析が重要性を増すのは名誉革命後、「長い一八世紀」においてである。

名誉革命は「自由な国家」をもたらしたとされる。実際に、権利章典が国王によって容認され、混合政体と三権分立とともに議会中心の政治が制度化され、国民＝市民の自由、財産が保証される国制となった。[14] しかし、最近になって、名誉革命からウォルポール時代にかけてのイングランドに関して、「イングランドは自由な国か」といった問題提起がなされているのは、[15] この時期のイングランドと大ブリテンの波乱に満ちた変化、下層階級や、宗教的少数者の不遇に目を向けた時、否めない印象なのである。

歴史の裏側に取り残されてきた民衆の問題を、下層階級文化の発見とともに掘り起こしたのはトムスンであり、[16] 近年の民衆文化研究には長足の展開が見られる。[17] 他方、一八世紀にアンシャン・レジームの拡大をみるクラークの見解は[18]民衆を抑圧する体制として名誉革命以後の時代を捉えており、メダルの裏側である。両者は相互補完的なのである。その双方に目を向けているディキンスンの研究[19]は重要性を失っていない。さらに研究の進展には目覚ましいものがある。

一方で、国家の再発見が進みつつある。独立した主体としての国家の再発見がブリュアによって先導されたが[20]、そこにはマルクス主義あるいは経済決定論の決定的な没落の刻印がみられるであろう。ブリュアの逆説は、国内の平和（商業的繁栄、議会政治、地方分権、自由と所有のイデオロギー）と対外的戦争はいかにして両立したかにあった。その鍵となったのは「財政・軍事国家」（military-fiscal state）の概念である。彼が明示するまでもなく、これがディクスンの研究[21]を継承するものであることは明らかであろう。

相関的な動向に属するものとして、大ブリテン「国民の鍛造」に注目する研究が、ホブスボームからコリー[22]への変化として見られるし、また帝国の概念と啓蒙の関係に示唆を与える研究が、アーミテージ[23]、ストーン編著[24]、ケイン＝ホプキンズ[25]、ロバートスン編著[26]など目白押しであり、財政軍事国家と海洋帝国[27]、第二次一〇〇年戦争といった表題のもとに論じられている。イングランドと大ブリテンは実際に一六八九年から一八一五年（トラファルガーの海戦とウォータールーの勝利）まで半分は戦争をしていたのであって、このような国家と帝国、戦争の問題抜きに、社会思想を抽象的にのみ論じられる時代は過ぎた。

またラングフォードをはじめとする「中間流階級」middling sort の発見[28]、地方都市の文化的繁栄[29]に注目する研究も重要であるが、それはこのような枠組と無関係に存在した現象とは言えないであろう。啓蒙は、地主支配政権の下での中流階級の消費文化[30]という一側面をもっていたし、知識人層を恩顧授与によって取り込むという支配者たちのイデオロギー戦略もまた見られた。その地主政権は、金融階級と連携して、国内での相対的な平穏、安寧の追求、すなわち自由な国制の構築のプロジェクトと、海外への覇権と利権の追求という戦争と帝国建設のプロジェクトを両立させていたのであり、啓蒙思想家は多かれ少なかれこうしたプロジェクトを意識しつつ、みずからの問題を追究したものと思われる。

したがって、啓蒙思想家は、たんに中間階級の消費文化に甘んじることができたわけではない。また体制を批判する言説も擁護する言説も、政治的言説にとどまらず、経済との関係も視野に入れて展開されることになる。もちろん、同時代の曇った目（内田義彦）という問題もある。後世の歴史家と研究者には明確に把握できても、同時代人には明確に把握できない側面があるのが、歴史現象である。資料も文献も常に利用可能というわけではない。そして思想家には地域的背景、出自、習得した文化装置も影響を与えれば、階級的基盤、恩顧関係などの利害関係も影響を与える。こうして、思想は、歴史そのものに劣らず、複雑な要素から形成され、ある程度まで共通の枠組、発想、語彙をもちつつも多様とならざるをえない。もちろん著作の性格もある。教科書と政治パンフレットを同列のものと見なすことはできない。法令集や年代記のようなものもまた独自性を持っている。したがって、啓蒙の多様性を貫いて、例えば、スコットランド啓蒙の場合は、大学教授と法曹、そしてスコットランド教会の穏健派知識人の啓蒙という要素が強いということ、著作としては体系的な哲学的著作と教科書的著作が際立っているという特徴を指摘できる。体系的な著作好みというのは、スコットランド出身のストラーンやマリのような野心的出版人の推奨も関係している。マリはミラーの『階級区分の起源』（一七七一年）を手がけたが、ミラーのもともとの原稿が少ないことに不満で、増補版を出すことに熱心であった。その結果、二版、三版と増補を重ね、小著ではあるが、立派な書物になったことが知られている。[31] さらにエディンバラ、グラスゴウ、アバディーン、セント・アンドルーズの四大学はそれぞれの都市とともに、独自の特徴を持っており、それぞれの特徴を強調して、エディンバラ啓蒙、グラスゴウ啓蒙、アバディーン啓蒙という概念がすでに用いられ、相互間の差異が注目されるに至っている。セント・アンドルーズ啓蒙の概念が成立しないのは、この時代までに没落していたからである。このように、どの時代の、どの地域の、どのような知識人集団の啓蒙思想家であるか、ということによる差異もまた存在するのである。

（3） 四つの国民の啓蒙

本書は英語圏を視野に置く共同研究である。それで、以下、英語圏の啓蒙をイングランド啓蒙、スコットランド啓蒙、アイルランド啓蒙、アメリカ啓蒙に分けて、簡単にその特徴を見ておこう。この分類と概念は、ある程度まで、便宜的なものである。ここで言う国民も当時の用語法で言う「その土地の民」(Nation)のことである。

イングランド啓蒙

イングランド啓蒙は、かつてはあまり語られなかったが、今では普通に用いられる概念になっている。ただし、一七〇七年のイングランドとスコットランドの合邦以後、両国の思想の融合化傾向もみられることから、それ以後はイングランド啓蒙よりブリテン啓蒙の用語を適切と考えている研究者もいる[32]。

本書ではイングランド啓蒙を初期、前期、盛期と末期にわけて考えるという見解を採用している。初期は一七世紀から名誉革命まで、以後ジャコバイトの大反乱の起こった一七四五年までを前期啓蒙、以後、フランス革命までを盛期啓蒙、フランス革命以後を末期啓蒙という具合にである。スコットランド啓蒙についてもだいたい同じ時期区分が当てはまるであろう。ただし、イングランドのそれぞれの時代に誰が啓蒙を代表すると見なすべきかについては、議論の余地がある。初期はベイコンから、ホッブズ、ハリントン、ロックが代表である。ダヴナント、ボリングブルックやアディスン、マンデヴィルなどが前期ということになる。タッカーやジョンスン、ブラックストンは盛期の思想家であり、ギボンとバーク、ペイリー、プライス、プリーストリなどは盛期から末期に位置し、末期はメアリ・ウルストンクラーフト、ベンサムなどとなる。

本書では初期イングランド啓蒙に属すペティとロックについて比較的大きな扱いをしている。ロックは啓蒙と経済学の双方に、同時代では、最大のコミットメントをした思想家だったから、当然の扱いと言わなければならない。ペティには、ベイコン主義を超える、そしてルネサンス人文主義もまた超える意味での啓蒙思想が、どの程度見られるかについては、疑問の余地があるが、大倉論文(第一章)が強調しているように、少なくとも、ベイコン主義のペティ的形態というべき合理的・数理的理性に依拠するその経済分析学と数理的社会構築論が、啓蒙精神の萌芽であることは認められてよいであろう。近代の英語圏では修辞学が重視されていた。ホッブズも、スミスもフランクリンも、修辞学に非常に関心を持っていた。この点に絡んで、政治算術が修辞学的伝統といかなる関係をもって成立したかを考察する伊藤論文（第二章）は独創的な貢献である。

ペティにおいては低賃金の思想が未だ払拭されず、ジェントリ支配の社会のもとで勤労大衆は生存可能なぎりぎりの生活を余儀なくされるものと割り切られている。その点では可能な限り安楽な生活を万人に求めたホッブズの同時代的な先進性が認められるとはいえ、それは規範にとどまったし、また内乱と疫病を重大な理由とする「危機の一七世紀」という抜き差しならない時代状況のなかで、共和国の建設に関与したペティには、甘味な幸福主義は無縁であった。血で血を争う内乱の一六四〇年から六〇年の現実は、経験主義者ペティの思想を強く拘束した。わが国においては松川七郎の古典的ともいうべきペティ研究がある(33)が、初期啓蒙の思想家として把握する視点は皆無であった。その点に本書のペティ論の新しい意義もあるのだが、その重要性に比して研究が余りにも少ない思想家がペティであることは、今もあまり変わらない。

ベイコン主義の実践としてのペティの数量的アプローチは、政治算術や度量衡の統一論へと展開される。こうして啓蒙の一面である合理主義、自然と社会の計量、数理的統一的把握、さらには数量的な秩序化――プラトニズム――が推進された。斉一性原理による事物、空間、時間の序列化はやがて進化論を生むけれども、極端な場合は、ヒュームやスミスが批判した理性の傲慢ともなって、現実から遊離したシステム論を生み出す結果ともなる。

王政復古の時代から名誉革命とその後という時期に、思想家として活躍したロックは、多面的な側面をもった思想家であり、その著作は人間学としての哲学、政治、経済、宗教、教育に広がっている。王政復古の反動体制と戦うための少数派の戦略は「英蘭連合」による革命戦略であった。この「アングロ－ダッチ・モーメント」とも称される名誉革命のプロジェクトは、前進的な思想を社会に実現する共和主義的な画期的企てであった。名誉革命の推進者の一人でもあったロックの政治的実践は共和主義的なニュアンスを伴うものの、ハリントンやマキァヴェッリのような共和主義的言説を著作に盛り込むことはなかった。かろうじて共和主義的と言いうる抵抗権論も、契約違反に対する抵抗権の発動は正当化されるという法学的な思想として説かれた。ロックが啓蒙思想家とされる理由は十分にある。人間の理性的判断力を重視したロックの人間観は、権威への無批判的な従属を求めるという王党派的、トーリー的な秩序観、従属的臣民像と真っ向から対立する、ウィッグ的な秩序観、自立的人間観として、啓蒙思想の本質を体現しており、同意による権力機構の構築によって、社会的安寧を担保するという社会契約説を機軸とする政治理論は、自由主義的な立憲主義思想として啓蒙の政治思想の本流を形成するものであった。またキリスト教から迷信を排除し、合理的宗教には寛容を認めるというその宗教論も、当時の時代状況のなかでは、重要な意味をもっていた。それはカトリック連合と対決するというプロテスタント連合の内部での寛容であった。

しかしながら、ロックの経済思想は、啓蒙のアジェンダの解法としては、大胆さを欠くものであった。貨幣利子率を人為によって操作することの限界を指摘した貨幣論は、自然法思想を機軸に置くものとして、自由主義を志向するものであったが、通商植民省の官僚としてのロックの経済政策は、植民地貿易の自由化までは展望できず、また怠惰な貧民の強制的産業教育を当然とするものであった。生越論文（第三章）が強調するようにロックの経済政策は、自然権の享受主体としての民衆の分極化を容認するものとして、差別性を免れず、貧民を社会政策的に訓育し、産業の担い手になるべく矯正するというプログラムにおいて、啓蒙の自生的自律論に背馳する側面をもつ。しかしながら、そこには理想と現実という、思想が常に直面せざるを得ないアンチノミーの帰結という側面があることも否定できず、啓蒙が夢を描くことで自足できるなら犯さずに回避できる歴史貫通的な制約を見るべきかもしれない。

ロックがそうであるように、ブリテンの近代化に、したがってその思想としての啓蒙思想にプロテスタンティズムが関与していることは否定しえないと思われるが[34]、コリーやアーミテージもこの要素を重視している。それぞれの啓蒙思想家に自然法思想、自然権思想、経済学、理神論、共和主義、ニュートン主義などがどの程度あるかは様々である。イングランド啓蒙はスコットランド啓蒙に比べて、担い手が多様であり、思想の系譜も複雑であるという特徴がある。アディスン、スティールの『スペクテーター』とジェントルマン文化の普及、コーヒー・ハウスと言論の自由、討議する公衆の存在がイングランド啓蒙では著しい特徴である。学問としての経済学の深化と体系化がさほど進まなかったのは、オックスフォード、ケンブリッジ大学の沈滞と関係しているであろう。

スコットランド啓蒙

案外目立たないイングランド啓蒙に比して、スコットランド啓蒙は啓蒙として明確な特徴を備えている。すなわち、四つの大学とスコットランド教会、談論クラブや各種改良運動などの諸団体のような際立った拠点もあれば、偉大な担い手もキャノンとなる著作も多数生み出し、一八世紀大ブリテンの思想と学問を牽引したと言っても過言ではない。一七世紀イングランドは「天才の世紀」と言われるが、スコットランドでは一八世紀こそ天才の世紀だった。そこでは溢れんばかりの啓蒙精神の発露が見られた。したがって、フランス啓蒙、ドイツ啓蒙の確立からははるかに遅れたが、概念として一九七〇年代に確立を見たのは遅いくらいである。

スコットランド啓蒙を代表する最大の思想家がヒュームとスミスであることは今では広く知られている。彼らは同時に大ブリテンも、ヨーロッパ啓蒙も代表する思想家である。厳密にいえば、そのようなヨーロッパ啓蒙を代表する思想家こそ啓蒙思想家というに相応しい。しかし、ローカルな啓蒙思想家も認められてよい。ヨーロッパやアメリカに知られたスコットランドの知識人としては、他に、ハチスン、ファーガスン、ケイムズ卿、ミラー、ロバートスン、マクファースン、リード、ウィザスプーン、D・ステュアートなどを挙げることができる。ジャコバイトであった『経済の原理』(一七六七年)の著者サー・ジェイムズ・ステュアートも、広義では啓蒙思想家として理解すべきかもしれない。自然科学や医学でもマクローリン、ブラック、ハットン、カレンなど天才は事欠かなかった。

スコットランド啓蒙の起源は一七世紀からさらに一六世紀にまで遡るとされるようになってきたが、法学の体系化を行なった一七世紀末のマッケンジーなどの業績を踏まえて、一八世紀になると大陸自然法の積極的な摂取が行なわれ、一七四五年の「ジャコバイトの反乱」の頃までにハチスンのグラスゴウ大学での研鑽が実を結んでいた。農業などの産業の改良は合邦後、加速度的に進んだ。「若僭称王チャールズ」の反乱の鎮圧後、ハイランドの氏族社会は解体され、一部氏族民はアメリカに送られたし、またキルトやバグ・パイプなどのスコットランドの伝統文化は部分的に抑圧を余儀なくされたが、平定後、代わって上からの亜麻産業などの産業振興策が実施され、ハイランド社会も近代化されていく。こうしてスコットランドは低地地方を中心として、それまでの成果を踏まえた本格的な啓蒙の時代を迎えるに至る。

一七二〇年代生まれのスミス、ファーガスン、ロバートスンなどが思想界のリーダーになる時期、一七五〇年頃以降の数十年間が啓蒙の頂点であった。一七五五年の『エディンバラ・レヴュー』の刊行は象徴的な出来事である。彼らは、道徳哲学、法学、経済学の著作と実践を通して、依然としてスコットランドと大ブリテンに強固に存続している封建遺制、絶対主義的思想、トーリーとジャコバイトの権威主義と伝統主義、頑迷な宗教と迷信などと思想的に格闘し、自由主義的な思想を生み出したが、そこには公共的知識人としての共和主義の理念への共鳴を見いだすことができる。とはいえ、スコットランド啓蒙は一枚岩ではなかった。そこにはハチスンからヒューム、スミス、ミラーへと展開される自由主義的思想の流れと、ハチスンからリード、ケイムズを経て、ウィザスプーンに受け継がれていく若干保守的な傾向の流れ、そしてジャコバイトへのシンパシーを底流としてもつ思想の系譜など、いくつもの道筋を見分けることができる。長老派自身も正統派（民衆派）と穏健派に分かれた。

スコットランド啓蒙の研究は今ではすでに厖大な蓄積となっている。それはミーク、マクフィー、フォーブズ、シュタインなどが異なる専門から研究を先導する戦後直後の時代から、ポーコック、フィリップスン、シャー、ロバートスン、ホント、ベリー、ブローディーなどを経て、アランやキッドの世代へと継承されており、半世紀あまりの間に飛躍的な研究の展開が見られた。キッドは、啓蒙研究にはとどまらず、啓蒙の背景ともいうべきよりエスニックな地平を開拓し[35]、アランはスコットランド啓蒙の起源を従来以上に遡る研究を出し[36]、フランス啓蒙との関係を重視する動向もある。[37] 本書では渡辺論文（第五章）がスコットランド啓蒙を代表するスミスを取り上げて、啓蒙と経済思想の深い関係を究明している。篠原論文（第七章）はD・ステュアートの哲学者としての重要な側面を析出した。

啓蒙と経済学の関係を直接的に問いうるのがスコットランド啓蒙である。そのことは生活様式の発展段階論としての四段階論の成立、そしてそれをベースとしての法と政治経済、学問等、要するに市民社会・文明社会の発展史論の展開と密接な関連があった。後に述べるように、ここでは啓蒙のアジェンダ、貧困と無知蒙昧からの人びとの解放という課題の解法が、フランス啓蒙にもまして、とりわけ経済学に求められた。

アイルランド啓蒙

アイルランド啓蒙はイングランド啓蒙以上に疑問の余地のある概念である。しかし、バーマンの問題提起的な論文[38]以降、アイルランド啓蒙を模索する研究が始まっている。啓蒙思想家としてはロックの同時代に、北アイルランドのダブリンで活動したモールズワースとその仲間が存在する。彼らはアイルランドの穏健な改革と貧困からの解放を課題として意識していた。モールズワースの『デンマーク事情』（一六九四年）は彼らの綱領とも言うべきものであり、ハチスンも一時期、モールズワース・サークルの仲間であった。したがってアイルランドの初期啓蒙としてはモールズワースを中心とするウィッグ思想家、ロビンズのいうコモンウェルスマンを挙げることが一応可能である。彼らはイングランドあるいはスコットランドからアイルランドへ入植したか、あるいは統治者として赴任した支配階級とその末裔であり、長老派であって、その宗派的な理由（Presbyterianism）ゆえに、また地理的近接性から、スコットランドと結合した。ハチスン[39]がその代表である。

ハチスンが象徴するように、北アイルランドからは多くの学生が海をわたってグラスゴウ大学に留学した。ハチスン自身がグラスゴウ大学教授になって以降、ハチスン、スミス、ミラーの教え子が多数郷里のアイルランドに戻り、アイルランドの社会の改革に苦闘する。世紀末の急進派「ユナイテッド・アイリッシュメン」の指導者は、トマス・

エメットやウィリアム・スティール・ディクスンをはじめとして、彼らの弟子であった。

このような北アイルランドにおける啓蒙と経済学の関係は、ハチスンやバークを例外とすればほとんど未開拓である。アイルランドを対象とする本書の後藤論文（第四章）は、先駆的な研究である。従来、一八世紀アイルランドについては、わが国の研究は乏しく、スウィフト、バークリ、バークは例外的に研究が進んでいたが、それ以外にはモリヌークス、モールズワースについてわずかな研究があるだけであった。後藤論文は、バークリだけでなく、ビンドンその他、多くの経済論者の論考を視野に入れて、アイルランドにおける貨幣信用論争を本格的に分析した貴重な研究である。アイルランドにおける啓蒙については、後藤論文は抑制的であるが、アイルランドにおける啓蒙と経済学の形成の文脈も、本論文をきっかけとしていっそうの究明が進むことが期待される。

アイルランド本国におけるフランス啓蒙の受容についても研究が始まっている[40]。けれども、アイルランド本国はスコットランドやアメリカ植民地よりも多くの人口を擁していたし、啓蒙の可能性はあったが、産業的発展を抑圧されていたという事情もあって、カトリックの伝統的社会として、貧困に喘ぐことが多く、啓蒙がイングランドやスコットランドのように華々しく開花することはなかった。社会全体が貧困な段階では文化や思想は抑圧され、表現できない傾向がある。そもそも啓蒙の文化装置の形成は、剰余の産出と蓄積なしには覚束ない。良し悪しはともかく、富者や貴族の恩顧がなければ、そしてそれなりの民富の蓄積がなければ、ルネサンス以来の社会の繁栄、学問と技術の発展は妨げられたであろう。アカデミーという装置は、まさに王族、貴族、富者の恩顧の賜物であった。たとえ上流階級の恩顧がなくても、豊かな共和国や豊かな都市のような、民富の蓄積のあるところでは、学問と技術の発展、啓蒙の推進は見られるであろう。民富の蓄積の遅れたスコットランドでも、啓蒙もおそらくアーガイル公爵やミルトン卿をはじめとする開明派の豪族、地主貴族の恩顧なしには成立しなかったか、大幅に遅れたであろう。

アメリカ啓蒙

最後にアメリカ啓蒙であるが、アメリカ啓蒙はメイによる先駆的な研究があり、その後も多数の業績が積み重ねられている。したがって、アメリカ啓蒙の概念は今では十分に確立されていると言えよう。メイはその著書を、穏健派啓蒙、懐疑派啓蒙、革命的啓蒙、教育的啓蒙に分けて論じている。[41] メイが示したようにアメリカ啓蒙も単純ではない。そこにはいくつもの思想的傾向がある。

アメリカ啓蒙にとって、もっとも重要なトピックは言うまでもなくアメリカ独立革命である。その思想的起源が、ロック自然法思想なのか、イングランドのカントリの共和主義なのかが、とりわけアメリカの学界で、激しく争われてきた。またスコットランド啓蒙との関係[42]や、フランス啓蒙思想の影響も盛んに追及されている。本書で田中論文（第六章）は、アメリカ啓蒙と植民地独立の関係を問うだけではなく、農業共和国論と商業共和国論という二つの国家ヴィジョンの系譜を従来以上に押し出している。

啓蒙思想にとっては、宗教と野蛮の問題[43]、啓蒙と外部[44]の関係も重要である。本書では宗教を十分に扱うことはできないが、啓蒙にとって宗教が重要な主題であることは言うまでもない。

第二節　自然法思想

啓蒙思想にとって第一に中心的な伝統となったのが自然法思想であることは否定しがたいが、第二には共和主義を挙げなければならない。両者を区別するかどうか自体が長い論争の主題になっていることに両者の重要性が示されている。

初期啓蒙の時代以来、社会の学問として自然法思想は、イングランドでも重要であったが、それにもましてヨーロッパ大陸とスコットランドではきわめて大きな影響力をもっていた。科学革命を経た時代の知識人や為政者にとって、人間の本性を無視した政治運営、社会構造を人々に押付けることは、次第に、否定すべきことであると思われるようになった。人間の自然＝本性を極め、それに即したよき統治を行なうことが重要になってきたのである。大陸法と連携した法の伝統をもっていたスコットランドの法学生は、最後にはオランダのライデンやフロニンヘンで学業の仕上げを行なった。彼らが共和国オランダで自然法と法学を学んだのであるが、しかし学んだのはそれだけで、その地の共和主義の伝統に一切触れないということはありえなかったであろう。

ホーコンセンの有力な研究の主題に見られるように、ルネサンス以降、道徳哲学とは自然法思想のことであったといっても過言ではない[45]。シュナイウィンドによれば、自然法思想には主意主義と主知主義という二つの傾向が区別しうるが、それはキリスト教とストア哲学との双方の摂取と関係していた[46]。自然法は実定法学の基礎として一七世紀に圧倒的な影響力を持ったが、一八世紀の啓蒙にも少なからぬ影響を与えた。

プーフェンドルフとグロティウスによって代表される近代自然法思想にとって、古典ストア哲学との関係（キケロ『義務論』など）はきわめて重要であるが、新ストア哲学（リプシウス『恒心論』など）との関係も重要である。一六世紀から一七世紀にかけて、知識人にストア哲学が歓迎されたのは、危機の時代、乱世であったことと関わる。一七世紀の内乱の時代には魔女狩りも荒れ狂った。盛期啓蒙の時代にストア哲学が啓蒙知識人に一定程度訴えたのは、政治経済の癒着と腐敗、浮かれ騒ぎといった現世の価値への人びとの過度な惑溺への嫌悪による。

しかし、啓蒙思想は、人間への信頼、社会改良への期待を抱くものであり、恩顧なしに啓蒙思想家は存在できなかったとはいえ、本質的に自由主義[47]との不可分の関係をもつ思想であった。啓蒙思想は、人権、生存権、所有権[48]、営業の自由などの個人主義の価値を擁護し、社会に普及する実践と不可分であった。保守的啓蒙といえども、そのような根源的な価値を否定するものではない。

啓蒙思想の一角に据えられた自然権思想についてはレオ・シュトラウス、マクファースン、タック[49]などの研究をはじめとして多くの研究が存在する。ホッブズを経てロックによって自然権の一部として確立された所有権は、市民の個人的な生活のための所有であり、近代の自由主義的所有権は基本的に個人主義的なものである。しかし、いかにホッブズやロックが個人主義者であるとしても、私的所有権や自由といった個人主義的価値が認められるのは公共の利益をそこなわない限りという限定があった。そこには古典古代以来の公共を尊重する思想の継承が見られる。しかし、古典共和主義にとっては、この順序は逆である。すなわち、アレントやポーコックが指摘したように、所有は公共的存在としての前提であって、ここでは所有の意味は近代と逆転している。このような近代的所有権と近代的価値、ブルジョア的な価値への疑問は、啓蒙の時代に継承された共和主義が突きつけることになる。

第三節　共和主義

共和主義の系譜と多様性

前述のように共和主義は啓蒙にとっても重要な知的伝統であったが、それには一七世紀以来、すでに多様性があった。[50] 近年の共和主義思想史の隆盛は、ポーコックの業績に負うところが大きいが、ポーコックはそれにとどまらずシヴィック・ヒューマニズムとしての共和主義から商業共和国＝商業ヒューマニズムへ[51]（徳から作法 Manners へ）のダイナミックな展開を示唆した。シヴィック・ヒューマニズムにとって、所有は人格の基礎として重視されたが、一八世紀における商業社会の成立に向かう過程で、富・消費・豊かな生活のための所有へ[52]と所有の意義が大きく転換していく。そしてやがて市民から大衆へと人間像が転換し、古典的な共和主義が堅持した人格が解体を遂げていく（ポピュリズムの成立基盤）。学問や文明が高度に発展するにつれて、古典的な教養人も公共的人格としての市民も時代遅れになったのは、皮肉と言うべきであろうか。

しかし、現在に至るまで、ヨーロッパの共通の遺産としての共和主義は完全に失われたわけではないし、まして啓蒙の時代においては、依然として、共和主義の理念は理想的な公共性と結び付けて理解され、公共空間は政治世界・公法の領域としてのみ考えられたのではなく、公共空間としての社交世界や文芸共和国が求められた。共和主義にとっては、公論（Public Opinion, Public Rhetoric）が非常に重要であった。とは言うものの、共和主義は狭義には国制であり、政体としての優劣がしばしば論じられ、共和政は優れた政体として描かれることが多かったし、混合政体が支持される場合も、共和政体の一種として理解される傾向があった。けれども、すでに述べたような共和主義の価値の多様性[53]は一八世紀の盛期啓蒙になると著しくなった。

自然法思想がストア哲学との密接な関係をもっていたとすれば、共和主義もまたストア哲学と無視できない関係があった。ロバートスンが指摘するように[54]、むしろ両者は渾然一体となる傾向があった。また共和主義の思想的起源としてポーコックのようにアリストテレスを重視するか、それともスキナーのようにローマ共和国を重視するか[55]という対立もある。そしてまた共和主義と自由主義との関係について、ポーコックのように積極的自由を重視するのではなく、スキナーのように消極的自由との関係を重視するものもあり[56]、さらには共和主義の自由主義への影響を否定し、クラムニックや[57]アップルビーのように[58]、自由主義をブルジョア・イデオロギーとして、共和主義と無関係なものと峻別する立場もある。

重要なのは共和主義と商業との関係である。これについてはポーコックが徳と商業の関係をめぐるオーガスタン論争におけるネオ・ハリントニアン（フレッチャー、ダヴナント、トレンチャード＝ゴードン、ボリングブルックなど）による徳と商業の両立論、あるいは商業容認論、オーガスタン論争の帰結としての（モンテスキューや）ヒュームなどにおける「徳からマナーへ」の変容という概念世界の変動を主張したが、それ以後、ウットン編著や[59]バートのような[60]、ポーコック説を支持する研究が出ているけれども、ポーコック自身の研究はギボンを中心にすえた文明化の研究として「野蛮と宗教」を主題に展開されているために、この商業ヒューマニズムの究明については、後進に譲っているという印象がある。ウットンはトマス・ペインを視野から排除した共和主義研究は疑問であるとして異論を提示した。ホントはポーコックのネオ・ハリントニアンの一系譜としての「ネオ・マキャヴェリアン・ポリティカル・エコノミー」の概念を継承して、国家理性説との関連を視野に入れつつ、一八世紀経済思想の複雑な展開を追究している。[61]

最後に、共和主義と民主主義との関係という問題がある。古典的共和主義は市民に高度な徳、公共精神を要求した。したがってエリート主義的であり、貴族政治へ向かう傾向があるが、古典的共和主義は一六、一七世紀には有力であった。一八世紀にも依然として影響力を持っていた。その影響力は一九世紀に入ってもアメリカでは大きかった。啓蒙の時代には、民富が形成され、次第に、庶民、民衆を政治主体としてどう教導するか、政治参加資格の引き下げは是か非かという問題が浮かび上がってくるが、民衆を政治指導者として考えることにはほど遠く、大衆社会ではない時代状況のなかで、エリートとしての政治的指導者の資質が問題になる傾向が強かった。

共和主義が民主化・平等と結びつけば一九世紀に顕著になるように、民主政治、社会主義へと接近すると思われる。この系譜を究明しようとしているのはクレイズ[62]である。それは近代から現代にかけて重要な問題となる。

啓蒙の共和主義の諸類型

啓蒙の共和主義の明確化のために、あえて共和主義政治社会論の類型化を試みておこう。これはあくまでも理念型であり、それも仮説にとどまる。まずイングランド共和主義であるが、基本的にマキャヴェッリ型[63]の政治共和国、ハリントン型の農業共和国、そしてオランダをモデルにしたマンデヴィル的な商業共和国論が考えられる。ヒュームの場合は（ヒュームをイングランドの思想家と見なしうる限りで）大ブリテンの現状認識を踏まえて提出されているのは、そしてそれは「理想の共和国案」にモデル化されているが、ジェントリ支配の農工分業に立脚した商業共和国ということになるだろう。

イングランドではダヴナント以来、商業共和国論というより海洋帝国論が優勢のように思われるが、それ以外に、急進派の共和国が考えられる。ここでは共和主義はあえて言えば民主主義に近くなり、そのために議会改革（普通選挙、年々の議会）が必須とされ、その国家モデルは「サクスンの自由」に求められる傾向が強い。ワイヴィル（Wyvill）のヨークシャー運動がそうであるが、さらにディセンター、バー（Burgh）、プライス（Price）、プリーストリ（Priestley）などのロッキアンをはじめとして、ハーディのロンドン通信協会、人民の友などの民主的な急進派は、千年王国を待望する傾向があった。[64]

スコットランド共和主義は、ハチスンにおいてはイングランドにもましてプロテスタント的要素が強い農本主義版であるが、しかし、ヒュームとスミスはスコットランド啓蒙思想家のなかではアングロ化したタイプであり、商業共和国（農工商のバランス）を説いた。スミス、ミラーの哲学的共和主義はアイルランドからの留学生へも影響を与えており、そのなかではディクスン（William Steel Dickson）が重要である。スコットランド「人民の友」へのミラーの影響もスコットランド共和主義の急進的類型として無視できない。

アイルランド共和主義は、モールズワース段階においては、一見急進的に見えるにしても、穏健なコモンウェルスマンの共和主義であって、独立までは求めなかった。彼らアイルランドのコモンウェルスマンは麻産業の貿易規制に反対したが、イングランド支配自体は容認するという穏和な主張を行なったにとどまる。しかしながら、その伝統が世紀末までどのような運命を辿ったのかについては著しく不分明で、解明を待っている。世紀末のユナイテッド・アイリッシュメンにあっては政治的急進化が著しく、彼らは独立を求めるに至る。スコットランド啓蒙（共和主義）の影響[65]についても未だ研究が不十分で、今後の解明がまたれる。

アメリカ共和主義については、植民地という境遇からの独立の精神、民兵の武勇心、独立宣言、合衆国憲法などの憲法典の制定が重要な論点であるが、アメリカの共和主義にはフランクリンやペインの平等な商業共和国論と、クレヴクールを継承するジェファスンの農本的共和主義が基本形として存在したことに注目しなければならない。ただし、ジェファスンの農本的共和主義は奴隷制農本主義でもあった。やがてハミルトンはペイン以上に工業を重視した商業共和国論を掲げるが、南部の思想家であるテイラーやジャクスンは農本的共和国を説いた。こうして一九世紀以降、農業立国論と工業立国論が対抗し続け、アメリカは繁栄を謳歌するようになる。

けれども独立宣言時には、アメリカは未だ母国の保護を必要とする幼弱な社会であるという意見も強く存在しており、同時代人には、アメリカ植民地が独立してうまくやっていけるかどうかは判然としなかった。多くの人にはむしろ合邦の方が安全に見えた。しかし、フランクリンをはじめとして、合邦すれば首都がアメリカに移転するであろうという予測がすでに存在し、それが母国に知られていたことは、合邦の障害となった。

依然として強大な植民地帝国であり続けていた母国において、啓蒙思想家ではあったが、保守的なタッカーや、サミュエル・ジョンスン、シヴィック・ヒューマニストであったファーガスンのような政府の依頼を受けた鷹派の思想家は、アメリカにも党派対立が存在したために、独立後の内部分裂と旧母国への屈服を予言したが、しかし、フランクリンの情報を的確に理解していたスミスは逆にアメリカの可能性に注目していた。実際に、潜在的可能性の大きなアメリカは植民地時代においても独立後も農業共和国としても、商業共和国としても繁栄を遂げる可能性があったし、事実そうなっていく。そのような予測はスミスのような産業重視の経済学をもってはじめて可能になったにすぎない。

第四節　啓蒙と経済思想

本書は啓蒙のプロジェクトの解法として経済学が構築されたという命題を掲げている。この命題は正鵠を射ていると思うが、論証は難しい。というのは、啓蒙のプロジェクトは英語圏だけを考えても多様で多元的であって、実は文化領域全般に及んでいるからである。啓蒙の様々なプロジェクトは知性の目覚めと担い手の問題、富の基盤の確立抜きには考えにくい。知性の目覚めは科学革命に関連する。富の基盤の確立は、剰余の拡大であり、それは結局のところ、商業化による富裕化の戦略によるしかなく、こうして富の獲得学、社会の富裕化のメカニズムを分析する学問の開発を促したであろう。啓蒙のプロジェクトは中間階級の成長と関連し、社会の富裕化はインダストリ（勤労＝産業活動）の増加抜きには覚束ないものであったが、インダストリを刺激したのは商人の活動と市場の成長であった。富の普及は貧民の商業秩序への組織化を促すであろう。

実際に、ルネサンス以降のヨーロッパ社会の展開を考える時、一七―一八世紀の啓蒙時代の最大の特徴の一つは、明らかに中間階級の登場であり、商業社会化であった。大航海時代の開幕から、宗教改革と宗教戦争をどうにか収拾した時代、危機からの回復へと急旋回するこの時代においては、大衆の生活をどう確保し、その生存権をどう保証していくのかということが、死活問題であった。それは自ら生存に直面していた所有のない、恒産のない中下層階級だけの問題ではなかった。ルネサンスの人間中心主義にまつわる思想の影響を否応なしに受けざるを得なかった統治者の課題としても強く意識されるようになっていたのである。イングランドにおいて人権思想が有力な思想になるのは権利請願（一六二八年）以降であり、まさに危機の一七世紀においてであった。こうして「啓蒙のプロジェクト」の中心の一つに中下層階級の安全で幸福な生活はいかにして確保しうるのかという生存権問題が据えられたのである。そしてそれを外部への拡大、富の掠奪から交換によって、さらには内部の深化、生産の革新によって保証しようという着想が生まれるに至る。こうして啓蒙のプロジェクトの解法としての経済学が登場した。

（1）一七世紀初期啓蒙と経済分析

初期啓蒙時代の経済思想については、ハーシュマンの業績[66]も記憶に新しいが、近年新しい研究成果が生まれており、フォース[67]やフィンケルスタイン[68]をまずあげなければならない。我が国でも経済学史において重商主義の概念の再審を主題とする研究が出ているが、啓蒙との関係を考察するという問題意識はあまり見られない[69]。

初期啓蒙の経済思想としてはホッブズ、ハリントン、ロックが重要である。そして英米では帝国との関連でこの時期の思想を問い直すという動向が顕著であり、わが国でも遅ればせながら、歴史学からの検証が始まってきた。

焦点の一つは「バランス」の概念である。「均衡」とも「差額」とも訳されるこの概念の意味は案外広く、安定も運動も視野に置いた概念であるが、重要な点は変動の収斂すべき中心があるという了解があり、その中心をめぐって、優劣があるものの、左右の対立者が共存、並存するという含意をもつ。こうして一方ではバランスは現状維持という保守的含意を持つとともに、他方では拡張する敵対国家への抵抗という含意をもち、さらにはバランスを有利にするという自国の拡張の容認としても援用される概念となる。

一八世紀前半（オーガスタン時代）の経済思想は、新マキャヴェッリ派経済学の概念で、とりわけダヴナントを典型的事例として、分析を進めるという新しい動向が、ポーコックからホントにかけて展開されているが、未ださほど広がっているわけではない。むしろ、ディクスンを継承した財政軍事国家論が前述のようにブリュアによって展開され、支持が広がり始めている。[70] オーガスタン時代、すなわち軍事財政国家構築時代の前期啓蒙思想と経済学の形成という主題を考察する場合に、重要な思想家として分析対象とすべきは、デフォー、スウィフト、マンデヴィル、アディスン、スティールそしてマンデヴィルの論敵としてのハチスンである。ハチスンはさらにアイルランド啓蒙の思想家としても、スコットランド啓蒙の思想家としても、それぞれの文脈で分析の対象になる。スウィフトもまたアイルランドの文脈でも問題になる。こうした思想家による経済思想の展開は、第三章の生越論文において労働問題に限定しながらではあるが、扱っている。

この時期のスコットランドでは改良をめぐって、合邦派と独立維持派の対立があった。[71] 実際には合邦が実現し、スコットランドへの財政措置などの譲歩が為されたので、資本形成が進み、合邦は近代化、商業化を推進する基盤となった。その事実は、合邦に反対したフレッチャーの予測できないものであった。フレッチャーはルネサンス以後のヨーロッパ社会の進歩についての先駆的で明確な認識を持っていたが、しかし、それは事実認識にとどまり、進歩の理論的根拠を解明するまでは至らなかった。アーガイル公爵を頂点とする開明派為政者とケイムズなどジェントリの農業改良、計画村落のプロジェクトなどもこの時期の出来事である。こうした努力がやがて実を結び、ある程度の富者と民富の形成を促進し、啓蒙思想を育む土壌となった。

(2) 一八世紀盛期啓蒙と経済学の形成

ホントやロバートスンの試みを継承して、啓蒙の文脈とともに、国際的文脈におかれたヒューム政治・経済思想の再検討が必要である。ヒュームの研究はきわめて盛んであり、ニュートン主義との関連についても、ヒューム経済思想におけるフレンチ・モーメントについても、研究は進んでいる。自生的秩序――空間から時間へ――の思想、自然法思想と経済分析というトピックもヒューム、スミスにおいては重要である。盛期啓蒙期のユニークな思想家としてイングランドにタッカーが存在する。ウィッグ保守派の牧師＝経済学者タッカーは、文字通り保守的啓蒙の思想家としてその経済思想の可能性を再検討すべき人物である。

啓蒙の歴史主義と経済学の関係については、ヒューム、ステュアート、スミスがさらに掘り下げられなければならない。さらに自然法・共和主義との関連ではヒューム、スミス、ファーガスン、そしてミラーとリードが問題になる。D・ステュアートはスコットランド啓蒙の終焉を画する重要な思想家である。本書第七章の篠原論文を参照されたい。

盛期啓蒙の経済学として問題になるイングランド人はほとんどタッカーだけである。盛期というより前期に属すバークリも見逃すわけにはいかないが、イングランド人というよりもアイルランド人であり、その扱いは難しい。バークリはランケニアン・クラブを通してスコットランド啓蒙に大きな影響を与えた。盛期啓蒙の経済学者は、ヴァンダリント、ハリス、ヤングのようなパンフレット作者を別として、タッカー以外はすべてスコットランド人である。本格的な経済学をもちえたのはヒューム、ステュアート、スミスの三人であるが、D・ステュアートも経済学者と呼ばれる資格を持つ書物を残した。体系的で独立した経済学をもたなかったとしても、経済思想として無視できないものを持ち得た思想家は案外多く、ハチスン、ケイムズ、ファーガスン、ミラー、リード、ロバート・ウォレス、オーグルヴィ、ジェイムズ・アンダースンなどを数えることができる。パンフレットまで広げると、サー・ジョン・ダルリンプルなども含まれる。

(3) 周辺と外部における啓蒙と経済学

アイルランドにおける経済思想の形成はスウィフト、バークリ、ハチスン、バークなどを対象とすることになるが、彼らはアングロ・アイリッシュかスコティッシュ・アイリッシュであって、必ずしもアイルランドで活動したわけではなく、その経済思想の背景としてアイルランドが極めて重要であるということであるから、取り扱いは難しい。アメリカはアイルランドとともに「ブリテン帝国の二つの文化的地方」(two cultural provinces of the British Empire) と呼ばれるが、一八世紀にはクレヴクール、フランクリン、ペイン、ジェファスン、次の世紀にかけてはハミルトンのような、経済思想としても重要なものを残した思想家を生んでいる。

植民地アメリカとスコットランドの関係はとりわけ重要であって、チャールストンからグラスゴウへのタバコと砂糖の輸出などの経済関係は言うまでもないが、人的交流も重要である。ニューヨーク、ニュージャージー、ヴァジニアにスコットランド人の総督がいたこと、コモン・センス学派のリードの影響をうけ、プリンストン大学に招かれコモン・センス哲学を移植したウィザスプーンのように、スコットランド出身者が、教育と道徳哲学で影響力を及ぼしたこと、スコットランドで養成された医師がアメリカに渡ったし、また大量の移民[72]がある。

アメリカと北アイルランドには多くの共通性と差異がある。まず共通性として主権のない植民地あるいは半植民地として差別され、産業規制をはじめとして政治的にも経済的にも様々に抑圧されたことが根底にある。しかし、可能性も含めて両者の差異も大きく、その差異はやがて、前者の飛躍的発展と後者の停滞という対照的な差異となって拡大する。しかし、アメリカ革命にはアルスターの長老派が貢献したように[73]、アメリカとアイルランドの関係は次第に密接となり、やがて、ジャガイモ飢饉の悲劇を契機に、アイルランドから大量の移民がアメリカにわたるが、それは次の世紀のことである。

周辺と外部の啓蒙と経済学を問題にするとき、下層階級の生存問題もまた周辺を形成する側面がある。救貧法をめぐる長い論争もあったが、重要なのはトムスンが先駆的研究を残した古典派経済学とモラル・エコノミーの対立の問題である。

本書の各章では、啓蒙と経済学の関連を問うという本書の主題にとって必要な、戦略的重要性を持った思想家を選んで、個別研究を遂行している。「啓蒙のエピステーメー」にとっての「解法としての経済学」が展望した射程について、本書の各章がどこまで解明をなしえたかは本書を紐解く読み手に委ねなければならない。

参照文献

Adams, I and S. Meredyth (1993), *Cargoes of Despair and Hope: Scottish Emigration to North America 1603–1803*, John Donald.

Adorno, T. W. und Horkheimer, M. (1947), *Die Dialektik der Aufklärung*.（徳永恂訳『啓蒙の弁証法』岩波文庫、二〇〇七年）

Allan, D. (1993), *Virtue, Learning and the Scottish Enlightenment: Ideas of Scholarship in Early Modern History*, Edinburgh University Press.

Armitage, D. (2000), *The Ideological Origins of British Empire*, Cambridge University Press.（平田雅博、岩井淳ほか訳『帝国の誕生――ブリテン帝国のイデオロギー的起源』日本経済評論社、二〇〇五年）

Armitage, D. & M. J. Braddick eds. (2002), *The British Atlantic World, 1500–1800*, Palgrave Macmillan, 2002.

Appleby, J. (1992), *Liberalism and Republicanism in the Historical Imagination*, Harvard University Press.

Autram, Dorinda (1995), *Enlightenment*, Cambridge University Press.

Berman, D., (1982), "Enlightenment and Counter-Enlightenment in Irish Philosophy", in *Archiv für Geschichte der Philosophie*, 54, no. 2.

Bermingham, A. & J. Brewer eds. (1995), *The Consumption of Culture 1600–1800: Image, Object, Text*, Routledge.

Bock, Skinner, Viroli eds. (1990), *Machiavelli and Republicanism*, Cambridge University Press.

Borsay, P. (1989), *The English Urban Renaissance: Culture and Society in the Provincial Town 1660–1770*, Oxford.

Brewer, John (1989), *The Sinews of Power: War, Money and the English State 1688–1783*, London: Unwin Hyman.（大久保桂子訳『財政＝軍事国家の衝撃 —— 戦争・カネ・イギリス国家　1688–1787』名古屋大学出版会、二〇〇二年）

Brewer, J. & S. Staves eds. (1996), *Early Modern Conceptions of Property*, Routledge.

Brown, M. (2002), *Francis Hutcheson in Dublin, 1719–1730*, Four Court Press.

Buckle, S. (1991), *Natural Law and the Theory of Property: Grotius to Hume*, Oxford: Clarendon Press.

Burtt, S. (1992), *Virtue Transformed: Political Argument in England, 1688–1740*, Cambridge University Press.

Cain, P. J. & A. G. Hopkins (2002), *British Imperialism 1688–2000*, Longman 2nd ed.

Cassirer, Ernst (c. 1951), *The Philosophy of Enlightenment*, Princeton University Press.（中野好之訳『啓蒙主義の哲学』紀伊國屋書店、一九六二年）

Claeys, G., (1989), *Citizens and Saints: Politics and Anti-Politics in Early British Socialism*, Cambridge University Press.

Clerk, J. C. D. (2000), *English Society 1660–1832*, 2nd edition, Cambridge University Press.

Claydon, T. and I. McBride eds. (1998), *Protestantism and National Identity: Britain and Ireland c. 1650–c. 1850*, Cambridge University Press.

Colley, L. (1993), *Britons: Forging the Nation 1707–1837*, London and Newhaven.（川北稔監訳『イギリス国民の誕生』名古屋大学出版会、二〇〇〇年）

Court, F. E. (2001), *The Scottish Connection: The Rise of English Literary Study in Early America*, Syracuse University Press.

Daunton M. & R. Halpern eds. (1999), *Empire and Others: British Encounters with Indigenous People, 1600–1850*, University of Pennsylvania Press.

Dawson, D. & P. Morere eds. (2004), *Scotland and France in the Enlightenment*, Bucknell University Press.

Dickinson, H. T. (1977), *Liberty and Property*, Weidenfeld and Nicolson.（田中秀夫監訳、中澤信彦ほか訳『自由と所有』ナカニシヤ出版、二〇〇六年）

Dickson, P. G. M. (1967), *The Financial Revolution*, MacMillan.

Finkelstein, A. (2000), *Harmony and the Balance: An Intellectual History of Seventeenth-Century English Economic Thought*, University of Michigan Press.

Force, P. (2003), *Self-Interest before Adam Smith: A Genealogy of Economic Science*, Cambridge University Press.

Garrgett, G. and G. Sheridan eds. (1999), *Ireland and the French Enlightenment, 1700–1800*, Macmillan.

Gay, P. (1969), *The Enlightenment*, 2 vols. Alfred A. Knopf.（中川久定ほか訳『自由の科学』ミネルヴァ書房、一、二、一九八二、一九八六年〔Vol. 2の訳〕）

Gelderen, Martin van & Skinner, Q. eds. (2002), *Republicanism: A Shared European Heritage*, 2 vols, Cambridge University Press.

Haakonssen, K. ed. (1988), *Traditions of Liberalism: Essays on Locke, Adam Smith and John Locke*, The Center for Independent Studies.

Haakonssen, K. (1996), *Natural Law and Moral Philosophy: From Grotius to the Scottish Enlightenment*, Cambridge University Press.

Habermas, J. (c. 1962), *Strukturwandel der Öffentlichkeit*.（細田貞雄、山田正行訳『公共性の構造転換』未来社、一九九四年）

Hancock, D. (1995), *Citizens of the World: London Merchants and the Integration of the British Atlantic Community, 1735–1785*, Cambridge University Press.

Hayek, F. (1978), *New Studies in Philosophy, Politics, Economics and the History of Ideas*, University of Chicago Press.（田中真晴・田中秀夫訳『市場・知識・自由』ミネルヴァ書房、一九八六年）

Hazard, Paul (1964), *The European Mind 1680–1715*, (1935), trans. by J. May, Harmondsworth.（野沢協訳『ヨーロッパ精神の危機』法政大学出版局、一九七三年）

Hazard, P. (1965), *European Thought in the Eighteenth Century*, (1946), trans. by J. May, Harmondsworth.（小笠原弘親他訳『十八世紀ヨーロッパ思想――モンテスキューからレッシングへ』行人社、一九八七年）

Himmelfarb, Gertrude (2004), *The Roads to Modernity: The British, French, and American Enlightenments*, Alfred A. Knopf.

Hirschman, A. O. (1977), *The Passions and Interests*, Princeton University Press.（佐々木毅、旦祐介訳『情念の政治経済学』法政大学出版局、一九八五年）

Honohan, I. (2002), *Civic Republicanism*, Routledge.

Hont, Istvan (2005), "The language of Sociability and Commerce: Samuel Pufendorf and the Theoretical Foundations of the "Four Stages" Theory", in *The Jealousy of Trade*, Harvard University Press.

Hont, I. (2005), *The Jealousy of Trade*, Harvard University Press.

Hoppit, John (2000), *A Land of Liberty? England 1689–1727*, Oxford University Press.

Israel, Jonathan (2001), *The Radical Enlightenment, Philosophy and the Making of Modernity 1650–1750*, Oxford University Press.
Jacob, Margarett (1981), *The Radical Enlightenment*, London.
Jacob, M. (1991), *Living the Enlightenment: Freemasonry and Politics in Eighteenth-Century Europe*, New York and Oxford.
Kidd, Colin (1993), *Subverting the Scotland's Past*, Cambridge University Press.
Koehn, N. (1994), *The Power of Commerce: Economy and Governance in the First British Empire*, Cornell University Press.
Kramnick, Isaac. (1990), *Republicanism and Bourgeois Radicalism: Political Ideology in Late Eighteenth-Century England and America*, Cornell University Press.
Langford, Paul (1989), *A Polite and Commercial People, England 1729–1783*, Oxford: Clarendon Press.
May, H. F. (1976), *The Enlightenment in America*, New York: Oxford University Press.
McBride, I. R. (1998), *Scripture Politics: Ulster Presbyterians and Irish Radicalism in the Late Eighteenth Century*, Oxford: Clarendon Press.
McFarland, E. W. (1994), *Ireland and Scotland in the Age of Revolution*, Edinburgh University Press.
Mullan, J & C. Reid eds. (2000), *Eighteenth-Century Popular Culture: A Selection*, Oxford University Press.
Pettit, Phillip (1997), *Republicanism: A Theory of Freedom and Government*, Oxford.
Plumb, J. H. ed. (1982), *The Birth of Consumer Society: The Commercialization of Eighteenth Century England*, Bloomingston.
Pocock, J. G. A. (1987), *The Ancient Constitution and the Feudal Law*, Cambridge University Press., 2nd ed.
Pocock, J. G. A. (1985), *Virtue, Commerce, and History*, Cambridge University Press.（田中秀夫訳『徳・商業・歴史』みすず書房、一九九三年）
Pocock, J. G. A. (1999–2005), *Barbarism and Religion*, Cambridge University Press, 1–4 vols.
Porter, Roy (2000), *The Creation of the Modern World: The Untold Story of the British Enlightenment*, Norton.
Raven, J. (1992), *Judging New Wealth: Popular Publishing and Responses to Commerce in England 1750–1800*, Oxford: Clarendon Press.
Rawson, C. (2001), *God, Gulliver, and Genocide: Barbalism and the European Imagination, 1492–1945*, Oxford University Press.
Robertson, John (1985), *Scottish Enlightenment and the Militia Issue*, John Donald.
Robertson, J. ed. (1995), *A Union for Empire: Political Thought and the Union of 1707*, Cambridge University Press.
Schneewind, J. B. (1998), *The Invention of Autonomy*, Cambridge University Press.
Sher, R. B. & J. R. Smitten eds. (1990), *Scotland and America in the Age of the Enlightenment*, Edinburgh University Press.

Skinner, Q. (1998), *Liberty before Liberalism*, Cambridge University Press.（梅津順一訳『自由主義に先立つ自由』聖学院大学出版会、二〇〇一年）
Stone, L. ed. (1994), *An Imperial State at war: Britain from 1689–1815*, Routledge.
Thompson, E. P. (1963), *The Making of the English Working Class*, Victor Gollanz, (2nd ed. 1968),（市橋秀夫、芳賀健一訳『イングランド労働者階級の形成』青弓社、二〇〇三年）
Thompson, E. P. (1975), *Whigs and Hunters: The Origin of the Black Act*, London: Allen Lane.
Thompson, E. P. (1991), *Customs in Common: Studies in Traditional Popular Culture*, London: Merlin.
Tuck, Richard (1979), *Natural Right Theories: Their Origin and Development*, Cambridge University Press.
Tully, James (1980), *A Discourse on Property: John Locke and his Adversaries*, Cambridge University Press.
Venturi, Franco (1971), *Utopia and Reform*, Cambridge University Press.（加藤喜代志、水田洋訳『啓蒙のユートピアと改革』みすず書房、一九八一年）
Wootton, David ed. (1994), *Republicanism, Liberty, and Commercial Society 1649–1776*, Stanford University Press.
Zacks, W. (1998), *The First John Murray, and the Late Eighteenth-Century London Book Trade*, Oxford University Press.
関源太郎（一九九四）『「経済社会」形成の経済思想――一八世紀スコットランド「経済改良」思想の研究』ミネルヴァ書房。
竹本洋・大森郁夫編（二〇〇二）『重商主義再考』日本経済評論社。
松川七郎（一九六七）『ウィリアム・ペティ［増補版］』岩波書店。

注

(1) Autram, D., *Enlightenment*, Cambridge University Press, 1995.

(2) Adorno & Horkheimer, *Die Dialektik der Aufklärung*, 1947.（徳永恂訳『啓蒙の弁証法』岩波文庫、二〇〇七年）

(3) Habermas, *Strukturwandel der Öffentlichkeit*, c. 1962.（細田貞雄、山田正行訳『公共性の構造転換』未来社、一九九四年）

(4) Cassirer, E., *The Philosophy of Enlightenment*, Princeton, c 1951.（中野好之訳『啓蒙主義の哲学』紀伊國屋書店、一九六二年）

(5) Hazard, P., *The European Mind 1680–1715*, trans. J. May. (1935; Harmondsworth, 1964)（野沢協訳『ヨーロッパ精神の危機』法政大学出版局、一九七三年）; *European Thought in the Eighteenth Century*, trans. J. May. (1946; repr. Harmondsworth, 1965),（小笠原

弘親他訳『十八世紀ヨーロッパ思想――モンテスキューからレッシングへ』行人社、一九八七年）

(6) Venturi, F., *Utopia and Reform*, Cambridge University Press, 1971.（加藤喜代志、水田洋訳『啓蒙のユートピアと改革』みすず書房、一九八一年）

(7) Gay, P. *The Enlightenment*, 2 vols. Alfred A. Knopf, 1969.（中川久定ほか訳『自由の科学』ミネルヴァ書房、一、二、一九八二、一九八六年、Vol. 2の訳）

(8) Jacob, M., *The Radical Enlightenment*, London, 1981; Do., *Living the Enlightenment: Freemasonry and Politics in Eighteenth-Century Europe*, New York and Oxford, 1991.

(9) Israel, J., *The Radical Enlightenment, Philosophy and the Making of Modernity 1650–1750*, Oxford University Press, 2001.

(10) とくにPocock, J. G. A., *The Ancient Constitution and the Feudal Law*, Cambridge University Press, 2nd ed, 1987を参照。

(11) Hont, I., "The language of Sociability and Commerce: Samuel Pufendorf and the Theoretical Foundations of the 'Four Stages' Theory", in *Jealousy of Trade*, Harvard University Press, 2005. Pocock, J. G. A., *Barbarism and Religion*, Vol. 2 (Narratives of Civil Government), Vol. 4. (Barbarians, Savages and Empire), Cambridge University Press, 1999, 2005.

(12) Hayek, F., *New Studies in Philosophy, Politics, Economics and the History of Ideas*, University of Chicago Press. 1978.（田中真晴・田中秀夫訳『市場・知識・自由』ミネルヴァ書房、一九八六年はハイエクの自由主義のエッセンスを示す論考を訳出したものである。）

(13) ベイコンの経験主義については本書、大倉論文を、またアリストテレスの人文学としての修辞学的伝統の継承者という側面については本書、伊藤論文が追究している。いずれも初期経済学が多様な文脈をもつことを指摘している。

(14) Dickinson, H. T., *Liberty and Property*, Weidenfeld and Nicolson, 1977.（田中秀夫監訳、中澤信彦ほか訳『自由と所有』ナカニシヤ出版、二〇〇六年）

(15) Hoppit, J., *A Land of Liberty? England 1689–1727*, Oxford University Press, 2000.

(16) Thompson, E. P., *The Making of the English Working Class*, Victor Gollanz, 1963 (1968, 1980),（市橋秀夫、芳賀健一訳『イングランド労働者階級の形成』青弓社、二〇〇三年）; Do., *Whigs and Hunters: The Origin of the Black Act*, London: Allen Lane, 1975; Do., *Customs in Common: Studies in Traditional Popular Culture*, London: Merlin, 1991.

(17) Mullan, J & C. Reid, eds., *Eighteenth-Century Popular Culture: A Selection*, Oxford University Press, 2000; Raven, J. *Judging New Wealth: Popular Publishing and Responses to Commerce in England 1750–1800*, Oxford: Clarendon Press, 1992.

(18) Clerk, J. C. D., *English Society 1660–1832*, 2nd edition, Cambridge U. P., 2000.

(19) Dikinson, H. T., *op. cit.*, 1977.（田中監訳、中澤ほか訳、前掲書）

(20) Brewer, J., *The Sinews of Power: War, Money and the English State 1688–1783*, London: Unwin Hyman, 1989.（大久保桂子訳『財政＝軍事国家の衝撃：戦争・カネ・イギリス国家一六八八――一七八

七』名古屋大学出版会、二〇〇二年）

(21) Dickson, P. G. M, *The Financial Revolution*, MacMillan, 1967.

(22) Colley, L. *Britons: Forging the Nation 1707–1837*, London and Newhaven, 1993.（川北稔監訳『イギリス国民の誕生』名古屋大学出版会、二〇〇〇年）

(23) Armitage, D., *The Ideological Origins of British Empire*, Cambridge University Press（平田、岩井ほか訳『帝国の誕生―ブリテン帝国のイデオロギー的起源』日本経済評論社、二〇〇五年）

(24) Stone, L. ed., *An Imperial State at war: Britain from 1689–1815*, Routledge, 1994.

(25) Cain, P. J. & A. G. Hopkins, *British Imperialism 1688–2000*, Longman, 2nd ed. 2002.

(26) Robertson, J. ed., *A Union for Empire: Political Thought and the Union of 1707*, Cambridge University Press, 1995.

(27) Armitage, D & M. J. Braddick eds., *The British Atlantic World, 1500–1800*, Palgrave Macmillan, 2002. Hancock, D., *Citizens of the World: London Merchants and the Integration of the British Atlantic Community, 1735–1785*, Cambridge University Press, 1995.

(28) Langford, P., *A Polite and Commercial People, England 1729–1783*, Oxford: Clarendon Press, 1989.

(29) Borsay, P., *The English Urban Renaissance: Culture and Society in the Provincial Town 1660–1770*, Oxford, 1989.

(30) Plumb, J. H. ed., *The Birth of Consumer Society: The Commercialization of Eighteenth Century England*, Bloomingston, 1982; A. Bermingham & J. Brewer eds., *The Consumption of Culture 1600–1800: Image, Object, Text*, Routledge, 1995.

(31) Zacks, W., *The First John Murray, and the Late Eighteenth-Century London Book Trade*, Oxford University Press, 1998.

(32) Porter, R. *The Creation of the Modern World: The Untold Story of the British Enlightenment*, Norton, 2000. ポーターは初期啓蒙を一七五〇年以前に、後期啓蒙を「長い一八世紀」のそれ以後に用いる。p. xvii. Himmelfarb, G., *The Roads to Modernity: The British, French, and American Enlightenments*, Alfred A. Knopf, 2004. ヒンメルファーブはフランス啓蒙を「理性のイデオロギー」、アメリカ啓蒙を「自由の政治学」、ブリテン啓蒙を「徳の社会学」に代表させているが、彼女がブリテン啓蒙として取り上げるのは、シャーフツベリからヒューム、ギボンまでの社会的感情論、スミスの経済学、バークの啓蒙、プライス、プリーストリなどの急進的非国教徒、ウェズリのメソディズムであって、それらを要するに「仁愛の時代」として包括している。このような啓蒙理解にはイズリールの激しい批判がある。

(33) 松川七郎『ウィリアム・ペティ』岩波書店、増補版、一九六七年。

(34) Claydon, T. and I. McBride eds., *Protestantism and National Identity: Britain and Ireland c. 1650–c. 1850*, Cambridge University Press, 1998.

(35) Kidd, C., *Subverting the Scotland's Past*, Cambridge University Press, 1993.

(36) Allan, D., *Virtue, Learning and the Scottish Enlightenment: Ideas of Scholarship in Early Modern History*, 1993.

(37) Dawson, D. & P. Morere, *Scotland and France in the Enlightenment*, Bucknell University Press, 2004.

(38) Berman, D., "Enlightenment and Counter-Enlightenment in Irish Philosophy", in *Archiv für Geschichte der Philosophie*, 54, no. 2 (1982), pp. 148-65. バーマンなどの編集による『アイルランド啓蒙と反啓蒙』全六巻が二〇〇二年にテムスから刊行された。

(39) Brown, M., *Francis Hutcheson in Dublin, 1719-1730*, Four Court Press, 2002.

(40) Garrgett, G. and G. Sheridan eds., *Ireland and the French Enlightenment, 1700-1800*, Macmillan, 1999.

(41) May H. F., *The Enlightenment in America*, New York: Oxford University Press, 1976. (1. The Moderate Enlightenment 1688-1787; 2. The Skeptical Enlightenment 1750-1789; 3. The Revolutionary Enlightenment 1776-1800; 4. The Didactic Enlightenment 1800-1815)

(42) Sher, R. B. & J. R. Smitten eds., *Scotland and America in the Age of the Enlightenment*, Edinburgh University Press, 1990; Court, F. E., *The Scottish Connection: The Rise of English Literary Study in Early America*, Syracuse University Press, 2001.

(43) Pocock, J. G. A., *Barbarism and Religion*, Cambridge University Press, 1-4 vols., 1999-2005.

(44) Daunton M. & R. Halpern (eds.), *Empire and Others: British Encounters with Indigenous People, 1600-1850*, University of Pennsylvania Press, 1999; Rawson, C., *God, Gulliver, and Genocide: Barbarism and the European Imagination, 1492-1945*, Oxford University Press, 2001.

(45) Haakonssen, K., *Natural Law and Moral Philosophy: From Grotius to the Scottish Enlightenment*, Cambridge University Press, 1996.

(46) Schneewind, J. B., *The Invention of Autonomy*, Cambridge University Press, 1998.

(47) Haakonssen, K. ed., *Traditions of Liberalism: Essays on Locke, Adam Smith and John Locke*, 1988.

(48) Tully, J., *A Discourse on Property: John Locke and his Adversaries*, Cambridge University Press 1980; Buckle, S., *Natural Law and the Theory of Property: Grotius to Hume*, Oxford: Clarendon Press, 1991.

(49) Tuck, R., *Natural Right Theories: Their Origin and Development*, Cambridge University Press, 1979.

(50) Honohan, I., *Civic Republicanism*, Routledge, 2002.

(51) Pocock, J. G. A., *Virtue, Commerce, and History*, Cambridge University Press, 1985.（田中秀夫訳『徳・商業・歴史』みすず書房、一九九三年）

(52) Brewer, J. & S. Staves eds., *Early Modern Conceptions of Property*, Routledge, 1996.

(53) Gelderen & Skinner eds., *Republicanism: A Shared European Heritage*, 2 vols, Cambridge University Press, 2002.

(54) Robertson, J., *Scottish Enlightenment and the Militia Issue*, John Donald, 1985.

(55) Skinner, Q., *Liberty before Liberalism*, Cambridge University Press, 1998.（梅津順一訳『自由主義に先立つ自由』聖学院大学出版会、二〇〇一年）

(56) Pettit, P., *Republicanism: A Theory of Freedom and Government*,

Oxford University Press, 1997.

(57) Kramnick, I., *Republicanism and Bourgeois Radicalism: Political Ideology in Late Eighteenth-Century England and America*, Cornell University Press, 1990.

(58) Appleby, J., *Liberalism and Republicanism in the Historical Imagination*, Harvard University Press, 1992.

(59) Wootton, D., *Republicanism, Liberty, and Commercial Society 1649–1776*, Stanford University Press, 1994.

(60) Burtt, S., *Virtue Transformed: Political Argument in England, 1688–1740*, Cambridge University Press, 1992.

(61) Hont, I., *The Jealousy of Trade*, Harvard University Press, 2005.

(62) Claeys, G., *Citizens and Saints: Politics and Anti-Politics in Early British Socialism*, Cambridge University Press, 1989.

(63) Bock, Skinner, Viroli eds., *Machiavelli and Republicanism*, Cambridge University Press, 1990.

(64) Kramnick, I., *op. cit.*, 1990.

(65) McFarland, E. W., *Ireland and Scotland in the Age of Revolution*, Edinburgh University Press, 1994.

(66) Hirschman, A. O., *The Passions and Interests*, Princeton University Press, 1977.（佐々木毅、旦祐介訳『情念の政治経済学』法政大学出版局、一九八五年）

(67) Force, P., *Self-Interest before Adam Smith: A Genealogy of Economic Science*, Cambridge University Press, 2003.

(68) Finkelstein, A., *Harmony and the Balance: An Intellectual History of Seventeenth-Century English Economic Thought*, University of Michigan Press, 2000.

(69) 竹本洋・大森郁夫編『重商主義再考』日本経済評論社、二〇〇二年。

(70) Koehn, N., *The Power of Commerce: Economy and Governance in the First British Empire*, Cornell University Press, 1994.

(71) Robertson, J., *Scottish Enlightenment and the Militia Issue*, John Donald, 1985. 関源太郎『「経済社会」形成の経済思想——一八世紀スコットランド「経済改良」思想の研究』ミネルヴァ書房、一九九四年。

(72) Adams, I. and S. Meredyth, *Cargoes of Despair and Hope: Scottish Emigration to North America 1603–1803*, John Donald, 1993.

(73) McBride, I. R., *Scripture Politics: Ulster Presbyterians and Irish Radicalism in the Late Eighteenth Century*, Oxford: Clarendon Press, 1998, p. 114.

第I部　軍事・政治から商業へ

——初期啓蒙と社会認識の転回

第1章　初期啓蒙とペティの経済科学

大倉正雄

はじめに

科学と呼べる経済学を歴史のうえにおいて最初に生みだしたのは、恐らくイギリス一七世紀の解剖学者ウィリアム・ペティ（William Petty, 1623–87）であった。彼は科学的な方法にもとづいて斯学を開拓した最初の人物であった。そのような意味において彼を「経済学の父」と呼ぶことは妥当であると思える。彼が経済科学の開拓に着手した一七世紀中頃には、すでに幾つかの優れた経済論説が世に現われていた。マリーンズ、ミスルデン、マンなどによって書かれたそのような論説が、学史の嚆矢をなしたことは確かである。しかしそれらは実践的な政策論議を主な内容とする論説で、そこに先駆的で秀抜な理論が展開されているとしても、経済分析の方法について論議し、或る一定の方法にもとづいて探究するという姿勢はあまりみられない。ペティの論説もその多くは政策論的・時局論的な性格が強く、そこに理路整然とした体系的な理論の展開を見いだすことは難しい。しかし彼の幾つかの論説には方法や認識の問題を少なからず意識しながら、新しい科学を一つの独立した分野として開拓しようとする試みの形跡がみられる。その点において彼はイギリス一七世紀の他の著作家にはみられなかった、決定的に重要な一歩を踏みだしているといえる。

従来ペティは主に、経済学をいち早く開拓した創始者として比較的高く評価されつつ、学史のうえでスミスや古典派の先駆者として理解されうるのか否かという観点から検討されてきた。このような、二分法的アプローチにもとづく重商主義か自由主義かという解釈の仕方が、ペティの検討にかぎらず、スミスに先行する時代のすべての経済思想・理論を把握するにさいして不適切であることは、今日では広く認められているところである。ところが、そのような従来の研究方法が欠陥を孕んでいることは広く指摘されながらも、それに代わるべき確実な手立てはまだ十分には見いだされていないと思える。[1] ここではこのような学史研究の現状をも考慮に入れながら、ペティの経済思想を従来とは異なる角度から、しかももっと幅広い視野に立って検討したい。そうすることにより、従来のアプローチが孕んでいる限界を突破する糸口が摑めるかもしれない。

ペティによる経済科学の開拓という問題をこうして、この分野での科学的な分析方法の発達という観点から検討したい。彼は斯学の開拓に着手するにさいして方法や認識の問題にもっとも大きな関心を払っていたし、その後もずっとこの問題に執着していたからである。またここでは、彼による経済科学の形成過程を、当時の知的潮流に眼をむけ、彼による形成過程をこの潮流と重ね合わせ、この潮流と彼の知的営為との関わりを把握するという作業をとおして、検討したい。そのばあい、彼が斯学を開拓する過程で書き残した幾つかの論説を、後の時代の理論的枠組みをつうじて読解するという、これまで比較的多く用いられてきた手法は、退けられる。ここでは後の時代の知的枠組みよりもむしろ、ペティ自身が斯学の開拓にさいして用いた、彼自身の時代の枠組みに着目し、主にその枠組みに留意しながら、彼が展開した理論と抱懐した思想とにアプローチしたい。経済学黎明期における未熟で粗野ではあるが、新鮮で伸びやかな知的営為とその成果を、後世の整合的に体系化された枠組み（ペティ自身も幾分かそれに影響を与えた）で満遍なく描出することは困難と思えるからである。それはルネサンスやバロック時代の音楽を現代のスタイルの楽器でいくら巧みに演奏しても、作曲者の意図を十分に伝えることはできないという音楽史の問題と、幾分か事情が似ている。ことに幅広い学問領域に足を踏み入れて、未開拓の分野を切り拓いたペティのような人物による努力と成果を、何か或る一つの枠組みを設定し、それにもとづいて整合的に把握しようと試みても、さほど大きな実を結ぶことはないであろう。ここでのアプローチは、従来のそれよりもはるかに多くの困難を伴うように思えるかもしれない。ペティの経済思想を検討するまえに、その検討にさいして留意すべき知的枠組みや概念装置が何であるかを、つまり彼が斯学の開拓にさいして影響をうけた枠組みや装置はどのようなものであったのかを突き止めなければならないからである。しかし実際には、ここでのアプローチはさほど困難ではない。それは暗中模索の状態で進められるわけではない。従来の研究成果が、彼がどのような知的潮流を背景にし、どのような枠組みや装置を用いて経済科学を形成したのかということを、すでに明らかにしているからである。彼が初期啓蒙思想の潮流の真っ只中にあって、ベイコンやホッブズの知的財産を直接・間接的に継承しながら斯学を開拓したということは、すでに明らかにされているからである。

いずれにせよ、ペティの経済思想をここでは啓蒙主義の潮流と照らし合わせながら検討する。ただしここでは分析方法に焦点が当てられるので、直接に採りあげられる彼の論説は一部のものにかぎられる。ところが彼の関心はむろん方法や認識の問題に留まることなく、統治や改革のような実践的な問題にまで及んでいる。そこでここでの検討においても、科学や学問の世界から、さらに現実的な政治の世界にまで対象が広げられる。このような検討により、新しい学問の芽がペティの頭脳から芽吹きでた経緯がただ明らかにされるだけではない。さらに、二分法的アプローチでは把握されなかったような、彼の経済思想がもつ、もっと顧みられて然るべき側面が少なからず照らしだされるであろう。

第一節　啓蒙思想史のなかのペティ

イギリス王政復古期に経済科学を開拓したペティを、一八世紀に入りフランスとスコットランドを中心にして開花することになる啓蒙主義の潮流の水源あたりに位置していた人物として捉え、一世紀以上に及んだこの知的潮流の大きな流れのなかで、彼の経済思想にアプローチする。このようなアプローチは決して無謀な企てではない。これまでの研究成果は、ペティが一八世紀啓蒙主義の前史をなした彼の時代の知的潮流を背景にし、この潮流から少なからぬ影響をうけながら新しい科学の開拓に勤しんだことを示唆しているからである。ここでのアプローチが然るべき根拠をもつ、有効な手立てであることを明らかにするために、ペティと啓蒙主義とのあいだに見いだせる幾つかの接点を指摘しておきたい。

第一。E・カッシーラーは哲学的認識の進展という観点から、啓蒙主義の多方面にわたる複雑で、大きな流れを系統的に把握した。そこで彼は、啓蒙主義が従来とは異なる新しくて独自な思考形式を生みだし、哲学的思索が活動的で創造的な力を獲得することを可能にしたという点に、この思潮の画期的な意義を見いだした。彼はこのような問題関心を抱きながら、一七世紀の思考形式のうちではガリレオの分解的・構成的方法にとくに注目した。それはデカルトやライプニッツが編みだした形而上学的体系とは異なり、哲学の課題を哲学的体系の構築にではなく、自然現象の精密な認識に定めた、科学的な概念構成の方法であったからである。ひいては、フランス一八世紀の啓蒙思想家が思索活動の拠点として継承した、ニュートンの解析の方法の先鞭をつけるものであったからである。つまりガリレオの方法は、一八世紀の思想家が精神的活動の新しい地平を開くための貴重な足掛かりとして継承した、哲学的思考の手続きだったからである。カッシーラーはまた、一七世紀の社会哲学の分野の業績としてはホッブズの国家社会論にとくに注目した。それはガリレオの方法にもとづいて国家・社会を分析し総合するという、一八世紀の啓蒙主義的政治理論を先取りする要因を孕んでいたからである。カッシーラーが描いたこのような啓蒙思想史にペティの名はみられない。けれども啓蒙主義を彼のように解釈するとき、ペティはこの思潮の只中にいたといえる。彼が二四歳の頃に書いた最初の経済論説「交易とその拡大とについての解明」──以下、「交易の解明」と略称──には、ガリレオ（とユークリッド）の方法から影響をうけたホッブズの「分析的・総合的方法」(analytical-synthetical method) にもとづいて経済社会の分析と総合とを試みているのが窺えるからである。

第二。ヴォルテールやダランベールのようなフランス啓蒙主義を代表する人物は、デカルトとともにイギリス一七世紀の思想家を科学的探究の先達として高く評価した。彼らによれば、ベイコン、ニュートン、ロックはスコラ学という「専制的で放恣なひとつの権力」[2]に反抗しながら、科学的探究の精神が向かうべき方向を指し示した偉人であった。このような「霊感をうけた天才」[3]たちが遺した業績は、知性を伝統や権威の束縛から全面的に開放して、新たな一歩を踏みだそうとする彼らにとって、掛け替えのない精神的支柱であった。このようにイギリスの哲学者や科学者は一八世紀フランスで高く評価されたけれども、そのなかでもひときわ大きな敬意が払われたのはベイコンの業績に対してであった。彼らにとって、ベイコンは「もっとも深い夜の只中に生まれて」[4]理性の光をいち早く灯した勇者であった。ヴォルテールは『哲学書簡』でベイコンを「実験哲学の父」[5]と呼びながら、「大法官ベイコン以前には誰も実験科学を知るものがなかった。そして彼以後試みられたあらゆる実践的応用で、彼の書物に示されていないものはほとんど一つもない」[6]とやや誇張しながら述べている。また、ダランベールが書いた『百科全書』序論には、「私たちの師匠と認めて感謝しているこの人物」[7]という、ベイコンに対する賛辞がみられる。こうして思想史のうえにおいて、ペティとフランス啓蒙主義とはまったく触れ合う部分がなかったように思えるかもしれないが、双方は実際にはベイコンを介して意外にも深く重なり合っていたといえる。ペティにとってもベイコンは尊い師であり、彼が「政治算術」(political arithmetick)を考案して経済科学の発達に寄与したさいに多大な示唆をうけたのは、ベイコンの実験哲学(experimental philosophy)であったからである。

第三。ペティと啓蒙主義とのあいだには、もっと直接的な繋がりを見いだすこともできる。P・ゲイは啓蒙主義の時代における社会学や経済学の特徴を、「数量の征服」[8]が科学の目標であると考えられていたという点に見いだした。たとえばコンドルセが編みだした「社会数学」(mathematique sociale)は、そのような当時の思潮を顕著に反映したものであった。「この社会の技法は……実験・推理・計算にもとづく真の科学である」[9]。コンドルセは、的確な数量的情報を踏まえて初めて社会改革が可能であるという信念を抱きながらこのように述べた、とゲイは指摘する。ところがそのゲイによれば、数量データの比較調査にもとづいて法則を発見しようとする試みは、一八世紀フランスにおいて初めてみられたのではなかった。そのような試みは、一六七〇年代に「輝かしくて多彩な統計学者サー・ウィリアム・ペティ」[10]が行なった探究にまで、その起源を遡ることができるという。つまりゲイが示唆するところによれば、ペティの「政治算術」は、啓蒙主義の時代における社会の諸科学の淵源をなしているのである。

第四。厳密な意味での哲学や科学の問題を離れても、接点を見いだすことができる。P・アザールは一七世紀末から一八世紀中頃までの(啓蒙)思想家の精神の特徴を、「ひたすらに静止を愛した」[11]古典主義の文人の精神と比較しながら、それとは対照的な「水銀のようにじっとしておれない」[12]新しもの好きという性癖に見いだした。「人間の不幸はみな、部屋にじっとしておれないことからくる」[13]と考えたパスカルとは対照的に、ヴォルテールもモンテスキューもルソーも「あっちへ行ったりこっちへ行ったりする」[14]ことを好んだ。ロックやライプニッツも「炉部屋で静かに瞑想するためにではなくて、世界中の珍しい物を見るために」[15]旅行した。「異なるものをおのずから単一の原理に還元するのではなく、特殊なもの、還元しがたいもの、個的なものの存在」[16]を確認しないではおれないという姿勢。「何もかもが相対的だという考え」[17]。「精神を静から動へ移す」[18]という性癖。このような啓蒙思想家の精神的特徴は、動くことを好んだ彼らの性格と相応しつつ、世界の広い空間を縦横無尽に歩きまわる過程で培われたというのである。ペティが活躍したのはもう少し早い時期であったけれども、アザールの関心をひいた精神的特徴を十分に備えた人物であったといえる。伝記によれば、彼は生来知的好奇心が旺盛で、少年時代に南イングランドの郷里ラムジーを飛びだして以来、西ヨーロッパの域内ではあったけれども、精神的渇望を癒すべく各地を目まぐるしく遍歴した。

第五。比較的最近の啓蒙主義研究は、ペティをこの思想史の流れのなかで検討することの意義をいっそう強める傾向にあるといえる。R・ポーターは、(スコットランド一八世紀だけではなく)イングランド一七・一八世紀の思想家が啓蒙主義の興隆にさいして果たした積極的役割を強調しながら、当の思潮に言及するばあいに「イギリス啓蒙主義」(British Enlightenment, English Enlightenment)という表現を用いて然るべきであると主張した。彼によれば、従来の研究はカッシーラーの権威ある業績に影響されて、イングランド一七世紀の思想家が果たした役割を軽視する傾向にあった。しかし啓蒙主義の潮流は、カッシーラーにおけるように「純粋な認識論のうえでの大躍進」[19]としてのみ、あるいはゲイにみられるように「無神論・共和主義・唯物論という近代の三位一体」[20]というレンズを通してのみ回顧されるべきではない。啓蒙主義は精神・文化・社会の諸領域を包み込むもっと幅広い内容の運動であったと理解されるべきである。それは、「新しい精神的・道徳的価値観、嗜好の新しい規準、新しいスタイルの社交性、新しい人間本性観」[21]、こういうものを生みだした知的運動として把握されるべきである。このようにポーターは従来の研究を批判しながら、ベイコン哲学が唱えた実用主義を一つの大きな特徴とするイングランドの啓蒙主義に焦点を当てた。イングランドに光りを当てたのはポーターだけではない。M・ジェイコブは、絶対主義と国教会と寡頭制支配とに異を立てた一八世紀ヨーロッパにおける政治的イデオロギーの潮流を「急進派啓蒙主義」(Radical Enlightenment)と呼んで、その思想の系譜関係を詳細に分析した[22]。それによれば、この思潮は一六八九年以降の十年間にイングランドで、ネオ・ハリントン主義を標榜してコモンウェルスマンと呼ばれた人々によって展開された。ところがそれは内乱期以来の思想的伝統を受けつないで形成された潮流で、その水源は一七世紀中頃にまで遡る。この急進的な潮流は主に二つの知的遺産を受け継ぎながらその輪郭を整えた。一つは、ホッブズとハリントンの著作から受け継いだ汎神論・唯物論と共和主義の伝統である。もう一つは、寛容なキリスト教と新科学との融合をはかりながら、王政と国教会との擁護を表明した穏健派啓蒙主義の伝統である。この穏健派の伝統はR・ボイルやJ・ウィルキンズなどの自然科学者によって築かれ、一六八九年以降においてニュートン的啓蒙主義に結晶した。これら二つの伝統はピューリタン革命に触発されて生まれ、思想的には互いに対立する関係にあったけれども、一八世紀に大陸諸国で知的成熟を遂げることになる急進派啓蒙主義に、手を携えて影響を与えた。このようなジェイコブの急進派啓蒙主義のテーゼは、ポーターの見解にもまして、ペティを啓蒙の流れのなかで検討することの意義を際立たせているといえる。ボイルやウィルキンズのような穏健派啓蒙主義の自然哲学者は、ペティが若い頃からともにベイコン主義者として親しく交流し、一六六二年には協力しながら王立協会を創設した仲間であったからである。

ペティが活躍した王政復古期を、一八世紀に入りフランスとスコットランドで大樹として育つことになる知的運動の根元を整えた、初期啓蒙の時代であったと捉える。彼が経済学の形成にむけて歩んだ道筋を、このイングランド一七世紀の思想史的背景に照らしながら、斯学の既存の枠を超えた幅広い視野のなかで辿ってみる。このような検討が興味深いことは否定できないと思う。もっとも誤解を避けるために前もって述べておけば、ここではペティを啓蒙主義の流れのなかで検討するけれども、彼が啓蒙思想家であったという解釈を下そうと意図しているわけではない。ここでは彼は厳密な意味でそのような思想家ではなかったけれども、啓蒙の思潮が全面的に開花する時期に先立つて、それが成熟するに至る路を幾分か整備した人物であった、という結論が導きだされるであろう。以下には、ペティが経済科学を開拓するうえで大きな影響をうけた、ホッブズ、S・ハートリブ、ボイル、S・ピープスなどの人物との出会いを横糸に、それらの人物との知的交流をつうじて深めた思索の足取りを縦糸にし、双方の織糸を重ね合わせていくという手順で論述を進めたい。

第二節　経済社会の幾何学的分析

「一七・一八世紀に社会科学が辿った方向を理解しようとするならば……この時代の社会科学をこの同時代の論理学の発展と結びつけて考えなければならない」[23]。カッシーラーのこの言葉は、ペティにおける経済科学の形成過程を理解しようとするばあいにもそっくり当てはまる。ペティが経済科学の開拓に着手したのは、ベイコン主義者ハートリブのサークルに加わった一六四七年頃であった。その頃、最初の経済論説「交易の解明」を書いた。彼はこの草稿を書いていた頃、ハートリブやその仲間たちと交わって、ベイコンの実験哲学から大きな影響をうけていた。一六四七年に最初の著書『W・Pによる（学問の進歩のための）サミュエル・ハートリブへの助言』を刊行したが、そこにはベイコンが『ニユー・アトランティス』で示した「サロモン学院」の構想からの影響がみられる。ところが、ペティの経済学草稿「交易の解明」には意外にも、実験・観察を重視するベイコンの実験哲学からの影響は窺えない。彼はそこで、ベイコンの「新論理学」（novum organum）（＝帰納法）ではなく、ホッブズの演繹的な「発見の論理学」[24]を拠り所にして、政治体の経済分析に着手している。

ペティがホッブズに出会ったのは一六四五年のパリで、ロンドンにハートリブを訪ねた一六四七年よりも早かった。その頃ホッブズは亡命の身であったが、すでに一六四〇年に母国で執筆した『法学要綱』に引き続き、ガリレオが物理学の分野で用いた分解・構成の方法を駆使して、社会哲学を体系化しようと努めていた。また一六四〇年頃までには、ユークリッドの幾何学から影響をうけた、『物体論』の初期草稿を書き上げていた。その草稿で彼は伝統的な論理学を批判的に継承しながら、新しい知的探究の方法を確立しようと試みていた。ペティが「交易の解明」で影響をうけたのは、ホッブズが『物体論』で提示した「分析的・総合的方法」である。

「交易の解明」はほんの数頁の小さな論説にすぎない。しかしそれはペティが経済科学を試みた最初の著作として興味深い。ここではこの経済論説を方法・認識論の観点から検討したい。この論説は「定義」(Definitions) という表題のもとに、一五の命題が列挙された冒頭の部分と、交易の発達過程を四段階に区分して説明した本論とからなる。一見したところ、この草稿はたんなる断片的な覚書きにすぎず、これら二つの部分のあいだにも緊密な繋がりはないように思える。しかしながらこの草稿を、ホッブズが自分の方法について論じた『物体論』第一部「論理学」に照らしながら丹念に読むならば、それは方法的意図をもって書かれた論説であり、二つの部分にも深い脈絡があることが分かる。冒頭の部分には、或る事物の結果についての知識から、その原因についての知識を獲得する、ホッブズの分析的方法からの影響が、本論には、「結果をその既知の原因によって発見する」[25]総合的方法からのそれが、仄かに窺える。

ホッブズによれば、推理は本格的には命題を提示することから始まる。ペティはこの考えにそって、冒頭で一五の命題を掲げている。その命題とは、「商品」「交易」「貨幣」など、交易に関する一五の事柄について定義したものである。これらの命題の主語をなす、商品・交易・貨幣などの事柄 (名辞) は政治体 (body politic) ── 正確には、富裕な状態にあるコモンウェルス ── を構成する経済的諸要素である。これらの幾つかの諸要素は、ペティが推理によってコモンウェルスを分解することにより見いだしたものである。ホッブズによれば、事物についての知識は推理によらなくても、感覚と想像によって獲得できる。感官により対象全体を知覚して、その対象全体についての「心像」(phantasms) をもつことができる。しかし彼によれば、感覚によって捉えた表象は、知識への第一歩ではあっても「科学における知識[26]」ではない。ただ或る事物を表象しただけでは、その事物の原因を発見したことにはならないからである。原因を発見するためには、感覚によって捉えた事物全体についての表象 (＝心像) を、「推理の手法[27]」(art of reasoning) を用いてその全体を構成する諸部分へ分解しなければならない。たとえば、正方形の原因を発見するためには、それを推理を働かせながら分解しなければならない。それは換言すれば、正方形を定義して、正方形とは「一定数の等しい直線と直角とによって境界を区切られた平面[28]」であるという命題を定立することである。この定義により、正方形とは「線、平面、角、直線であること、正確さ、等しいこと」という諸部分に分解されたのである。この命題により、正方形（→結果）は線、平面、角……という諸原因によって構成された事物であることが分かる。

ペティはこのホッブズの分析的方法（結果から原因を推理する方法）にもとづいて、コモンウェルスを経済的観点から分解したと理解できる。彼は一六四三年から四六年までにオランダとフランスに留学することにより、母国を含む三列強の経済状態を観察していた。経済力があるコモンウェルスについての表象を得ていた。しかし、それは富裕な状態にあるコモンウェルスについての漠然とした観念にすぎず、そのような表象を形成したからといって、そのコモンウェルスが生成した原因についての、確実な知識を獲得したことにはならない。その知識を獲得するには、観察によって得た表象を推理を働かせながら、それを構成する諸要素に分解しなければならない。その分解を試みたのが、冒頭に掲げられた一五の命題の定立にほかならない。そのなかに、「交易（Trade）とは、商品を作り、集め、分配し、交換することである」という命題がある。この命題の主語は「交易」であり、述語は「商品」「作る」「集める」「分配する」「交換する」という名辞によって構成されている。このばあい主語は名辞の結合によってできた述語によって定義されているが、そのことは同時に、主語（交易）が、述語を構成する名辞（商品、作る、集める……）に分解されていることを意味する。つまり「交易」を定義して命題を定立することにより、「交易」を構成している諸部分（＝諸原因）が発見された、ということを意味する。

もっとも社会哲学においては、この事物を分解する方法は幾何学におけるように単純には展開されない。前者が分析対象とする事物は、後者のそれよりももっと複雑で多様な諸要素からなる複合体だからである。正方形はただ一つの命題を定立することにより分解されるが、コモンウェルスのような政治体の分析にはもっと多くの命題が必要である。ペティはコモンウェルスを把握するために一五の命題を定立した。このことは二段階を経て分解が行なわれたことを含意している。彼は一五の命題を定立することにより、それぞれの命題において分解を行なうに先立ち、コモンウェルスを一五の部分に分解していると理解できるからである。まず、命題の主語をなす名辞を列挙することにより、コモンウェルスを「商品」「交易」「貨幣」など、全部で一五の諸部分に分解した。次に、その主語をそれぞれ定義することにより、コモンウェルスを――一五の命題の述語を構成する――数多くの諸部分に再分解した。このように理解できるからである。

ところでホッブズによれば、その方法が分析対象とするのは、事物それ自体ではなくてその本性（nature）である。したがってその方法によって発見される、事物を構成する諸部分（＝諸原因）は、事物の本性を構成する諸部分である。確かにこの方法が分析対象とするのは、或る個別的な事物を知覚することによって得られた表象である。しかしそれが分析するのは、その個別的な事物の本性であるから、それが発見した諸部分（＝諸原因）はその事物を構成する偶然的性質（偶有性）ではなく、必然的で普遍的な性質のものである。眼前にある或る特定の正方形を定義（分解）することによって発見した、線、平面、角……という諸部分は、その特定の正方形だけではなく、すべてのそれに共通する必然的で一般的な属性である。このことはむろんペティの分析についても妥当する。彼が観察したのは確かに、オランダ、フランス、イングランドというような特定のコモンウェルスにおける経済状態である。しかし彼が経済分析したのは、これらの特定の諸国の本性である。したがって、彼が理性推理にもとづいて発見した、商品、交易、貨幣……など一五の諸部分と、これらの諸部分（命題の主語）の述語を構成するもっと多くの諸部分とは、三列強のような特定のコモンウェルスだけではなく、経済力のあるすべてのコモンウェルスに妥当する普遍的で一般的な性質のものである。

事物を分解する分析的方法は、ホッブズの方法の前半部分である。これにはさらに総合的方法（原因から結果を導きだす方法）が続く。ペティの「交易の解明」の本論は、総合的方法に導かれて展開されていると理解できる。ホッブズの方法のこの後半部分は、分析的方法が発見した諸部分（＝諸原因）がどのように連合作用して、どのような結果が生みだされるのかという、「生成の法則」を究明しようとするものである。事物の本性を構成する諸部分（＝諸原因）を発見しただけでは不十分である。その諸部分（＝諸原因）がどのように合成されて、「合成された全体」がどのように形成されているかという、その「内的法則」（＝因果関係）を究明しないかぎり、事物の原因についての知識を獲得したことにはならない。このように考えるホッブズは、命題の定立が発見した原因から結果を演繹する方法を、先行する二つの命題（前提）から結論を導きだす三段論法（syllogism）と形式的には性質が同じものであると理解する。また、推理を働かせることを計算（computation）に譬えながら、分析的方法が減法や除法であるのに対して、諸部分を構成する総合的方法は加法や乗法であると述べている。しかしながら国家や社会という、さまざまな諸要素からなる複合体を取り扱う社会哲学において、推理は幾何学におけるように厳密なルールにそって規則正しく展開されるというわけにはいかない。このことは『リヴァイアサン』などの著作においてこの方法を実践したホッブズ自身が十分に認識していたと思える。ペティにおいても総合的方法の適用の仕方は厳格ではない。冒頭の命題を厳密に組み合わせながら、厳格に本論を展開しているわけではない。そもそも彼は冒頭の命題そのものを、その命題の主語と述語をなす名辞そのものを、結合していない。その命題を本論での推論の糸口として用いながらも、その命題そのものではなく、それが含意する事柄を任意に組み合わせているにすぎない。やや強調していえば、推論の展開過程から曖昧な要因をできるかぎり排除して、それが誤った方向に向かうのを避けるための道標として、明晰な定義を下した冒頭の命題を用いているにすぎない。したがって彼においては、この方法がきわめて柔軟に用いられているといえる。

　ホッブズによれば、「事物は、運動（motion）というただ一つの普遍的な原因をもつ[29]」だけである。つまり、「運動以外のどのような原因をもっているとも理解されない[30]」「単純な運動[31]」（simple motion）が、事物の究極の原因である。たとえば線、面（→結果）は、点の運動、線の運動などそれぞれ種類の異なる運動によって形成されるけれども、究極的にはただ一つの「単純な運動」（→原因）によって生みだされる。しかも彼によれば、運動が事物を構成する最も単純な要素であるということは、分析的方法によらなくても分かる、明白な真理である。このホッブズの「形而上学的原理[32]」は、ペティに幾分か影響を与えているように思える。ペティは富裕なコモンウェルスを形成する諸原因として一五の項目を挙げた。そのなかに「労働」（Labour）という項目がみられるが、この労働を「商品のために……行なわれる、人々の単純な運動（simple motions）」と定義して、それを富裕なコモンウェルスの究極の原因であると捉えているからである。

もっとも彼においては、労働（単純な運動）が富の原因（源泉）であるという命題を、ホッブズとは異なり、分析的方法により推理を働かせながら導きだしたのであるけれども。いずれにせよ、「交易の解明」の本論では総合的方法により、人々の労働が全般的に富裕な状態を生みだすに至るまでの筋道（生成の法則）が究明される。

ペティによれば、「労働とは、商品のために……行なわれる、人々の単純な運動のこと」であった。また、「交易とは、商品を作り、集め、分配し、交換すること」であった。この二つの命題を結合するならば、労働とは交易（商品を作り、集め、分配し、交換すること）のための、単純な運動であるということになる。さらに彼によれば、「富んでいるとは、自分自身が使用できるよりも多くの商品を持っていることである」。このような状態を彼は「余剰利得（superluculation）があるという。この命題を上述のそれと総合して推理するならば、より多くの労働が用いられて交易がいっそう拡大すれば、より多くの商品が生みだされて富裕がいっそう増大するという結論が導かれる。しかし、これではまだ「労働」と「富んでいる」とのあいだの因果関係は不明瞭である。富裕についての既知の原因である労働が、どのような過程を経て富裕な状態（→結果）をもたらすのかという、「交易の拡大」の内的法則は究明されていない。どのようにして人々の労働力は発揮されるのか、彼らはどのようにして交易に従事するのかという点が把握されないかぎり、この法則は明らかにされない。ホッブズによれば、「総合（Synthesis）とは、構成の第一原因［＝単純な運動］から出発し、それに引き続きすべての中間の原因を通って、構成ないし生成されている事物それ自体にまで至る推理である」[33]。交易拡大の法則が究明されるためには、ここでホッブズのいう原因（労働）と結果（富裕）とを媒介する「中間の原因」、具体的には、潜在的労働力が発揮されて経済活動が活発になるための副次的要件が、明らかにされなければならない。

ペティは、交易が十分に発達するに至るまでの過程を四段階に区分けして推理を重ねながら、人々が労働力を十分に発揮するように促す職業分化（社会的分業）が、社会的富裕の中間原因である、という結論を導きだす。その四段階とは次のようなものである。（ｉ）交易が最低の段階で、衣・食・住という三部門の職業しかない。（ii）交易がもう少し発達しているが、まだ一〇種類の職業とわずかの雇用しかなく、人々は全般的に貧しい。(iii) 衣・食・住に関する職業がいっそう細分化され、雇用が増大しているので、人々は全般的に富裕な状態にある。(iv) 交易がかなり拡大した段階で、既存の三つの職業部門のどれにも属さない目新しい職業が発生している。この最高の段階において、人々はさまざまな種類の商品を多量に生産して交換している。必需品ばかりか奢侈品をも存分に消費しながら、豊かな生活を享受している。ペティはここで、交易の発達過程を推測史的に把握しながら、職業分化の進展がより多くの人々に雇用の機会を与えて、より多くの商品を人々にもたらす道筋を明らかにしているといえる。富の原因である労働が、富裕の実現という結果を導くためには、職業分化を中間の原因として伴わなければならない。そのような富裕の究極の原因である労働が、社会的分業の発達という共同作用を伴って、経済力が発達したコモンウェルスを形成するに至るまでの、生成の法則を究明しようと試みているといえる。ホッブズの『物体論』には次のような叙述がみられる。光が発生しているときには、必ずその光の源泉をなす何か或る対象が存在している。しかし、「たとえその対象が同じ状態にあっても、媒体が透明でなければ結果は生まれないであろう。したがって光が発生するためには、透明性の共同作用もまた必要である」[34]。ペティの推理においては、ホッブズの光源が労働に、光の発生が富裕な状態に、透明な媒体が職業分化の進展にそれぞれ対応しているといえよう。

ホッブズにとって、哲学の目的は人間の利益に役立つことであった。しかし彼によれば、すべての哲学がそのような目的を果たすことができるわけではなかった。人間の利益となるような、確実な知識を獲得する哲学だけが、それを果たすことができた。彼のいう確実な知識とは、自然を操作することができる力を秘めた知識であった。哲学が求める知識は、人間が自然を操作することを可能ならしめる性質のものでなければならない。彼はそのような信念を抱きながら、「知識の目的は力」であると述べた。彼は幾何学とガリレオとの方法に注目した。その理由は、それらが自然を人為的に再構成することを可能にするような知識を獲得しようとする方法であったからである。幾何学者は図形の秘密を解読して、自分の手で——理論的には寸分の狂いもなく——同じものを描きだすことができる。このような幾何学の魅力に取り憑かれた彼は、それに学びながら分析的・総合的方法を定式化した。それは社会哲学の分野において、人間の利益に役立つ知識を獲得しようと求める方法であった。ペティがホッブズの幾何学的方法に関心をよせたのは、何よりもそれがコモンウェルスの再構築を目的にして編みだされた方法であるという理由によってであった。コモンウェルスの人為的な再構成は可能であるし、それを実施しないかぎり人々の生命・財産の安全が保障された平和な状態はもたらされない。彼はホッブズのこのような信念に同調しながら、経済的繁栄の実現を求めて、論説「交易の解明」でコモンウェルスの分解と構成を試みたのであった。コモンウェルスが自らの経済力をいっそう強化して、富国に成長するまでの過程を明らかにした一般的図式を、母国の繁栄のために提示したのであった。

第三節　政治算術――ベイコン主義の分析方法

ペティが経済科学の開拓に本腰を据えて取り組んだのは王政復古期に入ってからであった。彼は一六六二年に最初の経済学上の著書『租税貢納論』を刊行した。それは王立協会が創設された年で、彼が「交易の解明」を執筆してから一五年も後のことであった。その間に彼は研究者として、空白の時間を過ごしていたわけではない。事実はまさに逆で、ハートリブに出会った一六四七年以来、彼のサークルに集まっていた科学愛好家たちと幅広く交わっていた。一六四九年にはそのような愛好家たちとオックスフォードで新しいグループを結成した。ペティは主に解剖学者として、このような自然哲学者のサークルに加わった。そこで彼が親交を深めたのは、R・ボイル、J・ウォリス、J・ウィルキンズなどベイコンの実験哲学（experimental philosophy）を尊重する自然哲学者であった。これらのベイコン主義者を中心にして設立されたのが王立協会にほかならない。彼らが議論で取り上げた論題は自然哲学の分野にかぎられ、宗教・政治・経済のような政治哲学に関する問題が議論の対象とされたことはなかったようである。ところがペティは医学者としてよりもむしろ政治哲学者としてこのサークルから、大きな影響をうけ、その後の歩みを方向づけられるようになった。彼はベイコン主義者と親交を深めることにより、むしろ当然のことながら、ホッブズに学んだ理性にもとづく演繹的推理よりも、実験・観察にもとづく帰納的推理に大きな関心を向けるようになった。そればかりかそのようなベイコンの実験哲学にもとづいて、経済社会の帰納的分析を行なってみようと考えるようになった。そのような着想が実を結んで生まれたのが、「政治算術」という経済分析方法であった。

ペティは一六七一年~七六年に執筆した『政治算術』「序」で、政治算術がどのような意図をもった、どのような性質の分析方法であるかについて次のように述べている。

私が……採用する方法は、まだあまり広く用いられていない。私は比較級や最上級の言葉を用いた理知的な議論(intellectual Arguments)をする代わりに……自分の見解を数(Number)・重量(Weight)・尺度(Measure)を用いて表現し、感覚にもとづく議論(Arguments of Sense)だけを用い、自然のなかに見ることができる基礎(visible Foundations)をもつような原因(Causes)だけを考察するという方針をとった……個々人の変わりやすい、心・意見・欲求・情念に存在の根拠をもつような原因は、これを他の人々が考察するに任せておくのである。(35)

これはこれまで多くの研究者により、何度も引用されてきた有名な叙述である。しかしこの叙述が何を意味しているかは、それが人々の眼をひいたわりには、あまり深く検討されたことはないように思える。ここではとくに、一方でベイコン『ノヴム・オルガヌム』からの影響を、他方でダランベール『百科全書』序論への影響を念頭に置いて、仔細な検討を加えてみたい。

ここでペティはその分析方法においては、「理知的な議論」ではなくて「感覚にもとづく議論」が行なわれ、「個々人の変わりやすい、心・意見・欲求・情念に存在の根拠をもつような原因」(=心のなかに存在の根拠をもつ原因)ではなくて「自然のなかに見ることができる基礎をもつような原因」（＝自然のなかに存在の根拠をもつ原因）が考察されると述べている。またこの方法においては、「比較級や最上級の言葉」、つまり表現を誇張して粉飾をこらした言葉ではなく、数字、換言すれば「数・重量・尺度」で表示された数値が、表現手段として用いられると述べている。この叙述から、彼の政治算術は、主観的で曖昧な要素を孕む言葉ではなく、客観的で明晰な性質の数字を用いて知覚することが可能な――感官で把握して計測することが可能な――事物の原因を、明らかにしようとする方法であると理解できる。またそれは、言葉を操る修辞的手法にもとづいて理性推理を巡らせながら、物質的で実在的な根拠を欠いた、五官で観察できない事柄の原因を探究するような方法とは、対極に位置するものであると理解できる。こうして彼の算術は、知覚できる事物を数量的に把握し、その物象的世界の根底に潜む原因を発見しようとする方法であるということになる。

ペティが表明したこのような方法論・認識論的立場は、ベイコンのそれを継承したものである。それは、身体的感覚が認識において知性に劣らず大きな役割を果たすというベイコンの見解から影響をうけたものであると思える。『ノヴム・オルガヌム』にはペティの主張する「感覚にもとづく議論」を先取りした次のような叙述がみられる。「私は感覚（すべての知識はそこから……引きだされるべきである）の擁護者であり、感覚が伝える神の言葉の学究的な擁護者である」[36]。またそこには、心（精神）の認識能力である知性の働きを過信する姿勢を戒めた次のような叙述もみられる。「科学は、人間の知性（wit）が生みだす狭い小部屋のなかにおいて傲慢にではなく、もっと広い世界のなかで謙虚に求められるべきである」[37]。判断は「心の奥底からではなく、自然の内部から引きだされる」[38]べきである。ペティの政治算術は、感覚的経験に依拠して知性を働かせるべきであるという、このようなベイコンの見解を継受したものであると思える。したがって彼が退けた「理知的な議論」とは、感覚的経験を介しないで認識しようとする思考形式を指すものであると理解できる。

ベイコンはペティに先立って、「感覚の擁護者」であることを自認した。それは心（精神）の認識能力を否定したからではなく、その能力が頼りないという理由によってであった。彼はこの知性の限界を明らかにするためにイドラ論を展開した。その主旨はこうである。人間の心（精神）は先天的かつ後天的に「イドラ」（Idola/Idols）によって塞がれており、その表面はでこぼこで汚れている。したがってそれは事物が発する真の光に焦点を合わせることができない。感覚をつうじて事物から影響をうけた心は、その事物についての「心の観念」（notions of the mind）（＝表象）を編みだす。しかし心は鏡のように表面が平らで磨かれてはいないので、事物の本性をありのままの姿で映しだすことができない。彼はこのようなイドラ論にもとづいて、感覚的経験に依拠しない知性は事物を認識できないと主張したのであった。

ここにみられる、人間は知性の働きを妨げる「生得的イドラ」（innate Idol）を精神に宿して生まれるという見解は、プラトンが唱えた生得観念（innate idea）に対する反対命題として打ちだされたものであると思える。もっともベイコンにとっては、生得観念を批判することはさほど重要な課題ではなかったといえる。彼の時代に支配的であったスコラ学も、精神に生得的に刻み込まれた観念に依拠して絶対確実な知識を獲得するという立場からは、距離を保っていたからである。

ところがペティにとっては、生得観念を克服することは深刻な課題であったといえる。彼の時代には、デカルトやスピノザのような、この観念を信奉する有力な哲学者が現れていたからである。彼らは感覚的経験を不確実なものとして退けながら、神が人間の精神に刻み込んだ観念を拠り所にして、客体（身体・物体）からではなく主体（精神・魂）のなかから知識を導きだすべきであると主張していた。ペティは一六四五年にパリに留学したさいに、学僧メルセンヌが主宰する自然科学者のサークルに顔をだした。このサークルにはデカルトも加わっていたから、ペティがそこでこの高名な合理主義者の談話を聴いた可能性は高い。彼が退けた「理知的な議論」はベイコンの見解を継承しながら、当時の生得観念説にむけて発せられた言葉であると理解できる。

ところでベイコンによれば、感覚的経験は認識にとって不可欠であるけれども、身体的感覚の認識能力はもとより万全ではない。「感覚は（太陽と同じように）地球の表面は照らすけれども、天空の表面は覆い隠して塞いでいる」[39]。つまりその認識能力は、イドラで塞がれた心の能力ほどには困難な状態には置かれていないけれども、「感覚の光」は不確実であるというのが真実である。こうしてベイコンによれば、感覚の能力も知性と同様に頼りないものであるから、人間は事物を認識することができないことになる。確かに彼によれば、感覚と知性だけに依拠して認識しようとするかぎり、それは不可能である。ところが、感覚と知性の働きとを助ける技法を用いるならば、それは可能である。「素手のままで、道具の力や助けを借りないで、機械の仕事に取り組んでも、スタートさせたり物にすることができるような事柄は、ほとんど見られなかったであろう。そのようなことは、心の力〔＝知性〕だけによって、それ以外にはほとんど何ももたないで、知性の仕事をためらいもなく企てたばあいにおいても同様である」[40]。彼の論理学こそは、このような考えにもとづいて、感覚と知性を手助けする道具として考案された技法にほかならなかった。この「人間の心と知性との経験と実践とを改善し改良するための手段」[41]を提案することが、『ノヴム・オルガヌム』の主眼であった。

ベイコンの時代にはすでに、知性の働きを助ける技法はあった。当時スコラ学者のあいだで用いられていた、アリストテレスに由来する伝統的な三段論法である。彼らは「心の生来の、自然発生的な運動」というものを信用していないので、「知性のための支え杖」[42]として、この伝統的な技法を用いている。スコラ学者が生得観念の存在に疑念を抱きながら、知性を手助けする手段を用いていたことを、ベイコンはこのように指摘している。ところが彼によれば、この伝統的な「通常の論理学」(ordinary logic)は「知性の真の手助け」にはならない。この論理学の主軸をなすのは三段論法であるが、その技法は「巧妙なごまかし」であり、「その証明はでたらめに進んで、自然を取り逃がす」[43]からである。彼の批判の要点はこうである。三段論法はその構造と組織とのすべてが、事物(自然)についての「感覚による情報」である「心の観念」に依存しているといえる。というのは、この論法は命題から、またその命題は語(words)から成り立つが、語は心の観念の符牒(tokens)であり記号(signs)だからである。したがってここでは、「心の観念が、事物から不適切にいい加減に抽象され、曖昧で、十分に規定されず、明確に限定されていないならば、つまりそれが多くの点で欠陥を含んでいるならば、すべてが崩壊する」[44]。ところが三段論法は、「語の生命」であり、ひいてはこの論法全体の生命である心の観念に十分な考慮を払わない。その観念は、頼りない感覚をつうじて抱かれた漠然とした性質のものであるにもかかわらず、その内容を吟味しないし、それを吟味する手立てももっていない。こうしてこの論法は感覚的経験に疑いをさしはさむこともなく、この経験によって抱かれた、個別的事物についての不明瞭で不確かな観念から、直ちに最も高次の一般的命題へむけて飛び立つ。「その道は確かに短い。しかし、それは険しくて、自然には到達しない道である」[45]。だからこの論法が導きだす命題や原理は、実際には事物（自然）からは疎遠な性質のもので、「能動的な科学部門においてはまったく無力」[46]なものである。ベイコンは旧来の論理学をこのように批判しながら、それに代わるべき自身の新しい論理学《ノヴム・オルガヌム》を提案したのであった。

ベイコンの論理学においては、三段論法ではなくて帰納法（induction）がその主軸をなす。彼によれば、帰納法とは「自然を解明し、知性がいっそう真実に近い経験をするための真の技法」[47]である。この技法なくして知性は自然を探究できない。自分の論理学においては、大命題も小命題もこの技法にもとづいて提出される。このように彼は主張している。帰納法の特長は、「哲学を構築するための基礎となるような種類の自然誌（natural history）」[48]を作成し、それによって「感覚と知性とを手助けする」[49]という点にある。その自然誌とは「宇宙の現象、すなわちあらゆる種類の経験」[50]についての記述、より具体的には、知性が原因を発見するのを手助けする材料（material）である。学問の「大革新」（great instauration）にとって自然誌は不可欠であると彼はいう。「一種の科学の復興なくして［人類の］大きな成長や進歩は望めない。その手始めに、われわれは自然誌に、新しい種類の、新たに組み立てられたそれに全面的に頼らなければならない」[51]。彼によれば、自然誌を編むことにより、「感覚による知覚そのものから心に至る、新しくて確実な小道を切り拓き、築く」[52]ことができる。つまり、十分に吟味された、信頼できる心の観念（＝感覚による情報）にもとづいて、知性を働かせることが可能となる。その理由はこうである。まず自然誌にもとづき、「感覚による情報それ自体の真偽を判断し」、「感覚がもつ欠陥を救済」できるようになるから。また、「知性を事物から遠く引き離さないで、事物の画像と光とを（視覚にとってと同様に［知性にとっても］）はっきり見えるようにさせる」[53]ことができるようになるから。ひいては、そのようにして「知性を呼びさまし、自然という薄暗くて難解な領域を克服できる能力を、知性に与えることができるかもしれない[54]」からである。ベイコンはここで、感覚的経験を十分に吟味しないで理性推理を展開する三段論法を批判しながら、自然誌の編纂を提案していることが明らかであろう。彼はこの旧来の技法を次のように批判している。「私よりも以前に技法の発見に自分の心を注いだ人はすべて、事実・実例・経験をちらっとながめただけであった。あたかも発見は知性を働かせることにすぎないかのごとく、直ちに自分自身の精神を招集して神の言葉を示した[55]」。こうしてベイコンの帰納法は、身体的感覚と知性という二つの認識能力を自然誌（＝感覚的データ）によって支えながら、「自然についての純粋な汚《よご》れていない知識[56]」を獲得しようとする技法であったといえる。彼は、「この方法において、経験的能力と理性的能力との真の合法的で永続的な結婚を執り行なった[57]」と述べている。

ペティの政治算術はベイコンの帰納法の焼き直しであるといっても過言ではない。ところが『政治算術』「序」には、この算術がデータにもとづいて帰納的推理を働かせる技法であることを明らかにした叙述はみられない。そこでは、この算術において貫かれる方法論・認識論的立場が示されているにすぎず、この分析方法の具体的内容がどのようなものであるかについては何も述べられていない。とはいえそれが、集積されたデータにもとづいて帰納的に結論を導きだす、ベイコンの方法を継承したものであることは確かである。彼は、政治算術がそのような内容の分析方法であることを、他の文献で示唆している。

> 誰でも加えたり、引いたり、掛けたり、割ったりすることができる。しかし誰もが働きかけるデータ（materialls）をもっているわけではない。また、政治的問題を語って、それを数・重量・尺度を用いた表現に還元できる人も多くはない。多くのものは、書くことを学んだときには、何を書くべきかを知らない人に似ている[58]。

これはペティが一六七〇年頃に書いたと推測される手稿からの引用である。ここには政治算術という表現はみられない。しかし彼はここで、その技法が政治・経済・社会問題に関するデータを算術的に処理する方法であることを示唆している。

計算（algorithme）が比較的入念に行なわれ、［データの］蓄え（stock）が数・重量・尺度で表現される性質をもった、全面的に真実のものであるとする。そのばあいには、驚くほどに多くのさまざまな種類の重要な真理が、代数学（Algebra）によって導きだされるかもしれない、と考えるべきである。[59]

ウ［ィリアム］・ペ［ティ］は代数学を純粋に数学的な問題以外のそれに適用した。すなわち政策（policy）に適用して政治算術（Politicall Arithmetick）と名づけ、事柄を数学的に取り扱うために、事柄に関する多くの言葉（termes）を数・重量・尺度を用いた表現（termes）に変えた。[60]

これらは、ペティが一六八七年にエドワード・サウスウェルに宛てた手紙からの引用である。ここでは、代数学と数字と統計的データにもとづく帰納的推理とが、彼の技法を構成する主な要因であることが明らかにされている。また彼は一六七一年には、「イギリスにおける国民・植民地・貿易に関する全般的記録」（"Register Generall of People, Plantations, and Trade of England"）を作成する企画を提案し、経済政策がデータ収集とその調査分析にもとづいて推進されるべきであることを示唆した。ここには彼の算術が、国事に関する自然誌に依拠して用いられる技法であったことが、間接的にながら窺える。いやそればかりか何よりも、『政治算術』の本論で当の技法が駆使されているところを検討すれば、それが実験・観察によるデータ収集を踏まえて推理を展開する、ベイコンの実験的手法を継承したものであることが分かる。

ところで一六六二年に王立協会を結成した科学愛好家たちは、ベイコンの科学哲学に賛同するベイコン主義者

(Baconian) であった。T・スプラットが一六六七年に書いた協会公認の記録『王立協会史』には、「いま始められたばかりの企画のすべてを寸分たがわず想像していた一人の偉大な人物[61]」という、ベイコンを讃えた言葉がみられる。また、彼らがベイコンの方法論・認識論的立場を継承するものであることを表明した、「われわれの意図するところは言葉による技巧ではなくて、事実についてのありのままの知識である[62]」という叙述もみられる。「言葉を用いた理知的な議論をする代わりに……感覚にもとづく議論だけを用い、自然のなかに見ることができる基礎をもつような原因だけを考察する」というペティの立場は、これと軌を一つにするものであったといえる。しかしながら彼らはベイコンを「偉大な人物」と讃えたけれども、その哲学に全面的に賛同していたわけではなかった。方法論・認識論の重要な点で、ベイコンの見解から少し距離を置く姿勢を示していた。

　ベイコンにとって哲学は、事物の外観の背後に潜む「形相」(forms) を発見し、自然の秘密を明らかにすることを意図するものであった。実験にもとづいて観察を重ねる帰納法を用いるならば、事物の究極的原因を明らかにして、経験的世界についての確実な知識を獲得できる、と彼は考えた。ところがベイコン主義者はベイコンの帰納法を、自然を探究する最も有効な技法として評価したけれども、彼とは異なり、それをもって確実な知識を獲得できるとは考えなかった。いやそもそも、それ以外のどんな手法を駆使しても、人間が自然現象の性質・運動についての究極的原因、つまり事物の本質や実体を把握することは、恐らく不可能であろうと考えた。スプラットは、実験や観察を繰り返してデータを集積すれば、宇宙の本質を把握できるというベイコンの見解に疑念を抱きながら、「彼の［自然］誌はそうあって欲しいと求められてきたほどには信頼できない[63]」と述べている。

　とはいえ彼らは、ベイコンの実験哲学を最も優れた方法であると考えていたので、それにもとづいて自然の探究に勤しんだ。たとえその方法によって確実な知識を獲得することは困難であるとしても、蓋然的な知識ならば摑むことができるであろうと考えたからである。その方法によって導きだされる原理は普遍的な真理をやどす公理ではないとしても、それを仮説とみなし、或る具体的で実践的な課題を解決するばあいに役立てることは妥当である、と理解したからである。ベイコンにとって、探究の目標は形相（＝自然の本質）の発見であり、仮説はたんなる虚構で、蓋然的な考えは弁論や意見と同じ程度のものにすぎなかった。しかしながら、絶対確実な知識を得ることは恐らく不可能なことであると理解したベイコン主義者は、確実性（certainty）に代えて蓋然性（probability）を追究する立場を選択したのであった。[64]このような研究姿勢の変化は科学的探究における決定的な進歩であり、一八世紀という啓蒙の時代へむけて大きく扉を開くものであったといえる。

ペティもベイコン主義者として、蓋然的な知識を求める立場をとった。『政治算術』「序」には、次のような叙述がみられる。

> 私は以下の［本論の］議論の根拠をなしている、数・重量・尺度で表現された観察や命題は、真実であるか、あるいは真実ではないとしても明白な誤りではない。……たとえそれらが誤りであるとしても、それらを根拠にして掲げられる主張を台無しにしてしまうほどには誤っていない。最もひどいばあいでも、私が獲得しようとしている知識に至る路を案内する仮説（Suppositions）としては十分である。[65]

彼はここで王立協会の他のメンバーと歩調を合わせながら、政治算術による観察を踏まえて掲げられる命題は、幾分か誤りを含んだ可能性がある仮説（→蓋然的な真理）にすぎないかもしれないけれども、本論で展開される政策論議を導く道標としては十分に妥当であり有益であると述べている。もっとも彼は、他のベイコン主義者と同じ探究の姿勢を貫いていたけれども、彼らと同じ問題関心を抱き、同じ方向をみつめて研究を進めていたわけではなかった。政治算術を提案した彼は、次の点において王立協会のなかで特異な存在であったといえる。一つは、自然哲学ではなくて政治哲学の分野で帰納的な手法を実践したこと。もう一つは、言葉による議論を退けながら、統計的データにもとづいて帰納的推理を展開したことである。つまり彼は他のメンバーとは異なり、記述的資料ではなくて統計的資料にもとづいて、自然体（自然現象）ではなくて政治体（社会現象）を分析把握しようとしたのであった。

さて、以上のようなベイコンとベイコン主義者の見解を念頭に置いて、ダランベールが書いた『百科全書』序論を繙くならば、双方のあいだに国境を越えた思想史的系譜関係があったことが読み取れる。つまりペティはベイコン主義者の一人として、フランス一八世紀に花開くことになる啓蒙主義の水源あたりに位置していたことが分かる。ダランベールの序論にもベイコンを讃えた言葉がみられる。そこでは「人間精神がその師匠と見なさねばならぬ主要な天才たち[66]」の先頭に、ベイコンは置かれている。その序論において、フランス啓蒙主義がベイコン（主義者）から主に次のような点で影響をうけたことが明らかにされている。第一に、感覚的経験を重視しながら、感覚にもとづく「直接的知識」に心（精神）が働きかけることによって「反省的知識」が得られる、という理解。第二に、感覚的経験を軽視したデカルトの生得観念説に対する異論。第三に、感情に語りかけて、理性には沈黙を強いる修辞学を退ける姿勢。第四に、実験・観察にもとづくデータ収集は「われわれに残された唯一の方策[67]」である、という実験的手法に対する高い評価。第五に、探究の目標は物体の背後に存する「力」（＝実体）を発見することにではなく、物体の諸属性を観察し、その諸属性の相互関係を把握することにある、という理解。これらの諸点うち、第一～第四はベイコン以来の見解を、実体概念の把握は困難であるという最後の点のみは、ベイコン主義者の立場を受け継いだものであるといえる。ともあれ、ペティはこうしてベイコン主義者の一人として、一八世紀に謳歌されることになる人間精神の進歩に到る道を、方法論・認識論の側面から切り拓いた人物であった、といえるであろう。

第四節　戦費調達方法の提案

イギリスは一六六五年に、「経済競争から生じた戦争の古典的実例[68]」というべき第二次オランダ戦争に突入した。ペティはその年の秋頃に、この戦争と深いかかわりをもつ『賢者には一言をもって足る』――以下、『賢者』と略称――を執筆した。これは彼が政治算術を実践した最初の論説であり、そこで初めてこの方法にもとづくコモンウェルスの分析が試みられ、その国力の改善についての提案が示された。ベイコンによれば、哲学の目的は自然を洞察し、自然についての知識を獲得し、さらにその知識を踏まえて自然を征服することにあった。ペティがベイコンの帰納法にとくに心を奪われたのは、それがホッブズの幾何学的方法と同じように、自然を人為的に操作して革新的なものを創造しようとする操作科学であるという点であった。彼は『賢者』と『政治算術』において、そのようなベイコンの実践的な哲学を「未発達な仕事に対する指針[69]」として学びながら、経済科学の開拓に努めた。彼はベイコン主義者としてコモンウェルスの経済力を分析するだけではなく、さらにその国力を強化するための具体的な提案を掲げた。ところが彼はこのように政治算術を実践する段に至ると、これまでとは思想史的に異なる方向にむかって歩み始めることになる。彼は方法論・認識論のうえでは、初期啓蒙の潮流の真っ只中にいたけれども、今度はこの思潮と袂を分かつ方向へむかって歩を進めることになる。

第二次オランダ戦争は世界商業の覇権を争う重商主義戦争（mercantilistic war）であった。それはクロムウェルの時代の第一次戦争をうけて再開された闘いであった。しかしその頃、ペティの母国イギリスの財政状態はひどく悪く、本格的な戦争を遂行するのに必要な経費を調達できるような状態にはなかった。その理由により国民は当初その再開に反対で、軍備と課税の削減を政府に対して要求していた。この戦争の再開の兆しがみられたのは一六六三年秋で、翌年にはそれを回避できないことが濃厚になった。六四年二月二日付けの日記に海軍省書記官サミュエル・ピープスは、「世界の貿易量は、われわれ二国にとってあまりに小さいので、どちらか一方が倒れなければならないのだ[70]」とコック船長がコーヒーハウスで述べていた、と記している。

この頃、海外市場の争奪をめぐる「非公式の戦争[71]」はすでに激しく行なわれていた。六四年四月二一日、下院において、この国の貿易の衰退の原因は、ネーデルラント連邦共和国の臣民が世界のいたるところでわが国王の権利を侵害する行為を行なっていることにある、ということが確認された。そこで政府は海軍に対し、戦闘の準備に入るよう命令を下した。こうして国民の戦意は急速に高揚した。ところがこの国には、戦争を行なうことが可能な客観的条件は整っていなかった。海軍省の役人としてこの国の財政事情をよく知っていたピープスは、四月三〇日付けの日記に、「われわれはみな戦争を望んでいるようだが、それは自分たちが今相手に対して優位に立っていると思っているからだ。しかし、私としては戦争を恐れている[72]」と記している。

イギリスがこのような状態に置かれていたとき、オランダは戦闘行為にでた。一一月二一日に、イギリス海軍の軍需品を運搬していたスウェーデン商船を、オランダ艦隊が襲った。イギリスは直ちにこれに報復した。その日のうちに、提督テディマンはオランダ商船を一八―二〇隻ほど拿捕した。ピープスはその日の日記に、「戦争は始まった。どうかうまく終わりますように[73]」と興奮した筆致で記している。その頃、下院は戦争のための補助金二五〇万ポンドを票決した。これは先例のないほどに巨額の戦費であったけれども、ピープスの見積もりによれば、それでも大規模な戦争を遂行するには不十分な金額であった。この戦費は月割査定税にもとづき、一二月二五日より調達が開始された。こうして翌六五年三月四日に宣戦が布告され、第二次オランダ戦争は始まった。

最初の戦闘は六五年六月にローストフト沖で行なわれた。六月一日に海軍卿ヨークの率いるイギリス艦隊（一五〇隻）とヤコブ・オプダムの指揮するオランダ艦隊（一〇〇隻）とが、サフォーク海岸沖で互いに視界に入るほどの距離にまで接近した。三日早朝、イギリス軍が風上にあったときに戦闘が始まり、交戦は一日中続いた。「かって見たこともない強大で十分に装備された二つの艦隊が、地球の半分以上と、諸国の商業取引と、世界の富との支配をめぐって争った[74]」。詩人J・ドライデンはこの戦いを、いっさいの詩情を排しながらこのように評した。結局、ローストフト沖海戦はイギリスの大勝利に終わった。その吉報は五日後の六月八日に国王チャールズと国民の耳に届いた。ヨーク公秘書コヴェントリーはアルベマール公爵宛に手紙を書いて、海戦の状況を詳細に報告した。この手紙をいち早く読む機会をえたピープスは、その全文を自分の手帳に書き写し、その概略を八日付けの日記に次のように書き留めた。オランダ軍は約二四隻の軍艦と八千——一万名の水兵、それに提督オプダムを失ったのに対し、イギリス軍は水兵七〇〇名を失ったにすぎない。

この勝利にイギリス人は酔いしれた。ピープスも「かって耳にしたことのないほどの大勝利」[75]と記した。だが勝利の喜びも束の間、この戦争の行く末にも暗影を投げかけるようなひどい災厄に彼らは見舞われた。戦争中にすでにオランダから上陸していたペストが、その終結とともに急速に広まった。ロンドン死亡統計表によれば、六月一五日から二一日までの一週間にペストにより二六七人がこの都市で死亡した。七月の第一週には七〇〇人が、第二週には千人以上が亡くなり、死亡者総数は八月末までには六千人以上に昇った。この疫病の流行は、この国の経済状態にも悪い影響を与えた。トレードが全般的に麻痺したことにより、政府の租税収入は著しく減少した。こうして政府は、次の海戦が差し迫っていたにもかかわらず、深刻な貨幣不足という事態に直面することとなった。議会では一〇月三一日に、一二五万ポンドの戦費を月割査定税で調達することが票決された。しかしこの票決により、むろん国家財政は窮迫状態を脱したわけでも、戦費財源の枯渇という事態が打開されたわけでもなかった。この国には実際のところ一二五万ポンドもの金額を戦費に投ずる力はなかった。

ペティが『賢者』を執筆したのは、ペストの流行が山を越え、国家財政がひどい窮迫状態に陥っていた一六六五年秋、より正確には、議会が一二五万ポンドを票決した一〇月三一日よりも後、その年のクリスマスよりも前にあたる頃であった。彼はこのパンフレットで、面前の戦争を遂行するための経費を合理的に調達する方法を提案した。彼が戦費調達の問題を採りあげ、これに取り組もうと思うようになったことの動機の一つに、海軍省書記官ピープスとの出会いがあったと思える。ピープスは一六六〇年一月一〇日付けの日記において、ハリントンの主宰するロータ・クラブに出席し、そこでペティに会ったと記している。恐らくはこれは双方が顔を合わせた最初である。その後彼らは、徐々に親交を深めていったようで、六四年にはコーヒーハウスで談論に興ずるほどに親しい仲になっていた。その頃ピープスは、ペティを「ひじょうに筋道の立った会話をする人で、考えているすべてのことを、彼ほどにきわめて明瞭かつ明確に話せる人は稀である」[76]と評している。

ピープスは六五年二月に王立協会の会員に選任されたが、彼が日記で独白するところによれば、会員のなかで心から信頼できる友人といえるのは、J・イーヴリン、R・サウスウェルそれにペティであった。ローストフト沖海戦後、ペストが流行し始めた六五年六月にはピープスは、ペティ、それにR・フック、J・ウィルキンズのような王立協会の科学愛好家者を誘ってサリー州にある彼のゆかりの地エプソンへ避難した。ピープスは、議会が一二五万ポンドを票決した数日前の一〇月二七日に軍需部食糧課検査主任に任命された。彼はこの役職にあって、戦費財源の枯渇という事態が、差し迫る海戦に与えるであろう深刻な影響をひどく憂慮していたようである。一一月六日付けの日記に、海軍会計官サー・ジョージ・カータレットに対し「国王は来年もう一度艦隊を送りだすことはできません……金《かね》が入ってくる見込みはないので、みんな破滅することになるでしょう」[77]と率直に述べた、と記している。ペティが『賢者』を執筆したのは、ちょうどその頃であった。

『賢者』は政治算術の技法を用い、文字よりもむしろ数字によって書かれた小さなパンフレットである（一六九一年に『アイルランドの政治的解剖』の付録として刊行された初版本で二二頁）。この小冊子を何の予備知識もなくただ漫然と繙くならば、それは無味乾燥な内容の単なる覚え書き程度のものにすぎなく思えるかもしれない。しかしこの論説が書かれた背景に眼をやり、歴史的視野に立ってその内容を検討するならば、それが当時の焦眉の問題を凝視しつつ、緊張感をもって書かれた時局論であることが分かる。戦費調達論をメイン・テーマとする本書は、現行の調達方法を批判した序論と、それに代わって導入されるべき方法を検討した本論からなっている。それらの内容はあらまし次のようである。

政府は対オランダ戦争に必要な経費を、主に月割査定税（Monthly Assessment）という事実上の土地税によって調達していた。オランダ艦隊がスウェーデン商船を襲撃して戦争への突入が必至となった六四年一一月に、議会は三六カ月月割査定税で戦費二五〇万ポンドを調達することを決めた。これは月額六万八八一九ポンドが三年間課せられて総収入額二四七万七五〇〇ポンドをもたらす査定税で、翌年二月九日に国王の裁可を仰いで'Royal Aid'という表題が付された。またローストフト沖海戦後の六五年一〇月三一日には、月額五万二〇八三ポンドが二年間課せられて一二五万ポンドの総収入をもたらす、二四カ月月割査定税の導入が決まった。

ペティはこのような査定税にもとづく現行の調達方法を批判する。まず、戦費が三六カ月月割税で調達されていることに対し、「毎月わずか七万ポンド［の税額］を調達するために、多くの人々はその全資産（Estates）の一〇分一を支払うように強制されている」[78]（Petty 1691, p. 103）と批判する。また、六五年一二月二五日より徴収されることが決まった二四カ月月割税に対しては、「もしオランダとの戦争がもう二年続くならば、これらの人々［＝当の税を負担する地主・借地農］は六五年のクリスマス以降には、その全資産の三分一を支払わなければならなくなるに相違ない」[79]と述べる。要するに、現行の調達方法は地主・借地農という一部特定の階級にのみ課せられる租税によって戦費を賄おうとする、不公正で不合理な方法であるというのである。こうして彼は当の方法に代えて新たな方法を提案することになる。その代案を本論で検討するに先立ち、それがどのような内容であるかを序論で次のように示唆している。「もし［戦費を含む］公共的経費［を支える重荷］が［あらゆる人々のあいだに］比例的に課せられるならば、たとえ租税が月額二五万ポンドに増額されたとしても、自分の全財産（Effects）の一〇分の一以上を支払わなければならない人は、いなくなるはずである」[80]。この叙述をつうじて、あらゆる階級の人々がそれぞれの担税力に応じて戦費を負担するような方法を、提案しようと目論んでいることが明らかである。

『賢者』は第一・第二章で税負担の比例的配分の問題、第三・第四・第八章で公共的経費をどのような租税で賄うべきかという問題について、それぞれ検討している。このような検討を踏まえて、戦費の公正で合理的な調達を可能にするような税制改革案が掲げられることになる。まず、公共的経費（経常・臨時的経費）はあらゆる階級の人々から幅広く調達されるべきであるという、序論で示唆した主旨にしたがって、諸階級のあいだで配分されるべき税負担の妥当な割合が算定される。そうして、その負担は資産階級と労働者階級とのあいだで三対五の割合で配分するのが妥当であるという結論が導きだされる。彼が算定したところによれば、資産階級が取得している年間収入総額は一五〇〇万ポンド（地代・家賃・利子収入など）、労働者階級のそれは二五〇〇万ポンド（賃金）で、前者と後者との割合は三対五である。したがって公共的経費は資産家（地主・農業者・海運業者・商人・製造業者・利子生活者など）と労働者とのあいだで、負担を収入総額の割合に相応した三対五の割合に配分して調達するのが妥当であるというのである。つづいて彼は、この結論をも踏まえて、調達が見込まれる税収額を算定する。現在、国民の年間総支出（＝総収入）は四〇〇〇万ポンド（＝一人当たり年間支出六ポンド一三シリング四ペンス×人口六〇〇万人）である。したがってすべての国民が、現在地主と借地農が月割税を負担しているのと同じ割合（所得の一〇％）だけを納税するならば、毎年四〇〇万ポンドの税収入がもたらされることになる。このばあい資産家は一五〇万ポンドを、労働者は二五〇万ポンドをそれぞれ支払うことになる。彼によれば、このような税負担の公平な配分により年間四〇〇万ポンドもの税収入が得られるということは、戦費調達という緊急の課題にとって意義が大きい。この税収入のうち一〇〇万ポンドを経常的経費に充てたとしても、三〇〇万ポンドもの金額を臨時的経費に用いることができるからである。

次に、年間総税収額四〇〇万ポンドをどのような租税で調達すべきであるかという問題が検討される。そうして、先に算定された負担配分の公正な割合に相応して二大階級の収入（所得）から徴収されるべきであるという前提のもとに、次のような方法が提案される。まず、資産への課税により資産階級から総額一五〇万ポンドを徴収する。その徴収額のうち三七万五〇〇〇ポンドを経常的経費に、一一二万五〇〇〇ポンドを臨時的経費に充てる。資産への課税とは、具体的には土地税、家畜税、動産税、家屋税を指す。次に、国民への課税により、労働者を含むすべての階級から総額二五〇万ポンドを徴収する。そのうち六二万五〇〇〇ポンドを経常的経費に、一八七万五〇〇〇ポンドを臨時的経費に充てる。国民への課税とは、年間一人当たり一九ペンスの内国消費税（Excise）と年間一人当たり六ペンスの人頭税（Pole）を指す。これらの租税が労働者への租税と呼ばれないのは、エクサイズと人頭税は逆進性の強い大衆課税であるとしても、それらは形式的には労働者（三〇〇万人）だけではなく、すべての国民（六〇〇万人）の双肩に課せられる課税だからであると思える。

以上のような『賢者』の税制改革案については、次の点に留意したい。第一に、これは眼前の戦争に必要な戦費を調達することを目的にして掲げられた提案である。キケロの格言に「貨幣は戦争の神経」というのが、コルベールの言葉に「財政は戦争の神経」というのがある。ペティは、武勇の精神ではなく貨幣(軍資金)が戦争の勝敗を決する要因であるという、彼らの見解に与しながら当の提案を掲げたといえる。彼は、提案した税制改革が戦費の効率的な調達を可能にして、眼前の戦争をこの国の勝利に導くであろうことを確信していた。『賢者』には次のような叙述がみられる。この改革が実施されれば、海軍には年間二〇〇万ポンドの軍事費が与えられるので、「われわれはこれまでに見たことのある最大の艦隊の二倍[81]」に相当するくらいの巨大な艦隊を建造できる。だから「臣民の四分一〔→地主・借地農〕がすでに耐え忍んでいるのと同じくらいの困難を〔すべての人々が〕分かち合えば、どれほど偉大で光輝あることが為し遂げられうるやも知れない[82]」のである。

第二に、この改革案は労働大衆を含むすべての国民が、国費(戦費を含む)の負担に参加することを要請したものである。当の改革が実施されたばあい、これまで月割査定税(本来、あらゆる種類の動・不動産収入に課せられる総合的収益税)の支払いを巧みに回避してきた動産所有者(海運業者・商人・製造業者・利子生活者など)と、課税を免除されてきた労働者階級とが新たに税負担に参加することになる。この改革により、動産所有者の脱税行為は容認されなくなるが、そのような措置が公正であることについては、異論はないであろう。しかし下層大衆は新たに税負担を強いられるようになるが、それが妥当な方策であるかどうかという点については、議論の余地がある。

ペティは内国消費税を――人頭税とともに――国民への課税として導入することを提案した。しかしこの消費税は大衆課税として、当時多くの人々からひどく嫌われていた租税であった。一七世紀の議会においては、財政難をエクサイズの導入で克服するのは「悪魔の救済策」であると罵倒されたことさえあった[83]。ところがペティは当時の一般的見解とは異なり、エクサイズが労働大衆にとって過酷な悪税であるとは考えなかった。労働者は資産家と同様に、所得の一〇%くらいの負担率の課税ならば、これに耐えることができる能力をもっていると理解した。現在よりも労働時間を二〇分一増やし、消費量を二〇分一減らしさえすれば、彼らは十分にその負担に耐えることができる、と彼は考えた。

> 労働者は一日あたり一〇時間働き、一週あたり二〇回食事をとっている。すなわち、就業日に三回、日曜日に二回である。もし彼らが金曜日の晩に断食し、また一一時から一時まで二時間もかかる食事時間を一時間半に減らすことができるならば、それにより労働が二〇分一増加し、消費が二〇分一減るから、上述の一〇分一［=労働者の所得に対する一〇分一の課税］は調達されうるであろう。[84]

さらに彼によれば、エクサイズのような大衆課税は悪税でないばかりか、労働者の奢侈や享楽を抑制し、彼らが怠惰な生活に陥るのを防止する良税と理解して然るべきである。労働者は現在年間七八日も遊ぶ「怠け蜂」のような生活を送っているが、その原因は彼らが十分な仕事を与えられていないという「惨たらしさ」と、租税を支払うことができる潜在的能力をもっているにもかかわらず、その負担を免れているという「虚偽の慈悲心」とにあると、彼は主張する。

いずれにせよペティは、すべての国民が戦費調達に協力すべきであるという提案を掲げたとき、国力（政治力・軍事力）と国民（ペティの算定によれば、その半分が労働者）の富裕とは反比例の関係にあり、国力強化のためには国民の福祉・厚生を犠牲にして然るべきであるという立場に立っていたといえる。彼の提案には、「国家の偉大さ」と「臣民の幸福」とは両立が可能であり、それが「事物の自然の成り行き」に従ったばあいの状態であるという、のちにヒュームが明らかにしたような見地は窺えない。[85]

第三に、この改革案は政治算術によるデータ分析を踏まえて練り上げられたものである。『賢者』には「政治算術」

という表現はみられない。しかしそこでは、「数・重量・尺度」による実験的観察を踏まえた当の算術的分析が展開されている。この分析方法においては、数値によって計測できる事物が対象とされ、数量データが扱われ、言葉による議論は原則として斥けられている。言葉に代えて数字を重視するこの姿勢には、一方で、言葉が推理の展開を混乱に陥れることを指摘した、ベイコンの「市場のイドラ」論からの影響が、他方で、言葉を「人間の心の光[86]」と呼んで重視したホッブズの幾何学的方法からの離反が窺える。ペティが算術的方法を『賢者』で試みた背景には、一六六二年に『死亡表に関する自然的・政治的観察』を刊行したJ・グラントとの出会いがあった。彼は、グラントがその論説で用いた統計的手法に触発されて、数量データの収集と数量的分析の展開に強い関心を抱くようになったと思える。

第五節　国力・経済力の数量的分析

第二次オランダ戦争は、一七世紀第二・四半期に世界貿易の至上権を掌中に収めて覇権国となっていたオランダ（ネーデルラント連邦共和国）に対する、後発国イギリスの武力による挑戦であった。一七世紀初頭よりオランダの台頭は目覚ましかった。この共和国は漁業・海運業・外国貿易にもとづいて著しく繁栄し、その中頃にはどのような国をも寄せつけないほどの強国に成長していた。これに対しイギリスは一七世紀初頭にはまだ農業国の域を脱していなかった。むろんこの国も経済成長を遂げるためにさまざまな努力をした。しかしその努力は強国オランダの圧力に屈して、いつも辛酸をなめる結果に終わった。このような失敗を繰り返すうちに人々は、自国が繁栄を遂げるためには、オランダの覇権を打破して、この強国から受けている経済的束縛から解き放されなければならないと次第に考えるようになった。こうしてイギリスの覇権国に対する態度は、徐々に攻撃的な傾向を帯びていった。一六五一年にクロムウェルは航海法を制定した。この法令の発布は、武力対決をも辞さないことを覚悟したものであり、事実上の宣戦布告となった。こうして第一次オランダ戦争が一六五二年に始まり、翌年七月にスヘーフェニンゲン海戦でイギリスが勝利し、五四年にはウェストミンスター条約が結ばれて、この戦争は終結した。けれども、双方の力関係は以前とさほど変わらなかった。このような第一次戦争に引き続いて、王政復古後の六五年に開始されたのが第二次戦争であった。長い前史をもち、原因の根が深いこの覇権戦争が、たった一回の（ローストフト沖）海戦で終息するわけがなかった。

一六六六年初夏に戦闘は再開された。六月一日から四日までドーバー海峡で繰り広げられた四日間海戦である。政府はこの海戦に必要な経費をサー・ジョージ・ダウニングが提案した「巧妙な当座しのぎの手段」[87]によって調達した。六五年一〇月三一日の議会条例にもとづいて徴収される総税収額一二五万ポンドを担保にして、その金額を利子六％で前借りするという方法である。このやりくり策により、海軍は六六年春までには艦隊を派遣するのに必要な物資と金《かね》を何とか手にすることができた。しかし戦局は戦いが始まる前から、イギリスにとって不利であるようにみえた。その年の一月にフランスとデンマークがオランダと同盟を結んで、イギリスに敵対する姿勢を示していたからである。フランスが敵にまわったことは、実際その勝敗を決する決定的な要因となった。政府はフランス艦隊がイギリス海峡を渡って侵入してくるであろうと予想し、戦力を二つに分けた。アルベマール公爵が率いる主力艦隊とは別に、ルーパート王子が指揮する分遣隊を編成し、これにフランス軍を撃退する役を当てた。こうしてアルベマールは最初から劣勢で、ヤン・デ・ウィットが「オランダの港でかつて見たこともない最高の艦隊」[88]と豪語した大艦隊と砲火を交えなければならなくなった。しかもデ・ロイテル提督の率いる敵軍は、戦術の点でも上まわっていた。結局、この海戦はイギリスにとって「これまで海上で戦われたもののなかで最も残酷なものの一つ」[89]となった。血みどろの戦いののち、イギリス軍は海軍将官二名、水兵約八〇〇〇名、軍艦約二〇隻を失った。これに対しオランダ軍が被った被害は、その四分一程度に止まった。

敗北の知らせは六月七日にロンドンに届いた。この惨敗により国民はひどい屈辱を味わい、宮廷の失策を難じた。しかしこの国はいつまでも敗北の悲嘆にくれているような暇《いとま》はなかった。海軍力の半分を失ったこの国は、制海権を掌握したオランダとその同盟国フランスとの艦隊によって、いつ侵略されるかも知れないという脅威にさらされることになったからである。海軍省は次の戦いに備えて、海軍力の再生を速やかに図ったようである。前年秋に同省軍需部糧食課検査主任に任命されていたピープスは、六月二六日付けの日記に「艦隊を送り出す準備で大変に忙しい。オランダ軍がもう海上にいることは確かである。われわれが彼らと比べてひどく遅れをとることになるであろうとは思われない」[90]と熱気を帯びた口調で記している。

七月末までにオランダは、九〇隻以上を擁する大艦隊を再建した。イギリスもそれに圧倒されないくらいの数の軍艦を揃えた。二四日に双方の艦隊は北海海上で向かい合い、その翌日に戦闘に入った。このセント・ジェームズの海戦ではイギリス軍は奮闘して勝利を収めることができた。敵は大きな被害を被ったのに、イギリスのそれはわずかであった。今度はこの国がオランダを攻略する機会を掴むことになった。だがこの国は、勝利の喜びも束の間、またしても不慮の災難に襲われた。九月二日午前三時頃にロンドン橋付近から燃え上がった火の手は、四日四晩燃え続けて四三六エーカーに及ぶ地域を嘗め尽くした。このロンドン大火により、一万三二〇〇戸の家屋が焼かれ、一〇万人が焼けだされた。勝利への糸口を摑みかけていた折しも、前年のペストに続いてこのような歴史上稀にみる大災害が発生したことは、何とも不運であったというほかはない。この災厄により、人々はほとんどが意気消沈して戦意を削がれた。これ以上戦争を継続することは、財政的にも困難であるようにみえた。こうして六六年暮までには、政府は和睦をはかる方針を固めた。

和平交渉は翌年に入っても進展しなかったけれども、そのような状態を休戦と判断したチャールズは五月二四日に、財政の窮迫を打開するために、海軍卿ヨークに対して主要な軍艦を繋船し、大部分の水兵を解雇するように命じた。ところが、ちょうどその頃オランダではデ・ウィットが全国会議を召集し、五月中に「凄いこと」をやろうと決議した。その「凄いこと」は六月に本当に実行された。六月三日にオランダの軍艦八〇隻と火船二〇隻、フランスの軍艦二〇隻と火船五隻が海上にいるというニュースが流れた。八日にオランダ艦隊はハリッジ沖に姿を現し、一〇日にテムズ川河口の砂洲リアに投錨した。一二日朝、敵の大艦隊はメドウェイ川を渡って軍港チャタムを一斉に攻撃した。イギリス海軍が誇るロイヤル・チャールズ号は難なく捕獲され、ロイヤル・ジェームズ号、オーク号、ロンドン号などの主力艦は次々と焼き払われた。一四日にオランダ軍はロイヤル・チャールズ号を小さなボートで曳航しながら、意気揚々と引き揚げた。アルベマール公爵は一一日に現地へ駆け付けたけれども、まったく無防備な状態に置かれたチャタムが攻撃されているさまを、為す術もなく見ているほかはなかった。結局、七月二一日にブレダ条約が結ばれて戦争は終わった。

ペティが『政治算術』を執筆したのは、第二次オランダ戦争終結（六七年）後の七一年〜七六年頃であった。その時期はイギリスが第三次オランダ戦争を遂行した七二年―七四年とほぼ重なっている。このことが示唆しているように、この論説も『賢者』と同様に国力強化政策の立場から、眼前の戦争に強い関心を寄せながら書かれたものである。しかし『政治算術』は『賢者』のような、ただ実践的な提案を掲げただけの小冊子ではない。それは「序」で政治算術的分析方法の意図と意義について述べ、本論で三列強の国力・経済力を比較分析し、それを踏まえて国力改善策を提案した、内容が豊富な書物である。

ところで王政復古期には、イギリス経済は衰退の傾向にあるというのが一般的な見解であった。たとえばS・フォートリーは一六六三年に刊行した『イギリスの利益と改善』において、「わが国の現状を考察すれば、交易はいかに衰退し、人々はインダストリに向かうべくほとんど奨励されておらず、十分に雇用されていない人々がすでに多くいる、というのが真実であることが分かる」[91]と述べている。また七〇年に刊行されたR・コウクの『交易論』には、「交易はすでにあまりに遠くへ退いているので、どこで見つけだせばよいか分からない、どうすれば生き返らせることができるかということは、もっと分からない」[92]という叙述がみられる。

ところが、このようなイギリス経済の状態とは対照的に、ライバル国オランダのそれは繁栄しているというのが、当時の一般的見解であった。実際のところ、この共和国の経済は一七世紀に入って急速に発達し、その中頃には黄金時代を迎えた。七〇年代には繁栄の頂点は過ぎていたけれども、第三次戦争が始まった頃においてさえ、人々は依然として活発な経済活動を営んで全般的に富裕な状態にあった。チャールズ二世の在ハーグ大使サー・ウィリアム・テンプルは、一六七二年に『ネーデルラント連邦共和国の観察』を刊行した。これは多くの読者に恵まれてベストセラーとなった論説である。ここには、オランダが商業世界の舞台に彗星のごとく登場した新興国として、当時大いに繁栄していた様相が雄弁に語られている。彼は、オランダ七州の交易の状態について比較的詳細な分析を展開しながら次のように述べた。

「この共和国の……狭い領域で営まれている産業活動ほどに大きなそれを、他国で見いだすことはできない」[93]。この国においては造船に必要な原材料は産出されていないけれども、この国以外の全ヨーロッパにおけるよりも多数の船舶がみられる。海外から亜麻・麻・ピッチ・材木・鉄のような物資を調達することにより、国内で造船業を興したからである。そもそもこの国にはバター・チーズ・陶器以外に、自己消費や輸出に必要な国内生産物はみられない。

ホラントはなんらかの国内産商品によって豊かになったのではない。産業活動によって、豊かになったのである。換言すれば、すべての外国産物を改良し製品に作り上げることにより、そのようになったのである。ヨーロッパ全域の貯蔵庫となって、すべての地域に、市場が欲して引き付けるありとあらゆる物を供給することにより、豊かになったのである。つまり自らが船乗りに、彼らに相応しくそう呼ばれてきた世界共通の運搬人（common carriers of the world）になることにより、豊かになったのである。[94]

テンプルは、加工貿易国家として急速に成長したオランダ共和国をこのように讃えた。

ペティの『政治算術』に戻ろう。彼はその「序」で、フォートリーとコウクが抱いていたイギリスの経済状態についての悲観的見解を次のように批判している。それは「個々人の移り変わりやすい、心・意見・情念に存在の根拠をもつような」たんなる思い込みにすぎない。しかるに「その確信はあまりに広くゆきわたり、幾人かの人々の心をあまりに強く動かして、すべての人々に損害を与えている」[95]、と。この論説の中心的課題として展開された、三列強の国力・経済力についての比較分析は、このような悲観的見解の真偽を検証するために行なわれたものである。彼は『賢者』で、すべての国民が戦費負担に参加すべきであるという提案を掲げた。その彼にとっては、このような提案が妥当な内容であるということを立証するためにも、「公共の利益が置かれている真実の状態を正確に」[96]分析把握して、フォートリーやコウクの見解が誤りでありことを明らかにする必要があったのである。

『政治算術』には、その比較分析の焦点をなす経済力（富）と国力（政治力・軍事力）とに関する命題ともいえる叙述が断片的にながら随所にみられる。ペティは、いかなる仮説をも立てるべきではないというベイコンの提言に逆らって、これらの命題をあらかじめ措定し、それらを道標として用いながら算術的分析を展開しているといえる。そのような命題としてとくに留意すべきは、「国王と臣民は現在よりもっと富裕に（Rich）なり、攻撃的にも防衛的にももっと強力に（Strong）なるであろう」[97]というものである。彼はここで、国力を強化して他国を攻撃し、他国から自国を守るためには、経済力を強化しなければならないと示唆している。つまり、国力強化のためには、経済力を強化しなければならない、というのである。また、経済力を強化するためには外国貿易と海運業を奨励するという方法がとられるべきであるという命題もみられる。つまり、国内産業（Domestick Trade）ではなく外国貿易（Foreign Trade）によって、経済力は真に強化されるという命題である。

このような命題を掲げる理由として、外国貿易は金・銀・宝石という「普遍的富」（Universal Wealth）を海外から国内に運んでくる産業部門であるという点が挙げられている。一国は「何時いかなる時においても富」[98]であるような性質の財貨を蓄えることによって、経済力を真に強化できるというのである。だから輸出貿易の拡大はとくに重要であり、その状態は「イギリスの富を吟味すべき試金石であり、この国の健康をみきわむべき脈拍である」[99]という。これに対し、農業・漁業・鉱山業・製造業は葡萄酒・穀物・鳥肉・獣肉のような「一般的富」（Wealth at large）を生みだすにすぎないので、外国貿易ほどに有益ではないと述べる。

こうして彼によれば、「貿易と武力によってその国の金・銀・宝石を増加させようとする人々」が、生産的で「勤勉で創意に富む人々[100]」である。要するに、国内産業の発達による雇用量・産出量の増大よりも、外国貿易の拡大による貴金属の蓄積の方が重要であるというのである。彼はこのような考えにもとづいて、或る国が外国貿易を大いに発達させて「全商業世界」を支配するに至ったとき、世界の最強国になったと理解できるという。いずれにせよ、三列強の国力・経済力の分析はこのような命題を踏まえ、貴金属や貿易差額や外国貿易を主な指標として用いながら展開される。

その算術的分析の内容は概ね次のようである。第一。オランダは国土が狭く人口は少ないけれども、富（Wealth）と力（Strength）の大きさでは、広大な領土と多数の国民をもつ国に匹敵する。ホラントとジーラントという二州は領土面積がフランスの八〇分の一、人口は一三分の一にすぎないけれども、経済力と国力はフランスの三分の一に相当する。その理由は、彼らの所有する船舶の価値と海外への輸出量とが、フランスに比べて圧倒的に大きいからである。また、フランス王国が確保している税収入（年間五〇〇万ポンド）は国土と人口の割に少なく、ホラントとジーラントのそれ（二一〇万ポンド）の三倍以上ではないからである。「過去一〇〇年間に租税や公共的貢納のためにホラントとジーラントほどに多額を支払った地域は、ヨーロッパに見あたらない[101]」。オランダが「富と力の改善」をはかることができた原因で、最も重要なのは、この国の人々の主要な産業が海運業であり、その発達によって彼らが「貿易世界全体の運搬人ないし仲買人[102]」（Factors, and Carriers of the whole World of Trade）になった、という点である。結論として、「富の増大という点で、ホラントとジーラントに比肩しうるような国は見あたらない[103]」といえる。

第二。フランスの領土はイギリス王国の諸領域（イングランド、スコットランド、アイルランド）よりも幾分か広い。しかしそのこと自体が、国力・経済力の点でフランスにとって有利であるわけではない。その人口は約一三五〇万人でイギリス（約九五〇万人）よりも多い。しかし重要なのは人口それ自体ではなく、どれだけの臣民がどのような職業に就いているかということであり、この点ではイギリスの方が有利である。この国に約二七万人もいる聖職者がわが国には二万人しかいないからであり、そこに約一万五〇〇〇人しかいない海員がこちらには四万人以上もいるからである。つまりフランスは労働者の三倍も消費する聖職者で溢れているが、イギリスは農夫の三倍も稼得する海員を数多く擁しているからである。またフランスは「海上での支配力」という点でもオランダやイギリスに劣るし、将来も強力にはならないであろう。そこで海軍力をすみやかに強化することは困難であるだろう。兵員を養成するための基盤である海運業が十分に発達していないからである。しかも、この国がこれから「世界の運搬人たるイギリス人やオランダ人」[104]を駆逐して海運業を育てることは、きわめて困難である。それだけではない。フランスが世界の貿易活動の全体に占める割合は、その輸出総額（年間四八〇万〜六〇〇万ポンド）から推定して、わが国の半分以下である。このことからも、この国が富と力においてわが国よりも著しく劣っていると結論できる。

第三。イギリスの経済力と国力は過去四〇年間に著しく増大したといえる。その理由は、こうである。農業生産力が拡大して、人口が二〇〇万人も増大した。ロンドンの家屋の価値が二倍に増えたが、その傾向はイングランドの地方やアイルランドにおいてもみられる。船舶が増加した。軍艦は三〜四倍も、ニューカースルに就航している商船の総トン数（約八万トン）は四倍以上も、増えた。西アフリカとアメリカ向けの貿易に用いられている船舶（年間四万トン）は、もっと増えた。このような船舶の増加に比例して輸出入関税収入は三倍増加したが、これは貿易が拡大したことの証拠である。国内で流通している貨幣が増加して、利子が低下した。公収入が約三倍も増加した。このような分析結果から、わが「国王の臣民は、不平を抱いている人々が主張したがっているほどに悪い状態にはない」[105]といえる。いやそれどころか、わが「国王が全商業世界の貿易をことごとく獲得することは……きわめて実行可能なことである」[106]とさえいえる。この国は世界のすべての貿易のうち約九分の二に相当する部分を、またすべての海運業のうち約七分の二をすでに支配しており、しかも世界の貿易を推進するのに必要な資本六〇〇〇万ポンドをもっていることが確かであるから、そのように断言できる。これが、この国における「国民、土地、資本、産業についての真の状態を知る」[107]ことによって導きだされる結論である。

今日の研究成果によれば、イギリス一七世紀六〇年代以降の経済状態はフォートリーやコウクが理解したような衰退の傾向にはなく、ペティが分析把握したような上向きの動向にあったことが明らかである。史家G・ホームズは今日の成果が明らかにしている様相を、次のように概説している。[108] 従来の研究において、王政復古期が、最初の工業国家誕生を予告するような画期的な企てや変革がみられた時期として、注目されたことはなかった。しかし今日では、名誉革命（一六八八年）に先立つ約二〇年間は、一七世紀末に始まるイギリス「商業革命」を準備した最初の時期であったと理解されている。一六六〇年代末に一六五八年より続いていた深刻な貿易不況は終息し、それ以降八〇年代末までに海外市場において革命的といえるほどの変化が生じたことが明らかになったからである。また、この外国貿易の急速な拡大は、国内市場を浮揚性のある状態に導きながら、四〇年代の内乱で成長を著しく妨げられていた毛織物工業の回復を促したと理解されている。しかも趨勢の変化は貿易と製造業だけではなく、農業においてもみられた。王政復古後の三〇年間に、この国の農業は緩慢ではあるが見てとれるほどに様相を変えた。エンクロージャーは盛んに行なわれ、耕地はかってないほどに十分に施肥され、農業労働者の実質賃金は上昇した。つまり農業革命の起源は、一七五〇年ではなく一六五〇年頃にあったと理解されている。

さてペティは『政治算術』で、以上のような比較分析での結論を踏まえて、イギリスの国力を改善するための提案を掲げる。それは戦費の合理的な調達を目的とする税制改革の提案であり、その内容は『賢者』の提案と基本的に同じ性質のものである。ここには、彼が当の改革案によほど大きな熱意を燃やしていたことが窺える。比較分析を展開した彼が、その結論を踏まえて当の提案を掲げるに至った、その思考の径路は次のようであったと思える。算術的分析にもとづき、イギリスは覇権国オランダに劣らないほどの経済力を蓄えていることが、換言すれば、この国は世界商業の覇権をオランダから奪取できる可能性を秘めていることが明らかになった。とはいえこの国は、その経済力にもとづいて国力を改善しないかぎり、その可能性を実現することはできない。軍事力を強化して、ライバル国との戦争を優勢に戦えるような態勢を整えないかぎり、覇権国への路は拓けてこない。彼はこのように思考を巡らしながら、眼前の戦争での勝利を目的とし、すべての国民が戦費負担に参加することを主旨とする、税制改革を提案したのであった。

第六節　神の摂理と主権者の手

ペティが『賢者』と『政治算術』で掲げた税制改革案は、王政復古期の政府によっては採用されなかった。この政府は彼が当の提案を行なった以降も、依然として主に月割査定税によって戦費を調達した。当時の政策史にペティの提案の痕跡のようなものはみられない。また彼の提案は王立協会のメンバーによっても傾聴されなかった。その会合でこの改革案の報告がなされたという記録はみられない。そもそもこの協会は、統治に関する問題に関与することを意識的に避けていたから、その会合で当の改革案がトピックとして採りあげられなかったのは、むしろ当然であったというべきかもしれない。[109]二つの論説の草稿は、協会のメンバーのなかでは、グラントやピープスのようなごく親しい少数の科学愛好家によってのみ読まれたにすぎなかったように思える。

とはいえ、このような事情は、王立協会のメンバーが政治・宗教・社会・経済のような統治に関する問題に無関心であったということを意味しない。M・ジェイコブの綿密な研究によれば、事実はまったく逆であったことが明らかである。[110]それによればウィルキンズ、ボイル、I・バローのような創立期の協会を代表するメンバーは、自然哲学者であると同時に広教主義派の国教徒として、「政治世界」(world politick)にのめり込んだ。彼らは敬虔なキリスト教徒として、王政復古期に新しい社会的・政治的秩序がキリスト教の教義と教会とにもとづいて形成されることを求めた。しかも彼らは自然哲学者として、そのような秩序がキリスト教の教義と背反することのない科学的思考に支えられて生みだされることを求めた。つまり彼らはキリスト教徒と科学者という二つの立場から、一六六〇年以降の政治世界のヴィジョンを示そうとしたのであった。

そのような彼らにとって、ホッブズの機械論哲学はデカルトや急進派の哲学とともに脅威であり、克服しなければならない対象であった。彼らにとって、人間は「霊的な力」(spiritual force) によってではなく、自己の内的な力によって運動する物質であるというホッブズの唯物論は、教会の権威にもとづく社会の秩序を揺るがすようにみえた。その見解は、市場価値を最優先して欲望の赴くままに行動するという、当時の新しいライフスタイルを助長する傾向を帯びている、と理解されたからである。また彼らにとって、その唯物論は科学と宗教とのあいだに亀裂を生みだし、科学に対する恐怖心を多くの人々に抱かせる要因を孕んでいるようにみえた。外在的な運動の原理を否定したホッブズの見解は、物質の運動を霊的な力のコントロールから解き放つことにより、科学を神の世界とは無縁な無神論の領域に追いやる傾向をもたらすであろう、と危惧されたからである。

このような背景のもとにプロテスタントの自然哲学者は、「新機械論哲学」(new mechanical philosophy) ともいうべき新しい科学を編みだした。それは「自然世界」(=宇宙) における運動の法則が、神の霊的な力によって展開されていると理解することにより、宗教と科学との融合をはかろうとする「新科学」(new science) であった。そこでは、宇宙を構成する物質はそれ自体、運動から独立した生命のないものであり、外部から霊的な力を与えられることによって初めて運動することができる、と理解された。この物質概念にもとづき、私利私欲にかられて自由奔放に行動している人間も、実は聖霊によって動かされているので、市場価値によって支配された社会を、キリスト教の教義に相応した形態に変革することは可能であると説明された。また、自然の運行は神の摂理によってコントロールされているという、自然世界についての理解にもとづき、それとの類比によって政治世界の構造と性質が説明された。それによれば、政治世界での人々の行動は自然の運行と同様に摂理によって導かれているのであり、キリスト教の教義と調和する社会的・政治的秩序がそこに保たれることは、神がもとより計画しているところであった。つまりこの新科学においては、人間の世界も自然のそれと同様に、見えざる「神の手」(hand of God) によって監督されている宇宙を構成するものであった。

ジェイコブの研究をつうじて、王立協会を代表する科学者たちが、ペティとはまったく異なる角度から統治の問題にアプローチしていたことが明らかであろう。ペティも同じ協会のメンバーであったけれども、彼にはその仲間たちとは異なり、神の摂理を信じながら、キリスト教の教義を弁護する立場から政治的議論を展開するという姿勢はみられない。それればかりか、彼は広教主義の哲学者が忌み嫌っていたホッブズの機械論哲学を擁護していたとさえいえる。彼がパリでホッブズに出会って影響をうけたのは方法の点においてだけではなかったし、ロンドンでハートリブに出会ってベイコン主義の実験哲学から影響をうけたのちにも、物質・運動の概念や自然的・社会的秩序の理解という点では、ホッブズの見解を受け継いでいたからである[三]。

ペティは初期草稿「交易の解明」でホッブズの影響をうけながら、「労働とは、商品のために……行なわれる、人間の単純な運動」であるという命題を掲げた。人間の原初的な運動である労働が、富を生みだす究極の原因であると述べた。その労働（人間の単純な運動）は広教主義者の理解したような、霊的な力の働きかけによって生命が吹き込まれるという性質のものではない。それはホッブズが理解したような、人間の主体的な意思（情念）にもとづいて行なわれる運動である。もし運動が霊的な原理にもとづいて展開されるのであれば、労働という運動も神の摂理に導かれて行なわれるであろう。そうであれば人々は一般に勤勉で、奢侈や享楽にふけることもなく日夜禁欲的な生活を送るであろうし、貧困よりも富裕が、混乱よりも秩序がいっそう支配的な社会が必然的に形成されることになるに相違ない。しかしペティは、労働が神の意志によって行なわれる運動であるとも、それを行なう人々が禁欲的で勤勉であるとも解しなかった。彼の眼に映じた労働者は、三日間の労働で一週間生活できるほどの稼ぎが得られるならば、残りの三日間は自発的に失業者となって感情の赴くままに惰眠をむさぼるという類の人間であった。生まれながらに勤勉ではなく怠惰であり、何か人為的な手段によって生活に重圧をかけられ、労働意欲を刺激されないかぎりは、職場に足をむけることも倹約に努めることもしないというのが、彼のみた労働大衆であった。彼はこのような怠惰な労働者観にもとづいて、賃金は生活を維持することが可能な最低の水準にまで引き下げられるべきであるという、残忍な内容の「低賃金の経済」(ecomomy of low wages) 論を展開した。[112]

それればかりかペティはそもそも、人々が全般的に富裕になり、不和や対立が全面的に解消された、秩序や調和のある豊かな社会が、この世に実現するとは考えていなかったようである。『政治算術』「序」には、貧富の格差をなくすことは絶対に不可能であるから、政治的・社会的秩序を全面的に形成することは永久に困難であるだろうという、悲観的な色調を帯びた叙述がみられる。

ある人々は他の人々よりも貧しい。そのようなことは、これまで常にそうであったし、これからも常にそうであるだろう。だから多くの人々は当然のことながら不平をいって妬む。これはこの世があるのと同じくらいに古くからある悪弊 (evil) である。[113]

このように考えるペティによれば、霊的な力の働きを固く信じて、政治的な力による統治の役割や意義を軽視するならば、貧困はいっそう拡大して、不和や対立はいっそう激化することになるに相違ない。聖霊の働きに信を置かない彼にとって、「平和と豊富」(peace and plenty) は「主権者の力」に依拠して初めて、実現の可能性がみえてくる状態であったといえる。私は「自然のなかに見ることができる基礎をもつような原因だけを考察する」。「心に……存在の根拠をもつような原因は、これを他の人々が考察するのに任せておく」。このように述べることにより彼は、神や魂のような五感で把握できない対象物を物象的世界の原因と捉えて思考を巡らせていた広教主義の哲学者とは、認識論の根本的な点で袂を分かつ立場にあることを表明したといえる。

ペティの著作には「自然状態」や「戦争状態」という言葉はみられない。しかし彼は経済科学を本格的に開拓するようになってからのちも、ホッブズの機械論を受容しながら、人々は人為的な統制を欠如するときには必ず混乱と貧困の状態に陥るであろう、という見解を抱いていたと思える。彼は一六六二年に『租税貢納論』を刊行し、主権者が財政的基盤を確保する合理的方法について検討したが、そこでは富裕と秩序は主権者の人為的なコントロールによってのみ実現されるという、ホッブズのテーゼを論議の中心に据えている。『リヴァイアサン』刊行後に書いたと思える、ペティの小論「ホッブズ氏の王政論について」には、「自分が語ることを常にこのうえない注意を払って検討する、ひじょうに優れたホッブズ」[114]という賛辞がみられる。また、J・オーブリの『名士小伝』には、ペティが自分の歩みを回顧しながら述べた「私はホッブズ氏の心を自分の心」[115]にしたという、言葉が伝えられている。これらはパリでのホッブズとの親交を懐古しながら、たんに感傷的な気分に駆られて吐かれたにすぎない言葉ではない。それらはホッブズの機械論哲学を継受し、これを嫌悪していたボイルやウィルキンズとは根本的に相容れない自然・社会観を抱いていたことを暗に匂わせた言葉である、と解するべきである。いずれにせよペティが、政治世界には本来秩序や調和が備わっているとか、人類の幸福は神の意志によって必然的に生みだされる状態であるという、広教主義者の見解に疑念を抱いたことは確かである。彼は王立協会のメンバーであったけれども、ホッブズの見解に与しながら無秩序や混乱がむしろ人類の本来の姿であり、平和や富裕は政治的な力を巧みに行使して初めて手に入れることができる状態である、と理解していたといえる。

ホッブズは、創設されてまもない王立協会に入会することを拒まれた。伝記作家オーブリによれば、もとよりホッブズに敵意を抱いていたボイルとJ・ウォリスとP・ニールが、彼の入会を阻んだ[116]。しかしながら、なぜ彼らはホッブズを拒んだのか、その真相は明らかではない。その理由は、ホッブズがベイコン主義の実験哲学を蔑視していたことにあったのか、ボイルらの恐れる機械論哲学を彼が説いていたことにあったのか、それとも彼が論争において振舞うことを常としていた頑固で独断的な態度にあったのか、その詳細は明らかではない。けれどもいずれにせよ、これがホッブズを尊敬していたペティにとって、心中穏やかでない出来事であったことは確かであろう。彼はこの出来事の渦中にあって、ホッブズという人物とその哲学との評価をめぐって、自分とその周りにいる協会の仲間とのあいだに埋め難い溝があることを思い知ったに相違ない。

実際ペティは、協会がスローガンとして掲げていたベイコン主義の実験哲学を拠り所にして探究を進めていたけれども、統治の問題に関しては、ボイルのような協会を代表する科学者とはまったく異質の構想を抱いていた。彼はホッブズの哲学を継承しながら政治算術にもとづいて、統治に関するヴィジョンを描いた。それは広教主義の科学者が機械論哲学を退けながら、キリスト教の教義にそって構想したところとは、内容や性質が根本的に異なる。広教主義者は、国教会が政治的・社会的指導力を発揮することにより、安定した、繁栄する国家が誕生するであろうと構想した。彼らによれば、このような構想は神の計画そのものを具体化することであったが、それを実現するには、宇宙における摂理の働きを説明する新科学にもとづいて、合理的で包容力のある新しいキリスト教の教義を確立し、ひいては世界のプロテスタンティズムを統一することが大前提であった。この自然哲学者がキリスト教徒として掲げた社会改革のプログラムは、一七世紀末にニュートン主義の改革論として結実した。その後それは『百科全書』の刊行をもって成熟するに至る啓蒙主義の思潮により、一つの貴重な知的遺産として受け継がれることになる。[117]これに対しペティは、イギリスが経済力と国力を強化して世界商業を支配する覇権国になることを構想した。彼によれば、これを実現するには、この国が戦費調達能力を高めて、ライバル国との覇権戦争を優勢に戦えるようになることが不可欠であった。彼が国力強化の立場から提案した税制改革案は間接的にながら、名誉革命以降の政府が推進した財政政策に影響を与えることになる。

むすび――重商主義の経済科学

ベイコンにとって、哲学の目的は「自然の解明」にあった。自然についての確実な知識を獲得し、その知識にもとづいて自然を操作し、それを人間の利益となるように征服することが、彼の哲学の目的であった。帰納法が獲得した知識は、自然を征服できる力を秘めている。彼はこのような意を込めて、「知は力なり」と述べた。ペティがベイコンの哲学に心を惹かれたのは、それが自然を模倣しながら、自然とは異質の新しい結合物を創りだすことができる操作科学であるという点であった。彼はそのような性質をもつベイコンの実験哲学に倣いながら政治算術を考案し、この技法を用いて、イギリスが覇権国の地位をオランダから奪い取るに至るまでの道筋を示唆した。その技法にもとづいて三列強の国力・経済力を比較分析し、その分析結果を踏まえて、イギリスが世界商業のヘゲモニーを獲得するほどの強国に成長することを可能にする提案を掲げた。それは具体的には、現行の税制を抜本的に改革し、それをすべての国民が国費を負担するような機構に改めるべきであるという主旨の提案であった。この提案が実行されれば、この国は戦費を効率的に調達して大規模な軍隊を維持できる「財政・軍事国家」[118]（fiscal-military state）に、つまり大規模な長期戦でさえ比較的容易に遂行できる強国に成長するに相違ない。彼はこのように構想しながら、税制改革の提案を掲げたのであった。

ペティの国力強化の提案は、ライバル諸国と鎬《しのぎ》を削りながら外部的拡大をはかっていた当時のイギリスにとって、有効な方策であったといえる。それはチャールズ二世とジェームズ二世によっては採用されなかったけれども、名誉革命以降の政府が推進した財政政策には、間接的にながら影響を与えた。その政府の財政政策は赤字政策であり、租税中心主義のペティの提案とは立場が異なっていた。しかし、戦費調達能力に秀でた国家が戦争に勝利するという信念に支えられていたという点では、双方に違いはなかった。思想史のうえで、このような立場から実践的な構想をいち早く示したのはペティであったと思える[119]。

イギリスはペティ死後の一七世紀末以降に、公信用政策が功を奏して着実に財政・軍事国家として成長し始めた。一八世紀中頃までにはそのような国家として十分に成長を遂げ、フランスとの覇権戦争を徐々に優勢に闘えるようになった。結局この国は一七六三年に七年戦争に勝利し、ついに覇権国としての地位を奪い取った。ところが、この覇権戦争が深みに入り始めた頃、この熾烈な争いに異を唱える声が、その当事国の双方から聞こえるようになった。ヴォルテールやモンテスキューのような穏和で寛大な精神の持ち主は、血腥い状況を目の当たりにしながら、国の利益よりも人類のそれを優先させるべきであるという世界主義の立場を強調した。世界の人々は国家の栄光よりも国民の安寧を尊重して、戦争よりも平和を愛好すべきであると主張した。[120] ヒュームとスミスもこのような立場に同調しながら、眼前の残酷で悲惨な状況を打開する路を模索した。彼らによれば、世界が「永続的な商業戦争の舞台[121]」と化したことの原因は、列強が一七世紀より推進してきた「近代の政策」(＝重商主義)にあった。この政策により、本来諸国を結びつける「連合と友情の絆[122]」となるべき商業が、諸国間における「不和と敵意とのもっとも豊かな源泉[123]」となってしまったことに、その原因があった。彼らはこのように現状を認識しながら、一七世紀以来の政策を全面的に転換することを要請した。その転換が実施されるならば、商業は「相互性の論理[124]」を取り戻し、それは相互依存関係を回復した諸国によって営まれるようになる。つまり諸国は共存共栄の関係を結んで、ヨーロッパ世界に「大商業共和国[125]」(great mercantile republic)が誕生することになる、と彼らは展望した。[126]

ペティの時代に、覇権国オランダの国力・経済力が後発国イギリスのそれを上回っていることは、誰の眼にも明らかであった。そのような時代に、ライバル国と自由貿易を営んで友好関係を育むべきであるというような提言は、実際のところ、到底人々の思い及ぶところではなかった。その頃イギリスにとって、オランダはいつも進出のまえに立ちはだかっていた障壁であるばかりか、いつ侵略に来るかも知れない脅威ともなっていたからである。ペティはこのような現状を熟察しながら、国力が劣勢なイギリスの国王に対し、国力を強化すべきであると提言した。彼の国力強化策は、対外的な力関係をこの国に有利な状態に変えて海外に進出するだけでなく、国民の生命・財産を外敵から守ることをも意図する提案であった。これが啓蒙の潮流とは袂を分かつ立場からの提案であったことは、いうまでもない。しかし彼にとっては、眼前の緊急の課題を解決する現実的な方策こそが重要だったのである。いずれにせよ、ペティが政治算術にもとづいて開拓したのは、国力強化を究極目標にし、コモンウェルスの人為的な改善によってその目標を達成しようとした、重商主義の経済科学であったといえる。

参照文献

Aubrey, J., *Aubrey's Brief Lives,* London, 1949, ed. by O. Dick, rpt. Secker &. Warburg, 1958.（橋口稔・小池珪訳『名士列伝』〔抄訳〕冨山房、一九七七年）

Bacon, F., *Novum Organum,* 1620, in G. Rees, ed., *The Oxford Francis Bacon,* Vol. XI, 2004.（服部英次郎訳『ノヴム・オルガヌム』『世界の大思想六・ベイコン』河出書房、一九六七年所収）

Bacon, F., *New Atlantis,* 1627, in J. Spedding, R. Ellis and D. Heath ed., *The Works of Francis Bacon*, Vol. III, London, 1859, rpt., Friedrich Frommann Verlag, 1963. （川西進訳『ニュー・アトランティス』岩波書店、二〇〇三年）

Ben-Chaim, M., *Experimental Philosophy and the Birth of Empirical Science*, Ashgate, 2004.

Brewer, J., *The Sinews of Power*, Unwin Hyman, 1989.（大久保桂子訳『財政＝軍事国家の衝撃』名古屋大学出版会、二〇〇三年）

Bryant, A., *Samuel Pepys*, *The Man in the Making*, Cambridge University Press, 1933.

Buck, P., "Seventeenth-Century Political Arithmetic", *Isis*, 63 (No. 241), 1977.

Cassirer, E., *Die Philosophie der Aufklärung*, J. C. B. Mohr, 1932.（中野好之訳『啓蒙主義の哲学』筑摩書房、二〇〇三年）

Cassirer, E., *The Platonic Renaissance in England*, 1932, trans. by J. Pettegrove, Gordian, 1970.（三井礼子訳『英国のプラトン・ルネサンス』工作舎、一九九三年）

Cassirer, E., *Das Erkenntnisproblem in der Philosophie und Wissenschaft der neueren Zeit*, Zweiter Band, 1907, 3rd. ed., 1922, rpt., Wissenshaftliche Buchgesellschaft, 1994.（須田朗・宮武昭・村岡晋一訳『認識の問題』（2-1）、みすず書房、二〇〇〇年）

Chandaman, C., *The English Public Revenue 1660-1688*, Oxford University Press, 1975.

Coke, R., *A Discourse of Trade in Two Parts*, 1670, in Magnusson ed., *Mercantilism*, Vol. I, Routledge, 1995.

D'Alembert, *Preliminary Discourse to the Encyclopedia of Diderot*, 1751, trans. by R. Schwab, University of Chicago Press, 1995.（桑原武夫訳編『百科全書』岩波書店、一九七一年）

Fitzmaurice, E., *The Life of Sir William Petty 1623-1687*, London, 1895, rpt., Routledge/ Thoemmes Press, 1997.

Fortrey, S., *Englands Interest and Improvement*, 1663, in Magnusson ed., *op. cit.*, Vol. I.

Gay, P., *The Enlightenment: An Interpretation*, Vol. II. *The Science of Freedom*, Norton, 1969.（中川久定他訳『自由の科学』ミネルヴァ書房、一九八二・八六年）

Graunt, J., *Natural and Political Observations ... upon the Bills of Mortality*, London, 1676, in C. H. Hull ed., *The Economic Writings of Sir William Petty*, Vol. II, Cambridge University Press, 1899, rpt., Routledge / Thoemmes Press, 1997. （久留間鮫造訳『死亡表に関する自然的および政治的諸考察』栗田出版会、一九六八年）

Hazard, P., *The Europian Mind 1680–1715*, 1935, trans. by J. May, 1953, rpt., Penguin Books, 1964.（野沢協訳『ヨーロッパ精神の危機 一六八〇―一七一五』）法政大学出版局、一九七三年）

Hobbes, T., *Leviathan, or the Matter, Forme, & Power of a Common-Wealth Ecclesiasticall and Civill*, 1651, ed. by R. Tuck, Cambridge University Press, 1991.（水田洋訳『リヴァイアサン』岩波書店、一九八二―九二年）

Hobbes, T., *Elements of Philosophy ... concerning Body,* trans. into English, 1656, in W. Molerworth, ed., *The English Works of Thomas Hobbes of Malmesbury*, Vol. I, London, 1839, rpt., Routledge/ Thoemmes Press, 1992.

Holmes, G., *The Making of a Great Power*, Longman, 1993.

Hont, I., *Jealousy of Trade*, Harvard University Press, 2005.

Hume, D., "Of Commerce", 1752, in K. Haakonssen, ed., *Political Essays*, 1994,（田中敏弘訳『ヒューム政治経済論集』御茶の水書房、一九八三年）

Hunter, M., *Science and Society in Restoration England*, 1981, rpt., Gregg Revivals, 1992.（大野誠訳『イギリス科学革命』南窓社、一九九九年）

Hutton, R., *Charles the Second*, Oxford University Press, 1989.

Jacob, M., *The Newtonians and the English Revolution, 1689–1720*, Cornell University Press, 1976.（中島秀人訳『ニュートン主義者とイギリス革命』学術書房、一九九〇年）

Jacob, M., *The Radical Enlightenment*, George Allen & Unwin, 1981.

Latham, R., *The Shorter Pepys*, Penguin Books, 1985.

Magnusson, L., *Mercantilism: The Shaping of an Economic Language*, Routledge, 1994.

Mahan, A., *The Influence of Sea Power upon History 1660–1783*, 1890, rpt., Little, Brown & Co., 1918.（北村謙一訳『海上権力史論』原書房、一九八二年、新版、二〇〇八年）

Ogg, D., *England in the Reign of Charles II*, Oxford University Press, 1934.

Pepys, S., *The Diary of Samuel Pepys*, ed. by R. Latham and W. Matthews, University of California Press, 1970–72,（臼田昭訳『サミュエル・ピー

プスの日記』国文社、一九八七—二〇〇三年).
Petty, W., “An Explication of Trade and its Increase”, [1647], in Marquis of Lansdowne ed., *The Petty Papers*, Vol. I, No. 62, Constable & Company Ltd., 1927, rpt., Routledge / Thoemmes Press, 1992.
Petty, W., “On Hobbes’ Theory of Monarchy”, in Lansdowne ed., *op. cit.*, Vol. II, No. 88.
Petty, W., *The Advice of W. P. to Mr. Samuel Hartlib. For the Advancement of some particular Parts of Learning*, London, 1647.
Petty, W., *A Treatise of Taxes & Contributions*, London, 1662, in Hull ed., *op. cit.*, Vol. I. (大内兵衛・松川七郎訳『租税貢納論』岩波書店、一九五二年)
Petty, W., *Verbum Sapienti*, London, 1691 [1665], in Hull ed., *op. cit.*, Vol. I. (大内兵衛・松川七郎訳『賢者には一言をもって足る』岩波書店、一九五二年)
Petty, W., *Political Arithmetick*, London, [1690], in C. H. Hull ed., *op. cit.*, Vol. II. (大内兵衛・松川七郎訳『政治算術』岩波書店、一九五五年)
Petty, W., *The Political Anatomy of Ireland*, 1691, in Hull ed., *op. cit.*, Vol. I. (松川七郎『アイァランドの政治的解剖』岩波書店、一九五一年)
Petty, W., “An Unpublished Manuscript by Schichiro Matukawa”, 1977 [1670], in T. Hutchison ed., *Sir William Petty: Critical Responses*, Routledge/ Thoemmes Press, 1997.
Petty, W., *The Petty-Southwell Correspondence 1676–1687*, ed. by Marquis of Lansdowne, Constable & Company Ltd., 1928, rpt., Routledge / Thoemmes Press., 1997.
Porter, R., *The Creation of the Modern World*, W. W. Norton, 2000.
Porter, R., *The Enlightenment*, Macmillan, 1990. (見市雅俊訳『啓蒙主義』岩波書店、二〇〇四年)
Shapiro, B., *Probability and Certainty in Seventeenth-Century England*, Princeton University Press, 1983.
Skinner, Q., *Visions of Politics*, Vol. III., Cambridge University Press, 2002.
Smith, A., *An Inquiry into the Nature and Causes of the Wealth of Nations*, London, 1776, ed. by R. Campbell & A. Skinner, in *The Glasgow Edition of the Works and Correspondence of Adam Smith*, Vol. II, Oxford University Press, 1976. (水田洋・杉山忠平訳『国富論』岩波書店、二〇〇〇〜二〇〇一年)
Sprat, T., *The History of the Royal Society, 1667*, 3rd. ed., London, 1733.

Temple, W., *Observations upon the United Provinces of the Netherlands*, 1673, in *The Works of Sir William Temple*, London, 1757, Vol. I.
Tomalin, C., *Samuel Pepys*, Penguin Books, 2002.
Voltaire, *Letters on England*, 1733, trans. by L. Tancock, Penguin Books, 2005.（林達夫訳『哲学書簡』岩波書店、一九五一年）
Watkins, I., *Hobbes's System of Ideas*, 1965, rpt., Gower, 1989.（田中浩・高野清弘訳『ホッブズ――その思想体系』未來社、一九八八年）
Wilson, C., *Profit and Power*, Longmans, 1957.
Williamson, J., *A Short History of British Expansion*, 1922, 3rd. ed., rpt., Macmillan, 1959.
伊藤誠一郎（一九九七）「政治算術の継承に関する一考察」『三田学会雑誌』九〇―一。
大倉正雄（二〇〇〇）『イギリス財政思想史――重商主義期の戦争・国家・経済』日本経済評論社。
大倉正雄（二〇〇二）「『財政・軍事国家』の形成と財政論議」竹本洋・大森郁夫編著『重商主義再考』日本経済評論社。
大倉正雄（二〇〇五）「ウィリアム・ペティ」坂本達哉編『黎明期の経済学』日本経済評論社。
大森郁夫（二〇〇二）「新しい重商主義像を求めて」竹本洋・大森郁夫編著『重商主義再考』日本経済評論社。
竹本洋（二〇〇五）『「国富論」を読む』名古屋大学出版会。

注

(1) そのような現状にあって、イギリス一七世紀と一八世紀初頭の経済思想・言説を「経済的言語の形成」という観点から把握したL. Magnusson, *Mercantilism: The Shaping of an Economic Language* (Routledge, 1994) は、注目すべき成果である。なお二分法的アプローチが孕む問題点についいては、大森郁夫「新しい重商主義像を求めて」（竹本洋・大森郁夫編著『重商主義再考』日本経済評論社、二〇〇二年所収）を参照。

(2) D'Alembert, *Preliminary Discourse to the Encyclopedia of Diderot*, 1751, trans. by R. Schwab, University of Chicago Press, 1995（桑原武夫訳編『百科全書』岩波書店、一九七一年）, p. 80.

(3) *Ibid*., p. 72.

(4) *Ibid*., p. 74.

(5) Voltaire, *Letters on England*, 1733, trans. by L. Tancock, Penguin Books, 2005（林達夫訳『哲学書簡』岩波書店、一九五一年）, p. 59.

(6) *Ibid*., p. 60.

(7) D'Alembert, *op. cit*., p. 76.

(8) P. Gay, *The Enlightenment: An Interpretation, Vol. II. The Science of*

Freedom, Norton, 1969,（中川久定他訳『自由の科学』ミネルヴァ書房、一九八二・八六年）、p. 344.

(9) *Ibid*.

(10) *Ibid*.

(11) P. Hazard, *The Europian Mind 1680–1715*, 1935, trans. by J. May, 1953, rpt., Penguin Books, 1964（野沢協『ヨーロッパ精神の危機一六八〇―一七一五』法政大学出版会、一九七三年）, p. 17.

(12) *Ibid*., p. 19.

(13) *Ibid*., p. 17.

(14) *Ibid*., p. 19.

(15) *Ibid*., p. 21f.

(16) *Ibid*., p. 25.

(17) *Ibid*., p. 26.

(18) *Ibid*., p. 44.

(19) R. Porter, *The Creation of the Modern World*, W.W. Norton, 2000, p. 14.

(20) *Ibid*., p. 19.

(21) *Ibid*. なおポーターの「イギリス啓蒙主義」については、R. Porter, *The Enlightenment*, Macmillan, 1990（見市雅俊訳『啓蒙主義』岩波書店、二〇〇四年）をも参照。

(22) Cf. M. Jacob, *The Radical Enlightenment*, George Allen & Unwin., 1981.

(23) E. Cassirer, *Die Philosophie der Aufklärung*, J. C. B. Mohr, 1932（中野好之訳『啓蒙主義の哲学』筑摩書房、二〇〇三年）, S. 339.

(24) Ebenda, S. 339. なお、ペティの「交易の解明」(“An Explication of Trade and its Increase”, [1647]) は、Marquis of Landsdowne, ed., *The Petty Papers*, Vol. I (1927, rpt., Routledge/ Thoemmes Press, 1997) に収められている。

(25) T. Hobbes, *Elements of Philosophy ... concerning Body*, trans. into English, London, 1656, in W. Molerworth ed., *The English Works of Thomas Hobbes of Malmesbury*, Vol. I, 1839, rpt., Routledge/ Thoemmes Press, 1992, p. 66. ホッブズの方法については、次の文献を参照。E. Cassirer, *Das Erkenntnisproblem in der Philosophie und Wissenschaft der neueren Zeit*, Zweiter Band, 1907, 3rd. ed., rpt., 1922, Wissenshaftliche Buchgesellschaft, 1994.（須田朗・宮武昭・村岡晋一訳『認識の問題』(2-1)、みすず書房、二〇〇〇年）

(26) Ebd., S. 67.

(27) Ebd., S. 64.

(28) Ebd., S. 69.

(29) Ebd.

(30) Ebd., S. 70.

(31) Ebd.

(32) J. Watkins, *Hobbes's System of Ideas*, 1965, rpt., Gower, 1989.（田中浩・高野清弘訳『ホッブズ――その思想体系』未來社、一九八八年）, p. 46

(33) Hobbes, *Elements of Philosophy*, *op. cit*., p. 312. [　　] 内は引用者。

(34) *Ibid*., p. 78.

(35) W. Petty, *Political Arithmetick*, London, 1690, in C. H. Hull ed., *The Economic Writings of Sir William Petty*, Vol. I, Cambridge University

Press 1899, rpt. 1997（大内兵衛・松川七郎訳『政治算術』岩波書店、一九五五年）, p. 244. ペティ『政治算術』「序」の当の叙述を解釈するにさいしては、次の文献を参照。E. Cassirer, *The Platonic Renaissance in England*, 1932, trans. by J. Pettegrove, Gordian, 1970.（三井礼子訳『英国のプラトン・ルネサンス』工作舎、一九九三年）

(36) F. Bacon, *Novum Organum*, 1620, in G. Rees ed., *The Oxford Francis Bacon*, Vol. XI, 2004.（服部英次郎訳『ノヴム・オルガヌム』（『世界の大思想六・ベイコン』河出書房、一九六七年）, p. 35.

(37) *Ibid.*, p. 25.

(38) *Ibid.*, p. 35.

(39) *Ibid.*, p. 23.

(40) *Ibid.*, p. 55.［　］内は引用者。

(41) *Ibid.*, p. 21.

(42) *Ibid.*, p. 53.

(43) *Ibid.*, p. 31.

(44) *Ibid.*

(45) *Ibid.*

(46) *Ibid.*

(47) *Ibid.*, p. 49.

(48) *Ibid.*, p. 37.

(49) *Ibid.*, p. 45.

(50) *Ibid.*, p. 37.

(51) *Ibid.*［　］内は引用者。

(52) *Ibid.*, p. 53.

(53) *Ibid.*, p. 21.［　］内は引用者。

(54) *Ibid.*, p. 29.

(55) *Ibid.*, p. 21.

(56) *Ibid.*, p. 23.

(57) *Ibid.*, p. 21.

(58) W. Petty, "An Unpublished Manuscript by Schichiro Matukawa", 1977 [1670], in T. Hutchison ed., *Sir William Petty: Critical Responses*, Routledge/ Thoemmes Press, 1997, p. 139.

(59) W. Petty, *The Petty-Southwell Correspondence 1676–1687*, Constable and Company Ltd., 1928, ed. by Marquis of Lansdowne, rpt. 1997, p. 321.［　］内は引用者。

(60) *Ibid.*, p. 322.［　］内は引用者。

(61) T. Sprat, *The History of the Royal Society*, 1667, 3rd. ed., London, 1733, p. 35.

(62) *Ibid.*, p. 40.

(63) *Ibid.*, p. 36.［　］内は引用者。

(64) Cf. B. Shapiro, *Probability and Certainty in Seventeenth-Century England*, Princeton University Press, 1983, Ch. II.

(65) Petty, *Political Arithmetick*, *op. cit.*, pp. 244–45.［　］内は引用者。

(66) D'Alembert, *op. cit.*, p. 114.

(67) *Ibid.*, p. 37.

(68) C. Wilson, *Profit and Power*, Longmans, 1957, Preface. 対オランダ戦争については、次の文献をも参照。A. Mahan, *The Influence of Sea Power upon History 1660–1783*, 1890, rpt., Little Brown & Co., 1918（北村謙一訳『海上権力史論』〔抄訳〕原書房、一九八二年、新版、二〇〇八年）; R. Hutton, *Charles the Second*, Oxford

University Press, 1989.

(69) Bacon, *op. cit.*, p. 29.

(70) S. Pepys, *The Diary of Samuel Pepys*, ed. by R. Latham and W. Mattnews, University of California Press, 1970–72,（臼田昭訳『サミュエル・ピープスの日記』国文社、一九八七―二〇〇三年）, Vol. V, p. 35.

(71) Wilson, *op. cit.*, p. 112.

(72) Pepys, *op. cit.*, Vol. V., p. 137.

(73) *Ibid.*, Vol. V., p. 326.

(74) Cf. A. Bryant, *Samuel Pepys: The Man in the Making*, Cambridge University Press, 1933, p. 251. ピープスについては、次の文献をも参照。R. Latham, *The Shorter Pepys*, Penguin Books, 1985; C. Tomalin, *Samuel Pepys*, Penguin Books, 2002.

(75) Pepys, *op. cit.*, Vol. VI, p. 123.

(76) *Ibid.*, Vol. V, p. 27.

(77) *Ibid.*, Vol. VI, p. 292.

(78) W. Petty, *Verbum Sapienti*, London, 1691 [1665], in Hull ed., *op. cit.*, Vol. I（大内兵衛・松川七郎訳『賢者には一言をもって足る』岩波書店、一九五二年）, p. 103.［　］内は引用者。

(79) *Ibid.*［　］内は引用者。

(80) *Ibid.*［　］内は引用者。

(81) *Ibid.*, p. 116.

(82) *Ibid.*, p. 117.

(83) Cf. C. Chandaman, *The English Public Revenue 1660–1688*, Oxford University Press, 1975, Ch. II.

(84) *Ibid.*, p. 110.

(85) Cf. D. Hume "Of Commerce", 1752, in K. Haakonssen ed., *Political Essays*, 1994,（田中敏弘訳『ヒューム政治経済論集』御茶の水書房、一九八三年）, Ch. 13.

(86) T. Hobbes, *Leviathan, or the Matter, Forme, & Power of a Common-Wealth Ecclesiasticall and Civill*, 1651, ed. by R. Tuck, Cambridge University Press, 1991（水田洋訳『リヴァイアサン』岩波書店、一九八二～九二年）, p. 36.

(87) Bryant, *op. cit.*, p. 282.

(88) D. Ogg, *England in the Reign of Charles II*, 1934, Oxford University Press, Vol. II, p. 282.

(89) J. Williamson, *A Short History of British Expansion*, 1922, 3rd. ed., rpt., Macmillan, 1959, Vol. I, p. 267.

(90) Pepys, *op. cit.*, Vol. VII, p. 182.

(91) S. Fortrey, *Englands Interest and Improvement*, 1663, in L. Magnusson ed., *Mercantilism*, Vol. I, Routledge, 1995, p. 283.

(92) R. Coke, *A Discourse of Trade in Two Parts*, 1670, in Magnusson ed., *op. cit.*, Vol. I, p. 306.

(93) W. Temple, *Observations upon the United Provinces of the Netherlands*, 1673, in *The Works of Sir William Temple*, London, 1757, Vol. I, p. 182.

(94) *Ibid.*, p. 183.

(95) Petty, *Political Arithmetick*, *op. cit.*, p. 241.

(96) *Ibid.*

(97) *Ibid.*, p. 285.

(98) *Ibid.*, p. 260.

(99) *Ibid.*, p. 278.

(100) *Ibid.*, p. 270.

(101) *Ibid.*, p. 271.

(102) *Ibid.*, p. 258.

(103) *Ibid.*, p. 271.

(104) *Ibid.*, p. 283.

(105) *Ibid.*, p. 313.

(106) *Ibid.*, p. 312.

(107) *Ibid.*, p. 313.

(108) Cf. G. Holmes, *The Making of a Great Power*, Longman, 1993, Ch. 2.

(109) Cf. M. Hunter, *Science and Society in Restoration England*, 1981, rpt., Gregg Revivals, 1992（大野誠訳『イギリス科学革命』南窓社、一九九九年）, p. 132ff.; 伊藤誠一郎「政治算術の継承に関する一考察」『三田学会雑誌』九〇—一、一九九七年。

(110) Cf. M. Jacob, *The Newtonians and the English Revolution, 1689–1720*, Cornell University Press, 1976（中島秀人訳『ニュートン主義者とイギリス革命』学術書房、一九九〇年）, Ch 1. ボイルの自然哲学については、次の文献をも参照。M. Ben-Chaim, *Experimental Philosophy and the Birth of Empirical Science*, Ashgate, 2004, Ch. 7.

(111) Cf. P. Buck, "Seventeenth-Century Political Arithmetic", *Isis*, 63 (No. 241), 1977; Q. Skinner, *Visions of Politics*, Cambridge University Press, 2002, Vol. III, Ch. II.

(112) Cf. W. Petty, *A Treatise of Taxes & Contributions*, London, 1662（大内兵衛・松川七郎訳『租税貢納論』岩波書店、一九五二年）in Hull ed., *op. cit.*, Vol. I.

(113) Petty, *Political Arithmetick*, *op. cit.*, p. 244.

(114) W. Petty, "On Hobbes' Theory of Monarchy" in Lansdowne ed., *Petty Papers*, *op. cit.*, Vol. II, p. 35.

(115) J. Aubrey, *Aubrey's Brief Lives*, London, 1949, ed. by O. Dick, rpt. Secker & Warburg, 1958（橋口稔・小池銈訳『名士列伝』〔抄訳〕冨山房、一九七七年）, p. 241.

(116) Cf. Skinner, *op. cit.*, Vol. III, Ch. 12.

(117) Cf. Jacob, *Radical Enlightenment*, *op. cit.*, Ch. 2, 7.

(118) Cf. J. Brewer, *The Sinews of Power*, Unwin Hyman, 1989.（大久保桂子訳『財政＝軍事国家の衝撃』名古屋大学出版会、二〇〇二年）。

(119) ペティの財政政策論のこのような思想史的把握については、次の文献を見よ。大倉正雄『イギリス財政思想史——重商主義期の戦争・国家・経済』日本経済評論社、二〇〇〇年、同「『財政・軍事国家』の形成と財政論議」（竹本・大森、前掲書、所収）、同「ウィリアム・ペティ」（坂本達哉編『黎明期の経済学』日本経済評論社、二〇〇五年、所収）。

(120) Cf. Gay, *op. cit.*, p. 40ff.

(121) I. Hont, *Jealousy of Trade*, Harvard University Press, 2005, p. 6.

(122) A. Smith, *An Inquiry into the Nature and Causes of the Wealth of Nations*, London, 1776, ed. by R. Campbell & A. Skinner, in *The Glasgow Edition of the Works and Correspondence of Adam Smith*, Vol. II, Oxford University Press, 1976（水田洋・杉山忠平訳『国富論』

岩波書店、二〇〇〇〜二〇〇一年), Vol. I, p. 493.

(123) *Ibid.*

(124) Hont, *op. cit.*, p. 6.

(125) Smith, *op. cit.*, Vol. I, p. 443.

(126) スミスが諸国による相互依存的な自由貿易の実現を、ヨーロッパ世界においてのみ構想していたことについては、竹本洋『『国富論』を読む』(名古屋大学出版会、二〇〇五年)第四章を見よ。

第2章　レトリックを超えて——近代初期イングランドの古典修辞学と政治算術(*)

伊藤誠一郎

第一節　ルネサンスと古典修辞学の伝統

アダム・スミスにおける「経済学の生誕」へのプロセスは、ポーコック（Pocock: 1975）やホント＝イグナティエフ（Hont & Ignatieff: 1983）らによって提示された「富と徳」という思想史上の問題設定、すなわち古典共和主義の伝統に由来する徳による統治という理想と、新興の富による新しい秩序の矛盾とその超克という思想史的枠組みの中で、三〇年以上にわたってわが国内外において盛んに研究され、多くの成果が残されてきた。そしてそれらは、例えば田中正司（一

九八八、二〇〇三）やホーコンセン（Haakonssen: 1981）の研究に代表されるように、この問題がスコットランド啓蒙研究において自然法学の確立と展開というかたちで乗り越えられていったこと、そしてその最大の成果がアダム・スミスの『国富論』であったことを明らかにしてきた。すなわち、イタリア・ルネサンスにおいて復活した人文主義、中でも古典共和主義思想にみられたヴィルトゥ（virtù）とフォルトゥナ（fortuna）の対峙という問題への最終解答としての『国富論』が提示されたといえよう。

しかし、こうした徳論を中心とした古典共和主義思想[(1)]はイタリア・ルネサンス以来ヨーロッパ全体に広まっていった人文主義の一部でしかない。たとえばタック（Tuck: 1993）は、この時期のヨーロッパを深く特徴付けていた懐疑主義が「新しい人文主義」によって乗り越えられようとしていたことを明らかにした。そこで登場する用語は'necessity','salus populi','reason of state','interest'で、大きな影響力を持ったのはタキトゥスであり、その思想はマキァヴェッリをへてホッブズへと流れていく。スコットランド啓蒙研究において、いわゆるシヴィック・ヒューマニズムのなかに見出される分配的正義を重商主義政策と重ねてみようとする議論がしばしば見られるが[(2)]、もしあえて重商主義といわれるものをルネッサンスの思想と結びつけるとすれば、むしろこの「新しい人文主義」こそがしっくりといくものであり、ブリュア（Brewer: 1990）が強調する'Sinews of Power'を必要とする現実主義的な政策設定においてより大きな意味を成すものであったように思える。タック（Tuck）がホッブズおよびそれまでの時代に見出したこのような現実主義（realism）は、ホント（Hont: 2005）によってホッブズとそれ以降の時代のイングランドおよびスコットランドの経済思想のなかにも見出されている[(3)]。

しかし、ここで取り上げたいのは、上記の二つの人文主義と深いつながりをもちながらも、ルネサンス後のヨーロッパにおける新しい知の形成とのかかわりでやはり重要な意味をなす、もうひとつ別の人文主義である。それはこの時期ヨーロッパにおいて復活し、そしてつねに多くの、さまざまな分野の諸論者によって論じられ、あるいは少なくとも意識され続けていた古典修辞学の伝統である。初期近代に経済について論じる多くの著作家たちがさまざまな修辞技法を駆使していたことはよく知られている。なかでも血液と貨幣といった自然体（body natural）と政治体（body politic）の比喩は初期近代においてしばしば用いられてきた[(4)]。しかし、当時の論者が修辞学をどう活用したかということと、古典古代以来の修辞学の伝統に対してどのような態度をとったのかということは区別して考えなければならない。例えばウォームズリ（Walmsley: 2004）は、ロックはその『人間知性論』において修辞学そのものに対する批判を行っているものの、ベイコン主義者として一貫して「実験という修辞学（the rhetoric of experiment）」を用いることによって言葉や理性に頼ったそれまでの哲学を論駁しようとした、と指摘している。スキナー（Skinner: 1996）が示したホッブズの例はこの問題の複雑さをさらによく示している。スキナーによればホッブズは当時の人文主義教育における一般的素養として学んだ古典修辞学を、ガリレオから学んだ幾何学的方法に基づく彼の政治哲学の立場から厳しく批判したものの、『リヴァイアサン』に至って一般大衆への説得の必要を感じた彼は一転して修辞学を活用した。このようにスキナーがホッブズを通して指摘する、自らの「哲学」の本質的要素としての反修辞学という立場と、その「哲学」を広めるための修辞学の利用という矛盾は、この時代の「哲学」（経済思想の試みを含む）がなにを目指していたのかを知る上で重要な論点であるように思える。また、懐疑主義を乗り越えるために求められた新しい「哲学」を広めるためには、本質的にはそれとは相容れない修辞学を用いなければならないというこの時代特有のジレンマを読み取らなければ、この時代の論者が修辞学を用いるときの意図を正確に理解することはできない。この時代の経済思想に目を向けたとき、こうしたジレンマを理解することなく諸論者の修辞的表現に惑わされてしまうことは、問題の本質を見誤ることになりかねない。

ルネサンス期における古典修辞学の伝統の復活と、それに対する一七世紀ヨーロッパ、いわば初期啓蒙の時代の哲学・科学からの批判は、ホッブズのみならずこの時期の多くの論者に見られ、これらについてはこれまでも盛んに研究されてきている（Monfasani: 1988; Rhodes: 1992; Skinner: 1996; Vickers: 1988）。そこにおいて共通する論点は、古典修辞学の伝統における哲学と修辞学のバランスの必要性、つまり一方での修辞学の有益性と他方でのその乱用に対する警戒であった。このような、哲学と修辞学は常に互いを伴っていなければならないという意味でのキケロ主義[5]は、一七世紀イングランドの知識人の間に広く行き渡っていた。しかしこれまでのところ、この時代に経済に関する諸問題を扱った論者たちがこの問題をどのように扱い、対処していったのかという点についてはほとんど論及されていないように思える。

以下では、まずこの哲学と修辞学の関係が初期近代イングランドにおいてどのようになっていたのかについて整理し、その後で、この時代の社会・経済に関する新しい知識の獲得の試みである政治算術が、こうした古典修辞学とその利用をめぐる思想史的状況の下でどのような展開を見せたのかを示して行きたい。

第二節　哲学と修辞学

オックスフォード英語辞典（Oxford English Dictionary）によると、修辞学（rhetoric）は、「ことばを使って他者を説得する、または影響を与えるための方法。話者または筆者が雄弁によって自己表現するために見いだされる諸規則」と定義されている。これは現代においてのみならず古代ギリシア・ローマにおいても当てはまる。すなわち、それに批判的であろうが好意的であろうが、彼らにとって修辞学は雄弁を用いた説得のための技術であった[6]。

しかし、プラトンやイソクラテスによって批判されているように、修辞学はすでにその誕生のときから様々な議論をもたらしていた。プラトンはソフィストを批判するなかで、修辞学は哲学から区別されるべきであり、ソフィストのような雄弁家は真実を語らずただ聴衆を喜ばすことしか考えていない、と強調する。彼は修辞学をお世辞[7]と同じだとしてこれを退けるべきだとする[8]。お世辞のそしりを受けながら修辞学は古代の人々によって強く批判されたが、しかし、これはそのまま修辞学それ自体が否定、もしくは拒否されたことを意味しない。例えばヴィカーズ（Vickers:

1988）は、プラトンが『ゴルギアス』でまさに修辞学を批判するために修辞学を十分に活用していたことを指摘する。むしろたいていの古代の著作家たちは修辞学を使うことに、しばしば条件付ではあったが、賛同していた。彼らは、修辞学自体が悪いとは言っておらず、それどころか哲学を伴った修辞学であればきわめて有用であることを繰り返している。『雄弁について』でキケロは、哲学のない修辞学は無意味であるが、「完全なる雄弁家による賢明な支配は、彼自身の威厳だけでなく、無数の人々の、そして国家全体の安全を維持する」（Cicero: 1942, p. 27）、と述べている。

クィンティリアンは、哲学と修辞学を結びつける「完全なる雄弁家」についてのキケロの説明に追随するかのように次のように言う。「知識のこれらの二つの領域は、キケロが明確に示していたように、理論においてのみならず実践においても非常に密接に結びついており、同一人物のなかで雄弁家の資質と哲学者の資質が結合しているのが見られた」（Quintilian: 1920–22, vol. 1, p. 11）。さらに彼は、プラトンが『ゴルギアス』のなかで修辞学をお世辞と同じものとみなしていることに言及しながら、その時でさえプラトンは修辞学を悪とは考えていないことを強調する（Quintilian: 1920–22, vol. 1, 313）。

古典古代において確立されたこうした古典修辞学の伝統は、大陸におけるルネサンスでみごとに復活した。[9] こうした動きはイタリアから大陸を北上しイングランドにも浸透し、一六世紀中頃から多くの修辞学関連の文献が出版されるようになり、また、修辞学は大学のみならずあらゆるイングランドの教育システムに深く定着していった。[10] ガブリエル・ハーヴェイ（Gabriel Harvey）は、イタリア・ルネサンスによって復興した修辞学の伝統が大陸からイングランドへ伝わるに際して象徴的な位置にいる。ハーヴェイ（Harvey: 1945）は、イタリアにおける修辞学に対しては批判的ではあるが、自らがエラスムス（Erasmus）、ラムス（Ramus）、ストゥルム（Sturme）ら大陸の修辞学に多くを負っていることを述べている。他方、フランシス・ベイコン（Francis Bacon）がケンブリッジを去った（一五七五年）のも、『アルカディアの修辞学（*Arcadian Rhetorike*）』の著者であるエイブラハム・フローンス（Abraham Fraunce）がケンブリッジに来た（一五七六年）のも、ハーヴェイが当地で修辞学の講義をしていたとき（一五七五年から一五七六年）であった。すなわち、彼はあたかも修辞学が大陸から入り、イングランドに受け入れられていくその結節点を体現しているかのようであった[11]。

しかし古代ギリシア・ローマの場合と同じように、ルネサンス期イングランドでも修辞学が無条件に受け入れられたわけではない。ロードゥス（Rhodes: 1992）によると、一六世紀中頃の古典修辞学の伝統の受容のあと、まず好意的に受け入れられ、広められ、擁護されたが、同じ世紀の最後の二〇年間は懐疑的に見られるようになった。実際、一五七七年に『雄弁の園』（*The Garden of Eloquence*）を刊行したピーチャム（Peacham）は、一五九三年同書の大幅な増補を伴う改訂版を出すが、ここでは、修辞学の各手法の説明すべてにその悪用に対する警告が付け足されている。

たしかに、この時期繰り返し唱えられたのは、哲学や知識は雄弁または修辞学なしには意味をなさないということであり、例えばパットナムやシドニーは、詩をたたえながら哲学に対する修辞学の優越を強調した。パットナム（1589）によると、「詩人は最初から最高の説得家であり、その雄弁は世界で最初の修辞学であった」（Puttenham: 1936, 8）。最初の雄弁家たる詩人は「最初の天文学者であり、哲学者であり、形而上学者であり、そして最初の歴史家であった」（Puttenham: 1936, 9）。また、すでにシドニー（1971）はその著書『詩の弁護』（*An Apologie for Poetrie*）で次のように言っていた。

> 哲学者は確かに教えるが、わかりにくくしか教えないので、すでに学んだ人のみが理解できる。つまり、彼はすでに教えられた人に教えるのにたいして、詩人は傷つきやすい胃に適した食物を与えるのであり、実際まさしく大衆向きの哲学者である。
> （Sidney: 1971, E1）

このように修辞学が賞揚され、その正当性が強調される一方、それは常に哲学を伴う必要があることも繰り返された。そこでは哲学をいかに適切に教えるかを示すことが課題となり、修辞学は有用で不可欠ではあるが、その目的は聴衆に哲学を効果的かつ正確に伝えることであった。ピーチャムは一五九三年版のはじめのところで、哲学の必要性を強調する。

適切に表現することなしに偉大なる知識を保有することは、偉大なる宝物を使わないまま保有することと同じであり、逆に言えば、英知の思慮なしに雄弁を轟かすことは、熟練なく楽器を奏でるのと同じである。（Peacham: 1593, A. B. iii）

そして、彼は忘れず、「英知のすばらしい力は賞賛の技や雄弁を使うことによって明るみの下へもたらされる」（Peacham: 1593, A. B. iii）ことも付け加える。英知と雄弁は一体となって初めて意味をなすのであり、最大の力を持つのである。いずれが欠けてもそれは不備をもたらす。

これこそはまさにキケロが言おうとしたことであり、ハーヴェイが『キケロ主義者』（*Ciceronianus*）のなかでキケロを受容したのはこの点においてである。キケロは古典修辞学を確立し、社会・政治生活を含む全ての文化領域における修辞学の重要性を唱えた。そして、彼こそが、修辞学が哲学、すなわち知識と英知を伴わなければならないことを強調したその人であった。[12] ハーヴェイはこの意味でまさにキケロ主義の伝統を受け継いでいた。彼が攻撃の対象としたのはキケロ自身ではなく、「キケロの本質的な部分ではなく飾り立てた演説を真似た」イタリア・ルネサンスであった。ハーヴェイはキケロを次のように解釈する。

わたしはキケロのなかに、わたしが論じてきた雄弁だけでなく、執政官や元老院の英知も見いだしはじめた。そしてこの心地よい庭から、弁論の花と同様知性の実も摘み取りはじめた。わたしはキケロのなかに、きわめて洗練された言葉だけでなく、思想の深淵なる英知と徹底した為政者を認識するに至った。（Harvey: 1945, 79.）

すなわちハーヴェイにとってキケロは「雄弁なる英知、もしくはとにかく賢明なる雄弁の安らぎの場（tranquil harbor）」

であった。したがって彼にとってキケロ主義者とは「弁証法や知識を修辞学と、思想を言葉と結びつけるような人」(Harvey: 1945, 83.)を意味した。

ホッブズや、このあと取り上げるベイコン主義者たちは、こうした古典修辞学とその復興を唱える人文主義教育をうける中で育ってきた。一時期のホッブズに代表されるように、一七世紀になってこうした流れがむしろ逆向きになってくる、もしくは複雑な様相を呈してくるのははじめにも触れたし、またこのあと政治算術を通して見ていくことでもある。しかし、一七世紀にもなお「話術(art of speaking)」や「雄弁(eloquence)」を堂々と擁護する論者はいた。

バルサザール・ジァービァ卿(Sir Balthazar Gerbier)は、一六五〇年代初頭に貧民救済やトレード振興のためにさまざまな提言をしているパンフレッティーアであるが、[13] それに先立つ一六五〇年一月に『よい話術』(*The Art of Well Speaking*)と題するパンフレットを書いている。ここではその直後に見せる経済に関する知識をまったく語ることなく、まさに「よい話術」の議論に徹している。ただ、今見てきた一六世紀のきわめてキケロ主義的な語彙になじんだあとで読むと、これがそうした意味においては必ずしも同じ伝統の上にないということも感じざるをえない。ジァービァは冒頭で、「古代人は人間には善をもたらす能力があると考え、それを二つに区別した。その一つがよい行いであり、もう一つがよい話術である」とし、さらに「近代人は後者をより低く評価し、より危険だと考えた」(Gerbier: 1650, A2)と指摘している。これは一六世紀末以降イングランドに広がった修辞学への警戒を反映していると考えられる。しかし、彼はこの「よい話術」をそれまでのような哲学と修辞学の両立という意味でのキケロ主義的な解決策とするのではなく、むしろ話術そのものを人間に本来備わっている欲求の問題として扱う。

ジァービァによれば、「人間は自然的、感覚的、理性的な欲求すべてによって、全力で雄弁(Eloquence)、すなわちよい話術と知恵を求める」(Gerbier: 1650, 3)。ここにはシヴィック的な政治的存在としての人間論や、古来からの修辞学の定義である説得の技法という視点は出てこない。ジァービァの議論はむしろ一貫して感覚論としての「話術」論であり、これを近年の初期近代を扱う思想史研究者が見たら、そこにスコットランド啓蒙、とくにスミスの同感原理へと結実されていく人間本性にもとづく社交性（sociability）の議論を見出すかもしれない[14]。ただその一方で雄弁を問題とする限りにおいて、これが一七世紀版キケロ主義の一つの表現であることは明確である。実際このジャービァと時代を共有したペティが修辞学を学ぶとき、その念頭にあったのはなによりもこの「話術」であり、やがてこうした言葉によるトリックを批判しながら自らの政治算術論を展開したのは、このあと見るとおりである。

第三節　修辞学批判と政治算術

では、このようにルネサンス期に復活した古典修辞学の伝統は、政治算術にとってどのような意味があったのであろうか。政治算術は一七世紀イングランドにおいて経済・社会に関する知識を獲得することを意図して作り出された社会・経済分析の方法である。とくに「政治算術」という名をつけたウィリアム・ペティとその方法についてはベイコン主義との関係でこれまでもしばしば論じられてきた[15]。しかし、自然体と政治体の比喩に代表されるペティの修辞表現についてはしばしば指摘され、あるいはその含意についてさえ検討される一方で、そもそも修辞学というものについてペティがどのような考えを持っていたのかについてはあまり語られてはこなかった[16]。政治算術が結局のところパラダイムとしての経済学を作りえなかったことを考えれば、それがいかなる思想史的文脈を持っていたのかについて深く注意されなかったのはやむをえないのかもしれない。

しかし、本章で扱う一七世紀というこの時代の文脈において古典修辞学とのかかわりで政治算術を検討しなおすことには重要な意味がある。広く懐疑主義に覆われたこの時代においては、それを乗り越え新たな知、新たな秩序をどのように獲得したらよいのかが最大の課題であった。ルネサンスによってよみがえった古典修辞学は先ほど見たように新しい「哲学」を作るためには否定されねばならないが、その「哲学」を広めるためには修辞学という手段はなくてはならないものであった。このような状況の中で政治算術がなにを意図していたのかを考えることは、初期近代における新しい知の試みのあり方を探るためには十分意味があることのように思える。

では、政治算術という方法を作り出したペティはどのようにこの問題に対処したのだろうか。これまでの研究史においてベイコン、ベイコン主義者からの影響、継承と考えられていたものが、果たしてそのまま表層だけで判断されてよいのだろうか。そこでひとつの導きの糸として、スプラット（Sprat: 1667）の『王立協会史』（*The History of the Royal Society*）における修辞学批判を見たい。スプラットはこの本のなかで王立協会の目的と活動方針を示しているが、そこには複雑な政治的意図があったとしても[17]、ベイコンの実験哲学をこの協会の基本精神とすることを宣言しているし、またそう理解されてきた。しかし三編からなるこの著作のうち一編を使いながら展開されたそれまでの哲学史への批判は、上述の修辞学と哲学をめぐる論争そのもののなかに位置づけることができる。

スプラットはその『王立協会史』第一編で展開した哲学史のなかでは、ベイコンによって確立された実験哲学を最良の知識獲得のための方法だとし、いわばそれへたどりつくまでの格闘の歴史を描いている。そこでは確かにそれまでの種々の哲学が観察や実験に基づいた知識を重視していなかったということを示すことに強調点がおかれるが、その一方では彼の批判対象には明確に共通する特徴があり、それが読み進めるにしたがって浮きあがってくる。スプラットはたしかにこの哲学史の中でベイコンの実験哲学の有用性、真実性を描こうとしているが、しかし同時に批判対象も明確にしていた。つまり論争好きの哲学である。これには政治的な意図があったのかもしれない。

シャーピンとシェイファー（Shapin & Shaffer: 1985）が、なぜホッブズが王立協会に入ることができなかったのかを示す中で、ジェントルマン社会において真実の形成は、それが正しいか否かではなくジェントルマン的な手続きをとったかどうかによることを示していたが、スプラットにとっても、この時代の知の形成において論争（disputing）、そしてその本質である雄弁（eloquence）が王立協会そのものの存立にとってきわめて危険なものとして映ったことは容易に想像できる。この雄弁こそが古典修辞学の真髄であり、これは言葉の濫用として当時しばしば批判されていたものでもあった。スプラットの哲学史を言葉の濫用に対する批判という論点からまとめると以下のようになる。

歴史上はじめて学問と文明（Learning and Civility）をわれわれにもたらしたのは東方世界であった。しかし知識の最初の腐敗（the first *Corruption* of Knowledge）を生んだのもやはり東方の人たちであり、彼らは得られた知識を象形文字や神秘のなかに隠してしまった（Sprat (1667), 5–6）。この東方世界の知識を不完全な理解のまま受け入れたギリシア人はこれを「喩え話と混ぜ合わせたり、空想の装飾をして（with the mixture of *Fables*, and the ornaments of *Fancy*）」広めた。ホメロスやオルフェウスらに見られるように、彼らは「哲学者であると同時に詩人でもあった」のである（Sprat: 1667, 6）。やがてギリシア人は彼ら自身の哲学を作り始めるが、これも「話術（the Arts of *Speaking*）」によってゆがめられてしまう。彼らギリシア人は「すべての隣人に対して話術の達人であり、それゆえ、より有用ではあるが会話の装飾によってはそれほどうまく説明することができないようなものよりも、むしろ彼らが最高に優雅に表現するような自然についての説を選んでしまいがちなのにも無理はなかった」（Sprat: 1667, 7）。かくして彼らも「真の哲学」を見つけることはかなわなかったのである（Sprat: 1667, 6–8）。

ギリシアの「立法者や哲学者の偉大な精神」はローマに受け継がれていったが、それらはやがて「修辞家（Rhetoricians）へと堕落」していった（Sprat: 1667, 9–10）。スコラ派にしても「知識の拡大へのいかなる改善もすることはできなかった。なぜならそこでは自然のなかに根拠とするものがほとんどない一般的名辞（generall Term）に依拠していたからであり、また、彼らは論争（disputing）以外のやり方をとらなかったからである」（Sprat: 1667, 16–17）。「近代」つまりスプラットの時代の哲学について言えば、パリのフランス・アカデミーと王立協会の方法を対比した場合、前者は歴史学に関してのみ後者に勝っているが、それはその「説話の優雅さ」ゆえである。「われわれの意図は言葉の技巧（the Artifice of Words）にあるのではなく」、歴史の中の哲学者を「いかなる雄弁の装飾（ornament of Eloquence）もなしに」描くかというところにあるのである（Sprat: 1667, 40）。

このようにスプラットの批判の対象は論争という方法にあり、それは古典修辞学の基本的な要素である「話術」、「言葉の技巧」、「雄弁の装飾」への批判でもあった。しかし、修辞学への厳しい批判を展開していたホッブズが『リヴァイアサン』のなかで修辞学を駆使したように、スプラットも修辞技法を利用している。たとえば『王立協会史』のスプラット自身の序文の直後に六頁にわたってエイブラハム・カウリー[18]の詩を引用している。その詩にあるベイコンとモーゼの比喩は王立協会とベイコンの関係をうまく象徴的に示している。

小さくはあるが砂漠のなかから、
ベイコンは、モーゼのように、いよいよわれわれを導き始め、
祝福された約束の地の
まさにその際に立ち、
そして彼の高貴なる知恵の山の頂から、
彼が過ぎた不毛の荒野を
彼みずから見、そしてわれわれに指し示した。(Sprat: 1667, B2)[19]

ヴィカーズは、ロック、ホッブズ、そしてスプラットの場合いずれにおいても「修辞学または隠喩を攻撃するものは例外なく修辞学と隠喩を使わなければならない」(Vickers: 1988, 199) という皮肉を指摘しているが、ウォームズリ (Walmsley: 2004) がロックについて、スキナー (Skinner: 1996) がホッブズについて示したように、このカウリーの詩の引用においても、そもそもスプラット自身の説を主張するに際して修辞学が有効に利用されていたということを、このモーゼとベイコンの比喩は語っている。

ペティもスプラットがその歴史を書いた王立協会の積極的な創立メンバーの一人であったが、修辞学に対してはやはり二重の対応をした。つまり一方での古典修辞学に対する批判と、他方での修辞学の活用である。先ほども触れた

ようにペティは政治体と自然体の比喩を多用するが、それはなによりも彼を政治算術家として、マクナリ（McNally: 1988）の言葉で言えば「社会的ベイコン主義者」としてわれわれの記憶に残すことになった著作のひとつ『アイルランドの政治的解剖』（*The Political Anatomy of Ireland*）の序文において明確である。

サー・フランシス・ベイコンは、かれの「学識の進歩」のなかで、自然体と政治体とのあいだに、また両者が健康と力とを保持する諸方法のあいだに、いくつかの点について賢明な類比をおこなった。そして、解剖が一方のものの最善の基礎であるのと同じく、他方のものについてもまたそうであるということ、また、政治体の均整、構成組織、および比例を知ることなしに政治を処理するのは、老婆ややぶ医者の治療のように不確実なものであるということは、いずれも（ベイコンの考えと）同様に道理にかなったことである。（Petty: 1899c, 129. 訳二一頁。）

この著作のタイトル自体が修辞表現であり、そしてなによりも興味深いのは、自らの方法のよりどころとするベイコンからこの政治体と自然体の比喩をひきついだとしている点である。

こうした修辞学の活用が彼の時代の知的環境のなかで共通に浸透していた古典修辞学教育の自然な発露であることは、『ペティ文書』（*The Petty Papers*）や『ペティ・サウスウェル書簡』（*The Petty-Southwell Correspondence*）を見ればより明らかとなる。例えば、「ほとんど適切でない」とみとめながら編者によってつけられた 'An Examination Paper' というタイトルの草稿 No. 84で、一二三の項目が番号とともに列挙されている。

一、代数……。二、幾何学。三、翻訳。四、チェス。五、ゲームとカード。六、医術、少なくとも診断と予後。七、廷臣と政治に関すること。八、愛。九、犯罪と詐欺に関する事実、虚偽の宣誓、資産、功績を見つけること。一〇、船、乗り物、ボート、ポンプの機械の改善。一一、法の研究。一二、雄弁と説得の手段。一三、記憶とその方法。……（Petty: 1927, vol. 2, 8）。

これが何を意図して書かれたのかは記されていないが、編者のタイトルが示すように、そしてこの草稿が「教育」の分類に含められているように、当時の教育システムの問題を扱ったリストと考えることもできる。そしてここでは「雄弁と説得」も法学や記憶術とならんで一つの項目をなしていた。'Of Churchmen, Physicians, Lawyers and Soldiers' というタイトルが付された草稿No. 135では、牧師を聖職者、弁論家（Orator）、伝道者、司祭、司令官であるとし、とくにその弁論家としての役目を、「あらゆる説得の術」の使用であると考えている（Petty: 1927, vol. 2, 191）。'Fundamentall Questions' と題された草稿No. 89に含まれる、文字（letters）、発音（sounds）、名辞（names）についてのメモのなかでペティは、それらの要素から説話（speech）、記述（Writing）、印刷（Printing）、論理学（Logick）、修辞学（Rhetorick）を演繹的ともいえるやり方で説明する。まず、「物とその性質の、そしてまたすべての運動と活動の名前は、それらの連接とともに会話の本質的な部分である」（Petty: 1927, vol. 2, 39）とし、記述は「同じ音を表現する」ためのもの、印刷は「記述の大量の複製を作る」（Petty: 1927, vol. 2, 40）ためのものとする。続けて論理学または推論（reason）を、「名辞を名辞に与え、感覚を加えたり減じたり、言葉の重さや力の平衡を保たせる」（Petty: 1927, vol. 2, 40）とし、そしてその次に修辞学を、「感情を高揚させ、信頼を請う説話をする」ためのものとし、これは「音によって同じことをするのが音楽であり、体の運動によるのが舞踊であるのとおなじである」（Petty: 1927, vol. 2, 40）としている。[20]

このようにペティは修辞学を、相手を説得するための説話の術として理解しており、これは古典修辞学の定義でもあった。しかし、ペティも、スプラット、あるいはホッブズと同様この技芸そのものについては批判的な態度を示している。それはたとえばサウスウェルとのやり取りのなかでも読み取れる。サウスウェルはペティへの手紙のなかで「記憶を改善するなんらかの技術（Art）を使ったことはありますか。『雄弁について』でキケロは、記憶は心象（Images）によってどのように改善されうるのかを示すのに多くの言葉を割いていたが」（Petty: 1928, 282）、とたずね、ペティはそれに対し三日後の手紙で次のように答えている。

人為的な記憶について。私は古代の雄弁家たち（the ancient orators）が事件、記事、文章、言葉に関して今日の誰よりもよい記憶を持っていたと信じている。私自身言葉についていくらかの記憶力があった、つまり意味がなくて支離滅裂な言葉を五〇ほどは覚えることができた。そしてそれらを容易に前からも後ろからも繰り返せただけでなく、どれが三番目で、一九番目で、三一七番目かなどということも簡単にできた。それはまったく役に立つものではなくおろかな人々からの賞賛をうるだけであった。

(Petty: 1928, 283–4)

ペティはこのように修辞学における記憶という術を通して、キケロという「古代の雄弁家」によって確立された修辞学が無益であることをうったえている。また別のサウスウェル宛の手紙の中で、ペティはパスカルの『幾何学的精神と繊細の精神と違い』(*Difference entre l'esprit de Geometrie et l'esprit de finesse*)[21]についてつぎのように言及している。「そこには多くの言葉、句、文章があるが、それらには確かで実体のある意味（certain, sensible signification）はなにもない」(Petty: 1928, 158)。パスカルは「多いか少ないかの原理（many or few principles）」をつかっているが、「『多い』とか『少ない』というその言葉自体には何の実質的な違いもない。一〇という数が多いのか少ないのか、小さい数なのか大きい数なのか誰も言うことはできない」(Petty: 1928, 158)。ペティによれば、アルキメデス、アリストテレス、ヒポクラテス、ホメロス、ジュリアス・シーザー、キケロ、バロ、タキトゥスら古代の偉人も、モリエール、ガリレオ、トマス・モア、フランシス・ベイコン、ダン、ホッブズ、デカルトら近代の人たちもみな七つの長所（good parts）の組み合わせによって説明できる。七つとは、

(1)良識、(2)形、色、音、名前等のしっかりした記憶、(3)記憶のなかに貯えられた感覚を見つけ出し、適合させ、比較するだけでなく、足したり引いたりすることのはやさ、(4)よい思考方法、(5)言葉の正確な（true）使用、(6)説話と発声のためのよい器官、(7)身体とそのすべての部位の強さ、機敏、健康（Petty: 1928, 158–9）。

である。ペティにすれば、パスカルが自らの思考の基盤としている幾何学、聡明な判断、そして多い少ない原理の使用も結局のところこれら七つの要素の組み合わせでしかない。これをうまく組み合わせれば「アルキメデスでも、ホメロスでも、ジュリアス・シーザーでも、キケロでも、チェス競技者でも、音楽家でも」(Petty: 1928, 159) つくることができる。これはペティなりの修辞学への皮肉であろう。しかもパスカルの「多いか少ないかの原理」への批判は『政治算術』の序文と同じことを意図していると思える。

私がこのことをおこなうばあいに採用する方法は、現在のところあまりありふれたものではない。というのは、私は、比較級や最上級のことばのみを用いたり、思弁的な議論をするかわりに、(私がずっと以前からねらい定めていた政治算術の一つの見本として、)自分のいわんとするところを数・量または尺度を用いて表現し、感覚にうったえる議論のみを用い、自然の中に実見しうる基礎をもつような諸原因のみを考察するというてつづきをとったからであって、個々人のうつり気・意見・このみ・激情に左右されるような諸原因は、これを他の人たちが考察するのにまかせておくのである。(Petty: 1899b, 244. 訳二四頁。)

この引用はベイコン主義的に読み取ることもできるし、実際そのように理解されてきた。しかしスプラットがベイコンの実験哲学推進の旗印として記した『王立協会史』がそうだったように、ここでもベイコン主義的主張の裏を支える修辞学批判が同時に意図されていたと考えられるのではないか。

第四節　統治と古典修辞学

先に述べたように古典共和主義思想と古典修辞学はルネサンス期のヨーロッパにおける人文主義の重要な要素であ

り、両者ともここ数十年の思想史研究の中心主題をなしてきた。しかし、やはり指摘したように、とくに経済思想との関連では前者にのみにその力点が置かれ、政治算術家としてペティの後継者であると自認するチャールズ・ダヴナント[22]自身もまさに最近の研究のなかで古典共和主義者として再評価を受けてきた[23]。しかし注意すべきは、ダヴナントは彼の主著『公収入交易論』(*Discourses on the Publick Revenues, and on the Trade of England*)(一六九八年)において政治算術の方法論を展開するなかで、明確なかたちで古典共和主義者の用語を必ずしも用いていないだけでなく、奇妙にも、ペティとは異なって、実験や観察といったベイコン主義的用語や主張内容の痕跡がほとんどないという点である。ダヴナントの著作の中であえてベイコン主義的文言を挙げるとすれば、『貿易差額改善論』(*An Essay upon the Probable Methods of Making a People Gainers in the Balance of Trade*)(一六九九年)における政治体と自然体の比喩くらいである。

医術(*physic*)の技術がいまや完成したのか、それともさらなる改良ができるのかということについてはここでいわない。しかし、腱、筋肉、動脈、静脈の知識ならびに最近の血液の循環の発見と、すべての解剖が、この未知の学をより分かりやすく確かなものにするのに非常に役立つ、ということは断言しても差し支えないだろう。

政治体や、その真の構造、その健康状態、その成長と衰退、その強さと弱さ、そしてさまざまな起こりやすい伝染病への救済策をどう求めるかといったことを理解するために同様の方法で、共和国のすべての個々の部分、そのトレード、(その血液である)流通貨幣、技芸、労働、手工業、人口について研究し詳細にみなければならない。(Davenant: 1771, vol. 2, 169–170.)

これがペティからの受け売りであろうことは容易に想像できるが、ダヴナントがこれをベイコンからの直接の影響の下に書いたと言える証拠は見つけにくい。むしろさきにみたペティの『アイルランドの政治的解剖』での自然体の解剖の政治体への応用を思い浮かべるほうが自然であろう。ペティは実際次のようにも言っていた。

解剖というものは、ただ医者のみに必要であるばかりではなく、いやしくもものの道理を知ろうとするほどの人であれば、誰もがわきまえていてよいことであるから、けっして政治を職業としている者ではないが、ものを知ろうとする熱意のために、政治的解剖について最初の詳論を自由に試みてみたのである。（Petty: 1899c, 129. 訳22.）

ではもしダヴナントの政治算術がペティからの継承であるもののベイコン主義的主張は意図されていなかったとすれば、それはどのようなコンテクストに入れられるべきであろうか。例えばこれをブリュア（J. Brewer）のように政治算術を「財政・軍事国家」という枠組みのなかに設定し、その本質を「情報の政治学」もしくは「より効率的な政府であるための」（Brewer 1988, 221）知識収集手段として考えるということもできる。これは政治算術の経済思想史上の通説的な位置づけとも合致する。ダヴナントによる「統治に関する諸事情について算術によって論じるやり方」（Davenant: 1771d, 127.）という政治算術の定義はそうした通説的理解と齟齬はないし、この定義はペティのそれと変わるものではない。しかしダヴナントはペティの政治算術を「小室での思弁（speculations）」（Davenant: 1771d, 135.）であり「我々は今、この偉大な天才がこれらの全ての主張において誤りを犯しているという明白な根拠を持っている。すなわち我々が考える根拠というのは、ペティは、本心で語っていたのではなく、むしろ御機嫌取りをしていた（made his court）」（Davenant: 1771d, 130.）と非難する。

このようにダヴナントは一方で政治算術を継承するが、いわばその悪用に警告を発していた。しかも、ダヴナントは政治算術をかれの著作全般にわたって用いているが、その方法を直接的に明確に議論したのは『公収入交易論』の冒頭の節のみであり、彼が政治算術という方法に果たしてどの程度の思い入れがあったのかについては疑問の余地がある。彼の政治算術論が自らの方法論的立場の表明であることは間違いないとしても、彼自身の論争的意図は他にもあったのではないだろうか。それが修辞学に関する彼の立場と密接にかかわっているのではないだろうか。

彼の主著『公収入交易論』の準備的草稿でもある『公共の徳についての試論』（Essay on Publick Virtue）[24]は「お世辞 flattery」

による為政者の偏向、統治の退廃に対する批判をその主張としており、その論争上の主たる目的は、三年議会法を廃止しようとする腐敗した議会への攻撃であった。こうした主張の背景にはカントリ対コート、さらには古典共和主義の伝統という政治史、並びに政治思想史的な背景があった。カントリ派が提唱する三年議会法は、三年ごとに新しい議会を選出することによって、議員の徳を回復し、議会を腐敗させたジャントウ・ウィッグに対抗できると考えられた。このようなダヴナントのカントリ・トーリーとしての主張の裏には徳論としての古典共和主義思想、すなわちポーコック（J. G. A. Pocock）のいうシヴィック・ヒューマニズムがあった。最近スキナー（Q. Skinner）は、古代ローマにあった「隷従状態からの自由」という意味における自由（liberty, freedom）の主張を初期近代にも見出し、これを「自由国家の新ローマ理論」と名づけ、この自由は「お世辞屋」や腐敗した廷臣によって常に危機にさらされているという主張を例えばダヴナントと同時代人であるアルジャーノン・シドニーの統治理論の中に見出した。[25] ダヴナントにおける「お世辞」や腐敗した廷臣もシドニーと同様「新ローマ理論」として位置づけることもたしかにできる。[26]

しかし、これらの古典古代由来の政治思想と同時に、『試論』においては、人文主義のもう一つの重要な要素である古典修辞学の伝統が深く関わっていた。すなわち、『公収入交易論』においてお世辞屋は為政者の判断を歪めるものとして批判されていたが、『試論』ではお世辞屋はもっぱら反雄弁、反修辞学の含意をもってより強く非難された。たしかに『試論』ではほとんど政治算術への言及はないものの、[27] そこではこうしたお世辞屋＝雄弁家による政治腐敗への批判を通じて、そのための新しい方法・手段の必要性が浮かび上がってくることとなる。

ダヴナントによると、イングランドの荒廃の原因はカントリ・ジェントルマンによって構成される議会が徳と英知を失ってしまったことにある。徳と英知なしにイングランドは「いかなる公共善の理念によっても導かれず、私的利害、復讐、野心、その他の欲望によって踊らされている」（Davenant: 1696, fo. 170）。為政者の徳と英知を歪めたのはお世辞に他ならない。議会において、「威厳ある共和主義者たちは卑屈な廷臣になり、そして老練なお世辞屋が熱狂的な愛国主義者になってしまった」（Davenant: 1696, fo. 166）。元来ウィッグは共和主義者のジェントルマンたちであったが、一六九〇年代中頃から彼らは宮廷側につき、政府をコントロールし、戦争を始め、貨幣を手に入れた。彼らの貨幣に対するどん欲さは無限で、大量の公債を発行し、そこから莫大な利得を手に入れた。こうした事態はイングランド経済の根幹たる紙券信用を破壊した。こうした破滅的な統治は、「卑屈なお世辞か議会の巧みな話術」(Davenant: 1696, fo. 160) によってもたらされた。

ダヴナントによれば、アテネのソロンの政治モデルが長続きせず、ローマの自由と民主主義も失われてしまった原因は、哲学のない修辞学、雄弁にある。「哲学、文学、芸術を愛していた人たち」が、やがて「雄弁によってあやされ操られる」ようになってしまった (Davenant: 1696, fo. 184–5)。哲学を失ったアテネの人々は、「貨幣によって腐敗し、やがて誤った修辞学によって自らの町を腐敗させ、不適切な判断をするようになり」(Davenant: 1696, fo. 185)、彼らはダヴナントの時代のお世辞屋のように、人々を破滅的な戦争に追いやり、国を滅ぼすにいたった。これこそがキケロをはじめ古代の思想家が恐れ、警告を繰り返していた、哲学のない雄弁によってもたらされる破滅的な結果であり、そしてそれは何よりもルネサンス期イングランドの思想家が雄弁の濫用によって恐れたものでもあった。

こうしたダヴナントの主張は、哲学と修辞学の統一を目的とするという意味においてキケロ、もしくはキケロ主義と同じものである。雄弁は統治にとって必要かつ有益な手段ではあるものの、もし哲学を伴わなければ危険や誤謬をもたらすこととなる。「もし雄弁が全く徳のない人の手中に入るようなことになれば、大きな害悪をもたらしかねない道具となるだろう」(Davenant: 1696, fo. 186)。古代ギリシア＝ローマ以来の流れを汲む、雄弁の悪用に対するこのような警告は、逆に言えば、もし雄弁が有徳な、そして哲学をもった人によって使われれば、国家にとって非常に有用かつ有益になることを含意する。もし雄弁が「勇気と警戒」、「高潔と正義」のような徳と合わされば、こうした弁論の術がイングランドにとって大きな果実をもたらすことになる (Davenant: 1696, fo. 186)。しかし、もしそれが「背徳の野心」、「虚栄と放蕩」、「臆病」そして「腐敗」のような悪徳を伴うならば、さらに大きな被害をもたらすことになろう (Davenant: 1696, fo. 186–7)。すなわち、ダヴナントは弁論の術そのものを批判しているのではなく、それが徳を伴わない、もしくは悪徳を伴う場合を非難しているのである。確かに「腐敗、冒涜、虚偽にまみれた弁論家はソロンの民主主義を押しやり、破壊した」(Davenant: 1696, fo. 187)。しかしそれは「腐敗、冒涜、虚偽にまみれた弁論家」であったからである。

ダヴナントはこうした古代ギリシア＝ローマの例をそのまま彼の時代に当てはめて考えた。すなわち、イングランドの荒廃した状態は、悪徳をもった雄弁家たるお世辞屋の誤った助言にもとづく統治によってもたらされた。この破滅的な事態に対処するためには、為政者が失われた徳を回復する他に方法はない。こうした「徳」のある為政者による国家の救済はまさに「立法者神話」そのものであり、かれが典型的な古典共和主義者、もしくはポーコックのいう‘civic humanist’と見なされるのも無理はないし、実際そうであった。しかし、その際古典修辞学のテーマがその本質的なところで関わってきている。彼は腐敗した政治家をただ徳を失ったとしてのみ非難するだけではなく、かれらを修辞学の悪用、徳のない雄弁、話術の悪用という点で批判しているのである。

カントリ・パンフレッティーアとしてのダヴナントによる、お世辞屋＝腐敗した廷臣への批判は彼の著作全てにわたって見ることができる。例えば、フランスへの権力集中による勢力均衡の破壊およびその延長線上にある普遍君主制を警告した『普遍君主論（*An Essay upon Universal Monarchy*）』（一七〇一年）でも、君主が暴政へと向かう理由を説明する中で、為政者によるお世辞屋への偏愛を次のように指摘する。[28]「世の中の活力のほとんどを作り出す勇敢な王や皇帝でさえ、行動力ある人たちよりもお世辞屋の閣僚たちをもっぱら好む。」(Davenant: 1771, vol. iv, 35.) しかし、ダヴナントはここでも全く希望を失うことなく続けて次のように言う。

> 人びとにどれだけ彼らが傷つくのかを示し、不正の是正を求めるよう彼らに説得することのできる雄弁（eloquence）、政府の誤りを見いだし腐敗した廷臣たちを暴きだすことのできる鋭い判断力、良識、良識が作り出す徳、知識、学問、英知、これらは無制限の権力の定着への数多き障害である。(Davenant: 1771, vol. iv, 35.)

ここでの「雄弁」はお世辞屋によって誤って用いられる修辞技法ではなく、むしろそうした不正を正すための能力として考えられている。

一七〇四年に書かれた『内国平和対外戦争論』（*An Essay upon the Right of Making War, Peace, and Alliances*）では党派抗争（faction）への批判を繰り広げている。彼はそのなかでよい廷臣と悪い廷臣を分け、後者は公共善を目指すことなく国内に党派抗争をもたらすとする。ダヴナントはそうした悪い廷臣を批判しながら次のように言う。

> 不和の火を焚きつけるのは簡単だし、国民を煽るのは難しくない。偽の徳と偽の才能と偽の雄弁（false virtue, false parts, and false eloquence）といった見せかけの価値しかもっていない人の話のなかにしばしばその例がある。彼らは、しかし、あまりに人気者になり、自国の平和を乱すことができるようになる。（Davenant: 1771, vol. iv, 313.）

このような偽りの資質はよい統治にとって大きな妨げとなり、その中には偽の雄弁も含まれる。しかし、ここでも注意しなければならないのは、ダヴナントは雄弁そのものを決して非難することはないということである。この著作のほかの場所では、偉大なる人（great man）はその「生まれ、才能、富、雄弁（birth, parts, wealth, eloquence）」（Davenant: 1771, vol. iv, 361）によって、生まれのよさ（high birth）は「勇気、雄弁、才能、経験、そして健全な判断力（courage, eloquence, parts, experience, and a sound judgment）」（Davenant: 1771, vol. v, 52）によって定義付けられている。雄弁はその他の近代的な徳の一つとしてその元来の有意義性を認められている。

おわりに

かくて、ペティにおいてベイコン主義の影のなかで明確な形でとらえにくかった修辞学批判と修辞学の利用のアンビヴァレンスは、ダヴナントの場合、有徳で有能な為政者像の描出のなかで、哲学と修辞学は並存すべきという意味において強くキケロ主義的な意味合いをもって現われることとなった。このように初期近代イングランドの政治算術家が経済に関する新しい知識を作り出そうとするときに、ベイコン主義でもない、古典共和主義でもない、しかし当時の懐疑主義の風潮のなかで、避けて通ることのできない共通の知的状況があったことを認識することが必要なのではないだろうか。本章では古典修辞学の伝統への批判と利用という二面性を、とくにペティとダヴナントの二人の政治算術の置かれた時代のコンテクストのなかでみてきた。それまでとは異なった新しい知への探求が本格的に始動した一七世紀という時代において、ペティやダヴナントを含むこの時代の知識人たちは修辞学を批判することによって自らの説を正当化し、修辞学を利用することによってそれを広めようとした。

このような修辞学と哲学の緊張関係は形をかえながらも、シャーフツベリを経てスコットランド啓蒙へ入り込み、ヒュームやスミスに至るまで本質的な問題として意識され続けた。例えばクライン（Klein: 1994）は、シャーフツベリ（Anthony Ashley Cooper, the third earl of Shaftesbury）のなかに、「哲学と修辞学のキケロ的な調和の、哲学と礼儀作法（breeding）のシャーフツベリ的調和への転換」を見いだし、シャーフツベリの唱える「近代的な洗練（politeness）が、古典修辞学と同様、儀礼的な手段を巧みに使うことによって説得を心がけるものである」（Klein: 1994, 46）と指摘している。そして修辞学の伝統は、スコットランド啓蒙にまで影響を与えており[29]、たとえ直接的でないとしても、スミスにおける「経済学の生誕」の原因を考えるに際して重要な位置づけにあることは否定できない。このように考えるとき、これまでスミスの『国富論』への道筋において設定された「富と徳」という問題はたしかに重要な意味を成してきたし、それにもとづく研究は多くの成果を残してきたが、ルネサンスから初期近代、そして近代へと続く新たなる知識の形成という大きなうねりの中で、経済にかかわる知識がどのような位置にあり、どのように獲得されてきたかということを再検討するとき、ルネサンスの人文主義において復活した古典修辞学の伝統とそれが初期近代ヨーロッパにもたらした哲学と修辞学の緊張関係は、統治の理論（現代的な言葉でいえば経済政策論的なものを含む）、さらには経済学的思考の形成に際して少なからぬ意味をもっていたと言えるのではないだろうか。

参照文献

Aubrey J. (1898), *Brief Lives, chiefly of contemporaries, set down ... between the years 1669 & 1696. Edited from the author's mss. by Andrew Clark ... With facsimiles* [*and with a portrait*], 2 vols. Clarendon Press, Oxford.

Brewer J. (1990), *The Sinews of Power: War, Money, and the English State, 1688–1783*, New York, Knopf.（大久保桂子訳『財政＝軍事国家の衝撃 ── 戦争・カネ・イギリス国家　一六八八―一七八七』名古屋大学出版会、二〇〇三年）

Caffentzis, C. G. (2003), "Medical Metaphors and Monetary Strategies in the Political Economy of Locke and Berkeley", in Schabas, M. and De Marchi, N. (ed.) (2003).

Cicero (1942a), *De Oratore*, Book I–II, trans. E. W. Sutton, Harvard University Press.

Cicero (1942b), *De Oratore*, Book III, trans. E. W. Sutton, Harvard University Press.

Collini, S., Winch, D., & Burrow, J. (1983). *That noble science of politics: a study in nineteenth-century intellectual history*, Cambridge University Press.（永井義雄、坂本達哉、井上義朗訳『かの高貴なる政治の科学 ── 一九世紀知性史研究』ミネルヴァ書房、二〇〇五年）

Davenant, C. (1771), *The Political and Commercial Works of that Celebrated Writer Charles D'avenant, LL, D. /Relating to the Trade and Revenue of England, the Plantation Trade, the East-India Trade, and African Trade*, collected and revised by Sir C. Whitworth, in 5 vols, London.

── (1696), Essay on Publick Virtue, in *Manuscript No. 60*, in University of London Library.

Gerbier, Sir B. (1650), *The art of well speaking, being a lecture read publiquely at Sr Balthazar Gerbiers academy*, London.

— (1650?), *To the Parliament. The most humble remonstrance of Sir Balthazar Gernier Kt.* ([London, 1650?] on UOL Catalogue, [1651?] on microfilm), 19p.

— (1651), *Some considerations on the two grand staple-commodities of England: and on certain establishments wherein the publike good is very much concerned. Humbly presented to the Parliament*, London.

— (1652), *A new-years result, in favour of the poore; as also in the behalf of all tradesmen, necessitous persons, and such others, as desire the encrease of Traffique; who minde the exterpation of intollerable usury, and the annihilating of the pernitious costoms of forfeitures. ...*, London.

Haakonssen, K. (1981), *The Science of a Legislator, The Natural Jurisprudence of David Hume & Adam Smith*, Cambridge University Press.（永井義雄ほか訳『立法者の科学』ミネルヴァ書房、二〇〇一年）

Harvey, G. (1945) [1577], *Gabriel Harvey's Ciceronianus*, eds H. S. Wilson and C. A. Forbes, *University of Nebraska Studies*, *Studies in the Humanities* No. 4, The University at Lincoln, Nebraska.

Hont, I. & Ignatieff, M. (ed.) (1983), *Wealth and Virtue: The Shaping of Political Economy in the Scottish Enlightenment*, Cambridge University Press.（水田洋・杉山忠平監訳『富と徳——スコットランド啓蒙における経済学の形成』未来社、一九九〇年）

Hont, I. (1990), "Free trade and the economic limits to national politics: neo-machiavellian political economy reconsidered", in Dunn J. (eds), *The Economic Limits to Modern Politics*, 41–120, Cambridge University Press.

— (2005), *Jealousy of Trade: International Competition and the Nation-State in Historical Perspective*, The Belknap Press of Harvard University Press.

Hunter, M. (1989), *Establishing the New Science*, The Boydell Press, Woodbridge.

Ito, S. (2005), "Charles Davenant's Politics and Political Arithmetic", in *History of Economic Ideas*, 13 (1), 2005.

Klein, E. L. (1994), *Shaftesbury and the Culture of Politeness*, Cambridge University Press.

Londsdowne, Marquis of, (ed.) (1928), *The Petty-Southwell Correspondence 1676–1687*, Constable & Co., London.

McNally, D. (1988), *Political Economy and the Rise of Capitalism*, University of California Press.

Monfasani, J. (1988), "Humanism and Rhetoric", in *Renaissance Humanism. Roundations, Forms, and Legacy. Vol. 3. Humanism and the Disciplines*, ed. by R. Jr. Albert, University of Pennsylvania Press.

Muldrew, C. (1998), *The Economy of Obligation*, Macmillan Press.

Multamaki, K. (1999), *Towards Great Britain, Commerce & Conquest in the Thought of Algernon Sidney and Charles Davenant*, Helsinki: Academia Scientiarum Fennica.

Peacham, H. (1577), *The Garden of Eloquence*, London.

— (1593), *The Garden of Eloquence*, London.

Petty, W. (1899a), *The Economic Writings of Sir William Petty*, ed. C. Hull, Cambridge University Press.

— (1899b), *The Political Arithmetick*, in Petty (1899a).（大内・松川訳『政治算術』岩波文庫、一九五五年）

— (1899c), *The Political Anatomy of Ireland*, in Petty (1899a).（松川七郎訳『アイァランドの政治的解剖』岩波文庫、一九五一年）

— (1927), *The Petty Papers*, ed. by Marquis of Lansdowne, in 2 vols, Constable & co..

— (1928), *The Petty-Southwell Correspondence, 1676–1687*, ed. by Marquis of Lansdowne, Constable and co..

Pincus, S. C. A. (1996), *Protestantism and patriotism: ideologies and the making of English foreign policy, 1650–1668*, Cambridge University Press.

Plato (1971), *Gorgias*, trans. W. Hamilton, Harmondsworth.

— (1979), *Gorgias*, trans. T. Irwin, Oxford University Press.

Pocock, J. G. A. (1975), *The Machiavellian Moment; Florentine Political Thought and the Atlantic Republican Tradition*, Princeton University Press.（田中秀夫・奥田敬・森岡邦泰訳『マキァヴェリアン・モーメント——フィレンツェの政治思想と大西洋圏の共和主義の伝統』名古屋大学出版会、二〇〇八年）

Poovey, M. (1998), *A History of the Modern Fact, Problems of Knowledge in the Sciences of Wealth and Society*, The University of Chicago Press.

Puttenham, G. (1936), *The Arte of English Poesie*, ed G. D. Willcock and A. Walker, Cambridge University Press.

Quintilian (1920–22), *Institution Oratoria*, in 4 vols., trans. H. E. Butler, Harvard University Press.

Rhodes, N. (1992), *The Power of Eloquence and English Renaissance Literature*, St. Martin's Press, New York.

Schabas, M. and De Marchi, N. (eds.) (2003), *Oeconomies in the Age of Newton: Annual Supplement to Volume 35 History of Political Economy*, Duke University Press.

Shapin, S. and Schaffer, S. (1985), *Leviathan and the Air-Pump: Hobbes, Boyle and the Experimental Life*, Princeton University Press.

Shapin, S. (1994), *A Social History of Truth, Civility and Science in Seventeenth-Century England*, The University of Chicago Press.
Sidney, Sir P. (1971), *An Apologie for Poetrie*, Da Capo Press, Amsterdam and New York.
Seigel. J. E. (1968), *Rhetoric and Philosophy in Renaissance Humanism*, Princeton University Press.
Skinner, Q. (1996), *Reason and Rhetoric in the Philosophy of Hobbes*, Cambridge University Press.
── (1998), *Liberty before Liberalism*, Cambridge University Press.（梅津順一訳『自由主義に先立つ自由』聖学院大学出版会、二〇〇一年）
Sprat, T. (1667), *The History of the Royal Society of London, for the improving of Natural Knowledge*, London.
Thompson, E. P. (1991), *Customs in Commons*, Merlin Press, London.
Tuck, R. (1993), *Philosophy and Government, 1572-1651*, Cambridge University Press.
Vickers, B. (1988), *In Defence of Rhetoric*, Oxford University Press.
Wilson, H. S. (1945), Introduction, in Harvey (1945).
伊藤誠一郎（一九九二）「チャールズ・ダヴナントにおける統治と経済」『三田学会雑誌』八五―二、一九五―二一六頁。
――（一九九七）「政治算術の継承に関する一考察」『三田学会雑誌』九〇―一、八九―一〇九頁。
――（二〇〇二）「政治算術とホッブズの時代」『経済学史学会年報』四一、八〇―八九頁。
――（二〇〇七）「書評　Istvan Hont, *Jealousy of Trade: International Competition and the Nation-State in Historical Perspective*」『イギリス哲学研究』三〇、一五二―一五四頁〔英文〕。
大倉正雄（二〇〇〇）『イギリス財政思想史―重商主義期の戦争・国家・経済』、日本経済評論社。
――（二〇〇三）「ウィリアム・ペティの政治算術(1)」『拓殖大学論集　政治・経済・法律研究』五―二、一―十九頁。
――（二〇〇四）「ウィリアム・ペティの政治算術(2)」『拓殖大学論集　政治・経済・法律研究』六―二、二三―四八頁。
大島幸治（二〇〇〇）「一八世紀スコットランドの知識論について――エディンバラ弁護士図書館の人文主義的伝統をめぐって」『実践英米文学』三〇号。
――（二〇〇一）「アダム・スミスの『模倣芸術論』と言語哲学の理論構想をめぐって」、『実践英米文学』三一号。
坂本達哉（二〇〇二）「スコットランド啓蒙における学問の国と社交の国」『一橋社会科学古典資料センター年報』二二号。
篠原久（一九八六）『アダム・スミスと常識哲学』有斐閣。
田中正司（一九八八）『アダム・スミスの自然法学――スコットランド啓蒙と経済学の生誕』御茶の水書房。

――（二〇〇三）『経済学の生誕と『法学講義』――アダム・スミスの行政原理研究』御茶の水書房。

田中秀夫・山脇直司編（二〇〇六）『共和主義の思想空間』名古屋大学出版会。

中澤信彦（二〇〇六）「『かの高貴なる政治の科学』とその後――バーク研究およびマルサス研究との関連で」『関西大学経済論集』五六―一、七七―八六頁。

西山徹（二〇〇四）『ジョナサン・スウィフトと重商主義』岡山商科大学。

村井明彦（二〇〇六）「新マキャヴェリ派の経済思想と共和主義」、田中秀夫・山脇直司（二〇〇六）所収。

注

(*) 本章は科学研究費基盤研究Ⓐ(1)「啓蒙と経済学」プロジェクト・第二回研究会（平成一六年一〇月三〇日、京都大学）で報告された「初期近代イングランドにおける古典修辞学と政治算術」、および経済学史学会 二〇〇五年度大会フォーラム（平成一七年五月二九日、大阪産業大学、共通テーマ「近世経済認識の生成と啓蒙のモーメント」）で報告された「レトリックを超えて―修辞学と政治算術」をもとに加筆訂正したものである。また、西山徹氏からは、草稿段階にあった文献の取り扱いについての私の誤解に関して重要なご指摘をいただいた。この場を借りて感謝を申し上げたい。

(1) 古典共和主義の多様性については田中・山脇（二〇〇六）を参照。Quentin Skinner (1998) は、慎重ながらもアザイア・バーリンのいう消極的自由の概念を、古代ローマにおける「隷従的地位からの自由」のなかに見出し、それは初期近代ヨーロッパにおいて「自由国家の新ローマ理論」という形で復活し、しかも、一七世紀のコンテクストにおいてそうした意味での自由が主張されながらも、それは為政者に対するお世辞（flattery）などによって常に危うい立場におかれていたことを指摘している。後で見るように、チャールズ・ダヴナントの為政者論はまさにこうした意味における「新ローマ理論」の中にも位置づけることができる。ダヴナントの為政者論、追従（お世辞）論についてはIto (2005) および本章四節を参照。

(2) 例えば田中正司（一九八八、二〇〇三）、Hont (2005) の ch. 3と ch. 6、Thompson (1991)。

(3) Hont (2005) はマキャヴェリの『君主論』およびホッブズに由来する国家理性論を、一七世紀から一八世紀にかけてのフランスやスコットランドを含むイギリスにおいて一貫して見られた思想史上の中核として捉えている。そこでは、対立軸は社会を貫く原理・理念はなにか、というよりは、それを運用する際の対応、つまり急進主義か現実主義かにあるように見える。こうした対立軸は、一九世紀における『かの高貴なる政治の科学』の栄枯盛衰のなかに見出されるバーク的歴史主義対ベンサム的哲学急進主義の対立へと、そのまま接続可能であるように見える。こうした視点に関しては伊藤（二〇〇七）、Collini, Winch, & Burrow (1983)、およびその後の研究史の展開については中澤（二〇〇六）を参照。

(4) Caffentzis (2003) はこの問題を医学史との関連からより深く掘り下げている。しかし、本章でも見るように、そして最近のルネサンス期の修辞学に関する研究が示すように、修辞学の修得はこの時代の人文主義教育の成果の現れであり、修辞表現は第一にはこの時代の知識人の話法である。修辞表現の利用にそれ以上の意味を求めることは、もっと慎重であるべきように思える。

(5) こうした修辞学と哲学のバランスという意味でのキケロ主義のイタリア・ルネサンスにおける復活は Seigel (1968) 参照。

(6) アリストテレスは、「かくて修辞学は、いかなる主題に関わるものであれ説得の可能な手段を見いだす能力と定義されるだろう」(Aristotle: 1939, 15.) といい、プラトンは『ゴルギアス』でソクラテスに、ソフィストは修辞学を説得の技巧と定義づけている、といわせている。修辞学の定義についてはVickers (1988) を参照。

(7) ギリシア語では *κολακεια*。英語では flattery と訳される。

(8) 『ゴルギアス』で彼が言うには、修辞学はお世辞以上の何物でもなく、「弁論家は陪審員や他の民衆に正義、不正義について教えず、ただ信念をもたらすだけである」(Plato (1979), p. 22)。修辞学は「信念をもたらす」、だけで真実はもたらさない。彼は修辞学を料理や化粧と同じだとしている。「料理は医学をまね、そして体にとって最善の食べ物を知っているかのように見せる。」「料理は医学の振りをしたお世辞であり、そして同じように化粧も体育訓練の振りをしている」(Plato: 1979, 33.)。

(9) Monfasani によると、「ルネサンス期の人文主義者は古代の雄弁を取り戻すのに奮闘していた。」「彼らは新しい教育計画を提案した。それは古典文献に焦点を当て、論理学ではなく修辞学を言説の主たる方法にするような人文主義研究である。古典修辞学はその企画の中心であった」(Monfasani: 1988, 171.)。

(10) ルネサンス期イングランドにおける修辞学の位置づけ、あり方については Skinner (1996) の part 1が参照される。本論文全体を通じて多く参照した。

(11) Wilson (1945) 参照。

(12) 「非常に多くの事柄の知識が会得されなければならない。それなしでは雄弁家はただのからっぽで滑稽な饒舌の渦でしかない」(Cicero: 1942a, 13-15)。「全ての重要な問題と方法についての知識を心得てないものは、あらゆる点において完全な雄弁者ではあり得ない。」(Cicero: 1942a, 17)

(13) Gerbier (1650?) (1651) (1652) を参照。

(14) 直接スミスへつながっていく社交性の議論としては Hont (2006, ch. 1) のプーフェンドルフ論、Klein (1994) のシャーフツベリ論、そしてなによりも田中（一九八八）（二〇〇三）における一連のスミス同感法学およびその前史の研究が、また社会史・科学史という別の視点からではあるが Shapin & Shaffer (1985)、Shapin (1994) が参照される。

(15) 政治算術の研究史、最近の研究動向については、伊藤（二〇〇二）、Ito (2005)、大倉（二〇〇三）参照。ベイコン主義、ベイコン、ニュートン主義、実験哲学などの違いについては伊藤（一九九七）

を参照。

⒃ 西山（二〇〇五）はペティの政治算術が「数字に弱い者を戸惑わせたりするための修辞として使」われたかもしれない、と指摘している（三七頁）。また、Ito (2005) はペティの政治算術とチャールズ・ダヴナントのそれの関係について、「お世辞」という側面から、古典修辞学批判と修辞学の利用の絡み合いについて検討している。

⒄ Hunter (1989) 参照。

⒅ カウリーについてはAubrey (1898)、Skinner (1996, 234–5) を参照。とくにSkinnerによるホッブズとカウリーの関係についての言及は興味深い。

⒆ 原文は次の通り。

'In Desarts but of small extent,
Bacon, like Moses, led us forth at last,
The barren Wilderness he past,
Did on the very Border stand
Of the blest promis'd Land,
And from the Mountains Top of his Exalted Wit,
Saw it himself, and shew'd us it.'

⒇ No. 47 'A Dialogue between A and B' のなかで、ここであがった説話や推論の定義づけがなされており、内容的にも定義づけというやり方についてもNo. 89と近い。またNo. 47では人間にはじまり、教会、宗教、感覚、信仰等にいたるまでのさまざまな言葉を定義づけている。編者はNo. 89でもNo. 47でも注にホッブズの『リヴァイアサン』を参照するよう指示しているが、これは大倉（二〇〇四）がみたペティにおけるホッブズ的方法と同じもののように思える。

(21) Petty (1928, 157) 編者の解説を参照。

(22) ダヴナントは次のようにいっている。「そのやり方自体は、疑いなくかなり昔からある。しかしそれの、公収入や交易といった特定の対象への応用は、ウィリアム・ペティ卿が最初にやり始めたことであるが、今までのところほとんど誰もかれに追随することはなかった。かれは、初めてそれに名前をつけ、そしてそれを規則や法則にした」(Davenant (1771), 128.)。

(23) Pocock (1975)、Hont (1990)、Multamaki (1999)、Ito (2005)、大倉（二〇〇〇）、村井（二〇〇六）参照。以下本章で取り上げる「お世辞 flattery」の思想史上の含意と「腐敗した廷臣 corrupt minister」の関係の詳細についてはIto (2005) を参照。また、"flattery" はしばしば「追従」とも訳されるが、本章では「お世辞」と訳す。

(24) 伊藤（一九九二）参照。

(25) Skinner (1998), 89–95参照。

(26) ダヴナントやシドニーにおける「お世辞屋」や「腐敗した廷臣」についてはIto (2005) を参照。

(27) Political Arithmetickという言葉は一回だけ出てくるが、かならずしも方法論的な主張は伴っていない。

(28) この時代の普遍君主制（Universal Monarchy）に関する議論、背景はPincus (1996) を参照。

(29) 篠原（一九八六）、大島（二〇〇〇）（二〇〇一）、坂本（二〇〇二）参照。

第3章　勤労の育成——ロックからハチスンまで

生越利昭

はじめに

「啓蒙」とは、端的に言えば、世俗世界における人間の進歩と改良の推進である。しかし、その内実を吟味すると、様々な問題が浮かび上がってくる。ここでは不可欠と思われる論点だけに絞って、本章の問題意識につなげることにしたい。

第一に、その語源からして、啓蒙は「理性ないし知性の光によって世界を照らすこと」であり、人間が神話的世界から脱却し（魔術からの解放 Entzauberung）、独自の知的能力によって世界を解明し、自らが生きる合理的世界を構築することを意味する。これは、自然を観察可能な客観的法則によって解明する「近代科学」の誕生と不可分の関係にある。それはまた、人間の知性・感情・道徳判断を「人間的自然＝人間本性（human nature）」として客観的に解明する「人間の科学」ともつながる（デイヴィッド・ヒュームを想起せよ）。その根底には、人間が自然から分離し、自然を高みから客観的に観察し、それを制御し利用する「自然支配」や「人間中心主義」の考え方が存在する。[1]

第二に、人間が神話的・運命的世界や自然から脱却し、自由な個人として解放されると、各人の無限の欲望が互いに対立し社会が存立し得なくなる危険が生じる。これを調和するために人間行動をいかに制御するかという新たな課題が生まれる（ホッブズ的秩序問題）。啓蒙思想は、これに対処する方法として、個人の内面的道徳規律を探求する。これは、道徳的発達、「公共精神」の形成、「洗練」、文明化の過程として描かれ、この側面が啓蒙の代名詞ともなってくる。

第三に、人間の進歩と発展は本来的に、人間の知的・道徳的発達と共に、物質的生活の安定と改善を含意している。人間の自然からの分離とは、経済的に言えば、人間が「母なる大地」に依存し埋没していた共同・共有状態から脱出し、自然を利用し改変する労働＝生産による経済活動の確立を意味している。[2]経済的繁栄は啓蒙の必須条件であり、これを可能にする社会的条件を探求する経済認識は、啓蒙思想に不可欠の表現形態なのである。

ただし、上の「個人の自立」や「知的・道徳的発達」とは現実世界の中で何を意味していたのか、ここで確認しておく必要がある。近代社会における個の自立は、旧来の共同体的秩序＝封建的家父長制度に埋没していた個人を解放するところに成立する。それゆえ、これは実質的には旧秩序の破壊＝制度変革によって実現するのであって、単に表層的・観念的な「精神的・思想的自立」ではない。封建的な身分階層秩序（ヒエラルキー）は自然法的な相互扶助の精神・キリスト教的博愛主義によってイデオロギー的に支えられ、建前として万人の「生存権」が保障され富者には貧民救済義務が課されたが、各人は不平等な固定的身分制度の中で、自然の一部＝共同体の一員として自らの役割・責任を遂行することを強制されていた。そこからの個人の解放とは、実質的には「経済的自立」を基盤にしなければならない。それまでの共同体的所有形態から離れて、自己の何らかの能動的営為（労働や経営努力など）によって私有財産権が確立される。これは同時に、相互扶助的な博愛主義という旧来の道徳観の破壊につながり、個人主義に基づく新たな道徳の形成を促す。「啓蒙」が提起する「知的・道徳的発達」とは、この個人主義的道徳を意味するのである。従来の身分相応の道徳や相互扶助的な公共精神＝博愛精神とは根本的に異なることに注意しなければならない。

以上の検討から分かるように、「啓蒙」は、西欧近代の思想・科学の一側面として抽出される楽観的な「進歩と改良の思想」に対応した歴史用語である。[(3)] それゆえ、啓蒙研究の対象となる時代は広範囲に及ぶが、本論は、そのうちの一七世紀後半から一八世紀前半までの啓蒙思想と経済認識に対象を限定している。そこで、この期の啓蒙を「初期啓蒙」と呼ぶことにし、これについて私なりの定義づけをしておくことにする。

上述の通り、啓蒙の出発点は「個人の物質的・精神的自立」であるが、「初期啓蒙」においてはこれを達成することが先決目標であったため、正統的な政治や宗教の急進的な否定と、自由な個人の自己意識の形成が中心的思想課題とならざるをえなかった。一七世紀半ば以降、科学革命による合理化と世俗化の過程が、それまで「信仰、伝統、権威」を知的・精神的な基盤としてきた西欧キリスト教世界から、超自然的な魔術や信仰を急速に根絶させていった（Israel (2001), p. 4）。そして一七世紀〜一八世紀初期のヨーロッパ思想において特に目立った特徴は、個人的作業による「自己（self）」の客観化・内面化の道であった（Porter (1997), pp. 38, 74）。しかし、当時これを遂行できたのは、有産者層のエリート知識人だけであったために、初期啓蒙は「エリート啓蒙」という形態をとらざるをえなかったのである。ポーター（Porter (1990)）の整理に従えば、「この種の『地下』活動［不法な出版活動］が、初期の啓蒙主義活動家の集団形成にとって決定的なものとなり、悪辣な風刺や過激な見方が公然と述べられることにもなった。その内容は、それ以降に登場するいずれのものよりも、だいたいは急進的だった。……初期啓蒙主義の政治・宗教批判は極めて痛烈なものとなった」（p. 45, 訳六六頁、「　」と傍線は生越、以下同じ）。「この初期の『急進的な啓蒙主義』と、その広範な影響力をどのように評価すべきかについては、今日でも研究者の意見は鋭く対立したままである。……とはいえ、正統的な政治と宗教の潮流を真っ向から否定するようなある種の議論が、啓蒙主義のまさに出発点においてすでに明確に述べられていたことは明らかである」(p. 46, 訳六七頁)。「フランスにおける「高《ハイ》啓蒙主義」の絶頂期にかかわっていたのは、だいたいは懐ぐあいもよく、しかも同じ階級仲間を念頭において書くエリート知識人であった」(p. 48, 訳七〇頁)。「どんなに考え方が急進的であっても、『高啓蒙主義』の指導者たちは、上品な有産階級の出身、もしくはそこまでのし上がった人びとであって、自分たちを育ちがよいと思っていた」(p. 49, 訳七一頁)。つまり、有産者エリート知識人による旧来の体制・宗教に対する急進主義的批判が、「初期啓蒙」の特徴をなしていたのである。

　これに対して「後期啓蒙」は、政治的安定と経済的繁栄がある程度達成された段階を前提にしており、新しい社会システムがうまく機能するメカニズムを提示し、人類の繁栄と知的・道徳的進歩の可能性を描き出す。その担い手として、社会的相互交流の中で市民的徳を身につけることのできる中流教養身分が登場し、大衆向けジャーナリズムによる「公共圏」を形成する。その意味でも、啓蒙は「教育的作業」と不可分の関係にあった(4)。再度ポーターに従えば、「一八世紀のイギリス知識人が直面した遠大な問題とは、旧体制を批判する、あるいは、製図板のうえで新しい体制をデッサンする必要があるということではなく、むしろ、すでに改革された政治体制を守りつつ、それをどう機能させるかであった。」(p. 54, 訳八〇頁)「それ[モラリスト]とまったく逆の議論を展開したのが、一八世紀はじめ、雑誌『スペクテーター』を編集したアディスンとスティールから、アダム・スミス、ジョン・ミラー、ドウーガルド・ステュアートら後期啓蒙主義のスコットランドの大学教授にいたる重要なイギリス思想の流れである。経済が発展すれば、消費社会が生まれ、それによってマナーが洗練され、社会は平和になり、感情も穏やかになり、経済活動の見えざる連鎖によって人間はその同胞としっかり結びつく」(p. 55, 訳八一頁)。フランスにおいては、一七八〇年代になって「新しいタイプの啓蒙主義」すなわち大衆向けジャーナリズムが登場した(p. 48. 訳七〇頁)。すなわち、後期啓蒙になると、すでに達成された新しい社会システムの中で、自由な個人として十分成熟した近代的市民層(中流教養身分)を中心に、大衆を巻き込んだ新しい道徳律の形成と豊かな消費社会の発展が可能となるのである。

このような啓蒙の段階過程は、経済的側面からみると、第一に、私有財産権の確立と重なり、第二に、商品交換経済（貨幣経済）の十分な発展と重なっている。初期啓蒙の目標とした「個人の物質的・精神的自立」とは、先述のように、実質的には「私有財産に基づく経済的自立」を意味しており、これによって、聖トマス・アクイナスに代表される中世スコラ哲学が強調した万人の「生存権」及び「請求権」が背後に退き、排他的私有権を前提にした商品交換取引が全面開花するのである。この過程を推進するのに重要な役割を演じたのは、グロティウスやプーフェンドルフのような自然法学者の「同意による私有正当化論」であり、またジョン・ロックの「労働による所有権論」であった。これによって、私有財産所有者としての自由な諸個人から成る社会（商業社会＝市民社会）が現実態としての姿を現してくる。[5] そこでは、貨幣経済の発達に伴い、所有対象が不動産としての土地財産から貨幣に転換し、すべての財産が（土地も商品化されることによって）動産化される。これは商業社会における個人の可動性と対をなしている。[6] このような交換取引が一般化すると、相互扶助的な社会関係よりも不平等を容認する豊かな消費社会が追求される。法制度の上でも、生存権を保障する「分配的正義」に代わって排他的私有権を基礎にした「交換的正義」が優先されるようになる。

このような商業社会の発展は啓蒙の重要局面であるが、その体制を分析する経済認識においては、一八世紀において重商主義から古典派経済学への一大転換が起こった。この転換をどのように理解するかは、経済学史上の大問題である。本論では、これを啓蒙思想の変化と対応させつつ、独立小生産者の経済システムから資本・賃労働生産体制への転換、原始的蓄積から資本主義的蓄積への認識上の転換として理解する。この理解のために必要な論点を以下前もって確認しておきたい。

「重商主義」とは通俗的には、外国貿易による貨幣（譲渡利潤）獲得を基礎にした国家的な富と力の拡大のための政策諸理論を意味するが、その歴史的意義は「原始的蓄積」の側面から再評価されるべきだろう。原始的蓄積過程は、貨幣資本の蓄積、労働者階級の創出、資本・賃労働関係の形成という三つの契機を包含する。[7] 小林昇（一九八五）に従えば、この過程では「資本・賃労働関係は、独立生産者の意識と行動とから完全に分離されぬ事実のため、ひとびとのはっきりした認識とはならない。」「農工分離→商品生産の展開過程に関心が集中し、この過程の促進者としての貴金属貨幣、その獲得手段としての外国貿易（およびそれにかかわる統制政策）、貴金属貨幣の代用手段としての信用貨幣→信用制度、等がつねに着目される。」ステュアートの『原理』は「この諸契機を壮大に結合」する「原始蓄積の一般理論」となるが、それに対して『国富論』は資本制蓄積の一般理論を樹立することによって、一面では先進資本主義国民経済の世界支配のイデオロギーと化した。」（二五一二七頁）

この原始的蓄積から資本制的蓄積への認識上の転換を示す重要な指標は、「低賃金経済論」から「高賃金経済論」への移行である。これは、生存に足るだけの所得があればそれ以上働こうとしない怠惰な労働者に対して、飢餓によって労働を強制すべきという認識から、「高い労働意欲と労働能力」をもった労働者を前提にして、高賃金が労働のインセンティヴを与え生産力を向上させるという認識（生産力と生産関係の認識）に至る、労働者観の一大転換を背景にしている。「勤勉な労働者」の登場は、長い間の教育や意識変革と自己形成の結果もたらされたものであり、それこそが原蓄過程の目標であり成果であった。[8] この勤勉な労働者を担い手として、市場経済の高度な経済発展が可能になるのである。

以上のように、啓蒙思想と経済認識の変化を相互に関連づけながら整理すると、両者の問題は相当程度重なってくる。「初期啓蒙」期においては、個々人の経済的・内面的・道徳的自立が追求され、経済的には労働者や小生産者の勤勉の奨励、各階層の役割分担と相互扶助関係、為政者のコントロールが強調される。「後期啓蒙」期になると、社会システムのルール形成とその円滑な運用、社会的相互関係を通しての合理的・道徳的行動が主張され、経済的にも私有財産所有者同士の対等な関係を前提にした市場ルールの形成、それに準拠した自由な活動が経済発展をもたらすという図式が描かれる。[9]

しかしながら、このような啓蒙と経済認識の整理は、別の見方からすると、あまりに楽観的・進歩的すぎるという批判を受けるかもしれない。なぜなら、啓蒙思想や市場経済は、人間の知性的・道徳的発達に信頼し、勤勉で理性的な内面道徳規律を備えた個人の広範な存在をあらかじめ前提にしているからである。しかし、それはあくまで理念であって、現実はこれと大きく異なるのが普通である。その場合に、この理念は、現実社会の中で人びとを一定の型にはめ管理する機能に転化する可能性がある。新たに生まれた個人主義的道徳や市場ルールが、新たな「神話」として人びとを支配し抑圧するのである。(10)

この視点から見ると、上で述べた「勤勉な労働者」観は、人びとを否応なく資本主義的賃金労働者として取り込む役割を担ったことになる。実際、原始的蓄積は本来、怠惰な労働者を強制的に働かせ、労働教育によって勤勉な生活習慣を身につけさせる歴史的役割を担うものだった。初期啓蒙は、有産者エリートによる旧体制の急進的批判を通して、諸個人の知的・道徳的進歩を目指し、新しい市民的道徳につながるのであるが、それはあくまで中流身分以上の階層に当てはまることであった。より下層の労働庶民は、旧体制崩壊と新たな経済体制の出現に翻弄され、自らの生活基盤の確保、経済的自立のための新たな雇用関係に組み込まれていくしかなかった。彼らは啓蒙の担い手というより、啓蒙の受け皿であり、教化・陶冶の対象にすぎなかったのである。それゆえ、私有財産制度の確立と経済発展を推進する過程において、その担い手たる「勤勉な労働者」形成と「雇用促進」の問題は、啓蒙思想の経済的側面における「光と陰」を典型的に表現しているテーマである。

本論は、以上のような問題意識に立って、一七世紀後半から一八世紀前半までの「初期啓蒙」における労働雇用に焦点を当てる。その際に、啓蒙の中枢となる知的・道徳的進歩の過程を一方に見据えながら、勤勉な労働者育成のための貧民教育と雇用問題の展開過程を並行的に跡づける。その際、資本・賃労働関係や資本主義的蓄積を理解する鍵となるのが利潤把握の問題であることを考慮して、これに細心の注意を払うことにする。

第一節　ジョン・ロックにおける啓蒙と労働雇用

（1）ロック思想の二面性

ジョン・ロック（1632-1704）は、初期啓蒙の代表的思想家であって、彼の提起した様々な問題がそれ以後の啓蒙思想に継承され展開されていった。[11] 彼の思想は様々な側面において二面的であると言われるが、それは啓蒙思想の二面性を如実に表現したものでもあった。

たとえば『人間知性論』において、「精神白紙説」により経験によって後天的に獲得される人間知（「蓋然的知識」）の限界を説きながらも、神の創造した実在世界を通して確実な知識（観念の第一性質）が可能であることを疑わなかった。また人間行動に関しては、利己的快楽主義的人間を前提にしながらも、自己観察と内省を通して欲望を克服し人格完成を目指す理性的・自律的人間を展望している。この「快楽主義」的行動原理と自律（autonomy）＝人格完成の原理とは論理的に十分整合化されていない。確かに、肉体的欲望から生じる「一時的な落ちつかなさ（uneasiness）」が、「欲望を停止する能力（power）」（＝「自由（liberty）」）によって一時停止され、「真の幸福」に向かう行動が選択されると論じているが、それは各人に要求される実践的努力への期待であって、これが快楽や欲望に基づく行動を完全に克服するという保証はない（Locke (1690b) 二巻二一章§47. 訳、二巻、一七九―八〇頁）。ロックは結局神の法の賞罰に導かれて「有徳な生活」を選び取る信仰深い人間に期待し、彼の描く理性的・自律的人間が個人の努力に依存するしかないことを示している（*Ibid.*, §70. 訳、二巻、二一八―二〇頁）。これは世俗的な啓蒙の次元とは異なるが、一面で啓蒙の限界にも通じるであろう。

『統治論』においては、「自然権」に基づく主権設立という結合契約（Pactum Unionis）」を提示しながらも体制擁護的な「服従契約（Pactum Subjectionis）」[12] を認め、さらに「労働による所有」に基づく万人の経済的自立＝生存権の確保を論証しつつも「貨幣発明以後の不平等正当化」＝既得権益の擁護論を併存させている。啓蒙の目指す「人間の進歩と発展」にとって、ロックによる私有財産権の確立・神聖化は決定的に重要である。彼は、自然権の内実である生命・身体・自由・財産を総体化して「property（固有性＝個体的所有）」と呼び、それに対する万人の不可侵の権利を認めた。誰もが自己に固有な身体の働き（労働）によって自然から必要物を手に入れ排他的な自己所有権を確立することができるのである。一方、所有を基礎づける労働はまた価値を創造し剰余を生み出すがゆえに、この剰余生産物が貨幣として蓄積されるとき、富裕化が可能になる。この方向は、個人間の所有格差＝不平等をもたらすが、逆にそれは剰余物の交換・譲渡を通じて経済的発展をもたらすことができる。こうしてロックの描く社会は、自由で独立した私有財産所有者同士の相互関係として、市民社会の様相を呈してくるのである。

『利子・貨幣論』においては、あらゆる階層の人びとが財産所有者として貨幣循環システムに参加し、それぞれがトレード推進に一定の役割を担う関係を客観的な経済法則として示している。しかし、国富増進の道筋をトレードの拡大（商品生産と外国貿易による貨幣獲得）に求めながらも、他方では国富の基盤を土地に求め、農業余剰を地代として取得する地主だけが担税能力があるとして「土地単税論」を唱えている。これは、当時先鋭化していた「土地利益」と「貨幣利益」との対立を反映し、ロックの経済思想の二面性として理解されてきたものである。[13] ロック自身は、この対立を乗り越える道を、あらゆる人びとの勤勉と節倹に求め、その条件整備のための国家による様々な保護規制の必要性を説いている。ただし、そこにはやはり、個人の自由な経済活動による経済発展の展望とは次元の違う強権的実践的な政策提言が見られ、それらはうまく整合化していない。これは、別の見方からすれば、啓蒙思想の二面性ないし「光と陰」、すなわち「解放と文明化」の理想に対する「統合・管理」の必要性というギャップを表しているともいえる。

（2）救貧と貧民教育

ロックにおける啓蒙思想と経済認識との関係、その二面性の特質（光と陰）が最も明確に表現されているのは、『統治論』における「貧民救済＝生存権保障」と「賃労働契約」の両論併記であり、さらに教育論に見られるエリート養成と貧民教育論の併存であろう。

すなわち『統治論』の第一篇では、次のように慈善による救済と生存権保障が強調されている。

神が、一人の人間でも他人のなすがままに任せ、他人の好きなように彼を餓死させることをしなかった、ということを我々は知っている。……財産をもつ人が、彼の豊富さの中から同胞に援助を与えないで同胞を死に追いやるのは、常に罪である。……慈善は、極度の欠乏から自己を守るために、それ以外に生存する手段をもたない場合には、他人の豊富さの中から一定量を要求する権原（Title）をあらゆる人に与えている。人が、その援助をせずに他の人の必要を利用して、自己の奴隷になるよう強制することは、決して正当ではない。（Locke (1690a) I, §42. 訳五〇頁）

これに対して第二篇では、貧民に慈善を施すのでなく、賃金支払いと交換に労働を課す主人・召使い関係が当然の現実として容認されている。

主人と召使いは歴史とともに古い名称であるが、いろいろ異なった状態にある人びとに与えられる。たとえば自由人は、賃金を受けとるのと交換に、一定期間引き受けるサービスを売ることによって、他の人の召使いになる。これは普通彼を主人の家族の中におき、そこでの通常の規律に服させるけれども、しかし主人には彼に対する一時的な権力しか与えず、彼らの間の契約に含まれる以上の大きな権力は与えない。（II, §85. 訳二一三頁）

これは、貧困を利用した強制的な奴隷化ではないが、貧富の差を前提にした雇用契約という点で半強制的性質をもっており、慈善による生存権保障とは次元の異なる論理展開である。ただロックは、この雇用契約を相互の利益を実現する人格的関係として捉えるだけで、雇主の利潤獲得の側面には目を向けていない。それゆえ、ここにはまだ資本・

賃労働関係の十分な認識はない。

さらにロックは、『教育に関する若干の考察』において社会の指導者としてのジェントルマン階層のための教育を論じ、人格的陶冶と実践的知識の習得を主張した。その中で特徴的なのは、心身一体の教育を基本としながらも「肉体を精神の命令に従わせる理性」ないし「克己」を強調し、「抑制と訓練」による人格的徳性の錬磨や産業社会に適合した実務能力を重視している点である。これは、エリート教育ではあるが、『人間知性論』において強調された「意思の自由＝自律」や「われわれの本性の完成（a perfection of our nature）」を前提にしており、一人前の個人を育成するための実践教育という点では、万人の教育に適応できる一般性をもっていた。

これと異なり、一六九七年の「交易植民局（Board of Trade）」に提出した報告書のためのノート「貧民救済・雇用計画案」は、貧民取り締まり政策の一環として、貧民をいかに勤勉な労働者に育成するかという、貧民教育論＝労働者育成・雇用論の具体的な方法を提言している。その中心は「感化院」ないし「労役場」での貧民の矯正・訓練と「労働学校」の設立提案である。その前提には、「救済に値する貧民」と「怠惰で浪費的で援助に値しない貧民」を区別し、後者に対して徹底的な取り締まりと容赦ない処罰を行おうとする、政策論的観点があった。例えば、一四歳から五〇歳までの心身ともに健康な男子で許可なく教区を離れて物乞いをしている者は、その地域の役人によって捕らえられ、海岸地域では軍艦に収監され三年間の奉仕、内陸部では感化院に送られ三年間の矯正を課されるべきだという。また許可証を偽造して乞食を行なう者は、初犯は両耳をそぎ落とし、再犯は植民地に送るべきという（Locke（1697）, pp. 378–80）。これと違って、前者に対しては、勤勉な労働者への育成と雇用確保が中心となる。「貧民の真の救済は、彼らのために仕事を見つけ出し、他人の労働に依存して怠惰に生きることがないように配慮してやること」なのである（*Ibid.*, pp. 282–283）。そのために、各教区の職人が半強制的に貧民を雇用すべきと言い、主として紡績業や毛織物業部門における労働雇用を提案している。同様に、「労働学校」の設立は、三～一四歳の貧民の子供を収容し、職業技術の習得と宗教教育による「宗教感覚（some sense of religion）」の修得により、「真面目で勤勉な労働者」を育成することを目的とする。ただし、ここでも労働雇用は救貧と貧民教育の面からのみ考察され、それが雇主の利潤獲得に寄与する資本・賃労働関係を生み出す点にまで分析がなされていない。

ロックは、貧民に対して冷淡な態度を示しているが、それは貧民を本質的に劣等な人間とする差別意識によるものでは決してなく、万人における克己・勤勉・努力による自律・経済的自立の可能性を見ていたため、そうした努力を怠る者を容赦しなかったからである。それは、極貧民でさえも、彼らの宗教的義務を理解し遂行するのに十分理性的だとする、以下のような発言と重なっている。

この上なく恵み深い神は、この世の人類の大多数を占める貧者に配慮しているように思われる。それらの教えは、労働する無学の人間にも理解することのできる事柄である。これは卑俗な能力しかもたない者に適した宗教である。……貧者が彼らに対する福音を授けられることは、キリストが自らの使命の証しとして、また務めとしていることである。そして、もし貧者が彼らに対する福音を授けられるならば、それは、疑いなく、貧者も理解することができるような、平明でわかりやすい福音であった。

(『キリスト教の合理性』Locke (1999), pp. 169. 171.)

このようなロックの見解は、イングランドに従来からあった「古き良きホスピタリティ」の精神＝「執事精神(stewardship)」を前提にしている。それは、国家だけでなく余裕のある個人(富者や雇用主)も貧民救済の責任があるという考えであり、「富者は貧民を雇い救済する一般的執事」とみなされた。(14) 同時代の貧民救済論者ジョン・ベラーズは、富は神によって個人に信託されたものであるから、富者には「公的および私的な慈善行為を進んで行なう不可欠の義務がある」と明言しているが、ロックもこれと同じ見解に立っていた。(15) しかし、ロック自身は、この博愛精神に全面的に頼るのでなく、すでにこうした「慈善行為」が衰退しつつある状況の中で、労働貧民を国富の担い手に変える妙案として、国家主導の貧民教育＝労働者育成・雇用の政策を提言したのである。

このようなロックの提案は、確かに貧民の生活保障と勤勉な生活習慣の習得を主眼とするが、労働者の賃金については、それが必然的に生存費水準に定まる傾向にあるという客観的現実を前提にして、生存費賃金説を提示している。すなわち、

一般に手から口への生活をし、実際にトレードのために労働をする人びとと考えられている労働者は、食糧・衣服・道具を買うに足るだけの貨幣さえもっていれば、彼らの仕事を十分に果たすだろう。……労働者の分け前は、ぎりぎりの生存維持分以上になることはめったにないので、この種の人びとがそれ以上のことを考えたり、彼らの分け前のために金持ちと争ったりする時間や機会を持つ余裕はない。(Locke (1991), vol. 1, pp. 34, 115. 訳三四、一一一頁)

むしろ奢侈が労働者に広がると「使用人どもの道楽と怠惰と喧嘩口論が加わる」として、生存費水準を超えた高賃金の危険性を指摘さえしているのである(*Ibid*., p. 28. 訳二八頁)。

以上見たように、ロックにおいては「個人の自立」が「道徳的自律」と「経済的自活」の一体化したものとして理解され、これを実現する「啓蒙」や「教育」の役割が重視され、一般庶民には「勤勉な労働」を習慣化するための指導と環境整備(雇用提供)が提案された。私的利益を追求する個人の自助努力(自由な経済活動)を基本としつつも、その条件を公的に整備して国家全体の利益を増進すること、これが彼の政策論議の中心であった。ここにも彼の思想的二面性を見ることができる。個の解放・自由の実現と、「勤勉で理性的・自律的人間」を形成するための教育と指導＝管理・強制である。これはつねに「表」と「裏」を使い分けなければならない「啓蒙思想」の宿命でもあろう。

第二節　労役場と貧民雇用問題

実は、ロックの「労役場」建設提案より前に、博愛主義者ファーミン（Thomas Firmin, 1632–97）による私設の「リトル・ブリテン労役場」（一六七六―九七年）が実際に運営されていた。これは、「貧民の生活保障」を第一の目的にしながら、「宗教、徳、勤勉の養育場」としての性格を合わせ持ち、貧民を半強制的に教育して「勤勉な労働者」にすることを目指していた。またすでに一六八九年には、ウィリアム三世が議会演説において、「労役場建設は、我が製造業を増大させる効果的な支出である」と明言しており、その線に沿って、一六九六年にはブリストルに初の公共労役場が建設された。これは、ケアリー（John Cary, ?–1720）の企画に基づくもので、市長や参事会員など六〇人から成る「貧民の会」によって運営され、六―一六歳の自活能力の習得、一六―四〇歳に対する給付なしの雇用提供を目的としていた。

さらに、先述したベラーズは、一六九五年『産業カレッジ設立提案』（Bellars (1695)）を発表し、独自な救貧案を主張していた。それによれば、慈善は富者の利益と結びつけられるとき最も効果があり、それは貧民を怠惰なまま扶養するのでなく教育と雇用を与えることによって社会全体を豊かにする。カレッジに収容されるメンバーを三〇〇人とすると、全員の生活必需品を得るのに二〇〇人の職業労働で十分なので、残り一〇〇人の労働成果はすべて剰余利益になると計算される。カレッジのメンバーは親方職人、徒弟、婦人と少女、既婚者、病人・不具者に分けられるが、中心は青少年であり、男子は二四歳まで、女子は二一歳ないし結婚するまで徒弟とするが、その後は出所しても残っても結婚してもよい。ベラーズの主張では、これは分業と教育を基盤とする貧民の自由な共同体（原始キリスト教の手本に似た共同体）であり、メンバーを指導・管理する厳格な規則はあるものの、「労役場」ではなく「カレッジ」という名称が相応しい。彼の提案は確かに博愛主義的ではあるが、その基本構造はやはり労働貧民の雇用と教育による救貧費削減と利益追求を目指しており、労役場の一変種であることに変わりはない。

上のような事例を先駆的モデルとして、その後「労役場」建設は各地に広がった。ダーントン(Daunton (1995), p. 453)によれば、「一六九六年と一七一五年の間に、一四の地方都市とロンドン・シティに、新しい全市域的な救貧団体(Corporations of the Poor)が創設された。これらは放浪者を懲戒し子供に『正直な労働と勤勉』を教え込むことを期待して労役場を開設した。これらの地方の発議は、一七二二年の労役場テスト法(Workhouse Test Act)によって認可された。それは、教区が救貧区連合を形成し、労役場を設立し、救済の条件として労働テストを適用するというものだった」。この「労役場テスト法」[16]によると、あらゆる教区で被救済民全員の名前を記録し登録し、それ以外の者の救済をしない。教区委員と貧民監督官は、教区総会の同意の下に、どこかの家屋を買うか借りるかして、各教区の貧民を収容し居住させ扶養し雇用するという契約を誰かと結ぶことができる。その契約によって請け負った労役場経営者は救貧給付金を受け取るとともに、それらの貧民をすべて雇用して彼らの労働やサービスから上がる利益を取得することができる。教区が小さすぎる場合には、二つ以上の教区が共同で労役場を運営することもできる。労役場入所者の貧困状況が、本当で避けられないものか、怠惰と悪行のためかどうかがテストされ、正当でない者は入所を許されない。労役場への入所を拒否する者は、救済名簿から削除され、その後一切救済されない(Nicholas (1854), vol. 2, pp. 12–15)。この法律制定によって労役場建設は加速され、その後二―三年間に一五〇以上の労役場が生まれたと言われる。ただし、この法律の真の目的は、貧民の扶養と雇用だけでなく、救貧費の大幅な削減にあり、そのために救援の抑制と入所者の労働による利潤取得を目指していた。それゆえ労役場は、救貧税によって運用される一種の工場であった。

こうした労役場の典型的モデルは、マリオット(Mr. Matthew Marryott)なる人物が一七一四～二二年の間、バッキンガムシャーのオルニーで行った実験的経営であった。それは、その地域の救貧税を大幅に軽減し、労役場を貧民の避難所から貧民抑止装置に転換し、上記の法律にヒントを与えたとも言われる(Longmate (1974), p. 24. Eden (1928) p. 49)。一七二五年に出版され一七三二年に増補された『貧民の雇用および扶養のための労役場の報告』は、マリオット自身の著作とも言われ、地方六〇、ロンドン五〇の労役場の事例を取り上げ、その実態を記録している。それによると、収容者の多くは児童・老人・病人・障害者などの無能力貧民であり、半分以上が孤児・棄児、ほかに老人・長期の病人・狂人・白痴・急病人・瀕死の病人・私生児を産む妊婦・性病の売春婦などであった。起床・就床・食事・お祈りなどが細かく規定され、違反すれば、足かせ・土牢・減食・外出禁止などの処罰が課された。これに関連して、当時のメイドストン労役場の記録は、「労役場は、矯正と懲罰の思想と結びついた名称であり、そのため貧民の多くはそこでの生活を回避する。……だからもっと優しく当たり障りのない名前にすべきだ」と訴えている。このため、ジョージ一世期に建設された多くの労役場は、「扶養院（House of Maintenance）」や「保護院（House of Protection）」と名付けられたが、その実態は変わらなかった。それゆえ、貧民は労役場を一種の監禁施設と理解し、救済申請をすると労役場に送られると考えたため、救済申請者の人数は半減し、これが教区の救貧費の大幅な削減につながったのである。しかし、労役場の本来の目的であった有能貧民の育成と雇用は十分な成果を上げず、労役場は様々なタイプの貧民を監禁し懲罰する一般混合救貧施設になった[17]。

様々な政策的努力にもかかわらず、労役場を建設し経営するには経費がかかり、ナッチブル法以後は請負制が一般的になったため、労役場はマニュファクチャー経営者の利益追求に利用され、「恐怖の家」と化した。多くの有能貧民は労役場に入らず、他に雇用の場を求めたので、労役場は施設外救貧の補助手段としての機能しか果たさなくなった。そのため、有能貧民に対する救済は、一八世紀半ば以降農場や工場における労働雇用が主流になった。こうした状況変化を如実に反映したものが一七八二年に制定されたギルバート法である。これは、それまでの救貧法に対する反省の下に、請負制度の廃止と施設外救貧を全面に掲げ、教区連合による労役場運営を推進し、有能者に限定せず様々な貧民収容を認めた。しかし、この法律の最大の特徴は、救貧委員会が能力と労働意欲のある貧民に近隣地域で賃仕事を見つけ出し、さらに低賃金に対して補助すべきという規定であった。これは従来の教区中心主義と個人主義的貧困責任論の大幅な変更であり、この方向による賃金補助制度は、一七九五年のスピーナムランド制度とその法制化である一七九六年の「ウィリアム・ヤング法」によって推進されることになった。通説が語るように、これは結局、労働者に対する賃金補助でなく雇主への補助金制度に転化し、労働者は稼ぎが少ないほど補助がもらえるので労働意欲を減退させ、怠惰の蔓延によって一層の窮乏化が進むという最悪の結果をもたらしたのである。ただし、こうした賃金補助制度が提案された背景には、強制されなくても進んで働く「勤勉な労働者」がすでに広範に存在するという認識があり、自由な賃金労働雇用契約に基づく資本主義的生産体制が発展していたという現実があったのである[18]。

以上の過程から分かるように、労役場は基本的に、貧民を有休労働資源とみなし、彼らを半強制的な労働作業を通じて有用労働者に教育し、最終的に製造業に雇用するというシステムの重要な一翼を担うものだった。しかし、そこには貧困の原因を貧民の怠惰や労働意欲の欠如に求める個人的道徳責任論があり、それが怠惰な貧民に対する労働強制の主張につながったのである。この労働観は、安価な労働力による安価な製造品生産を図る重商主義的経済論の中核として、いわゆる「低賃金経済論」と結びついていた。これは、国富増大の方策として、外国貿易による金銀・貨幣獲得とともに、労働貧民を「国富の源泉」とみなし、労働者養成と雇用拡大を通じて勤勉な労働者を増大させ、国富増大に役立てようという考えであり、この時期に一般的に見られた見解であった。例えば、トーマス・マンリー（Thomas Manley, 1628–90）は、その著『六パーセント利子論考』に「召使い、労働者、すべての種類の職人の賃金を低下させる」という副題をつけ、「賃金を引き下げるための有効な法律」を提案した（Manley (1669), p. 9）。また一七世紀の代表的な経済論者ペティ（Sir William Petty, 1623–87）は、怠惰な労働者に対する不信感を次のように表現した。

かりに諸君が二倍の賃金を認めるとしよう。そうすれば労働者は実際、彼が前に働くことができたところの半分しか、また場合によっては働こうと思っていた半分しか働かないであろう。これは社会にとってそれだけ労働の果実を失わせることである（Petty (1899) vol. I, p. 110. 訳一七九頁）。

彼の提案は、賃金を労働者が「餓死しない」程度の最低の「生存費水準」に制限し、通常一日一〇時間の労働を課し、食事時間を短縮すべきというものであった（*Ibid.*, vol. II, pp. 20, 55, 87. 訳四〇、九七、一五〇―五一頁）。テンプル（Sir William Temple, 1628–99）も、「人間は安逸と怠惰とを好むのが自然」という基本認識に立って、人びとを労働せざるを得ない貧困状態に置いておくことを提案した（Temple (1693), p. 116）。低賃金の主張は一八世紀後半でも珍しくなく、アーサー・ヤング（Arthur Young, 1741–1820）は、一七七〇年に至ってもなお、労働者の怠惰な生活ぶりと高賃金の危険性を指摘している（Young (1770), pp. 29–30）。このような低賃金経済論は、一七世紀から一八世紀前半において一般的であり、ロックの貧民雇用論も労役場建設もこの系譜に属していたのである。

実際に、この時期の生活水準と賃金の実態は、論者の示す数字が非常に異なるものの、相当に過酷だったようである。サー・マッシュー・ヘイルは救貧に関する著書（一六八三年出版、執筆は一六五九年頃）で、日雇い労働者の賃金が週一〇シリング、つまり年二六ポンドだと言っている。グレゴリー・キングの統計表（一六八八年）においては、熟練工や職人（六万世帯二四万人）の賃金は一日二シリング六ペンス、つまり年（三〇〇労働日として計算）三八ポンド、通常労働者や屋外使用人（三六・四万世帯一二七・五万人）は一日一シリング、年一五ポンド、小屋住農や貧農（四〇万世帯一三〇万人）は一日約四ペンス、年六ポンド十シリングと算定されている。これによると全人口が約五五〇万人、国民総所得約四三五〇万ポンドで、自由保有農（一六万世帯九四万人、世帯所得年九一～五五ポンド）や小作農（一五万世帯七五万人、年四二ポンド一〇シリング）、小売商人や商工業者（五万世帯二五・五万人、年四五ポンド）を合わせると、人口も所得もこれらの階層が半数近くを占めていることがわかる（Nicholas (1854), pp. 355–57を参照）。一八世紀末の水準として、スピーナムランド制度（一七九五年）における補助額は、働く男に対してパンの値段と家族数（子供数）に応じて算定され、パン一ガロン（八ポンド一一オンス＝約三・九四kg）が一シリングのとき、独身者に一日三シリング、夫婦で四シリング六ペンス、子供一人の家族三人に六シリング、最高（七人の子供をもつ家族）一五シリングの生活費を基準に、それに満たない賃金の不足分を補助するというものだった。これが当時の最低生活水準の目安になるであろう。ポーター（1996, xix）によれば、ジョージ王朝時代（ほぼ一八世紀全体）の男性の最低賃金は日給約一シリングであったが、それでは家族を養うことはできず、家族を養うには三〇から四〇ポンドの年収が必要であった。また、一八世紀を通じてパンひと塊（二ポンド重量）の値段が約四ペンス、ビール一瓶が一ペニー、ロンドンの居酒屋での一回の食事がおよそ一シリング六ペンスであった。

イーデンによる各地の生活・賃金実態調査によると、例えばハートフォードシャーのチェサンクトにおいて、一七五〇年頃の日雇い労働者の賃金が週六シリング（六日働くとして一日一シリング）で、特別な日にはビールが振る舞われた。ジェントルマン家族の家事召使いは、年四ポンドから六ポンドだった。この時期のパンひと塊の価格は通常六・五ペンス、バターが六・五ペンス、肉一ポンドが三・五ないし四ペンス、チーズ三・五ペンス、キャンドルが一ポンド当たり六・五ペンス、石鹸がハンドレッド重量（五〇・八kg）で二ポンド一二シリングであった。一七五〇年頃の農業収穫労働者の一ヶ月の賃金は二ポンドと食事であったが、それが一七九四年では収穫月三ポンド一五シリングとエールないしビールになったが、食事の肉は労働者が自己調達しなければならなくなった（Eden (1795), pp. 113–14）。

以上のような労働者の賃金や生活実態から推測して、彼らが啓蒙の目指す知的道徳的発達や経済的繁栄を主体的に担う余裕があるはずもなく、生存のための労働に汲々としていたことがわかる。一八世紀後半において彼らは、食糧を始めとする生活資料を確保するために、様々な賃金労働に従事し、各地で資本＝賃金労働契約に基づく雇用形態の中に広範に組み込まれていった。これに関する各地の様々な事例によって、一七世紀後半から一八世紀後半までの一世紀の間に、救貧政策の半強制的な指導・管理の下で行われた勤勉な労働者の育成と雇用が、相当な効果を上げていたことをうかがい知ることができる。

第三節　一八世紀における思想展開と経済認識

上で見たように、啓蒙は、人間の進歩と改良、その内実たる知的道徳的発達と経済的繁栄を目指すが、その裏面で貧民の自立・自活のための半強制的な指導・管理、勤勉な労働者の育成と雇用のための政策を内包していた。これはロック思想の二面性（「解放の論理」と「統合の論理」）とも関連しており、一八世紀においてこの二面性は、次第に二つの流れに分裂して継承されてゆく。名誉革命体制が成立した後には、体制変革のための解放・革命の理論は体制側からは危険なものに映る。体制を安定化し有効に機能させるためには、命令・指揮権の強化と統治を円滑にする統合原理が必要だったからである。そのため、反体制分子に理論的武器を与えるロックの抵抗権論は棘を抜かれ、単に非実践的な原理論として祭り上げられることになる。革命後に展開されたウィッグ対トーリー、あるいはコート対カントリの論争は、この方向を推し進めた。一八世紀におけるロックの継承者でイングランド法学を体系化したとされるブラックストン（Sir William Blackstone, 1723–80）も、次のように言っている。

ロック氏は、おそらく彼の理論をあまりに過度に押し進めすぎた。……この結論が理論上どんなに正当であろうとも、われわれは、現在、実際に存在し続けている政府のいかなる立法の下でも、この主張を採用したりそれによって論じたりすることはできない（Blackstone (1775), vol. 1, pp. 161–62.）。

実際に名誉革命によって認められた市民権は、ロックの「万人の自然権」とはほど遠く、有産者に限定されたものであった。大多数の庶民は、政治参加のための何の権利ももたず、ただ統治されるだけの存在であった。[19] ディキンスン（Dickinson (1995), pp. 192–93）によれば、完全な市民権は、「余暇を持ち、十分な教育を受け、市民的徳性（Civic Virtue）を身につける人々のみの行政・立法権」だったのである。この結果ロックの思想は、統合原理が体制派に、抵抗原理が反体制派に継承され、一八世紀後半には二つの思想潮流を形成することになる。トムスンによれば、「一七九〇年代においては、ロックの曖昧さは二つに分裂したように思われる。一つはバークであり、もう一つはペインである。バークは政府の側を引き受け、経験と伝統に照らしてその機能を検証したが、ペインは統治される者を代弁し、政府の権威は、階級的に分断された社会において政府と世襲権力から引き出されると見なした」(Thomson (1969), p. 92. 訳一〇九頁)。

この流れは、啓蒙思想においても二つの異なる傾向を生み出してゆく。ロックが強調した「人格の完成」=自律的人間の形成は、エリート階層における自己完結的な「近代的個人の成熟」として継承され、庶民からますます遊離してゆく。この傾向を代表するのがシャーフツベリである。それに対して、啓蒙が掲げる万人の知的・道徳的発達という目標が中下層の人びとにまで浸透するにつれて、社会的コミュニケーションを通した市民的徳(世論)の形成が進む。これは新聞や雑誌などのマスコミの発達を背景にしており、それが啓蒙の広範な受け皿となり、中産階級の政治参加を推し進めることになる。

(1) シャーフツベリ

シャーフツベリ(A. A. Cooper, the 3rd Earl of Shaftesbury, 1671–1713)は、ロックを思想的基盤にしつつも、その快楽主義的行動原理や自然科学的方法を批判し、心の独自の作用を強調する。彼はまず、人間の情念を重視し、それが理性と共にある限り「高貴な熱情(a noble enthusiasm)」になりうるとする。自然は機械ではなく有機的生命体であるので、それを認識するには自然と一体化し、「自然的本能をうまく進めて開拓する」ことが必要である。自然の本質を感得することができる人は「審美家(virtuoso)」であって、「審美家になること(紳士にふさわしい)は、我々が今日学者と呼ぶ者になるよりも、有徳で分別ある人になるためのより高い段階である」(Shaftesbury (1995), vol. 1, p. 214)。

この審美能力が道徳的判断に適用されたものが「道徳感覚(moral sense)」である。これは、「内なる眼(an inward eye)」「秩序と均衡の観念ないし感覚」「明白な内的感覚」「崇高および善の共通の自然感覚」とも呼ばれ、徹底的な内省(自己観察)による自己審査を通して得られる感覚を意味する。この方法を彼は、「一種の鏡ないし反射鏡」「魔法の鏡」と呼び、人がつねに自己の行動を内省し自己審査する習慣を身につける結果、「懐中時計(pocket-mirror)を携帯しているかのようになる」といっている（*Ibid.*, vol. 1, pp. 251, 260–261, vol. 2, p. 63, 128–131.）。

シャーフツベリが目指すのは、自己完結的な内面世界であり、それは自らの力で有徳となる「分別と教養のある人」だけに許された世界である。それは限られたエリートによってのみ可能である。彼は、このような有徳な人から成る「徳のコモンウェルス」を描き、その基盤を土地所有者の男性市民の間の「相互の会話」に求めている。

シャーフツベリにとって、人間の目標は、あくまで自律的で有徳な市民生活であり、財産はその基盤である限りでのみ肯定される。それゆえ、実践的経済活動についての客観的分析は、彼の視野には入ってこない。大土地所有貴族としての彼にとって、財産は経済活動を何もしなくても定期的地代収入によって保障されている既存のものであり、それをいかに有徳な生活に生かしていくかが重要な課題となる。財産を求める経済活動は、彼にとっては、有徳な生活の侵害にすぎない。この目から見ると、営利活動が隆盛となりつつある現実は、手段であるはずの財産が自己目的化し、その結果としての「奢侈」が追求されている悪徳に満ちた世界に映る。そこでシャーフツベリは、奢侈を「安逸と怠惰」に結び付け、次のように言う。「専横的な奢侈は、財産のために名誉を犠牲にするようわれわれを強要し、行為を変則にし、過度に走らせる」。「単なる想像力や過度の空想が、支出に支出を、所有に所有を付加してゆく」（*Ibid.*, vol. 1, pp. 323, 326–27.）。シャーフツベリに経済認識が育たないのは、彼の描く世界が経済的実践世界を必要としなかったためである。

（2）市民的徳の形成

ロックが提起した自律のための自己観察と内省の方法は、個人の内面世界における徹底化というシャーフツベリの方向とは反対に、誰にでもできる一般化・大衆化の方向でも継承された。それは、政治経済活動を中心とする世俗的日常生活の実態を克明に観察することによって、他者の行動を通して自己観察する材料を提供するというものである。名誉革命体制後に展開された政治論争は、自説を世論に訴えるための手段として、膨大なパンフレット類の発行と合わせて新聞や雑誌などのマスコミの発達を促し、それが人びとに客観的な事実認識を踏まえた討論による世論形成の方法を普及させたのである。この方向は、ハーバーマスに従って「市民的公共性」の形成と表現することができよう。[20]

アディスン(Joseph Addison, 1672–1719)とスティール(Sir Richard Steele, 1672–1729)による『タトラー』(*The Tatler*, 1709–11)と『スペクテーター』(*The Spectator*, 1711–12, 14)は、そのような情報提供と「自己観察」手段の普及を推進した雑誌の代表例である。アディスンは、「私の思索の目的は、グレート・ブリテンの地から悪徳と無知を追放することにある」と明言し、社会の隅々にまで道徳と教養を普及させることを自らの使命と考えていた(Addison and Steele (1711–14), no. 58)。このような大衆啓蒙のために、平明でユーモアあふれる文章によって、コーヒー・ハウス、酒場、茶会、クラブなどで人びとが交わす日常会話を紹介し、道徳が社会的コミュニケーションの中で形成されることを示したのである。これは、エリートの高潔な個人的道徳とは違う「市民的徳(civic virtue)」を意味し、それを担う中産階級の社交関係に必要な「上品さ(politeness)」や「中庸(gentility)」の徳を中核としていた。それはまた、庶民の経済活動を営むのに必要な「商業的精神」としての「綿密さ」や「倹約」の徳を含み、実践的経済活動と不可分のものであった。アディソンは現実の経済活動を評して、「これは商人の経済であり、紳士の行為も同じでなければならない」と明言している(*Ibid*., no. 174)。ここでは、経済認識も含めた日常生活のあらゆる情報や知識が、道徳と教養を普及させる啓蒙活動の一部として組み入れられるのである。

救貧問題は、一六八〇年以前に出版物で論じられることはなかったが、その後議員や関係者の寄稿による多くのパンフレットが出版され、一七七〇年代からジャーナリズムの主題となった。それまでは、貧民を怠惰な悪漢や浮浪者として、治安判事や救貧委員(農民や商人)や救貧税支払者(地主層)の側からする法律尊重主義(貧民取り締まり策)が普通であったが、一七七〇―八〇年代以降その実態について報告されるようになり、実証的調査が進められ、社会経済的な独自問題として扱われるようになった(Innes (2002), p. 383)。

（3）マンデヴィル

このような日常生活についての情報提供や新しい道徳形成の動きの中で、現実の経済社会の特質や構造を自由な立場で客観的に分析したのが、マンデヴィル（Bernard Mandeville, 1670–1733）である。彼は精神科医として、「人間のありのままの姿」を分析することから出発し、人間の本質を「自己保存」と「自愛心」に求めた。一七〇九年に『タトラー』が出ると早速その模造本『フィメール・タトラー』（*Female Tatler*）を発行し、仁愛を根拠とする道徳論の主張を「偽善」として皮肉った。そして一七一四年に匿名で発表した『蜂の寓話』では、「人間のあるべき姿」を追求するシャーフツベリの道徳論を批判し、次のように述べる。「道徳的にせよ自然的にせよ、この世で悪と呼ばれるものこそ、われわれを社会的動物にしてくれる大原則であり、例外なくすべての商売や職業の堅固な土台、生命、支柱である」（Mandeville (1732), vol. 1, p. 369. 訳三四〇頁）。彼は、自己の主張を印象づけるために、「高慢」や「奢侈」などの「悪徳」の奨励という極端な表現をとるが、彼の意図は、人間の本性の現実を踏まえた経済的論理を客観的に論じるところにあり、あるべき姿を主張するモラリスト流道徳論の逆用であった。それは、利己的個人の私的利益の追求を社会的利益につなげるためのメカニズム分析であり、「政治経済学（political economy）」における客観的な分析方法に道を開くものであった。

彼は、現実にある不平等状態を当然の事実として容認した上で、各人が自らの置かれた状況でいかなる役割を果たすかを考察する。そして、慈善的な救貧制度や「労役場」建設に真っ向から反対する。なぜなら、貧民が生活苦から逃れるために労働に邁進するのは当然のことであり、救貧制度は彼らの怠惰を助長し、その負担を社会全体に課すことによって、社会秩序や規律を乱すことになるからである。それゆえ労働貧民には「低賃金」を課して労働せざるを得ない貧困状態のままにしておき、勤勉に努力する生活習慣を身につけさせることが肝要なのである。そのために、貧民雇用を担う各種製造業や農業・漁業、さらに外国貿易・海運業の奨励、有効需要を増大させる富者の奢侈的消費が主張される。このような主張の中に、低賃金が貧民を勤勉にし、それが様々な産業を発展させる基盤となるという「低賃金経済論」を読みとることは可能である。

しかし、マンデヴィルには、各人の個性や能力に応じた役割分担を重視する分業論が存在する。かれは、「刻苦（diligence）」と「勤勉（industry）」を明確に区別して、次のように言う。すなわち、「貧しい者は、刻苦や工夫を欠いているわけではなく、骨折って働く節約家であるかもしれないが、しかし、自己の状況を改善しようと努めることなく、今の生活状態に満足している」。勤勉は「他の資質に加えて、利得への渇望や我々の状態を良くしようという飽くことのない欲望を意味する」（*Ibid*, vol. 1, p. 244. 訳二二四頁）。多くの労働者は、大きな強欲・羨望・野心をもたず、自己の生活に満足しているから、生活を支えるのに必要な仕事以上の労働を自ら進んですることはない。ただし、自己の仕事に刻苦し工夫することによって、社会の基盤を支えているのである。それに対して、社会発展の原動力になる人は、野心をもち進取の気性に富んだ勤勉な人である。かれらは、他を出し抜く特別な創意工夫と多面的な活動によって、仕事や自己利益を増大させる。それが互いを競争に駆り立て、社会全体の繁栄を生み出すのである。たとえば、

小売商が店に品物を備えるよう気を付け、店に来る客にしかるべき世話をするなら、彼は仕事の上で刻苦の人（diligent man）である。しかし、もしそれ以上に、近隣の他の者よりも良い商品を同じく有利に売るために特別な骨折りをするならば、あるいは、追従や他の良い性質により、多くの知り合いを得て、客を店に惹き付けるために可能なあらゆる努力をするならば、彼は勤勉（industrious）と呼ばれる。靴屋が、一日の半分しか働かなくても、仕事をなおざりにせず、何か仕事があれば手早くすませるなら、刻苦の人である。しかし、彼に仕事がないときには使いに走るとか靴釘を作り、夜は夜警をやるなら、勤勉の人の名に値する。（*Ibid.*）

このように、各階層の人びとが自らの欲望に促されて仕事に専念し、結果的に自己の社会的役割を果たすとき、「社会における共同生活」が実現される。それは一種の分業社会の形態をとる。

国内に大勢の人手があり、適当な材料が不足していなければ、半年もかからずに第一級の軍艦を製造し装備し航行させることができるだろう。しかし、この仕事が非常にさまざまな異なる労働に分割され細分されていないならば、実行不可能であろうことは確かである。そしてこれらの労働のどれも、平凡な才能をもって働く人以外の人を必要としないことも、また確かである。(vol. 2, p. 142. 訳一五三頁)

この「雇用されている人手」こそが富の源泉なのであり、貨幣の主要な用途は「貧民の労働に対する支払い」であるから、流通貨幣量は人手の数に比例しなければならない(vol. 1, p. 193. 訳一七七頁)。国民を幸福にし、いわゆる繁栄させるための重要な方法は、「すべての者に雇われる機会を与えることである。」富とは消費財のことであり、それは「大地の実りと人びとの労働に依存する」。この両者の結合こそ、「ブラジルの金やポトシの銀よりも、より確実により無尽蔵でより真実の財宝である」(*Ibid.*, pp. 197-8. 訳一八〇頁)。社会の経済的基盤は、富者の奢侈的消費と勤勉な貧民の労働なのである。ただ彼の場合も、利潤からの投資＝資本蓄積を基盤とした再生産体制という「資本・賃労働関係」についての認識は希薄であった。マニュファクチュアに雇用される多くの職人や労働者の存在を視野に入れつつも、小生産者層やマニュファクチュア事業主を中心的担い手とする分業生産体制が彼の経済モデルだったのである。

このように、マンデヴィルは、人間の欲望がどんなに大きくても適切な誘導によって相互充足され、豊かな調和社会が実現することを示そうとした。人間は自己愛に基づいて行動するが、社会の中で一緒に生活するほかない社会的動物であり、他人と協調するために自己を抑制する必要性を政治的操作によって教え込まれる。未開から文明への発展の中で、人間は欲望を増大させ多様化させつつ、同時に「経験と理解力と洞察」の進歩によって「おとなしくすることを教えられる」(p. 206. 訳一八九頁)。その結果、恐れを増大させ怒りを沈め、犯罪を思い止まる従順な人間に教化される。「経験や理解力や洞察」の進歩が恐れを増大させ、人間の中に知的能力や規律を涵養する。「道徳的徳性とは追従が自負心に生ませた政治的申し子」である(p. 51. 訳四六頁)。「恥辱と自負心」の二つの情念が一体化して、市民社会の「世俗的道徳」が人為的に形成されるのである（八幡（二〇〇五）、一三八―一四二頁参照）。

しかし、このようなマンデヴィルの経済的合理性の徹底的追求は、一八世紀前半期には特異なものであり、大きな反発を買った。当時は、旧来型の道徳観による営利活動批判の傾向が根深く残存しており、「自然権」の一部としての貧者の「生存権（請求権）」を認め、それに伴う富者の慈善義務（道徳的強制＝法的義務）を受け入れつつ、貧民の「勤勉の義務」を強制するというのが一般的な態度であった。トムスンによれば、「重商主義的理論が支配的だった一七〇〇―一七六〇年の時期には、我々は理論上の一種の中間的経過点にあった」のである（Thompson (1991), pp. 269–70）。

（4）デフォーによる「高賃金経済論」の展開

一八世紀前半期における経済認識の転換を象徴するのはデフォー（Daniel Defoe, 1660?–1731）である。彼は、一七〇四年段階では、貧民は飢餓の危険を避けるために働くべきとする「低賃金経済論」を採用し、貧民雇用推進のための労役場設立に反対していた。彼は、私有財産制度を前提にして、個人の生活は自己責任に任すべきとする徹底した経済合理主義の立場から、温情主義的救貧政策を批判したのである。そして、賃金水準は雇主と労働者の数によって決まるとする需要供給原理を基礎に、賃金上昇はトレードの発達と労働需要の増大によってのみ可能だと主張した（Defoe (1704), pp. 10, 16–7）。

一七二八年に公刊された『イギリス商業の構図』は、上の論理を発展させつつ、一転して「高賃金経済論」を明示している。すなわち、高賃金が労働の量と密度を増し、商品の品質向上に寄与するだけでなく、高賃金が労働者の消費能力を高める結果、商品需要を増大させ国内市場の拡大と国内産業を支えるとして、「高賃金経済論」を基盤にした国民経済構想を展開したのである。そこでは、「トレードに携わる人々」として①勤労者（Working men）、②手工業者（Handicrafts）、③指揮者ないし親方、④商人（Trading men）の四つの階層があげられ、①は、労働者（Labourers）、労働貧民（Labouring poor）、手工労働者（Workmen）、②は「技術を付け加えた人々」、③は、技工（Artists）、職人（Mechanicks）、手職人

（Craftesmen）、④は、国内商人（Dealers）である卸売商（Factor）と小売商（Pedlar）および貿易商人（Merchant）を意味していた（Defoe (1728), pp. 4-5. 訳二一―二二頁）。国民経済は、これらの階層の相互関係として営まれる。すなわち、

> 商業活動は製造業を促進し、発明を促し、人々を雇い、労働を増し、賃金を支払う。人々は雇用されるとき賃金の支払いを受け、その支給によって食べ、衣類を調達し、気力を保ち、ともに団結する。（p. 17. 訳三三頁）
>
> 彼らの労働は、たとえ辛く激しくとも、楽しそうに行われている。彼らの間には全体として陽気さと活力が伺える。……彼らは他の国々の同じ階級の貧民よりも、よりよい生活をしているので、そのため彼らはより激しく仕事をする。……労働は利得を生み、利得は労働に力を与える。（p. 36. 訳四七頁）
>
> 労働者の活気と気力は、彼らの造る製品の質と中身の良さに現れている。（p. 40. 訳五一頁）
>
> 古い諺にあるように、最良のものが一番安い。（p. 62. 訳七〇―七一頁）

ただし、デフォーの示した構想は、中小生産者の労働から生み出される剰余を基盤とし、商品市場の拡大の側面についての認識に限定され、「資本・賃労働関係」と「利潤」の認識はなお不十分であった。それは当時の商工業者が自ら労働する独立生産者的活動に従事し、純粋な資本家的経営者としての行動と意識を示すことが少なかった事実を反映していると思われる。デフォーはまた、ビジネスの成功者が地主に成り上がる傾向について述べ、商工業者と地主層との融合の実態を把握している。「商工業者は今日、この王国のほとんどすべての地方で、ジェントルメンの資格を買い取ることができる」（p. 81. 訳八六頁）。

デフォーはさらに、商品供給が消費需要を上回る過剰生産の危険性にも気づいており、需要刺激による市場拡大の重要性を指摘している。そのために、労働者の生活を豊かにし、消費需要を刺激する高賃金や、それまで批判の対象とされてきた「奢侈」が市場拡大の面から評価されるのである。

イングランド国民は、中産の身分でトレードに従事し、相当によい暮らしをしている勤勉な国民なので、彼らの暮らし向きの良さが、国内の産物と同様、外国品の巨大な消費に対しても十分な機会を与えている。／イギリスでは国は広く、人口豊富で、豊かな上に稔りが多い。生活様式は鷹揚な上に贅沢で、虚栄的であるとともに濫費とさえ思われるほどに出費が多い。国民の気質は陽気な上に見栄っ張りで、悪徳にふけり、そして不節制に満ちている。(p. 193. 訳一八〇頁)

この問題について書いた最近の一著者[21]がいみじくも述べたように、われわれの奢侈は経済界では美徳となり、われわれの贅沢は、我が貿易の生命であり魂なのである。(p. 197. 訳一八三頁)

このように、高賃金に支えられた活力ある労働者の勤勉が、安価な商品を生産し、高賃金が消費需要を高めて、さらなる生産につながるという経済循環の仕組みと、奢侈を含めたトレード拡大・国内市場の拡大による景気循環の可能性が見事に描かれているのである。

以上見たように、マンデヴィルとデフォーの示した経済論理の客観的分析は、(労働者観は違うけれども) 救貧政策に付随する慈善的要素を排除し、経済的合理性を基盤とする新たな「政治経済学 (political economy)」への道を用意する。この方向では、生存権を保障する「分配的正義」の問題は、すべての諸個人が自己に与えられた社会的役割＝労働を果たす限り解決するとみなされ、自己責任の中に解消されて、「交換的正義」だけが必要十分条件となる。ここから私有財産制度と「資本・賃労働関係」を前提にした「自己調整的市場メカニズム」が前面に現れてくる。

第四節　ハチスンにおける啓蒙と経済認識

（1）ハチスンの思想的基盤

上の流れから見ると、ハチスン（Francis Hutcheson, 1694–1746）は、曖昧な位置にある。というのは、彼は人間社会の基盤を内面的道徳に求め、経済認識の面では客観的な経済的合理性よりは相互扶助的な共同原理を提唱し、既存の階層身分の社会的経済的役割分担を前提にした経済発展の道を示したからである。

彼の思想的出発点は、グラスゴウ大学で学んだ自然法論と、アイルランドのモールズワース・グループの中で受容した抵抗権論やシャーフツベリの「道徳感覚」論にあった。彼は、一七一一年にグラスゴウ大学に入学し、一三年にMAを取得した後で神学部に移籍し、一七年に卒業したが、その間に、ガーショム・カーマイケル（Gershom Carmichael, 1672?–1729）経由の大陸自然法論を学び、人間が自らの幸福を追求するのは権利であり義務であって、それが神の栄光を増進し「公共善」を促進するという功利主義的原理を自らの思想的基盤として身につけた。

また、一七一八年にダブリンに帰国し、一九年に牧師補資格を得て、その後長老派アカデミーの校長を務めている間に、モールズワース（Robert Molesworth, 1656–1725）と知り合い、そのカルヴィニズム型抵抗権論（モナルコマキ）を学んだ。それは、護民官の役割を神の意思による暴君追放に求め、ウィッグを「国王、貴族、平民の三身分の下で、……真の古来のゴートの国制を厳密に守ろうとする人々」とみなして支持するものであった[22]。これは、ロック抵抗権論の体制擁護的変形態である。

さらに、モールズワースを通じて知ったシャーフツベリ思想によって、啓蒙の道徳的内面的展開の側面を学び、人間の生得的な美的道徳的能力を開花させる可能性に信頼し、「道徳感覚（moral sense）」を社会関係の基盤として強調することになった。

このような思想受容を経て構築されたハチスンの道徳哲学体系は、一八世紀前半期のウィッグ体制を基盤とした上で、中程度の財産所有に基づく相互扶助的な社会関係を構築する可能性を探求したものであった。政府は、人間の弱さから起こる権利侵害を防ぎ道徳的腐敗を是正することによって、人間の道徳的・社会的能力発展のための基盤を用意する役割を担う。この観点から彼は、マンデヴィルの「私悪＝公益」論と奢侈論を厳しく批判した。すなわち、人間の本質は自愛心を仁愛の中に包摂しコントロールしうる自制力にある。「奢侈とは身体的資質と富に関連した言葉」であって、富者が有徳で優雅な生活を支えるために消費している限り、それは決して奢侈とはいえない。手段であるはずの消費が自己目的化して怠惰と安逸に陥るものが奢侈なのである（Hutcheson (1750), p. 383）。

（2）ハチスンの経済認識

ハチスンの経済認識は自然法論と道徳論を基軸にして展開されている。まず近代社会の基盤となる私有財産制度の法的根拠が示される。人間の権利を「完全権」（生命、身体の保全・安寧、勤勉の取得物、自然的自由）と「不完全権」（自然的自由、生存権）に、また「自然権」と「後天的権利」に分類した上で、所有権は、社会的同意（その根拠は「先占」）によって確定するという理由で「後天的権利」に分類される。（ただし「勤勉の取得物」は「完全権」に属する。）労働も先占の一種として所有の起源ではあるが、ロックと違って、社会的同意なしに労働だけで排他的私有権が確立するとはみなさない。むしろ労働に対するインセンティヴとして所有が強調され、「富裕化の論理」が示されている。所有権は「公共の利益」という自然法の目的に合致する限りで承認されるのである（Hutcheson (1755), vol. 5, p. 318–9）。

ハチスンは、私有財産所有者を社会の中心に据え、その間の財の交換・譲渡による交換原理を分析している。だれも自己労働だけでは必要物をすべて確保することができない分業状態を想定し、交換による相互依存関係の成立と貧富の差にかかわらず対等な契約関係が結ばれることを明らかにする。

> 各人の労働は、彼に一種類の物を不必要なほど豊富に供給することができるけれども、彼にすべての必要品を供給することはできない。ここから、商業および私たちの物を譲渡する権利、そしてまた契約と約束から、他人によって獲得された物ないし彼らの労働に対する権利も生ずる。(Hutcheson (1725), p. 265. 訳二三七頁)

この契約関係は、主人・召使関係にも当てはまる。

> 富者は貧者の労働を必要とし、また貧者はそれと交換に得る報酬によって養われなければならない。／人類が著しく数を増加させ、より肥沃で開けた土地が領有されるや否や、大きな変化が起こり、大多数の人々は何の財産ももたず、自己の生活維持のために自ら所有する財に労働を加える機会もない。そして他方で大きな財産をもつ人の多くは、他人の労働を必要とし、このために彼らを喜んで援助し、さらに多くの報酬を与える。これは主人と召使いの関係を導入するだろう。(Hutcheson (1755), vol. 6, p. 199)

このように、生産手段をもたない労働者の本質を見抜きながらも、労働雇用契約でさえ、私有財産制度を基礎にしつつ、権利・義務の原理による相互協力関係として描いているのである。

その結果、慈善による救貧は否定される。貧者は労働によって社会的役割を果たし、その報酬によって自活するべきであり、救貧制度に寄生してはならない。すなわち「貧者に対する慈悲がそれを必要としない限り、他人に対して何の見返りもなしに自己の財や労働を与える必要はない。そのような義務は財の共有のまったく悪い結果であろう」(*Ibid.*, pp. 1–2. Hutcheson (1747), pp. 177–8.)。

このような議論は「低賃金経済論」を前提にしていた。すなわち「安価な労働の継続的供給は、イギリス製造業者や商人が国際貿易で競争相手より安く売ることを可能にする」(A Letter to a Member of Parliament, from Ashcraft (1995), p. 48)。

しかし、高賃金による労働回避の危険性が存在する。その結果、

もし人々が勤勉の習慣を獲得していなければ、すべての生活必需品の安価（高い「実質」賃金）は怠惰を奨励する。最良の方策は、必需品の輸出による余剰（premiums）もしばしば有益であるが、単にそれだけでなく、それらを消費する人々の数を増加させることによって、すべての必需品の需要を高めることである。それらが高価である場合には、それらを調達するすべてのトレードと技芸において、より多くの労働と精励（application）が必要とされるであろう。それゆえ勤勉な外国人が招かれるべきであり、勤勉な人々はすべて、我々とともに、煩わされず安楽に生活するべきである。結婚に対して、また勤勉へ向かう多数の子孫を育てる人々に対して、奨励がなされるべきである。未婚者は、国家に対する新しい臣民を育てる負担をしていないのだから、高い税を課せられるべきである。

怠惰は、少なくとも一時的な苦役によって罰せられなければならない。(Hutcheson (1755), vol. 6, pp. 318–9)

このように、貧者に勤勉の習慣を身につけさせるための様々な政策が提唱されているのである。

この低賃金経済論は、重商主義的な貿易論とも結びついている。「勤勉（industry）は富の自然の鉱山（the natural mine of wealth）であり、輸出のためのすべての備えの基金である。一国の輸入したものの価値を超える余剰によって、国は富や力を増大するに違いない」(*Ibid.* p. 318)。そして

外国の原料が輸入されるべきで、必要な場合には、我々自身のすべての人手が雇用され、余剰さえも得られる。また、それらを製造して再び外国に輸出することによって、我々の労働の価格を外国から獲得することになろう。すでに消費されている外国産製造品や生産物は、もし我々がその消費を禁止することができないならば、高関税によって消費者にとって割高になるようにすべきである。そうすれば、それらは低い階層の庶民によって使用されることは決してなく、消費全体が富裕な少数者の消費を

> 大幅に超過することはないだろう。外国ないし国産の財の海運ないし運搬は、商人によって得られるすべての利潤を超えるほどに、利益の上がる商売であるので、奨励されるべきである。これはまた、海上防衛のために適した人手の養成になる。(pp. 319–20)

安価な労働は安価な商品を生産し、国際的に有利な交易条件を形成し、貿易による余剰をもたらし、「富と力」を増大する、というのである。

　この「富と力」の中心的担い手として、主に商人、職人・製造業者、農業経営者が想定されている。彼らは自らも労働し、労働者（＝召使）を雇用して余剰を生み出す独立生産者として描かれる。

> 商人の労働のこの追加的な価格は、彼らの通常の利潤である。それゆえに、彼らが売る際に、その財に支払われたすべての費用を満たすものよりも、より高い価格を要求するのは正当である。ここでのそれらの価値は、彼らの労働によって増加したものであり、農民や職人の労働による場合とちょうど同じである。(p. 63)

このように、利潤を「彼らの労働の正当な報酬」「彼らの労働によって増加したもの」「労働やサービスが財に付加した追加的価格」などと表現し、正当化している。

> 恒常的な利潤は、彼らの労働の正当な報酬である。それゆえ、売買において与えられた価値と受け取られた価値は、両者の側で均等のままであるはずだけれども、今述べたように、交易における自然的利得は存在する。すなわち、それは交易業者の労働やサービス（attendance）が財に付加した追加的価格であり、価格を上げることによる付随的価格である。(pp. 63–4)

このように、利潤の根拠はなお自己労働に求められ、資本制的賃労働関係についての十分な認識は見られない。

この独立生産者の中核部分は、中小規模の土地所有階級（ジェントリ、ヨーマンリー）によって担われる。ハチスンは、有能で勤勉な中小農民による農業改良に期待して、「土地均分法（Agrarian Law）」によって中小規模の土地所有を維持しようとする。「土地均分法は、少数者の手に富が危険なほどに集中するのを避けるための工夫である」。しかし

土地均分法が人々をあまりに小さな財産に制限すると、それは産業や製造業におけるより有能な人々の勤勉をくじくことになる。［反対に］もしそれがあまりに大きな富を許容すると、ある強力な家族集団が残りの人々を奴隷化してしまう。／共有地の農業経営者（farmers）や農民（husbandmen）が良好な土地保有権（tenure）をもつことは大きな利益である。(Hutcheson (1755), vol. 6, pp. 259–60)

また「ジェントリが牧師任命権をもち、教養ある子弟が教会を運営すること」に期待する。「民衆は決して牧師の資格について最適最善の判定者ではない」というのである（Hutcheson (1735), pp. 2, 23）。

このように、ある程度の不平等を前提にした社会的協力関係が、ハチスンの経済認識の前提である。それは、貪欲や野心に走らず、相互に助け合う独立生産者中心の商品交換社会である。そこには重商主義的富国論が存在し、いまだ資本・賃労働関係や利潤についての明確な認識がない。その本質は、経済法則が支配するメカニズムの客観的分析ではなく、「良き人（good men）」の分別を基盤にした道徳的経済論であった。つまり「必要がないのに、彼の財のうち、その損失が家族を苦しめるほどの割合を不確実な危険にさらし、あるいは他人の愚かな無分別から利得をつかもうとして、彼らを苦しめることほど、良き人にふさわしくないものはない」（Hutcheson (1747), p. 220）。

まとめ

初期啓蒙が個人の道徳的・経済的自立を目標としていたことに関係し、その経済認識は経済活動の道徳的・公共的側面に関心が集中し、各人の社会的役割の忠実な実行、すなわち富者の救貧義務と結びついた雇用推進や有効需要増大および貧者の勤勉努力が強調された。基本的には「勤勉な独立生産者」を主体とする商品経済の拡大発展が展望されたのである。しかし、「勤勉な労働者」の育成と雇用は、いまだ目標であり政策課題であり、「資本・賃労働関係」はいまだ十分に確立したものではなかった。それゆえ、「勤勉な労働者」が広範に存在し、高賃金による労働意欲の増進によって労働生産力が上昇し、資本主義的生産体制による利潤が増大していくという姿は、進むべき方向として提示されたとしても、現実の客観的分析対象としては存在しなかったのである。こうした段階では、必然的に、資本主義的雇用関係を基盤とした再生産システムの解明、自己調整市場メカニズムの客観的分析は十分になされえない。この段階の経済認識は、外国貿易による貨幣獲得を通じた資本蓄積、それを基盤にした商品生産過程の推進、それを担う労働者や小生産者の勤勉の促進を目指す重商主義的政策論と一体化していた。そこには、経済活動を行なう主体的条件（労働能力や生活習慣、勤勉意欲、規律等々）についての議論が包含されていた。「貧民雇用問題」はまさに、このような政策論や主体的条件に関する議論と深く関わっており、この時代の経済認識の中心的テーマだったのである。

以上のような過程を経た後で、資本主義的再生産システムの十分な発達を前提にして、そのメカニズムの客観的分析が可能となってくる。そこでは、私有財産所有者としての市民層が社会の中核に据えられ、そうした人々の社会的相互関係を通した社会的なルール形成とその円滑な運用が可能とされ、一定のマナーや市民的徳性の定着が展望される。経済的にも自由な私有財産所有者同士の対等な関係を前提にした市場ルールの形成、それに準拠した自由な活動が経済発展をもたらすという図式が描かれるのである。こうした経済認識が「後期啓蒙」の段階と重なる点については、その後の思想史展開の上で解明されるべき重要なテーマとなるであろう。そのような「後期啓蒙」と重なる経済認識は、典型的にデイヴィッド・ヒュームとアダム・スミスの中に見出すことができる。自律的個人の社会的相互関係を支える「同感」概念の成立、私有財産所有者同士の分業と交換の関係を支える「市場原理」の発見こそ、政治経済学の生誕につながるのである。

参照文献

Addison and Steele (1711-14), *The Spectator*, ed. by Smith, Gregory, Everyman's Library, 4 vols., 1907, reprint, 1963-79.

Appleby, Joyce O. (1978), *Economic Thought and Ideology in Seventeenth Century England*, Princeton.

Ashcraft, Richard (1995), "Lockean Ideas and Poverty", in Brewer & Staves (1995).

Bacon, Francis (1963), *The Works of Francis Bacon*, collected and edited by James Spedding, Robert Leslie Ellis, and Douglas Denon Heath, Reprint of the 1857-1874 ed., published by Longmans, in London. Frommann-Holzboog.（林寿一訳『ノヴム・オルガヌム』岩波文庫、一九七八年。成田成寿訳『随筆集』『学問の発達』『ニュー・アトランティス』中央公論社（『世界の名著二五　ベイコン』）、一九七九年）

Bellars, John (1695), *Proposals for raising A College of Industry of all useful Trade and Husbandry*, London, 2nd ed. 1696.（浜林正夫・安川悦子訳『イギリス民衆教育論』（世界教育学選集）明治図書、一九七〇年、九―四六頁）

Berry, Christpher (1994), *The Ideas of Luxury*, Cambridge University Press.

Blackstone, William (1775), *Commentaries upon the Law of England*, Oxford, 4th ed.

Bourne, Fox (1876), *The Life of John Locke*, London.

Brewer & Staves (1995), *Early Modern Conceptions of Property*, London and New York: Routledge.

Child, Josiah (1968); *Selected Works 1668-1697*, Gregg Press.（杉山忠平訳『新交易論』東京大学出版会、一九六七年）

Daunton, M. J. (1995), *Progress and Poverty*, Oxford University Press.

Defoe, Daniel (1704), *Giving Alms no charity, and Employing the Poor, A Grievance to the Nation, being an Essay upon this Great Question,*

London, repr. (Johnson) 1972.
— (1726), *The Complete English Tradesman*, 2nd ed. 1727, 2vols, repr. (Kelley) 1969.
— (1728), *A Plan of the English Commerce*, London, 2nd ed. 1730, repr. (Kelley) 1967.（山下・天川訳『イギリス経済の構図』東京大学出版会、一九七五年）
Dickinson, H. T. (1977), *Liberty and Property: Political Ideology in the Eighteenth Century Britain*, London.（田中秀夫監訳・中澤信彦ほか訳『自由と所有』ナカニシヤ出版、二〇〇六年）
— (1995), *The Politics of the People in the Eighteenth-Century Britain*, New York.
Eden, Sir Frederic Morton (1928), *The State of the Poor: a history of the labouring classes in England, with parochial reports*, 3 vols. 1795, abridged and edited by A. G. L. Rogers with an introduction, London: G. Routledge,
Furniss, Edgar (1920), *The Position of the Labor in a System of Nationalism*, New York, reprint, 1957.
Hutcheson, Francis (1725), *An Inquiry into the Original of our ideas of Beauty and Virtue*, in *Collected Works of Francis Hutcheson*, 7 vols, reprint, Hildesheim: Georg Olms, vol. 1, 1971.（山田英彦訳『美と徳の観念の起源』玉川大学出版部、一九八三年）
— (1735), *Considerations on Patronages*, in *Works*, vol. 7, 1971.
— (1747), *A Short Introduction to Moral Philosophy*, in *Works*, vol. 4, 1969.
— (1750), *Reflections upon Laughter and Remarks upon the Fable of the Bees*, London, 2nd ed. as *Thoughts on Laughter*, 1758. reprint, Bristol: Thoemmes, 1989.
— (1755), *A System of Moral Philosophy*, in *Works*, vols. 5 & 6, 1969.
Innes, Joanna (2002), "The English poor laws, 1750–1850", in Winch and O'Brien (ed.), *The Political Economy of British Historical Experience, 1680–1914*, Oxford University Press.
Israel, Jonathan (2001), *Radical Enlightenment*, Oxford University Press.
Kramnick, Isaac (1990), *Republicanism and Bourgeois Radicalism: Political Ideology in Late Eighteenth-Century England and America*, Cornell University Press.
Locke, John (1690a), *Two Treatises of Government*, ed. by Peter Laslett, Cambridge University Press, 1960.（伊藤宏之訳『統治論』柏書房、一九九七年）

―― (1991), *Locke on Money*, 2 vols., ed. by Patrick Hyde Kelly, Clarendon Press, Oxford.（田中正司・竹本洋訳『利子・貨幣論』東京大学出版会、一九七八年）

―― (1968), *The Educational Writings of John Locke*, ed. James L. Astell, Cambridge University Press.（服部知文訳『教育に関する考察』岩波文庫、一九六七年。岩田朝一訳、一九六三年）

―― (1999), *The Reasonableness of Christianity, As delivered in the Scriptures*, ed. John C. Higgins-Biddle, in *The Clarendon Edition of the Works of John Locke*, Oxford.

―― (1690b), *An Essay concerning Human Understanding*, ed. Peter H. Nidditch, Oxford, 1975.（大槻春彦訳『人間知性論』全四巻、岩波文庫、一九七二―七七年）

―― (1697), *A Report for Working School*, in Bourne (1876), vol. 2.（抄訳「労働学校案」岩田朝一『ロック教育思想の研究』理想社、一九六八年、第七章所収）

Longmate, Norman (1974), *The Workhouse*, London: Temple Smith.

Manley, Thomas (1669), *Usuries at Six Percent Examined*, London.

Mandeville, Bernard de (1732), *The Fable of the Bees, or Private vices, Publick Benefits*, 1st ed. 1714, 6th ed. 1732, Part II, 1729, ed. F. Kaye (1924, 1926), 2 vols, Indianapolis: Liberty Classics, 1988.（泉谷治訳『蜂の寓話――私悪すなわち公益』『続・蜂の寓話』法政大学出版局、一九八五、一九九三年）

Marx, Karl (1962–64), *Das Kapital*, 1867, 1885, 1894, Bde. 23, 24, 25 der *Werke von Marx und Engels*, Berlin: Diez Verlag.（マルクス・エンゲルス全集訳版『資本論』大月書店、一九六八年）

Nicholas, Sir George (1854), *A History of English Poor Law*, 3 vols, Kelley Reprint, 1967.

Ogose, Toshiaki (2003), "Morality, polity and economy in Francis Hutcheson", in *The Rise of Political Economy in the Scottish Enlightenment*, ed. Sakamoto and Tanaka, Routledge.

Parry, Geraint (2000), "Education Can Do All", in *The Enlightenment and Modernity*, ed. Geras and Wokler, London: Macmillan Press & New York: St. Martin's Press.

Petty, Sir William (1662), *Taxes and Contributions*, London, in *The Economic Writings of Sir William Petty*, ed. by C. H. Hull, Cambridge, 1899, vol. 2.（大内・松川訳『租税貢納論』岩波文庫、一九五二年）

— (1665), *Verbum Sapienti*, in *Writings*, vol. 1.（「賢者は一言をもって足る」大内兵衛・松川七郎訳『租税貢納論』岩波書店、一九五二年、所収。）
Pocock, J. G. A. (1979), "Mobility of Property", in *Theories of Property*, ed. by A. Parel & T. Flanagan, Waterloo & Ontario.
Porter, Roy (1990), *The Enlightenment*, Macmillan.（見市雅俊訳『啓蒙主義』岩波書店、二〇〇四年）
Porter, Roy (ed.) (1999), *Rewriting the Self*, London and New York: Routledge.
— (2000), *The Creation of the Modern World*, W. W. Norton & Company.
Presciarelli, Enzo (1999), "Aspects of the Influences of Francis Hutcheson on Adam Smith", in *History of Political Economy*, 31 (3): pp. 525–45.
Scott, William Robert (1966), *Francis Hutcheson*, 1st ed. 1939, Kelley reprint.
Shaftesbury (1995), *Characteristics of men, manners, opinions, times*, 1st ed. 1711.
Skinner, Andrew S. (1995), "Pufendorf, Hutcheson and Adam Smith: some principles of political economy", in *Scottish Journal of Political Economy*, 42 (2): pp. 165–82.
Solar, Peter M. (1995), "Poor relief and English economic development before the industrial revolution", in *Economic History Review*, XLVIII, I.
Taylor, W. L. (1965), *Francis Hutcheson and David Hume as Predecessors of Adam Smith*, Durham, North Carolina: Duke University Press.
Temple, Sir William (1693), *An Essay upon the Advancement of Trade in Ireland*, included in *Miscellanea*, 1693 edition, London.
Thompson, E. P. (1969), *The Making of English Working Class*, 1963, New York: Vintage Books.（市橋秀夫・芳賀健一訳『イングランド労働者階級の形成』青弓社、二〇〇三年）
— (1991), *Customs in Common*, London: The Merlin Press.
Weber, Max (1963), *Die Protestantische Ethik und der Geist des Kapitalismus*, in *Gesammelte Aufsätze zur Religionssoziologie*, I Bd., SS. 17–206.（大塚久雄訳『プロテスタンティズムの倫理と資本主義の精神』岩波書店、一九八八年）
Young, Arthur (1770), *Expediency of a Free Exportation of Corn*, cit. in Furniss (1920).
— (1771), *A Six Months Tour through the North of England*, London, repr. 1967.
天川潤次郎（一九六六）『デフォー研究——資本主義経済思想の一源流』未來社。
大塚久雄（一九六九）『大塚久雄著作集』全十巻、岩波書店。
生越利昭（一九八九）「F・ハチスンの所有権思想」、田中敏弘編『［古典経済学研究1］スコットランド啓蒙と経済学の形成』日本経済評論社、所収。

――（一九九一）『ジョン・ロックの経済思想』晃洋書房。

――（一九九四）「視覚の社会化――『観察者』視点の生成と変容」大林・山中編著『視覚と近代――観察空間の形成と変容』名古屋大学出版会。

――（二〇〇五a）「ジョン・ロック」坂本達哉編著『黎明期の経済学』日本経済評論社、第二章。

――（二〇〇五b）「ロックからハチスンまでの啓蒙と経済認識」『人文論集』（兵庫県立大学）四一―一。

樫原朗（一九七三）『イギリス社会保障の史的研究（一）』法律文化社。

小林昇（一九八五）「古典経済学における原始蓄積の問題――パールマンによる学史の書き変え」、『大東文化大学経済論集』三九、一一―二八頁。

――（一九七六―七九）『小林昇経済学史著作集』未來社、I-IX、全九巻。

――（一九八八―八九）『小林昇経済学史著作集（続巻）』未來社、X-XI、全二巻。

小山路男（一九七八）『西洋社会事業史論』光生館。

田中正司（一九九一）『市民社会理論の原型――ジョン・ロック論考』御茶の水書房、初版一九七九年。

塚田富治（一九九六）『イギリス思想叢書　ベイコン』研究社。

寺田元一（二〇〇三）『編集知の世紀』日本評論社。

ハーバーマス、ユルゲン（一九九四）（細谷貞雄・山田正行訳）『公共性の構造転換』第二版、未來社。

フーコー（一九七五）（田村俶訳）『狂気の歴史』新潮社、一五刷、一九八六年。

ポーター（一九九六）（目羅公和訳）『イングランド一八世紀の社会』法政大学出版局。

ホルクハイマー&アドルノ（一九九〇）（徳永恂訳）『啓蒙の弁証法』岩波書店。

ボルケナウ（一九五七）（水田洋ほか訳）『封建的世界像から資本主義的世界像へ』みすず書房。

水田洋（二〇〇〇）『思想の国際転位――比較思想史的研究』名古屋大学出版会。

八幡清文（二〇〇五）「第三章　バーナード・マンデヴィル」、坂本達哉編著『黎明期の経済学』。

山下幸夫（一九六八）『近代イギリスの経済思想――ダニエル・デフォウの経済論とその背景』岩波書店。

吉尾清（二〇〇八）『社会保障の原点を求めて』関西学院大学出版会。

注

＊　本章は、生越（二〇〇五b）を元に、それを増補したものである。

(1)　この考え方は、ベイコンによって次のように表現された。「人間は、目的因を考えると、宇宙の中心であると見なされよう。なぜなら、もし人間が宇宙から取り去られるならば、残りはすべて目的も狙いもなく迷ってしまい、……無になるように思われるだろう」。（Bacon (1963)『古人の知恵』vol. 6, p. 747）しかし、ベイコンにはまた「自然の下僕としての人間」という考えがあり、「自然は服従することによってでなければ征服されない」（vol. 4, p. 47, 邦訳『ノヴム・オルガヌム』六九—七〇頁）として、自然の論理に忠実であろうとした。この面を無視すべきでないだろう（塚田（一九九六）、二二七—二三三頁参照）。

(2)　これについては、大塚久雄の説明に依拠している。「人間と自然との原始的統一の状態においては、富の包括的基盤である『土地』そのもの、さらには『土地』の中に包括されている原始的な（すなわち労働が加わっていない）生活諸手段は、さしあたって、まず『共同体』全体によって占取される（『共同態』的占取ないし共同占取）のであるが、これに対して、何らかの形ですでに労働が加えられ、生産活動の結果として得られた生活諸手段のばあいには、共同労働によって得られたものを別とすれば、それらは、自己の労働でそれを生産した当の個々人によって、私的に占取される（私的占取）のを常とした」（大塚久雄（一九六九）七巻『共同体の基礎理論』二五頁）。またボルケナウの説明も示唆に富む。「封建的社会の人間は、自分の運命を社会的秩序から直接に受けとり、それら秩序と一体をなしており、自分を孤立した個人と考えることができず、そのため、かれにとって自分の社会的運命は『自然』である。資本主義的人間は、その逆に、自分の運命の社会的制約を、自分自身の本質とは無関係の外的影響として、主観的立場から一つの偶然として経験する。運命は、かれの頭上を越えて『機械的』に貫徹される。封建的人間にとっては、人間は生まれながらにしてある『自然的な』社会的性格を刻印されているという逆説が、自明のものに思われる。資本主義的人間にとっては、その逆に、自分自身の行為すなわち社会の動きが、かれの頭上を越えて貫かれてゆく運命のように思われる。前者にとっては、自然はひたすら親身のものに思われ、自然の謎などは何も予感されない。後者にとっては、自然はまったく疎遠なもの、彼にとって外的なものであり、だがそれにもかかわらず、彼は自分の運命をそこから期待するのである」（六四頁）。

(3)　「啓蒙」を限定的な歴史用語ではなく異なる時代や場所に適応可能な一般用語として使用するケース（日本における「明治啓蒙」や「戦後啓蒙」など）もあるが、その際にはその意味内容が十分明確に定義されていなければならない。

(4)　パリーによれば「啓蒙の時代はまた教化の時代（Age of Pedagogy）でもある。『啓蒙』という言葉それ自体が啓蒙の教育的作業を含意している」（Parry (2000), p. 25）。

(5)　田中正司（一九九一）の研究は、この過程をスミスにまで展望した示唆に富む労作である。

(6) これについて Pocock (1979, p. 146) は、「所有の可動性(mobility)」こそ、ハリントン主義が復活した一六七〇年代における最も注目すべき歴史的転換だとみなしている。

(7) この三契機の詳細は、生越(一九九一)の第一章を参照。マルクスはこの契機のうち「労働者階級の創出」を強調する。「資本制的生産方法の基礎を創造した変革の序曲は、一五世紀の最後の三分の一期および一六世紀の最初の数十年間に演ぜられた。……無保護のプロレタリア大衆が……封建制家臣団の解体によって労働市場に投げ出された。……むしろ王権や議会に頑強に対立する大封建領主が、土地に対して彼らと同じ封建的権利を持っていた農民をその土地から暴力的に駆逐することにより、また農民の共同地を横奪することによって、比較にならないほど多くのプロレタリアートを創り出したのである」(Marx (1962-64), Erster Band, S. 746. 邦訳、第二分冊、九三八頁)。

(8) これについて小林昇は次のように述べる。「すでに『低賃金の経済』論を批判しうるような市場論の背景には生産者大衆の相対的富裕→高い労働意欲および労働能力という事実があり、また最も進んだ初期資本主義の段階としての固有の重商主義には資本の蓄積=マニュファクチュア的限界内における組織と技術との進歩が存したから、これらは相合してイギリスの生産力の優越を生み、それは、一方における高賃金の事実を相殺しうる程度に達する場合には、おのずから自由貿易への要請となって現れたということである」(小林昇(一九七六―七九)Ⅱ、四一八―一九頁)。またマルクスによれば、「一方の極に労働条件が資本として現れ、他方の極に自己の労働力のほかには売るものがないという人間が現れるだけではまだ十分ではない。このような人間が自発的に自分を売らざるをえないようにするだけでもまだ十分ではない。資本主義的生産が進むにつれて、教育や伝統や慣習によってこの生産様式の諸要素を自明な自然法則として認める労働者階級が発展してくる」(Marx (1962-64) S. 765. 邦訳、第二分冊、九六五頁)。さらにウェーバーは、これを教育の結果とみる。「あたかも労働が絶対的な自己目的――›Beruf‹「天職」――であるかのように励むという心情、……こうした心情は、決して、人間が生まれつきもっているものではない。また、高賃金や低賃金という操作で直接作り出すことができるものでもなくて、むしろ、長年月の教育の結果としてはじめて生まれてくるものなのだ」(Weber (1963) 訳、四七頁)。これに対してトムスンは、労働者自身の自己形成の側面を強調している。「労働者階級は自らの形成に参与したのである」(Thompson (1963) p. 9. 訳一一頁)。「労働者階級は、それがつくられたものであるというに劣らず、自らを形成したのである」(p. 194. 訳二二八頁)。

(9) ただし本章が視野に入れているのは、ブリテンにおける「啓蒙」と「経済認識」に限定される。これは研究上の制約からであり、他を排除するものではない。研究の進展によってフランスやドイツも視野の中に入ってくることが可能である。

(10) この視点を先鋭に提起したのがホルクハイマー&アドルノ(一九九〇)の『啓蒙の弁証法』であったことは言うまでもない。それによれば、啓蒙は神話を否定した中から新たな神話を作り上げ、人びとは「新しい野蛮状態」に落ち込み、「自分たちを奴隷化するイデオロギー」にしがみつく消費者となっている（二〇五頁）、すなわち「文明の道は服従と労働との道」であり（四三頁）、「啓蒙の弁証法は客観的に狂気へと転化する」（三二七頁）のである。

(11) 「彼の哲学は偉大な分水嶺となり、彼はイギリス啓蒙の主宰者になった」(Porter (2000) p. 66)。「ロックを啓蒙の偉大な教師にしたのは、彼が、自我の理性的制御の理論と絡み合わせて、妥当な知識としての新しい科学の信頼できる説明を提示し、合理的自己責任の理念の下に両者を結びつけたことであった」(*Ibid*., pp. 70-71)。しかし、ロックを一八世紀アングロ・アメリカン・イデオロギーの守護神とみなす長年にわたる通説は、ポーコックを代表とする共和主義的修正主義解釈によって否定され、シヴィック・ヒューマニズム的伝統にとって代えられた。この解釈とそれに対する批判は、Kramnick (1990)、ch. 6 参照。

(12) これは次のように表現される。「どの統治下の領土のどの部分をも、占有しあるいは享受している者はすべて、これによって黙示的同意を与えたのであり、そのような享受を受けている間は、その下にあるいかなる人とも同様に、その政府の方に服従する義務がある」(Locke (1690a) II, § 119. 訳二三九頁)。

(13) これをポーコックが提起した「シヴィック・ヒューマニズム・パラダイム」の二分法、道徳的堕落を促進する貨幣利益（Moneyed Interest）とそれに対抗する公共性の担い手たる土地利益（Landed Interest）に当てはめて、ロックを土地利益に立った「地主ジェントルマン」の経済思想家と規定する見解が近年流布している (McNally (1988), p. 63. 中神（二〇〇三）、一九二―一九四頁)。しかし、ロックは、これらの対立を乗り越え、農業・商工業・外国貿易が一体となったトレード全体の発展経路を探求していたのである（生越（二〇〇四）、九一―九四頁参照）。

(14) これがイングランド救貧制度の特徴、つまり①教区の責任においてすべての教区民を救済する実践的体制、②地方税（不動産税）を基盤とする財源システム、③すべての男女の生存・救貧の権利という考え、を作り上げたのである (Solar (1995) pp. 3-6)。

(15) John Bellars (1720), *Letter to a Conscientious Man*, p. 11. この面に関して、Ashcraft (1995) p. 47参照。ロックが怠惰な貧民に厳しい反面、勤勉な労働者に慈悲深かったというマシャム夫人の発言もあるし、ロックが遺言で近郊教区の貧民に毎年一定額（一〇ポンド）を与えるよう支持したことなどの証拠もある。Bourne (1876), pp. 535-36.

(16) この正式名称は、「貧民の定住、雇用、救済に関する諸法律を改めるための立法 (An Act for Amending the Laws relating the Settlement, Employment, and Relief of the Poor)」（法律九 George I cap. 7）である。これは Sir Edward Knatchbull の尽力にちなんで「ナッチブル法」とも呼ばれる。

(17) フーコー（一九七五）は、これを、一七世紀以後の「古典主義時代の狂気意識」によって、非理性的人間として有罪宣告を受けた人びと（狂人、貧乏人、犯罪者など）を閉じ込める監禁装置（監獄、施療院、感化院など）の一部として捉えている（特に第一部）。

(18) これらの内容については、Eden (1928) pp. 52-57、小山（一九七八）第Ⅳ章～第Ⅶ章、樫原（一九七三）第二章、吉尾（二〇〇八）特に第一、二章などを参照。

(19) 一七一一年に制定された「議員資格法」は、州選出議員が六〇〇ポンド以上の土地所有者、自治体選出議員が三〇〇ポンド以上の土地所有者と規定していた。一七〇一年段階の議員構成は、ジェントリ層が二七〇名ないし三五〇名（官職、鉱山、貿易関係者を含む場合）、商人が六一名、法律家六二名だった。

(20) ハーバーマス（一九九四）は、一六九五年の「出版許可令」により事前検閲制が倒れ、その後の出版自由化が世論の形成に貢献したことを強調する（八八頁）。また、それまで私的な「信条」や「偏見」とみなされていた意見（opinion）が、ロックによる「良心」との同一化を媒介にして格上げされ、スティールによって「時代精神」や「一般的意見」を意味する「公共精神（public spirit）」と表現され、やがてバークによる「公論（public opinion）」の明確な区別（一七八一年）を経て、「公共性」概念の形成につながった過程を跡づけている（一三一—三四頁）。

(21) この著者とは、言うまでもなくマンデヴィルのことであり、『蜂の寓話』の「注釈（L.）奢侈は一〇〇万の貧民を雇う」を念頭においていたはずである。

(22) モールズワースによるオトマン『フランコ・ガリア』の翻訳（一七一一年、再版二一年）の序文から。彼はまた「私のウィッグとしての信念諸条項。議会の信用の支持、公共施設の促進、河川の可航化、貧民雇用と怠惰の抑圧、交易における独占の抑制、出版の自由の維持、公共的職業（とくに船員）への支払いと奨励、フランスへの激しい敵意」とも述べ、当時の重商主義的経済政策論を共有していた（水田（二〇〇〇）、四六—六一頁から引用）。彼にはまた [R. Molesworth] *Some considerations for the promoting of agriculture, and employing the poor,* Dublin, 1723. という著書があり、そこでは、農業部門への貧民雇用推進が提案され、牧師の不在地主化が批判されている。

第4章　貨幣から信用へ――アイルランド金融政策にみる経済学的思考

後藤浩子

第一節　一七二〇―三〇年代の不況と経済時論の登場

アイルランドでは、ジャコバイト・ウィリアマイト戦争以後、国内での貨幣鋳造が認められておらず、ブリテンやフランス、スペインから貨幣を輸入し、布告によって国内で通貨価値を決定し、流通させていた（一七〇一年以来、一イングランド・シリング＝一二ペンスのところをアイルランドでは一三ペンスに換算し、一〇〇スターリング・ポンド＝一〇八・三三アイリッシュ・ポンドの水準となっていた）。ところが、このような貨幣制度の下で、アイルランドは一七二〇年代初頭から一七三七年までの長い間、銀貨の国外流出による貨幣不足とギニー金貨の駆逐に悩まされることとなった。当時、この原因の究明にはかなり年月を要し、一七一二年以来のブリテン・アイルランド間での金銀比価の格差を根本的原因と見なす論説が漸く登場したのは一七二〇年末に入ってのことであった。一七一七年のブリテンでの金銀比価変更（一ギニー金貨二一シリング六ペンスから二一シリングへ、造幣所金銀比価は一五シリング二一ペンスまで下がった）の際に、アイルランドではそれに連動するような金銀比価の変更をしなかったため、アイルランドの金銀比価のほうが高くなってしまい（一ギニー＝二二シリング九ペンス）、アイルランドでは相対的に銀の価値が下がり、より銀相場がよいイングランドへ銀貨が流れるようになった。さらに金貨に関して言えば、一七一二年と一七一五年の布告によって外国金貨の価値が維持されたため、対ギニー金貨に対して外国金貨が相対的に高い価値をもつようになった。加えて、一七二五年に新しいポルトガルの高額金貨モイドールが輸入され、その通貨価値が布告された時、対ギニー金貨との関係ではなく、既に流通している他の外国金貨との関係で価値が決定されたため、相対的に外国金貨の価値は上がり、一七三〇年代にはギニー金貨を駆逐して、アイルランドで流通する金貨の半分を占めるほどになった。

結局、一七三七年の金切り下げ実施が功を奏したことにより、銀貨流出の真の原因は英愛間の金銀比価の違いにあったことが実証的に明らかにされ、一応の帰結を迎えるのではあるが、それに到るまでの間に、この問題はその本質以上に、大きな政治的反響と経済的言説を惹起することとなった。まず一七二二年に、銀貨流出による小額決済用貨幣の不足を新規に鋳造したブリテンからの銅貨輸入で補おうとしたブリテン政府の政策は、逆に、「ウッドの半ペンス問題」と呼ばれる国民的反対運動を引き起こした（一七二三―二五年）。ブリテン政府がアイルランド総督府に打診することなく決定したその貨幣政策は、ブリテンの政府や議会によって次第に切り詰められてゆく自らの権利に極めて敏感になっていたアイルランドの議会や世論を真っ向から刺激したのである。事の発端は、国王ジョージ一世が愛人のケンデル伯爵夫人に、アイルランドで流通させる半ペンスと四分の一ペンス銅貨鋳造の特許状を授与し、それを彼女がウィリアム・ウッドという鋳物工場主に売却したことにあった。これはブリテン側から見れば、まったく通常の政治手続きだったが、アイルランド側から見れば、様々な点で納得のいかないものであった。というのは、一六九〇年代以降、アイルランドは貨幣の不足に悩み、造幣局の設立を要求してきたにもかかわらず、造幣局設立は独立した主権をもつことの暗示になるとして、政府はそれを拒否し続けていたからである。このように造幣局設立の要求を無視し、代わりに私的な鋳造屋に、総督府への打診もなく、国王による特許状授与という手続きで鋳造を任せたブリテン政府の対応は、既に銅貨が流通しだした一七二三年秋に召集されたアイルランド議会で大問題となった。さらには議会のみならず、アイルランドを基盤とする総督府の役人達も通貨政策としての妥当性という見地からこの措置に反対した。彼らは、ウッドの鋳造した銅貨の質を疑い、そのような銅貨が大量に流通すれば、本来もっとも必要だがほとんど枯渇した銀貨を駆逐してしまうだろうと予測し、その結果、貿易や財政が受ける損害を危惧したのである。

スウィフトに先導された国民的反対運動によって、ウッドの半ペンス問題はブリテン側が折れる形でひとまず解決したが、しかし、その後も銀貨の国外流出は終息しなかった。この時期を対象にした従来の研究の多くは、スウィフトとウッドの半ペンス問題に焦点を合わせてきたので、その背後で本格的に生み出され始めた経済的言説に着目したものは非常に少ない。本章では、スウィフトの愛国主義的な政治的言説[1]の裏で、それとはある部分での亀裂を孕みつつ生み出されたG・バークリと彼を取り巻く経済時論執筆者達を素材にしつつ、アイルランドにおける経済学的思考の形成を跡づけたい。

第二節　輸入代替政策の提案と「完全雇用」

ウッドの半ペンス問題における国民的な意識昂揚と勝利感にも拘わらず、一七二〇—三〇年代のアイルランドは、一八世紀最長の経済的苦境の中にあった。経済的には一七二六—二八年の連続的不作によって多くの世帯が負債を負い貧困化し、さらに一七二九年には製造業の軸であったリネン業でヤーンの価格が二分の一に下落する事態さえ生じた。[2] このような先の見えない厳しい経済状況の中で、二〇年代末から、貨幣流出の原因を探る多くのパンフレットが出されるようになった。当初、それらの経済時論において主流であったのは、通貨の流出がイングランドの不在地主への地代送金と、外国貿易における輸入超過（そしてその根本原因であるブリテンによる貿易制限）によって引き起こされているという見解であった。その引き金になり、なおかつ経済状態の「改善（improvement）」に向けて明確な方針を出し、目に見える取り組みを開始したのがトマス・プライアー（Thomas Prior）であった。

プライアーは、一七二九年に『アイルランド不在地主のリスト並びに海外で消費される彼らの地所と所得の年々の価値』を出版し、銀貨流出の原因を不在地主の地代送金に帰した。

我々は今や、我々のすべての不幸の第一の源泉と現在の困苦の主たる原因を何ら困ることなく指摘できる。不在地主のリストと、彼らが年々この王国から汲み出していると合理的に推測される正貨の推定量から以下のことは明白である。つまり、海外の我々の紳士諸君への年間六〇万ポンドを越える送金によって、しかも最低の報酬や価値さえアイルランドに戻りはしない送金によって、アイルランドは現在財貨の流出に苦しんでいるが、これほど不経済な財貨流出に苦しんでいる国は他にはない、ということだ。この流出は非常に大きな重荷であって、それほど莫大な貢物を年々他国に納めている国の例は歴史上まったくないと私には思われる。[3]

そして彼は、地代流出による国庫収入減少のための対策として、不在地主への一ポンドにつき四シリングの課税と国内消費の奨励を提言した。だが、続いて同年に出版された『硬貨一般についての考察――アイルランドにおける貨幣の価値を調整する提案を添えて』において、プライアーは議論の焦点を不在地主から、金銀比価とアイルランドで正貨として流通している金貨の価値の他国との差へと移行させた。

最近出版された本の中で、海外にいる我々の紳士諸君を支えるために、この王国から恒常的に多量の貨幣が流出していて、それによって我々の間で貨幣の欠乏が起こっていることに注目した。本書では、この国の貨幣に対する適切な規制がないために我々が悩んでいる不便さを考慮に入れさせて頂きたい。……この災難は、我々のいくつかの正貨の価値が適切な比率を欠いているために生じているのだ。(4)

貨幣流出の原因究明と解決策という点では、彼のこの修正された見解のほうが経済学的見地から見て適切ではあったのだが、むしろ世論に大いなる影響を与えたのは、『不在地主のリスト』が伝える政治的アピールのほうであった。とはいえ、不在地主の問題はプライアーによって初めて明るみに出されたわけではない。アイルランドの経済的遅れの原因を不在地主に帰す言説には、その前史がある。

まず一六九一年に公刊されたW・ペティの著『アイルランドの政治的解剖』は、アイルランドが不在地主のために大いに疲弊し、またそのために貨幣も枯渇していると考えている人が多いことに言及し、そのような見解に以下の三点に渡って異議を唱えた。第一に、不在地主が土地を購入するにあたり、かつてイングランドからアイルランドに購入資金が送られたのであるから、イングランドへの地代流出はこの資金の正当な代償であること、第二に、アイルランドの全土地の四分の一がイングランドに居住するものに属している場合、その土地はアイルランドから切り離され、むしろイングランドに属すと見なされるべきであること、第三に、その土地の収益をその土地において消費することを義務づけよという主張は、それと同じ原則に則った場合、個々人は自分が食べたものをそれが栽培されたと同じ畑の上に排出しなければならなくなる不条理を孕んでいること、という異議である。(5)さらにペティは、貴族の支出を抑制せよという奢侈批判に反論し、一五万の貴族の支出を抑制したところで国家(the Common-wealth)の富裕化にはほとんど繋がらないのであって、むしろ重要なのは、九五万の平民の間に奢侈を生じさせ、消費させ、その結果現在の二倍の稼ぎを上げさせることであり、「九五万の平民の壮麗さ、技芸、勤勉の増大」こそが「国家の偉大な富裕化」に繋がる、と指摘した。[6] この内需の創出という観点から、ペティはさらに次のような具体案をも提示した。

もし石壁と十分に覆われた煙突、そして十分に排水溝が掘られた半エーカーの土地をもつ一戸の家が四、五ポンド程度で作られるとすれば、その場合、アイルランドの遊休の人手の三分の二は、上述したような同数の惨めな小屋の代わりに一年間で一六万戸のそのような家と菜園を建設し、しつらえることができる。しかもこのことは、外国貿易がほとんど死滅し遮断され、その地で貨幣が極めて乏しい時でも可能である。[7]

そして、この住宅供給に加え、残りの三分の一を産業のための橋、港、河川、街道の整備や植林にまわす。このような内需創出こそがアイルランド富裕化への糸口であるとペティは説いた。この点こそ、後年、バークリを含め多くの経済時論で参照されることになるものである。

ペティの著作は、一六九一年のリムリック条約による旧ジャコバイト支配層の国外退去後に新たにアイルランド統治の座についた国教徒プロテスタント地主層[8]の間に、いわば「統治のための知」として普及した。ペティが実際に執筆したのは一六七二年であるにもかかわらず、彼の「アイルランドの改善に関する考察」は、一七世紀末以降、国教徒支配層の政策指針となったのである。[9] とりわけ、アイルランドにとって必須の貨幣量試算とその不足を「信用銀行」で補うというペティの提案は、一七二〇年の国営銀行設立案を皮切りに生じた経済時論の勃興を促すことになった。（『アイルランドの政治的解剖』第二版の出版が一七一九年であるのは偶然ではない。）ペティは次のように述べている。

一〇．もしアイルランドに三五万ポンドの鋳造貨幣がないとすれば、そして、アイルランドの産業を営んでいくために五九万ポンド（現在あるものの二倍近く）が必要であるとすれば、その場合、当然、アイルランドには国民が産業を営んでいくのに充分な貨幣がないということになる。一一．もしアイルランドの土地と諸自治体にある家屋が一〇〇〇万ポンド以上で売られる価値があるとすれば、（そしてアイルランドで可能な前述のすべての産業が――一年分つまり二回分の地代収益を計算に入れて――一〇〇万ポンド以下のストックで営まれるとすれば）、次のことは確実である。つまり、一〇〇〇万ポンドに値する不動産の価値の半分以下を上手く工夫して信用銀行（a Bank of Credit）という形にすれば、それは、なお残っている現金と合わせて、国内産業改善の諸目標やあらゆる外国貿易に十二分に応えることだろう。[10]

また、ペティは、現行の利子一〇％を五―六％に引き下げるため、そして商人が費用のかかる訴訟なしに確実に紳士達から支払いを受け取れるようにするために「土地銀行（a Bank of Land）」の立案と是認を総督に求めた。[11]

一七二〇年代に、このようなペティの遺産を批判的に継承したのがスウィフトであった。スウィフトは、国営銀行法案や不在地主の利益擁護に関してはペティ的路線に真っ向から反対しつつも、国内産業振興策を考案するために、ペティを参照した。とりわけ、不在地主問題については、スウィフトがそれをペティの著作から引き出し批判したことが、プライアーにそれを探究するきっかけを与えたと考えられる。

一七二七―二八年の『アイルランドの現状短見』において、スウィフトは、「国が繁栄しその富を増加させる真の原因であるもの」を「一般的に知られ、矛盾しない規則どおりに」一四項目に渡り列挙したが、その第一〇項目から一二項目は、はっきりとペティの主張に異を唱えるものであった。まずは、「名誉、利益あるいは信頼を伴うすべての官職に、もっぱら現地人のみを任命すること」（但し、長くある国に住み、その国の利益を自分自身の利益であると見做し理解しているると思われる他所者は、例外として認められるとされている）、次に「地代と雇用の収益がそれらを生み出した国で消費され、他国では消費されないこと」、さらには「公的収入がすべて国内で消費され使用されること」である。[12] ところが、実際のアイルランドはこれら富国への基本要件を踏み外しているとスウィフトは指摘する。

アイルランドの地代の三分の一はイングランドで消費されている。これに、雇用から上がる収益、恩給、上告裁判費用、慰安や健康のための旅費、法曹学院やオックス・ブリッジの両大学での教育費、娯楽のための送金、軍隊の全上官の俸給、その他の付随的支出を併せると、その総計はこの全王国の収入のまるまる半分になるだろう。それらすべてが明らかにイングランドの利益なのである。(13)

この部分のスウィフトの記述は、明らかにペティの以下の一文を反映している。「ふだんイングランドに住んでいる人々がアイルランドに持っている所有地の価値、アイルランドがイングランドから借り返済すべき債務の利子、現在イングランドにいるアイルランドの軍隊の俸給、アイルランド関係の事柄に関わり通常イングランドに居住している代理人や事務弁護士の費用と恩給、現在海外で教育を受けているイングランド人とアイルランド人の青年の費用、そして最後に今着手された二つの大規模な税請負制度からの予想される利益。これらはアイルランドからイングランドに支払われるべき債務として合算すると年二〇万ポンド近くになる(14)」。

以上のようなペティとスウィフトの論考に触発されて、プライアーは税関記録を使いアイルランドからイングランドへの年々の富の流出の具体的数値六〇万ポンドを算出した。さらに彼は、一七三一年、「農業と工業の振興のためのダブリン協会」(通称「ダブリン協会」)を他の仲間一三名と共に設立し、経済改善のための啓蒙活動を展開した。一七三六年から二年間に渡って発行された『ダブリン協会の週所見』には、プライアーの経済政策論が具体的に記されている。彼は、不在地主地代流出のリストを作成した際と同様に、税関記録を使って年間輸入品の総覧を作成し、品目的には日常の食料さえ輸入され、量的には半分の国富が輸入によって国外に流出している現状を指摘する。そして、それらの輸入品は国内での生産が目指されて然るべきであり、そうなれば雇用も増え富も国内に留まると主張する。

国の力や富は、住民の数、慎ましさ、そして勤勉を基礎にしている。すべての賢明な国家の目的と仕事は、人々に雇用を見出すことである。コミュニティが十分かつ適切に雇用されているところでは、豊かになりそこねることなどない。(15)

不在地主の地代や奢侈財の輸入による貨幣の国外流出をなるべく防ぐための課税策（輸入品に一〇％、運送料と手数料、保険に五％の関税）と、輸入代替政策、そしてこれがもたらす製造業の発展による完全雇用の実現がプライアーの提案する政策の柱である。金鉱・銀鉱よりも完全雇用に優るものはなく、これはなるべく輸入を減らし自国内での閉じた生産と流通の回路を実現してこそ達成されるものだと彼は考える。

富裕層が贅沢な暮らしをして輸入品をどんどん買うのは、貧民の取り分を贅沢品の購買のために外国に送ってしまうことだ。……外国貿易が世界のこの地域でさかんになって以降、貧民の数が増大した、という一部の意見がある。現在のアイルランドの貿易の状況からすれば、この説はかなり説得力がある。というのは、他国との交通がない場合には、そして相互に商品を輸入しない場合には、我々は国内の産物で暮らしてきたからだ。これによって、すべての生活必需品は安価で豊富にあり、誰も欠乏しなかった。というのは、富者が過剰を処理する方法が、手厚いもてなしか慈善以外にはなかったからだ。[16]

プライアーにとって、完全雇用の実現は、地主などの富裕層が余剰を奢侈財購入ではなく新規の事業投資や事業拡大に使うこと、さらにはアイルランドの利益が流出している先であるイングランドが相互利益に気づき、自らの利益増大のためにアイルランドに協力し援助することに依っていた。「我々の場合は、一部の我々の植民地《プランテーション》の場合と同じである。生産物、労働によって得た利益がコンスタントにイングランドの人々へと流出する。それゆえ、アイルランドの人々に完全雇用を与え、貿易のあらゆる部門において彼らの熱意を促進するのは、イングランドにとっても利益になるのだ[17]」。

第三節　「貧国」における経済政策としての信用諸制度——完全雇用のための資本創出政策

プライアーと同様に、「勤勉」と「完全雇用」が国富の源泉であると見なしつつも、そのための政策提案において、意見を異にする論者が少なくとも二人確認できる。デイヴィッド・ビンドン（David Bindon）とダニエル・ウェブ（Daniel Webb）である。プライアーが、輸入代替政策を提唱し、その実現のために「輸入関税」と「改善に向けた地主の財の消費」を提唱したのに対して、彼らは、そのような政策だけでは不十分と見なし、むしろ「商業国家（trading nation）」となるに不可欠の金融制度整備こそ、完全雇用実現への有効な一打になると主張した。

ビンドンは、一七三一年から一七六〇年に亡くなるまでクレア県エニス選出の下院議員を務めた。ビンドン家はクレア県とリムリック県にかなりの土地をもつ地主であり、ビンドンの母の実家バートン家がエニス選挙区を仕切っていた関係で、彼の父も庶民院議員であり、その跡を継いで彼もその弟も議員となった。ビンドンの兄二人がトリニティ・カレッジに進み、それぞれ法廷弁護士とリムリック大聖堂主任司祭となったところからみても、典型的な富裕国教徒プロテスタント地主の家系であることが分かる。なお、もう一人の弟フランシスはスウィフトの肖像画などで有名な画家である。

四〇代半ばに議員となる以前、ビンドンは、オランダ諸都市とハンブルクを拠点とするリネン貿易商であったと自著には記されており、五節で述べるジョン・パーシヴァルの日記によれば、一七二九〜三〇年頃は、ロンドンで弁護士業にも携わっていたようだ。一七三〇年三月に上院で、彼が上訴人となった対レイブズ／ドイル訴訟の法廷が開かれ、そこでの彼の申し立ての記録が遺されている。(18) しかし、ビンドンは、弁護士というより商人かつ経済評論家として社会的に通用していたようで、既に一七二四年、彼はウッドの半ペニー問題に関して、目下の貨幣不足に対する銅貨供給策の有効性の低さと、国王による私的業者への硬貨鋳造権認可の不当性という二点から論評した『アイルランド人がウッド氏の硬貨鋳造を拒否し続けることが必要な諸理由』を出版し、さらには一七二九年に銀貨の国外流出の原因を分析した『アイルランドに現在流通している金貨と銀貨についての試論』を発表している。彼の出版歴は長く、以後一七五四年まで金融、貿易、国内経済政策について提言し続けることになる。

通貨流出を分析したパンフレットの出版と同じ二九年にビンドンは『勤勉な人々にその生業を営むための貨幣を供給し、アイルランドの貧民をよりよく扶養するための計画』を発表する。その冒頭でビンドンは、プライアーの『アイルランドの不在地主のリスト』に暗に触れ、確かに上流階層による外国での消費は国富の流出ではあるが、我々の貧困のそのような原因は本報告書での探究課題ではなく、むしろ貨幣不足の弊害とその救済手段を示すことが狙いであると述べる。彼はまず貨幣不足に関して、オランダ（三％）とアイルランド（七％）の利子率の違いを示し、これがオランダでの貨幣の潤沢さに繫がっているとする。さらに、オランダでは貨幣だけが取引手段ではなく、信用が広範に用いられていることが言及される。

彼らにはまた別の一般的手段（common Measure）がある。つまり信用だ。信用は小規模ながら我々の間でもまた共有されている。信用は、貨幣と同じ効果があり、模造貨幣（Artificial Money）と呼ばれうるものだ。オランダにある潤沢なマネーが硬貨から成るにせよ、信用から成るにせよ、――確かにこれが事実だが――その両方から成るにせよ、効果は同じなのである。(19)

ビンドンはこうして、まずオランダにおける信用の普及が貨幣の潤沢さの一因であり、これが低利子を実現していると見る。そしてこの「貨幣の安さ」が商売においてたとえ低い利益率だったとしても相対的に高い満足感を生み出し、商業を活気づけ、他方、値引きをも可能にする。このように金融政策を押さえたうえで、ビンドンは、オランダでは完全雇用が実現されていることが国富の原因であると指摘する。そして、この完全雇用実現に一役買っている制度として、勤勉な人々に担保をとって低利子で貨幣を供給する「ロンバード（Lombard）」という制度を紹介する。「この低利子の貨幣は治安院（Houses established on the publick Security）から支出され、都市の執政官の監査の下にある。こうして、能力あるすべての人々が仕事をするためのストックをもつことが可能になるのだ」[20]。ビンドンの提案は、このオランダの制度をアイルランドに導入することである。市や町の自治体は、その税収入を基にした信用を利用して慈善のための基金を募り、この基金は一般庶民に貨幣を供給することで、産業を活気付けることができ、同時に貧民の救済も可能になる。「貨幣不足という害悪の改善は、まったくもって我々の力の及ぶ範囲内にある」[21]。

このビンドンの主張は、六年後にさらに詳述された形でダニエル・ウェブによって繰り返されることになった。ビンドンの出身県の隣リムリック県の地主であったウェブは、『アイルランドにおける信用、貿易、製造業の衰退理由の探究』（一七三五年）において、利子の引き下げと紙券信用の導入を提案した。この冊子は、コーク県出身の議員で当時下院議長とアイルランド大蔵大臣、国税長官を兼任していたヘンリ・ボイル（後のシャノン伯）に捧げられている。彼は、貿易と製造業の衰退の分析にあたって、ジョサイア・チャイルド（Sir Josiah Child、『新交易論』一六九三年）とトマス・カルペパー（Sir Thomas Culpeper 1635–89）の著作を援用しつつ[22]、貿易と製造業衰退の原因は貨幣の不足と信用貸しの低下にあり、これを引き起こしているのは利子率の高さであると指摘する。彼もビンドンと同様に、オランダを模範例として引き、オランダの利子率の低さこそ、その富の源泉だと主張する。次いで、イングランド、デンマーク、スウェーデン、フランスという近隣諸国も利子率を四―五％に下げているとし、それらの「世界でもっともよく商人を知っている立法者や治世者の政治体」がなす政策をこそ見習うべきだとする[23]。

では、なぜ利子率の高さが貿易と製造業の衰退につながるのか。ウェブは、商工業における利益増大の鍵は、いかに価格を引き下げることができるかにあり、より安価に供給できるものが価格の支配力をもつとする。ところが利子率の高さはこの引き下げの可能性を狭めることになるゆえ、不都合なのである。また、貿易商人や勤勉な農夫のほとんどは抵当にすべき土地をもっていない。そのような人々が年利一〇―一二％の利率で高利貸しから融資を受ければ、かなり短期間で自らの商品市場を獲得できたとしても収支的には損失となってしまうので、多くが積極的に新たな事業を起こそうとはしなくなる。さらに、土地の抵当化や債権化は改善を遅らせ、土地の賃貸を減少させる。このようにウェブは、金貸し層という単に一握りの人々にとって有益であるほかは、高利子が商工業者層にも地主層にも阻害要因であることを示し、「公共精神」に基づいて立法による利子引き下げ政策を実施すべきだと提案した。

ただし、利子引き下げ政策を実施すれば、外国からの投資が減少し、現金はますますもって少ない状態になるだろう、とウェブは予想する。そこで彼はチャイルドの議論を援用し、[24] 外国からの投資とは、投資者への利子を支払わなければならない我々にとって実際は負債なのだから、投資の引き揚げはむしろ歓迎すべきであると主張しつつ、予期されうる現金の不足を紙券信用（Paper Credit）で補うことを提案する。彼が参照しているのは、オランダの銀行の紙券信用とイングランドの戦費調達のための公債の引き受け手であるイングランド銀行が発行した銀行券である。一六七二年にルイ一四世の進軍によってアムステルダム銀行で取り付け騒ぎが生じたことがあったが、国家危急の時に引き出し要求をして公信用を破壊する者は、二度とその貨幣を銀行に戻すことを許されるべきではない、という執政官の宣言によって取り付け騒ぎは収まり、紙券信用は保護されたこと、また、イングランドでは、危険な前例の指摘が多くあったにもかかわらず、迅速な銀行券の流通が生じ、公信用は回復したことが挙げられる。

> 世界の他の貿易拠点すべてで存続している素晴らしい紙券信用の端的な事例が目の前にあるというのに、なぜ我々はどんな方策も試みようとしないのか？　我々は我々のお金に対する利子の保証がまったくない場合でさえ、我々の信用を銀行家に惜しみなく与え、現金譲渡に容易さを与える以外は公衆にとっての利便性はない彼らの銀行券が幾十万も流通するのを許可してきたではないか。[25]

ウェブは、戦費の不足を補うための方策であったイングランド銀行券のシステムを、困窮するアイルランドの経済状況を回復する方策として用いることができないはずがないと主張する。

議会は、財務省に二一年償還三％利息で一〇〇万ポンド分の銀行券（Notes）を幾つかの地方に等しく分配されるように発行する権限を与えることによって、貿易商人や勤勉な農民に一〇〇万ポンドの金を貸し出すべきだ。よい担保を与えうる人々に貸し出し、七年毎に持ち主が変わるようにし、その後もし彼らが望むなら銀行券を回収する。もし我々が我々自身の間でそのような銀行券を期限付きで一定期間流通させることに同意するのであれば、国家にとってもどんな私人にとっても、危険などないはずだ。[26]

外国製硬貨を輸入して流通させている状態にあるアイルランドにとって公的な紙券信用の流通のほうが得策であり、容易な条件で多くの信用が創造されることは貿易や商業を助長し、さらに償還時の利息は貧民を製造業で雇用するためのワークハウス設立の基金にもなりうるとウェブは展望する。

完全雇用実現の手段として公信用制度を位置づけるこのようなビンドン―ウェブのラインが、一方ではペティのアイディアに触発され、他方ではバークリの『質問者』に影響を与えていることは間違いない。というのは、完全雇用を掲げはしても、プライアーらダブリン協会のメンバーの発想には公信用制度はなかったからである。

前述したビンドンは、さらに、一七三八年に『貿易業を引退し議員になった一商人からの手紙』を出版した。そこで彼は、国富の源泉である完全雇用実現のためには、製造業の発展を基軸にした国内諸産業の新たな編成が必要であることを訴えている。なぜ製造業が基軸になるべきなのか、その理由はまさに原料生産から加工過程までを含め、他の農業や漁業に比べ労働集約性が高く、一〇倍多くの人間を雇用可能であるからだ。同じ理由で、原料生産に人手がかからない毛織物業よりも、亜麻の栽培により多くの人手がかかるリネン業のほうが国民にとって好都合なのだと彼は見なす。国際競争力をもった製造業の育成こそ、国富蓄積の鍵であり、製造業で得られる利益は公的利益であるのに対し、農産物生産で得られる利益は結局地主層の私的な個人的利益になるだけであり、しかも彼らは増産による価格の低化を望まない。従って、食糧である食肉等を輸出しているアイルランドの農産物貿易は国富には繋がらないのであり、むしろ、輸出を止め国内に安価に供給することで、製造業における価格引下げの可能性に貢献すべきなのだと彼は説く。

賢い国家はすべて、農業や漁業をできる限り、しかも両方とも奨励するだろうが、それは外国にどちらかの産物を輸出して利益を得ようという見地からというよりむしろ、製造業者達に安く食糧を供給するという見地からそうしているのだ。というのは、どんな国でも食糧が安いほど、その製造業者達はあらゆる種類の製品をより安く売ることができるからだ。(27)

このようにビンドンは、国富増大を地主層の愛国主義的努力に期待すること（つまりプライアーの改善路線）の限界を示し、さらにプライアーが提唱した、奢侈品の輸入を減少させるための輸入関税、農産物への助成金などの導入策を暗に批判する。

あらゆる種類の商品に、一つの対等な価格（equal Price）、つまり買い手にも売り手にも等しく都合のよい（convenient）価格が必ず存在する。そして、この価格は、仮に何らかの一商品やその同類のものの将来の生産や需要を固定することがもしも可能であるとすれば、公的な法によって固定されうるかもしれない。だが、実際、将来の生産や需要を固定することなど不可能なので、どんな種類の商品であれ労働であれ、その価格を固定する法など馬鹿げたものであり、そのような法が制定されたすべての国の貿易にとって重荷であることが明らかとなるだろう。この点からして、賢い国家ができる唯一のことは、価格を個々人の自由裁量に任せ、最良の価格をもたらすと思われる商品を生産し、子供達を、その労働で最も確実で快適な暮らしを獲得できるであろう種類の労働者に育てることだ。(28)

加えて、ビンドンは、国富流出防止のために外国製品を買い控え国産品で代替せよという主張が、いかに「世間一般の考え（general opinion）」を無視しているかを指摘する。ある製品の製造に秀でた国は、その製品を使用する習慣や流行それ自体をも生み出す。そして、その国の製品を商う他国の商人達はそのような習慣や流行の伝播・通信網をも既に築いているのであって、それは容易に変えられない。だから「同種のどんな製品も、他国で作られた場合、同じように良いものではありえない」という世間一般の考えは残り続ける。だから、輸入品への関税などで国産品を同じ価格で売ることができるとしても、そのような外国製品好みの志向を根絶することはできない。「はばかりながら言わせてもらえば、私的な利益と公共善が相互に両立しなくなった場合に、私的な利益よりも公共善を選好する人はどんな国にもほとんどいないのだ[29]」。

　ビンドンの理論的基盤となっているのは、J・F・ムロン（Melon）の『商業についての政治的試論』であり、彼は一七三八年にそれを英訳し出版した。ただし、それは二つの点でたんなる英訳ではなかった。その冊子の巻頭には二〇〇名以上の名を連ねた出資者のリストが数頁続いている。その中にはスウィフトやパーシヴァル一族の名前もある。アングロ・アイリッシュの有力者の大部分が共同出資して出版された本なのである。さらに、ビンドン自身による三四頁に渡るイントロダクションと厖大な数と量の彼の手による註がついている。註においてビンドンは、ムロンの言及しているフランス法や地名人名についての説明のみならず、時にペティをも参照しつつ、ムロンの主張がアイルランドにおいて妥当かどうかを細かく吟味している。ビンドン自身の手によるその本のイントロダクションは、『貿易業を引退し議員になった一商人からの手紙』での主張とほぼ重なっているが、農業ではなく製造業こそ国富増大の基軸であるという主張には新たな理由が付け加えられている。「アイルランドからの輸出の主品目は農産物（the Products of Land）だが、それは人間の労働や勤勉からくる付加価値（additional Value）をほとんど伴わない[30]」。このような付加価値の乏しさに加え、農業から獲得された富は、豪奢な地主や成長しすぎた農夫に独占され、国富増大に真に貢献する製造業の遂行に使われることはない。しかし、商業の進歩によって、労働と勤勉は絶対的に必要なものになるのであり、一般に怠惰と見なされているアイルランドの住民の傾向性も変化するはずだ。

例えば、多くのアイルランド人が外国の軍隊での軍役に向かうが、それはスイス人は傭兵になるよう強いられているとムロンが語っているような理由ゆえではなく、故国の広く滋味豊かな領野での雇用がないからなのだ。[31]

だが興味深いことに、奢侈については、ムロンの奢侈肯定論に手放しで賛成してはいない。ムロンの奢侈論はフランスでは妥当な意見だが、奢侈品のほとんどが外国からの輸入品であるアイルランドでは、むしろ逆の結果を招くと指摘し、アイルランドのように、食料などの必需品さえ輸出し、人々が生計のために傭兵や下働きをしに外国に出てゆく状態のところでは、奢侈は国民に非常に有害なので立法者によって制限されて然るべきだとさえ述べる。そして、国益に適うか否かを基準として規制もしくは自由の政策を行なう立法が必要であるというムロンの主張をビンドンは受け入れている。前掲書とは異なり、この英訳書では、プライアーらへの歩み寄りが見られるのである。さらに、彼はムロンの貨幣論も積極的に支持する。

本報告書の著者が正しくも語ったところによると、金銀は交換の不十分な担保になってしまっているので、銀行券（notes）や為替手形（bill of exchange）、銀行や模造貨幣のようなものによる新しい代理物が必要となっている。それらは、信用と呼ばれるもので、貨幣より何千倍も貴重なものだ。だが、アイルランドは、私営銀行家の信用が「信用」と呼ばれる以外は、どんな公的信用もなしにこれまでやってきた。[32]

ビンドンは、私営銀行家の深慮は通常よりも用心深くなりすぎるので、信用のよい効果を普及できないとする。そして、貨幣や他の代理物によって交換の担保が増大するのに伴う利点をムロンの書から読み取るようにと読者を促す。このように、ビンドンはムロンの著作から、付加価値の源泉としての国内製造業の重要性とそこでの雇用の確保の重要性、そして信用の効果を学んだ。

ビンドンが付けた註で数頁あるいは一節に渡るほど長いものは、ヨーロッパ諸国の銀行制度や融資制度、英仏の造幣局制度、貿易会社と株式制度、破産処理などに関する説明である。とりわけ、フランスのローン基金（Caisse des Emprunts）やフランス銀行の「ローのシステム」について、その経緯と失敗の原因の詳細な分析を遺している。ムロンはローのシステムについて基本的に擁護する立場に立っているが、著者以上の一途さで訳者ビンドンはその有用性を弁護している。

この〔フランス〕銀行はそれが深慮と節度をもって経営されていた時期には大いなる信用を獲得したように思われる。本書の著者が称しているように、それは真の信用であったし、公的のみならず私的なメリットを生み出した。この手段によって、王の税収は容易に王国のあらゆるところから、交易に不可欠である貨幣が各地方から枯渇することなく、送金された。高利貸しはそれによって駆除され、商人、製造業者、勤勉な貿易商は自分達の生業を営んでいくのに必要な貨幣を供給された。これらを含む多くのメリットは、合理的な基盤の上に設立され深慮をもって運営されている信用から、必然的に生じてくるものである。しかし、銀行が国王の手中に入った場合、そして専横な権力が様々なことを信用に強いるために用いられた場合、そして公衆の信頼が破壊された場合、この強力な体制が崩壊してもどんな不思議もない。我々は、この例から、信用はどんな威力の下でも繁栄をもたらす非常に優れた本性をもっていることを学ぶだろう。そしてまた、深慮に富んだ立法と運営に支えられた銀行がある場合、商業の共通尺度を多様化するので、銀行はあらゆる商業国で設立されるべき大いなる有用性をもっていることも理解するだろう。[33]

このような銀行と信用制度に関するビンドンの詳細な説明の背景にあるのは、一七三五年から一七三七年まで三部に分けて出版された『質問者』におけるバークリの議論である。当時の国教徒プロテスタント支配層の意見は、造幣局設立要求では一致しているが、国営銀行設立と銀行券発行、公信用導入の是非では、いまだ割れていた。一七二〇年国営銀行設立法案反対以来、一七二八年の冊子でも銀行家への敵意を露にし、一七三七年の金切り下げの際にも反対集会で発言し、教会に黒旗を揚げて抵抗したスウィフトに象徴されるように、銀行と信用への強力な反対者が存在していたのである。ビンドンによるムロンの翻訳とその出版に対する出資者募集は、そのような反対意見に対する啓蒙的説得であり、後述するバークリの銀行プロジェクトへの支援でもあったと考えられる。

第四節　貨幣から信用へ――バークリの金融論の位置

バークリの経済思想についての先行研究では、バークリとプライアーとの相互影響は強調されているが、一七三〇年代のアイルランドの経済時論における対立する諸論点を析出した上で、バークリを位置づけるという作業はまだ十分になされているとは言い難い。当時の経済時論で争われた論点は、大きく言って二つある。一つは貿易、そしてもう一つが国営銀行設立の是非である。バークリの『質問者』の各項目が当時の誰の経済時論のどの内容への応答であるか、その対応関係を明示するのは困難であるにせよ、上記の二論点に関して、彼が、一方ではスウィフトを始めとするパトリオット的潮流と他方では関税等の規制廃止を主張する自由貿易的潮流に対峙しているのは明らかである。一七三七年の第三部の表紙には「交易につき商人に相談するなかれ」という教会書からの一節が添えられている。先に挙げたビンドンの一七三八年の時論のタイトルが『一商人からの手紙』であるのは、ビンドンのバークリへの反論を意味していると思われる。ちなみに、ビンドンとバークリは一七二〇年代から交流があることが、バークリのプライアー宛書簡の中に示されている。(34)

奢侈的消費財の輸入を批判するために、バークリは一七三五年の『質問者』第一部で「流行」の観点を最初に持ち出した。行為（action）は欲求や意思に従うものだが、この欲求を生み出すのは国民の間に広まった意思である流行だ。このように、流行は個々人の行為と商業や工業の趨勢を生み出す重要な働きをもってはいるが、富める他国民向きに作られた流行を追うことは、国家零落の原因であり、公衆の敵であり、私人がそのような愚行に耽るのを避けるには国家による抑制が必要であると彼は説く。「公共善のために自分の些細で独特な虚栄を犠牲にしようとしない人々が同情されるべきだろうか。にもかかわらず、各人は自身の奇矯な趣味をこの公共のための犠牲から除外しようとするのではないか」[35]。つまり、流行を女性や洒落者や商人に任せておかず、国家は虚栄に走る個々人の傾向性を法によって抑制し、流行の形成過程に干渉すべきだ、と言うのである。[36] ある物を使用することの流行こそ、やがてその物を生産する製造業を生み出す。従って、国産物の使用の流行こそ、製造業発達の要であり、政府がなすべきことなのだ。このバークリの流行論は、閉じた自給自足的経済への移行可能性の論拠となっている。つまり、流行とはある種の習性であると同時に可変性をもつものであり、従って消費の傾向性は意図的に変更されうるのであり、それゆえ閉じた自給自足の国内経済形成は可能であると結論することで、プライアーの議論を補強する役割を果たしているのである。先のビンドンは、バークリのこの議論に対して、流行とは政府がさほど容易にコントロールできるものではないと批判したのである。

この閉じた経済循環を前提して、バークリの国営銀行設立と紙券信用流通の現実的可能性の議論は成立している。ビンドンとウェブがオランダの例を引いて提案した①決済手段としての手形と②紙券発行による商工業者への低利子貸付のアイディアは、『質問者』におけるバークリの銀行案のきっかけとなっている。「銀行券（notes）は組に分けて発行され、土地を担保にして利子付きで貸し出し、各組の総数は、各地方のかまど数に比例して四つの地方に分割されるべきではないだろうか」、「紙幣（paper money）あるいは銀行券（notes）は、貧民の生業を支える手段であるヘンプやリネンや他の製品を担保にして国営銀行から発行してもよいのではないだろうか」などの質問は、[37] まさにウェブのアイディアを反映し、国家収入等の公費から基金を創出し、借り手からあがる利息によって基金を拡大してゆくという発想もビンドンのそれと類似している。この点で、バークリの銀行案は一七二〇年代のイングランド銀行を模倣した国営銀行案とは異なっている。

バークリの念頭にあるのは「公の資金（public funds）に支えられ、議会から保証された国民信用銀行（a bank of national credit）[38]」であり、それは国債を請け負うために銀行への出資者を募り、償還期限を定めて出資者に利息を支払うイングランドやスコットランドの銀行のような、事実上は株主が支配する「私営銀行」ではない。低利子貸付と、各人の口座間決済を行うことを基本的業務とし、公的基金と担保とを基に紙幣（paper money）、銀行券（bank-notes）、公債（public funds）などの信用の発行を行うものとされている。例えば、製造業者に生産手段購入資金を貸し出し、その生産手段を担保にとることで、必ず勤勉を伴う紙信用の流通が行われると展望されている。

一七三七年、『質問者』第三部を発行した後の四月に、バークリは自身の国営銀行設立計画を新聞に公表した。そこでは、輸入されるワインに追加的に課される関税などを銀行設立の基金とし、不足分は議会の手で補ったうえ、一ポンド券、一〇ポンド券、一〇〇ポンド券といった種類の一〇万ポンド分の銀行券を発行し、それを現金もしくは担保と引きかえに個々の人々に渡し、さらには特別の担保をとって製造業育成の国家的プロジェクトのために貸し出されるというようなプランが示されている。

このように、紙券信用を積極的に経済改善に利用しようとしつつも、外国貿易についてバークリは極めて否定的な評価を下す。「もっぱら国内の過剰物資との引き換えで外国の商品が輸入されるときにはじめて、貿易は健全な足場に立つ[39]」。しかも、この輸入品はあくまでも勤勉を促進し産業の振興に役立つ必需品・生産財でなければならない[40]。これは、一見、たんにプライアーに影響された「輸入代替政策」の支持であるかのように見えるが、一七三五年の『質問者』第一部の冒頭で展開されているバークリの貨幣と信用と勤勉の相互関係に注目すれば、彼特有の「人間社会」の捉え方の上に「貨幣」論が成立していることがわかる。

リアリィは、一七一三年『ガーディアン（*Guardian*）』紙掲載の論考「社会の絆（"The Bond of Society"）」（Fraser 版全集では"Moral Attraction"というタイトル）の重要性を指摘する[41]。自然の物質的世界だけでなく道徳的・知的世界の中にも、いたるところに諸部分の一定の調和、作用の類似性、設計の統一性を認めることができ、思考する存在である人間のシステムは、物質的世界を支えている諸法則を定めているのと同じ神的力（power）に由来する諸法によって作動している。太陽系の諸部分が相互に引力を持ち合って軌道の外に飛び出さず、太陽の周りを回っているように、人間社会（道徳的世界）にも個々人を共同体、クラブ、家族、仲間へと接近させる「引力の原理（a principle of attraction）」、言い換えれば社会への「生理的欲求（appetite）」の原理がある。このような道徳的引力を人間は生まれもっての傾向性としてもっている。世界の安寧のために、このような社会的諸傾向性は絶対的に必要であり、

それらの傾向性を人類の利益（benefit）のために育み向上させることは、各個人の義務であり利益（interest）でもある。義務であるというのは、そうすることが我々の創作者の意図に適っているからである。彼は、彼の被造物の共通善（common good）を目指しているのであり、彼の意思の表示として、我々の魂のなかに相互の思いやり（benevolence）の種を植え付けたのだ。また、利益であるというのは、全体の善（the good of the whole）は、その諸部分の善と不可分だからだ。それゆえ、共通善を増進させる場合に、同時に人は皆、自分自身の私的利益をも増進しているのである。[42]

以上のようなバークリの議論の前提には社会的分業があるように思われる。これは『質問者』における次の一節によりはっきりと示されている。

富と商業の真の本性を理解するためには、無人島にうちあげられた船乗り達が次第に自分達自身の中から仕事と市民生活を形成する一方で、勤勉が信用を生み信用が勤勉へと移行することを考察するのが正しいのではないだろうか。そのような人々はみな仕事をし始めようとするのではないだろうか。彼らは互いの勤勉さを相互に分有しあうことでなんとか生きていこうとしないだろうか。ある人が彼なりのやり方で彼が消費できる以上のものを調達した場合に、その人は自分に欠乏しているものを補うために、自分の余剰物と交換しないだろうか。このことは信用を生み出さざるをえないのではないだろうか。このような

移転を促進し、その信用を記録し流通させるために、彼らは一定の割符やトークンや切符や代用貨幣を作ることに同意するのではないだろうか[43]。

ここで振り返りたいのが先に言及したペティの提言である。彼の提言もまた、外国貿易も貨幣も十分にない、いわば無人島的状態でさえ、社会的分業が組織され、生活と産業の利便性と快適さを目指す最初の「改善」の試みがなされれば、漸次的に増大する富の循環が生じるというものであった。では、その最初の一歩はどのように始まるのか。遊休の人手を活用する際の支払いは、誰がどのように準備しうるのか。この問いにバークリは、「信用」とその記録としての「貨幣」であると答えているのである。彼がいう「引力の原理」や「生理的な社会への欲求」は社会的分業への参加欲求という傾向性であり、諸個人のこの社会的引力を表現する媒体として「貨幣」が考えられている。しかし、貨幣はそのような媒体の一形式にすぎず、貨幣の内実は「信用」であるとバークリは言うのである。信用こそ、社会的引力の知覚可能な存在形態なのであり、貨幣とは信用を記録し流通させるための一媒体にすぎない。そして、この信用の永続性は、勤勉と完全な相互性をもって交換され循環し続けることに依拠しているゆえに、信用が流通する空間は閉じられていなければならない。この点にこそ、バークリが外国貿易を否定的に評価した理由があると思われる。

　貨幣が「チケットやトークンのそれとまったく同じ」信用を記録し流通させる媒体であるというバークリの貨幣観は、ある意味ではロック的な物象化的貨幣論[44]からの脱却である。では、貨幣自体が内在価値をもつものでないとすれば、貨幣が表示している物の価値はどのように決まってくるのか。「物の価値ないし価格は、その物に対する需要とは正比例し、その物の豊富さとは逆比例する、複比例なのではないか[45]」。この

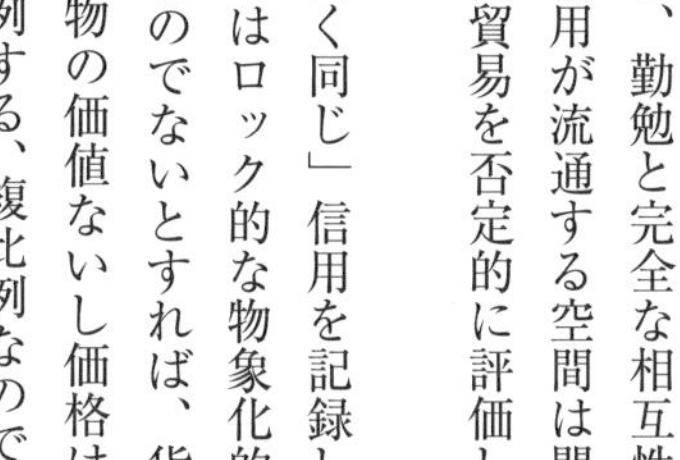

バークリの貨幣観をしめした模式図

ように、需要と供給量によって「価格」つまり貨幣が表現する引力の度合いは変化することにすでにバークリは気づいていた。しかし、価格や価値の変動には気づいても、バークリには、見えざる手というような「隠された調和」や、フィジオクラットのような「自然の意図（design）」を通じた均衡の達成という発想がないので、勤勉と自然の資源を始動させるに不可欠な貨幣という媒体の流通をコントロールすることが、決定的に重要な任務として政府や立法府などの公的組織に課せられる、とP・ケリーは指摘している。[46] バークリにおいては、完全雇用の実現を目指しつつ、紙幣を過剰発行しないように交易の規模と紙幣の規模のバランスをとってその価値を維持することが、国家の実践的課題として提示される。

このような基本的に閉じた経済循環の空間の構想は、ピエール・ロザンヴァロンがA・スミスの「国民（nation）」概念について述べていることと重なり合う。「彼は国民を、自由交易空間として理解する。この空間は、分業の広がりによって境界づけられ、社会的、経済的な必要／欲求（besoin）の体系によって活動させられる。実際、こうした経済的つながりこそが、ひとびとを市場向け商品の生産者として結びつける。こうした経済的つながりこそが真の絆とみなされるのだとスミスは考える」[47]。ところが、国民内部での分業が部門相互の量的寡多なくスムーズに「信用」が循環できるよう組織されることの困難さ、つまり勤労の調和的交換の困難さをバークリは考慮に入れていない。これはまた、ムロンを援用してローのシステムの原理的有効性を擁護したビンドンの弱点でもある。皮肉にも、ジャコバイト・ウィリアマイト戦争後のフランス亡命アイルランド人の家系であるカンティロンは、アイルランドの外にあって、ローのシステムを否定的に総括していた。

一七三〇年から三三年までの間に書かれたと推測される『商業試論』で、カンティロンは貨幣について、銀だけが流通の真の活力であり、国営銀行が発行する銀行券などは流通における全貨幣の一〇分の一しか代替できないだろうと推測している。なぜなら、銀行券などの紙券信用はそれを買いたい人と売りたい人が同数いればその価値が保たれるが、この均衡が崩れれば価値が下落するからである。しかし、このような紙券の限界があり、大国では役立たないにせよ、国営銀行は小国や貨幣が不足気味の国では効用があるかもしれない、と彼は判断した。

さらに、銀行が貨幣不足を補うことができるのは、貨幣の代替物である紙券（銀行券）を発行するからではなく、預金者の蓄蔵貨幣分の紙券を手形として発行する一方で、他方、実際預金されている貨幣を貸し出し、流通の中に投じることで、決済スケジュールを調整しつつ循環回数を増やし、貨幣の流通速度を増大させることができるからだと説明する。つまり、信用は紙券発行自体により生じるのではなく、銀行が決済資金を停滞なく最大限循環させることによる現金の流通速度増大から生じると見なしたのである。「銀行家あるいは金銀細工商たちは貨幣の流通を速めるのに寄与している」[48]。従ってカンティロンは、アムステルダムの銀行の決済処理機能にはさほどの有用性を見出さず、むしろイングランド銀行の公債処理能力を高く評価した。

ボリングブルックと非常に懇意であったカンティロンは[49]、ボリングブルックの家と隣接した場所に自宅をもち、ロンドンに移住したが、それはまた、後述するパーシヴァルの弟の住居の隣でもあった。両者はパリで知り合ってはいたが、パーシヴァルはカンティロンをローマカトリックの富裕な銀行家としか見ていなかった。カンティロンはまさにバークリ達と同じ問題に取り組みつつも、アイルランドの経済時論に何ら影響を与えぬまま、一七三四年自宅からの出火で命を落としたのである。

第五節　ロンドンのパーシヴァル・サークル

従来、経済思想史研究においては、カンティロンとムロンの著作は、一八世紀前半の経済学生成期における英仏の交流史の文脈の上に位置づけられ、ローのシステムに対する両者の見解の相違も、内田内匠、大田一廣、米田昇平等の研究によって分析されてきた[50]。だが実際、この「英」仏交流に関与した人物達の中に、アイルランド人のビンドンやバークリの存在もあったことを本章では確認してきた。しかし、彼らの経済時論が生み出された背景には、もう一人の重要人物がいた。それは、一七三三年に一代目エグモント伯爵となったジョン・パーシヴァルである。[51] 彼の生い立ちは、ペティの影響力の継承という意味からも注目に値する。

パーシヴァルはアイルランドのコークに生まれたが、三歳の時に父を亡くし、母の再婚に際して、彼の大伯父であるロバート・サウスウェル卿が後見人となり、幼年期をサウスウェル卿の家で送った。[52] このサウスウェル卿こそ、ペティの友人かつ姻戚であり、ペティが『アイルランドの政治的解剖』の手稿を与えたその人である。一七〇三年から一七〇八年にパーシヴァルは自らの所有地があるアイルランドに戻った際に初めてバークリと出会った。彼は、一七〇三年から一四年までアイルランド庶民院議員を務め、その後、本拠地をイングランドに移し、ブリテンの庶民院議員となりロンドンに在住した。ブリテン議会においてアイルランド側ロビイストの役割を担っていたパーシヴァルは、一七三〇年にバークリがバミューダ計画への財政援助を求めた際にも、他の有力議員への仲介役として立ち回った。[53] パーシヴァルの一七三〇年代の日記には、バークリとの頻繁な会見や会食が記録されており、両人の親交の深さの証左を示している。

他方、パーシヴァルは、ビンドンとも随時交流を持っていた。パーシヴァルの日記にビンドンが最初に登場するのは、一七二九年一月のことである。パーシヴァルが大法院で農地の所有権をめぐるクローン対クロフツ訴訟に関わった際に、クロフツ側の弁護人としてアイルランドからロンドンに来ていたのがビンドンであった。「ビンドンは、かつて仲介商人（broker merchant）であり、その後弁護士業に専念するようになったのだが、信頼できそうな振る舞いと良識を持ち合わせた人物である」とパーシヴァルは記している。両人はたんに訴訟手続き上の交流だけではなく、意気投合してアイルランドに関係するいくつかの話題について論じ合った。

彼〔ビンドン〕の見解の一つは、もし仮に我々がローマカトリックに終身借地権や土地の購入を許可したら、アイルランドはより栄えるだろう、なぜなら我々は彼らを商業（trade）に追い込み、アイルランドのほとんどすべての貨幣は彼らの掌中にあるからだ、というものだ。彼らは非常に素晴らしい貿易商人（trader）であり、とりわけ禁制品〔紡毛糸〕の最高に素晴らしい〔フランスへの〕密輸業者である。公正な貿易商人は一般的にプロテスタントなのだが、このような貿易商人を滅亡させるほどなのだ。ビンドンは次のように語った。ローマカトリックに永続的土地所有権を与えることによって、彼らは自分達の利益に適うために、よきプロテスタントとまではいかないにせよ、よき臣民になるだろうし、また彼らの中でかなり有力な一群のメンバーが他から切り離されるだろう、またローマカトリックが土地を購入すれば、ローマカトリックが本来の土地所有者だったいう古来の主張すべてに対して彼ら自身が自分達の購入を擁護することになるだろうし、従って、すべてのプロテスタントの土地保有権がローマカトリック自身によって支持されるだろう。ビンドンはまたある非常に賢いカトリックが次のように語るのを聞いたという。「我々は、プロテスタントの農場から、プロテスタントの借地人を徐々に巧妙にはじき出すだろう。というのは、我々は彼らより高い値をつけて競り勝ち、彼らに又貸しするであろうからだ。」そして、ビンドンはさらにこうも言った。最近土地に凄い高値がつけられたのは、我々が実際にアイルランドに現金通貨で五〇万ポンド以上の貨幣をもっているからというよりも、むしろカトリック達の高額の申し出によって生じたことである。アイルランドには現金通貨で五〇万ポンド以上の貨幣があるというのは、一般には額面どおり受け取られているが、それは真実ではない。ビンドンが言うには、アイルランド銀貨とアイルランド金貨の価値の不均衡があまりに激しいので、数年後にはアイルランドにどんな銀も残存しなくなるだろう、というのは、イングランドとの貿易収支を銀正貨で支払うと、商人は一・五％儲ける。そして銀正貨は必然的にイングランドへと流出し、交易の一定の停滞をもたらすからだそうだ。(54)

一七二九年以来、ビンドンがロンドンに来るたびに、必ずパーシヴァルは招待や訪問という形で面会している。ロンドンにおけるパーシヴァルの役割の重要性は、アイルランドの利益擁護のために政策を検討するブレーンを周囲に集め、ブリテン政府側の対アイルランド政策にその人脈や出版などを通じて影響を与えることにあった。ビンドンはこのようなブレーンの中心人物だった。注目すべきは、彼らが出版というメディアをかなり戦略的に位置づけていた点である。アイルランドで出版された目に付くパンフレットをイングランドでも出版すべきかどうかを、結果的にもたらされるであろうイングランドの世論の反応を予想して検討し、有効と判断すればロンドンの出版社に依頼するのである。

例えば、一七三一年二月、パーシヴァルは、アイルランド産紡毛糸のイングランド輸入の際の免税化を訴えるビンドンの論文とプライアーの『衰退の原因』をリムリック卿の屋敷に集まって皆で読み合わせ、前者をビンドンの名を隠して「ブラックウェルホール〔＝ロンドンの主要織物市場〕の商人達によって作成され」「製造業委員会の報告に反対の立場を決めているメンバーに配布された」ものとして出版されるように決定し、他方、プライアーの著作を、「アイルランドの助けになるというより危害を加えるもの」と判断し、出版を見送るよう決定している。(55) さらに、翌年三月には、アーサー・ドブズの一七二九年にダブリンで出版されたパンフレットをロンドンでも出版するよう手回しした。(56)

パーシヴァルはジョージア植民地建設にも関与しており、彼の射程は「ブリテン帝国」であって、もはや「イングランド対アイルランド」ではなかった。アイルランドにいかに優位な帝国内分業を獲得させるかこそ、彼の追及するものであり、彼はまさにそのために英愛関係を媒介する参謀であった。したがって基本的にパーシヴァルが「有益」と判断するパンフレットは、アイルランドとブリテンの利益の共存可能性を論証する性質のものであったのだが、思わぬところに伏兵がいた。当時アイルランド議会出席のため当地に長期滞在していたパーシヴァルの息子ジョン・パーシヴァル（父と同名）が『ドーセット公爵への書簡におけるアイルランドの現状についての一所見――特に毛織物業との関係で』を匿名で出版したのである。これを目にしたアイルランド総督ドーセット公爵はパーシヴァルを呼びつけ、有害であるゆえ警戒するよう促した。ビンドンは、そのパンフレットはアイルランドで印刷されたかのように装っているが、実際はイングランド在住者の手によるものだと見抜き、そしてまもなくパーシヴァルは、その著者が弱冠二〇歳の自分の息子であると知ることになったのである。[57] この「事件」は、パーシヴァルの息子でさえ、すぐさま「帝国」の規模で思考できなかったことを物語るものだが、その後、パーシヴァルはビンドンを息子の指導者的な位置につけ、この結果、ビンドンは親子二代のパーシヴァルに対して影響力をもつようになった。

ジェヴォンズはヒッグズ版『商業試論』の中で、揺籃期の政治経済学の国籍を問うた。

経済学の国籍に関して、我々はどのような結論めいたものを引き出せるだろうか。もし仮に私の注意深く入念な探究が正しい結論に至るとすれば、私は次のように公式化するだろう。経済学についての最初の体系的な論文はおそらくケリー県のアイルランド人一家から生まれたスペイン名をもつ銀行家によって書かれた。我々は彼がどこで育ったかは知らないが、パリで取引をし、アルビマール通りで殺されたのは確かだ。[58]

ジェヴォンズは、さらにフレッチャー・ゲイルズというロンドンの出版社によってフランス語で出版されたこと、まずい英訳によってイングランドでは悪評だったことなどを挙げ、最後に極めて巧みな一句で締め括っている。「読者は自分自身の心の中で今や容易に問題にケリをつけることができる。政治経済学の国籍はなにか？」[59]

このジェヴォンズの言葉をどう解釈するかは、まさに読者によって異なっている。米田昇平は、ジェヴォンズが経済学の国籍をイギリスに定めたと解釈しているのに対して、[60] ジョセフ・ホーンは次のように述べている。「〝政治経済学の国籍〟をアイルランドに帰属させながら、ジェヴォンズは、カンティロンの『商業試論』がバークリの『問いだす人』とまったく同じ時期に書かれたことに注目することで、ひょっとしたら彼の主張を補強できたかもしれない。バークリのそれもまた、政治経済学という近代科学の一つの原典と見なされることが多い。カンティロン同様、バークリもまた、〝とるに足らない、夢と些事の地方〟であるアイルランド南部出身だった[61]」。

このホーンの見解が含むお国自慢の傾向は別として、その後半部の指摘の重要性を最後に考えてみたい。なぜなら、ビンドンはクレア県とリムリック県、ウェッブはリムリック県、バークリはキルケニー県生まれでコーク県クロインの教区に属し、そしてカンティロンがケリー県（母方のカンティロン分家はリムリック）というように、この時代の経済時論の書き手の多くがアイルランド南部のマンスター地方出身であり、各人が相異なった事情からパリやアムステルダムなど大陸の都市に渡った経験をもつからである。もっとも、この大陸渡航はたんなる偶然事ではなく、その背景には、一六九一年リムリックでのジャコバイトの降伏とその兵士達のフランスへの移住（いわゆる〝ワイルド・ギースの敗走〟）によって始まった大陸の諸国のアイルランド人ディアスポラとのコネクションがある。

　これらの県の特徴についてカレンは次のように述べている。「新兵徴募が一七三〇年代末に漸減するまで、ティパレリやクレア、ケリー、コーク、ウォーターフォードの諸県そしてレインスター地方のキルケニー県出身の男性は、アイルランド人連隊の下士官兵クラスでも司令官クラスでもかなり突出した数で存在した。それらの県は、そもそもかつてリムリックで降伏した軍隊にかなりの数の兵士を供給していたところだ(62)」。大陸でのジャコバイト・ネットワークを頼りに大陸渡航する者達はその大部分がローマカトリックであり、彼らは当初は軍役につきはするがその後多くが貿易商人に転じた。しかし、この傾向は、国教徒プロテスタントの地主層に絶えず不安の影を落とすものだった。国教徒プロテスタントでありながら、リネン貿易に携わってオランダに住んでいたビンドンのような人物は例外的な存在であって、それゆえ、上述のビンドンがパーシヴァルに語った言葉に示されているように、カトリックの土地所有と売買を禁じた刑罰法が、逆に彼らを商業へと追いやることで彼らの才を開花させ繁栄をもたらすのではないかという不安が頭を擡《もた》げてくるのである。彼らにとってカンティロンはまさにその恐れを具現している人物だった。

　政治経済学、つまり一八世紀的表現では「交易（trade）」に関する知に習熟する必要性は、国教徒プロテスタント陣営の中で、ビンドンのみならずプライアーやサミュエル・マッデンによっても表明されている。『不在地主のリスト』において、プライアーはこう語っている。

〔ダブリン大学には〕農業、交易、実践的技芸の教授もまた存在することが望まれる。なぜなら、これらの分野に我々は市民生活の必要や便宜や光彩のすべてを負っているからだ。目下のところ、学者達は大部分がそれらの事柄についてはほとんどもしくはまったく知識をもっておらず、知識をもっている人はそれらの知に至る適切な光明を投じたりその知自体を可能な限り進歩させたりする能力や時間を欠いているのだ。[63]

このような国教徒プロテスタント陣営での交易に関する知の希求は、一面ではいつかカトリックに出し抜かれるのではないかというセクト的な不安感から生じていたとはいえ、他面では、融和とはいかないまでも、宗派間の共存繁栄のための社会的地平を描き出すのに役立った。ローマカトリックに法的に課されている経済的制限を取り払い、彼らを解放せよ、そのほうが我々国教徒プロテスタントの利益と繁栄に繋がるのだ、という上述したようなビンドンの主張は、その後世紀を通じて、リベラルな国教徒プロテスタントの間で共有されてゆく。ボイランとフォーリイは、政治経済学の言説がアイルランドにおいては〈国民的〉コンセンサスを形成する主導的役割を果たしたことを次のように指摘している。「我々が論じたいのは次のようなことだ。社会的、経済的、政治的、そして宗派的に分割されていたアイルランドにおいて、コンセンサスは政治経済学という新しい学問領域で追求された。政治経済学は学問的に中立であり、あらゆる分割を超える明白な知の形態であると主張したのである[64]」。

このような国民的コンセンサス形成の道具としての経済学を十分意識したうえで、経済時論のパンフレットを書き続けたのがビンドンであった。彼は一七三六年に経済時論というより統計学講話に近いパンフレット『アイルランドのいくつかの県と地方のプロテスタントとローマカトリック家族の数についての要録』を出版している。その中で彼がやっているのは、ペティの『政治算術』の思考方法を読者に分かり易く伝えることである。『政治算術』から読み取られる規則に則って、囲炉裏税徴税人の記録からどのようにプロテスタントとカトリックの人口比を導出するか、その誤差の処理法も含めて詳細に説明し、さらにはダブリン市の死亡率表（the Bills of Mortality）を、埋葬数と洗礼数の記録から吟味し、この死亡と出生の割合、今で言えば人口動態統計を都市と農村、そして他国の諸都市と比較してみせるのである。プロテスタントとカトリックの人口比の不均衡とよく言われるが、これまで双方の人口の計算の大部分は適切で妥当な根拠なしになされてきたのだ、と注意を喚起し、ペティのアイルランドの政治的調査（『アイルランドの政治的解剖』のこと）も同様に計算の根拠が示されていない、と断ずる。[65] この「政治算術」的思考の普及のためのパンフレット出版とムロンの翻訳書の出版は、ビンドンにとって、プライアー達のダブリン協会による農業経営改善路線とは一線を画しての、まさに批判的知のレヴェルでの啓蒙活動だったのだろう。そこでのビンドンの結びの言葉を、アイルランドにおける啓蒙と経済学の形成を追った本章の結びに借用したい。

> この要録は、『政治算術』を知りたがっている人々の満足のために出版されたものです。政治算術は、公衆の利益（the Advantage of the Publick）のために、間違いを修正し、困難な点を解明し、有益なヒントを与えるのにしばしば役立ってきたのです。[66]

参照文献

Berkeley, George (1948–57), *The Works of George Berkeley*, T. E. Jessop and A. A. Luce (eds.), 9 vols.

Berkeley, Bishop (1970), "The Querist" in Joseph Johnston (1970), *Bishop Berkeley's Querist in Historical Perspective*, Dundalk.（川村大膳、肥前栄一訳『問いただす人』東京大学出版会、一九七一年）

Bindon, David (1729), *A Scheme for supplying industrious people with money to carry on their trades, and for better providing for the poor of Ireland*, Dublin.

Bindon, David (1736), *An Abstract of the Number of Protestant and Popish Families in the Several Dublin.*

Bindon, David (1738), *A letter from a merchant who has left off trade to a member of Parliament*, London.

David Bindon, appellt. William Ryves and William Doyle. respts. The appellant's case. London, 1730.

David Bindon, merchant-appellt. William Ryves and William Doyle. merchants-respondents. The respondent William Ryves's case, London, 1730.
Black, R. D. Collison (1960), *Economic Thought and the Irish Question 1817–1870*, Cambridge University Press.
Boylan, Thomas A. & Timothy P. Foley (1992), *Political Economy and Colonial Ireland*, Routledge.
Caffentzis, C. George (2000), *Exciting the Industry of Mankind: George Berkeley's Philosophy of Money*, Kluwer Academic Publishers.
Cantillon, Richard, *Essai sur la nature du commerce en general*, Henry Higgs (ed.), Frank Cass & Company Ltd., 1959.（津田内匠訳『商業試論』名古屋大学出版会、一九九二年）
Canny, Nicholas (ed.), (1994), *Europeans on the Move: Studies on European Migration, 1500–1800*, Oxford University Press.
Child, Josiah (1693) *A New Discourse of Trade*, London.（杉山忠平訳『新交易論』東京大学出版会、一九六七年）
Cullen, L. M. (1964), "The value of contemporary printed sources for Irish economic history in the eighteenth century", *Irish Historical Studies*, vol. XIV, no. 54, September 1964, pp. 142–155.
Cullen, L. M. (1968), *Anglo-Irish Trade 1660–1800*, Manchester University Press.
—— (1984), "Landlords, bankers and merchants: the early Irish banking world, 1700–1820", in Antoin Murphy (ed.) *Economists and the Irish Economy from the Eighteenth Century to the Present Day*, Irish Academic Press.
Cullen, L. M. (1986), "VI. Economic development 1691–1750", T. W. Moody & W. E. Waughan (eds.) (1986), *A New History of Ireland IV: Eighteenth-Century Ireland 1691–1800*, Oxford University Press.
Cullen, L. M. (1994), "The Irish Diaspora of the Seventeenth and Eighteenth Centuries", Nicholas Canny (ed.), *Europeans on the Move: Studies on European Migration, 1500–1800*, Oxford University Press.
The Dublin Society's Weekly Observations, vol. 1, 1739.
Hone, J. M. (1934), "Berkeley and Swift as national economists", *Studies*, vol. XXIII, no. 91, pp. 421–432.
Hone, Joseph (1944), "Richard Cantillon, Economist: Biographical Note", *The Economic Journal*, vol. 54, no. 213, pp. 96–100.
Hutchison, T. W. (1953–54), "Berkeley's *Querist* and its place in the economic thought of the eighteenth century," *British Journal of the Philosophy of Science*, vol. 4, pp. 52–77, rpt. in Stephen R. L. Clark (ed.), *Money, Obedience, and Affection*, Garland Publishing, 1989, pp. 40–65.
James, Francis G. (1966), "The Irish Lobby in the Early Eighteenth Century," *The English Historical Review*, vol. LXXXI, no. 320, pp. 554 f.
Jevons, W. S. (1959), "Richard Cantillon and the Nationality of Political Economy", Cantillon, *Essai*, pp. 333–360.

Kelly, Patrick (1992), "'Industry and virtue versus luxury and corruption': Berkeley, Walpole, and the South Sea Bubble Crisis", *Eighteenth-Century Ireland*, vol. 7, pp. 57–74.

— (1986), "Ireland and the critique of mercantilism in Berkeley's *Querist*" in David Berman (ed.), *George Berkeley: Essays and Replies*, Irish Academic Press, pp. 101–116.

— (2000), "The politics of political economy in mid-eighteenth-century Ireland", in S. J. Connolly (ed.), *Political Ideas in Eighteenth-Century Ireland*, Four Courts Press, pp. 105–129.

Leary, David E. (1989), "Berkeley's Social Theory: Context and Development", *Journal of the History of Ideas*, vol. 38, 1977, pp. 635–649; rpt. in Stephen R. L. Clark (ed.), *Money, Obedience, and Affection*, Garland Publishing, pp. 115–129.

Locke, John (1991), *Locke on Money*, vol. II, Clarendon Press.（田中正司・竹本洋訳『利子・貨幣論』東京大学出版会、一九七八年）

Manuscripts of the Earl of Egmont: diary of Viscount Percival, vol. 3.

[Melon], *A Political Essay upon COMMERCE, Written in French by Monsieur M—, Translated, with some ANNOTATIONS, and REMARKS, by DAVID BINDON, esq*. Dublin, 1738.

Murphy, Antoin E. (1986), *Richard Cantillon: Entrepreneur and Economist*, Clarendon Press.

Percival (Perceval), J (1920–23), *Manuscripts of the Earl of Egmont: diary of Viscount Percival afterwards first Earl of Egmont, vol. 1–3*, Historical Manuscripts Commission, London.

Petty, W. (1899), *The Economic Writings of Sir William Petty*, vol. 1, Charles Henry Hull (ed.), Cambridge University Press.（松川七郎訳『アイァランドの政治的解剖』岩波文庫、一九六七年）

Prior, Thomas (1729), *A List of the Absentees of Ireland and the Yearly Value of their Estates and Incomes Spent Abroad*, Dublin.

Prior, Thomas (1729), *Observations on coin in general. With some proposals for regulating the value of coin in Ireland*, Dublin.

Rand, Benjamin (1914), *Berkeley and Percival: The Correspondence of George Berkeley and Sir John Percival*, Cambridge University Press.

Rashid, Salim (1988), "The Irish School of Economic Development", *The Manchester School of Economic and Social Studies*, vol. 56, no. 4, pp. 345–369.

Rashid, Salim (1990), "Berkeley's *Querist* and its influence", *Journal of the History of Economic Thought*, vol. 12, no. 1, pp. 38–60.

Swift, Jonathan (1971), "A Short View of the State of Ireland", *Jonathan Swift Irish Tracts 1728–1733*, Herbert Davis (ed.), Blackwell.

Webb, Daniel (1735), *An Enquiry into the Reasons of the Decay of Credit, Trade and Manufactures in Ireland*, Dublin.

戒田郁夫（一九六八）「経済思想家としてのジョージ・バークリィ（一）」『経済論集』（関西大学）、一八―三、六一―八四頁。

――（一九七一a）「経済思想家としてのジョージ・バークリィ（二）」『経済論集』（関西大学）、二一―一、七三―九七頁。

――（一九七一b）「経済思想家としてのジョージ・バークリィ（三）」『経済論集』（関西大学）、二一―二、三一―四九頁。

竹本洋（一九八五）「一七・一八世紀のアイルランド人著作家の書誌（資料）」『大阪経大論集』一六五、六一―二〇七頁。

内田内匠（一九九三―九八）「J・F・ムロンの『システム論』（一）～（四）」『一橋大学社会科学古典資料センター年報』一三、一四、一六、一八号。

大田一廣（一九八八）「J・F・ムロンの経済思想」小林昇編『資本主義世界の経済政策思想』昭和堂、所収。

米田昇平（二〇〇五）『欲求と秩序――一八世紀フランス経済学の展開』昭和堂。

米田昇平（二〇〇五）「リチャード・カンティロン――地主と企業者」坂本達哉編『経済思想3　黎明期の経済学』日本経済評論社、所収。

ロザンヴァロン、ピエール（一九九〇）長谷俊雄訳『ユートピア的資本主義――市場思想から見た近代』国文社。

注

(1)　スウィフトは、政治的独立とイングランドとの対等性なき国家に経済的発達はないという立場であり、後者のためにまず前者を追及する必要があるとした。
(2)　L. M. Cullen, "VI Economic development 1691–1750", T. W. Moody & W. E. Waughan (eds.), *A New History of Ireland IV: Eighteenth-Century Ireland 1691–1800*, Oxford University Press, 1986, p. 145.
(3)　Thomas Prior, *A List of the Absentees of Ireland and the Yearly Value of their Estates and Incomes Spent Abroad*, Dublin. 1729, p. 20.
(4)　Thomas Prior, *Observations on coin in general. With some proposals for regulating the value of coin in Ireland*, Dublin, 1729, p. 3.
(5)　*The Economic Writings of Sir William Petty*, vol. 1, Charles Henry Hull (ed.), Cambridge University Press, 1899, pp. 192f..（松川七郎訳『アイァランドの政治的解剖』岩波文庫、一九六七年、一六一―一六二頁）
(6)　*Ibid*., p. 192.（邦訳書、一五九―一六〇頁）
(7)　*Ibid*., p. 217.（邦訳書、二〇八頁）

(8) ジャコバイト戦争の際に、ウィリアムを支持した人々であり、テューダー期以降、とりわけクロムウェル期の植民者が多い。本章で「アングロ・アイリッシュ」という場合、これらの人々を意味している。国教徒プロテスタントとはアングリカン・チャーチに属す人々のことで、非国教徒プロテスタント（Dissenters）と区別するために用いている。スコットランドからの移住者は非国教徒プロテスタントが多く、当時はまだ、被選挙権等に制約があった。

(9) 「アイルランドの改良に関する考察」の部分は、一六九一年の初版では「産業評議会から総督への報告書」と題する独立した節となっているが、一七一九年の第二版では本論末尾の一三、一四、一五章として章区分されている。

(10) *Ibid.*, p. 219.（邦訳書、二一〇—二一一頁）なお、第十項中の全産業運営に必要な貨幣量五九万ポンドは、それ以前に第一四章で計算されている。この五九万ポンドは半年分の地代、一〇分の一税、賦役免除地代四五万ポンドと、全国民支出の五〇分の一の八万ポンド、年家屋賃貸料の四分の一の六万ポンドの総計である。

(11) *Ibid.*, pp. 221 f.（邦訳書、二一四頁）

(12) Jonathan Swift, "A Short View of the State of Ireland", *Jonathan Swift Irish Tracts 1728–1733*, Herbert Davis (ed.), Blackwell, 1971, p. 6.

(13) *Ibid.*, p. 9.

(14) Petty, *op. cit.*, p. 216.（邦訳書、二〇五—六頁）

(15) *The Dublin Society's Weekly Observations*, vol. 1, 1739, p. 19. 但し、引用の箇所が書かれたのは一七三六年一月。

(16) *Ibid.*, pp. 23–25.

(17) Thomas Prior, *A List of the Absentees of Ireland and the Yearly Value of their Estates and Incomes Spent Abroad*, Dublin, 1729, p. 65.

(18) ビンドン対レイブズ／ドイル訴訟の記録がアイルランド国立図書館にマイクロフィルムで残されている。*David Bindon, appellt. William Ryves and William Doyle. respts. The appellant's case. London, 1730.* 並びに *David Bindon, merchant-appellt. William Ryves and William Doyle. merchants-respondents. The respondent William Ryves's case*, London, 1730.

(19) David Bindon, *A Scheme for supplying industrious people with money to carry on their trades, and for better providing for the poor of Ireland*, Dublin, 1729, p. 6. なお、この冊子は一七五〇年に再版されている。

(20) *Ibid.*, p. 11.

(21) *Ibid.*, p. 22.

(22) Josiah Child, *A New Discourse of Trade*, London, 1693, p. 14.（杉山忠平訳『新交易論』東京大学出版会、一九六七年、五一頁。）「ある国が富裕であるか貧困であるか、あるいはどの程度にそうかを知るだけなら、次のような問い、つまり彼らがどれくらいの利子を貨幣に対して支払っているかという問い以外に明らかにされる必要のある問いはない。身近なところでは、スコットランドとアイルランドでこのことがはっきりわかる。そこでは、利子に一〇から一二％が支払われていて、……貨幣はとてつもなく不足し、……その土地は八年もしくは一〇年分の地代収入に相当する以上の価値を生み出しはしない。」

(23) Daniel Webb, *An Enquiry into the Reasons of the Decay of Credit, Trade and Manufactures in Ireland*, Dublin, 1735, p. 15.

(24) Child, *op. cit.*, p. 17.（邦訳書、五四頁。）「しかしかりにかれらが利子つきでわれわれの国に投資しているかれらのすべての貨幣をひきあげるとしても、それはひきあげないばあいよりもわれわれにとってよいであろう。なぜなら借手はつねに貸手の奴隷であり、貸手のほうはふとりみちたりているのに、借手はつねにまずしい状態におかれることは確実だからである。」

(25) Webb, *op. cit.*, pp. 29 f..

(26) *Ibid.*, p. 30.

(27) David Bindon, *A letter from a merchant who has left off trade to a member of Parliament*, London, 1738, p. 5.

(28) *Ibid.*, pp. 10 f..

(29) *Ibid.*, p. 12.

(30) *A Political Essay upon COMMERCE, Written in French by Monsieur M—, Translated, with some ANNOTATIONS, and REMARKS, by DAVID BINDON, esq.* Dublin, 1738, p. xii.

(31) *Ibid.*, p. xiv.

(32) *Ibid.*, p. xxx.

(33) *Ibid.*, p. 274.

(34) 一七二五年一〇月のプライアー宛書簡（T. E. Jessop and A. A. Luce (eds.), *The Works of George Berkeley*, vol. 8, p. 142.）で、バークリは、ロンドンでの寄宿先が未定なのでビンドン宅に手紙を送るように指示し、また一七二六年七月の書簡（*ibid.*, p. 163）では、銀行での為替相場と同様な基準でビンドンと一一〇ポンド余りのアイルランド貨幣を一〇〇ポンドのイングランド貨幣に交換した、と記されている。バークリがプライアーにビンドンにお金を渡した経緯を説明し、誤解を解こうとしている点から考えると、プライアーはビンドンをあまり信頼していなかったようだ。また、「ダンモア洞窟の記」（*ibid.*, vol. 4, p. 264. 執筆年代の記録なし。しかし、フレーザー版全集では一七〇六年執筆と推定されている）にもビンドンの名は登場する。

(35) "The Querist" in Joseph Johnston, *Bishop Berkeley's Querist in Historical Perspective*, Dundalk, 1970（川村、肥前訳『問いただす人』東大出版会、一九七一年）。以下では、*The Querist* からの引用箇所は頁ではなく各質問に付された番号で示す。英語原文は一七五二年の改訂版であり、一部から三部まで通し番号になっており、改訂の際に削除された質問は後で初版での番号を付されて付け加えられている。後者の場合の番号は「Omit. 3. 11」というように部と質問番号を表示する。邦訳は一部、二部、三部それぞれ初版からの訳出であり、従って通し番号ではないので、「3. 11」というように部と質問番号を示すことにする。149（邦訳1. 155）

(36) 9, 10, 12, 13, 146, 147, 155（邦訳1. 9, 10, 12, 13, 152, 153, 161）

(37) Omit. 1. 233, 267（邦訳1. 233, 267）

(38) 223（邦訳1. 204）なお、質問230で、基金の三分の一ずつを、政府、上院、下院の名で受けもつ、と提案されているので、public funds を「公債」ではなく「公の資金」と訳した。

(39) 172（邦訳1. 176）

(40) 554（邦訳3. 274）

(41) David E Leary, "Berkeley's Social Theory: Context and

Development", *Journal of the History of Ideas*, vol. 38, 1977, pp. 635–649; rpt. in Stephen R. L. Clark (ed.), *Money, Obedience, and Affection*, Garland Publishing, 1989, pp. 115–129.

(42) *The Works of George Berkeley*, vol. 4, p. 189.

(43) 46, 47（邦訳I. 48, 49）

(44) ここで「物象化的」としたのは、ロックは銀の含有量を価値の尺度とするからである。「ひとたび公権力によって決められた標準、すなわちそれぞれの呼称のもとに定められた銀の量は、（卑見によれば）そうした変更の絶対的必要性が顕在化するまでは――そうしたことは絶対ありえないと思うが――変更されるべきではない。それが変更されるべきでない理由は、公権力が法律の認めるすべての契約を履行する保証人であるからである。……硬貨の引き上げというのは、気のいい人々をだますもっともらしい言葉にすぎない。それは、より多量の銀に対して通常使われている呼称をより少量の銀に与えるだけのことであって、……銀の硬貨にその中の銀の不足を矯正するなんらの値打ちを付け加えるものではなく、それに真実の価値を付け加えるものでもない。そのようなことは実現不可能である。なぜなら、硬貨の価値の尺度をなし、また今後永遠に尺度をなすのは、その中に含まれる銀の量だけだからである。」（Locke (1991), p. 415 f.: 邦訳二三二―二三四頁）

(45) 24（邦訳I. 24）

(46) Patrick Kelly, "The politics of political economy in mid-eighteenth-century Ireland", in S. J. Connolly (ed.), *Political Ideas in Eighteenth-Century Ireland*, Four Courts Press, 2000, p. 123.

(47) ピエール・ロザンヴァロン『ユートピア資本主義』国文社、一九九〇年、八九頁。

(48) Richard Cantillon, *Essai sur la nature du commerce en general*, Henry Higgs (ed.), Frank Cass & Company Ltd., 1959, pp. 300f.（津田内匠訳『商業試論』名古屋大学出版会、一九九二年、一九六頁。）

(49) Antoin E. Murphy, *Richard Cantillon: Entrepreneur and Economist*, Clarendon Press, 1986, p. 47.

(50) 内田内匠「J・F・ムロンの『システム論』（一）～（四）」『一橋大学社会科学古典資料センター年報』一三、一四、一六、一八、一九九三―一九九八年。大田一廣「J・F・ムロンの経済思想」（小林昇編『資本主義世界の経済政策思想』昭和堂、一九八八年、二二六～二二七頁。米田昇平『欲求と秩序――一八世紀フランス経済学の展開』昭和堂、二〇〇五年。

(51) John Percival (Perceval とも綴られる), *Manuscripts of the Earl of Egmont: diary of Viscount Percival afterwards first Earl of Egmont*, vol. 1-3, Historical Manuscripts Commission, London, 1920–23.

(52) Benjamin Rand, *Berkeley and Percival: The Correspondence of George Berkeley and Sir John Percival*, Cambridge University Press, 1914, p. 2 f.

(53) Francis G. James, "The Irish Lobby in the Early Eighteenth Century," *The English Historical Review*, vol. LXXXI, no. 320 (1966), pp. 554 f.

(54) *Manuscripts of the Earl of Egmont: diary of Viscount Percival*, vol. 3, p. 329. なお〔 〕内は引用者による。

(55) *Ibid*, vol. 1, p. 148. 実際、ビンドンのパンフレットは『一織物業者（clothier）からある議員への書簡におけるイングランドの毛織物業についての考察』という表題で出版された。なお〔 〕内は引用者による。

(56) *Ibid.*, p. 240.

(57) *Ibid.*, p. 172.

(58) W. S. Jevons, "Richard Cantillon and the Nationality of Political Economy", Cantillon, *op. cit.*, pp. 359 f.

(59) *Ibid.*, p. 360.

(60) 米田昇平「リチャード・カンティロン―地主と企業者」、坂本達哉編『経済思想三：黎明期の経済学』日本経済評論社、二〇〇五年、一六七、一七四頁。

(61) Joseph Hone, "Richard Cantillon, Economist: Biographical Note", *The Economic Journal*, vol. 54, no. 213, 1944, pp. 99 f.

(62) L. M. Cullen, "The Irish Diaspora of the Seventeenth and Eighteenth Centuries", Nicholas Canny (ed.), *Europeans on the Move: Studies on European Migration, 1500–1800*, Oxford University Press, 1994, p. 123.

(63) Thomas Prior, *A List of the Absentees of Ireland and the Yearly Value of their Estates and Incomes Spent Abroad*, Dublin, 1729, p. 93. なお〔 〕は引用者による。

(64) Thomas A. Boylan & Timothy P. Foley, *Political Economy and Colonial Ireland*, Routledge, 1992, p. xii. 但し、彼らは、政治経済学は、必ずしも正確に現状を反映していないイデオロギー的なものとして、社会経済の現状を擁護するという重大な役割を演じ、アイルランドを鎮静化するためにも使われた、と指摘している。このようなイデオロギー的機能が顕在化した出来事として彼らの念頭にあるのは、一八四〇年代名半ばの大飢饉である。政治経済学理論に基づいたUK政府側の事態の解釈と対応があり、これに対してアイルランド現地では様々な反論と反発が生じた。経済学はこのような植民地経営の知としての側面を確かにもっているが、この側面の考察は他稿に譲ることにしたい。

(65) David Bindon, *An Abstract of the Number of Protestant and Popish Families in the Several Dublin*, 1736, pp. 12 f.

(66) *Ibid.*, p. 15.

第II部　経済学の鍛造——盛期啓蒙と経済認識の深化

第5章

「立法者の科学」としての経済学――アダム・スミスにおける啓蒙と経済学

渡辺恵一

はじめに

アダム・スミスの『国富論』(一七七六年)は、フランソワ・ケネーの『経済表』(一七五八年)、ジェイムズ・ステュアートの『経済の原理』(一七六七年)とともに、現代経済学(経済科学)の源流に位置づけられる古典である。わが国のスミス研究史において、『国富論』(経済学)成立の思想史的背景として重要視されてきたのは、近代自然法学の伝統である。新村聡『経済学の成立』(一九九四年)と田中正司『経済学の生誕と『法学講義』』(二〇〇三年)は、近年のその代表作といってよいであろう。スミスにおける自然法学と経済学の密接な関係を裏づける直接の資料としては、法学の出版計画をめぐる『道徳感情論』初版（一七五九年）末尾の文節とそれを断念するに至った経緯を伝える第六版（一七九〇年）の「前書き」、スミスのグラスゴウ大学講義が自然神学・倫理学・経済学・法学の四部門からなっていたとする高弟ジョン・ミラーの証言、さらには発見されたグラスゴウ大学における二種類の法学講義の存在などがある。それゆえ、『国富論』（スミス経済学）の出自が近代自然法学にあることは議論の余地のない自明の事実であって、『国富論』の成立問題は、すでに解決済みのテーマであるかのように理解されている。

もちろん、フーゴー・グロティウスに始まる（とスミスも考えている）近代自然法学の伝統が、スミス経済学の形成過程においてきわめて重要な役割をはたしたことは、過去の幾多の研究が指摘する通りである。『国富論』が高唱する「自然的自由」（経済自由主義）の思想は、自然法学の伝統が育んできた個人の生命と財産権の保障という、近代国家の法的＝制度的枠組みを前提にしたうえではじめて成立する議論である。また、例えばザミュエル・プーフェンドルフの私法論に端的に見られるように、契約理論としての商品交換論＝価格論が経済学の理論形成にはたした役割はきわめて大きいものがある。「重農主義者を除けば、われわれの学問〔経済学〕に直接もっとも大きな影響をあたえたのはプーフェンドルフであり、その経済的説明は〔フランシス・〕ハチスンの説明の基礎となり、したがってハチスンの弟子たるアダム・スミスの学説の本質的部分を形成している[1]」という、碩学シュンペーターの指摘は今日なお示唆に富むというべきである。

本章は、スミス経済学の成立過程において近代自然法学の伝統がはたしたこのような思想史的・理論史的貢献を否定することを意図するものではない。本章で再検討を試みるのは、自然法学と経済学との関係をめぐるそれ自体としては正当な理解から、さらに『国富論』（スミス経済学）はもっぱら近代自然法学の系譜から成立したと主張する解釈についてである。スミスが『法学講義』で論じた「自然法学」は、後述するように「統治（civil government）」の指導原理にかんする学問と定義されている。本章の主題は、スミス統治論における「正義の法」と「内政（ポリス）の法」との原理的区分を強調する立場から、『国富論』の成立問題を再考することである。経済学の対象領域――スミスの法学講義ノートで「ポリス（police）」とよばれる部門――は、元来、「統治の術（art of civil government）」としての政治学の伝統に位置づけられてきたものであり、この点の基本認識については、スミスも、ケネーやステュアートと変わるところはなかったと思われる。したがって「自然法学からの経済学の生誕」という主張が、かりにも単なる比喩的表現以上の意味で語られるとすれば、それは史実としてもスミス解釈としても正しくないであろう。

本章の展開は以下の通りである。まず第一節では、『道徳感情論』の末尾で論じられる自然法学の決疑論的性格にたいするスミスの批判的見解を吟味し、スミスのいう自然法学（『法学講義』）が、グロティウス以降の（ハチスンをも含む）先行の「自然法学体系」の革新（解体と再編）を含意していた次第を明らかにする。続く第二節では、法学と経済学の原理的区分にかんするミラー証言をはじめて紹介したドゥーガルド・ステュアートのスミス解説を手がかりにして、やがて『国富論』という独立の書物となって結実するスミス経済学の出自が、フランシス・ベイコンに端的に見られる「立法者の科学」としての政治哲学の伝統に求められることを論じる。そして最後に、ルネサンス期イギリスにおける経済学の黎明と、後代に残された経済学成立にかかわる諸問題について、スミスがどのように取り組んだのかを、試論的に論じたいと思う。

第一節　近代自然法学と決疑論

（1）自然法学の伝統とグロティウス

『道徳感情論』（以下『感情論』）の最終部分、すなわち初版―第五版第六部（第六版第七部）は、「道徳哲学の諸体系について」と題され、倫理学説史の批判的考察を主題としている。その第四編（「さまざまな著者が、道徳の実際の諸規則をとりあつかってきたそのやり方について」）において、スミスは、先行学説にかんする史的考察を総括するとともに、その末尾の部分を、倫理学（『感情論』）につづいて「自然法学」の刊行計画を告げる、以下の文章で結んでいる。

私は、もうひとつ別の論述において、法と統治の一般的諸原理について、およびそれらが社会のさまざまな時代と時期とにおいて、正義にかんすることだけではなく、内政、公収入、軍備、さらには法の対象である他のすべてにかんすることについても、経過してきたさまざまな変革について、説明するように努力するつもりである。したがって、私は、いまは法学の歴史の詳細にかんしてこれ以上立ち入らないであろう。(2)（TMS, p. 342,（下）四〇〇―四〇一頁）

「自然法学」の刊行計画を告げたこの一文は、あまりにも有名であり、専門のスミス研究者ならずとも周知に属するところであるが、スミスは、この一文を含む『感情論』末尾の文節のなかで、「すべての国民の諸法をつらぬき、また、それらの基盤であるはずの一般的諸原理にかんする理論」を、「自然法学とよばれるのが適切でありうる体系」と定義する一方、近代自然法学の創設者としてのグロティウスの業績を賞賛して、次のように述べている。

グロティウスは、すべての国民の諸法をつらぬき、それらの基礎であるべき諸原理の体系に、いくらかでも似たものを世にあたえようと試みた、最初の人であったように思われる。そして、戦争と平和の法にかんするかれの論説は、そのあらゆる欠陥にもかかわらず、おそらく今日において、この主題について今まであたえられたかぎりでもっとも完全な著作である。（TMS, p. 342,（下）四〇〇頁）

同様の記述は、『感情論』（初版）の上記引用文をそのまま敷衍したものと推定される『法学講義』（Bノート）の冒頭「序論」にも見られる。(3) さらに『講義』（Bノート）では、グロティウスの代表作『戦争と平和の法』（一六二五年）の内容について一歩踏み込んだ紹介がなされている。――『戦争と平和の法』の主題は、そのタイトルが示すように、「正戦論」（第三巻）である。「それは主権者と国家にとって、どういうばあい戦争を行っても正当でありうるのか、どこまでそれを推し進めていいかを決定する、一種の決疑論の書（a sort of casuistical book）である」。しかし、「諸国家の基本構造と市民法の諸原理、主権者と臣民の諸権利、犯罪、契約、所有、および法の対象であるその他あらゆることを研究する……最初の二巻は、法学の完全な体系である」（LJ (B), p. 397, 一七―一八頁）。続いてスミスは、グロティウスの後継者（自然法学者）のリストに、ホッブズ、プーフェンドルフ、コクツィーニ父子[4]（Heinrich von Coccei; Samuel von Coccei）の名前を加えていくのであるが、ここで留意すべきは次の二点である。

第一に、古典古代にその起源があるとされる自然法思想（あるいは自然法理論）は、ヨーロッパの中世および近世を通じて聖俗さまざまなかたちで論じられてきた普遍的テーマであり、また大陸自然法学・国際法の先行者としてはヴィトリア（Francisco de Vitoria, c. 1485–1546）、ジェンティーリ（Alberico Gentili, 1552–1608）、スアレス（Francisco Suarez, 1548–1617）などの名前をあげてしかるべきである。[5] にもかかわらず、スミスは、「法の哲学がそれ自体として、どれか一国民の個別的な諸制度への顧慮なしにとりあつかわれたのは、まったくごく最近になってからである」（TMS, p. 342,（下）三九九頁）として、グロティウスをもって近代自然法学の創設者の位置をあたえていること。第二に、グロティウスの『戦争と平和の法』（第一、第二巻）が、自然法学にかんする「今なおもっとも完全な著作」であるという評価からも理解されるように、スミスのばあい、ホッブズやプーフェンドルフなどのその後の自然法学は、グロティウスよりも不完全な体系であると認識されていることである。

近代自然法学（そして国際法）の創設者というグロティウス評価については、今日の研究水準からすると異論も提起されるところであるが、[6] ここではスミスの見解を一応の定説的理解として受け入れておきたい。しかし、『戦争と平和の法』（第一、第二巻）が自然法学の「もっとも完全な著作」であるというスミスの評価については少し説明が必要であろう。なぜなら、このようなスミスの見解は、学問の進歩という通常の観念と対立するばかりか、その当時、一般的に受け入れられていた理解ともまったく異なるからである。いくつかの例をあげておこう。ジョン・ロックは、『教育に関する考察』（一六九三年）のなかで次のように論じている。

> 子供がキケロの『義務について』を充分会得し、さらにそれに加えて、プーフェンドルフの『人間と市民の義務について』をも読了したならば、グロティウスの『戦争と平和の法』あるいは二人の多分こちらの方がよいでしょうが、プーフェンドルフの『自然法と万民法』にとりかからせるのが時宜を得ているでしょう。この書物によって、かれは自然権と社会の起源と基礎およびそこに由来する義務について教えられることになるでしょう。[7]

バルベイラック（Jean Barbeyrac, 1674–1744）は、グロティウスやプーフェンドルフの著作の翻訳者あるいは注釈者として、一八世紀ヨーロッパにおける自然法学の普及に多大なる貢献をした人物である。『自然法と万民法』（一六七二年）のバルベイラックの仏訳に付された「道徳科学にかんする歴史的および批判的説明」のなかで、かれは、プーフェンドルフの著作とグロティウスの『戦争と平和の法』を、さまざまな観点から詳細に比較検討したうえで、「総合的にみたばあい、プーフェンドルフの著作はグロティウスのそれよりもはるかに有益である」と、結論づけている。[8]

スコットランド啓蒙思想への自然法学の導入は、グラスゴウ大学で道徳哲学を講じていたカーマイクル（Gershom Carmichael, 1672–1729）が、プーフェンドルフ『自然法にもとづく人間と市民の義務について』（一六七三年）の自家版を「所定のテキスト」に使用したことに始まるといわれているが、[9]その講義の冒頭でかれは次のように指摘している。

> ザミュエル・プーフェンドルフは、『自然法と万民法』という表題の書物においてより完全な道徳体系を出版したが、それは、グロティウスの著作の題材を、より近づきやすい順序に整理し、道徳学説（the discipline of morals）を完成させるために必要であるのに、グロティウスの著作に欠けていると思われるものを補うことによってであった。[10]

以上に見られるように、グロティウスとホッブズとの総合を試みたとされるプーフェンドルフの自然法学に高い学問的評価をあたえることが、当時の知識人のあいだでは一般的であった。カーマイクルの講座を引き継いだスミスの師ハチスンもまた、キケロとアリストテレスに加え、近代の著作としてはプーフェンドルフの「小さいほうの著作」(『義務論』)の参照を講義で指示している事情なども考えあわせると[11]、スミスのグロティウス評価は当時の思想状況においてはやや奇異といわなければならない。次に、その理由を明らかにしておきたい。

(2) 近代自然法学の決疑論的性格

グロティウスに始まる近代自然法学の伝統にたいするスミスの評価は総じて高いものであるが、その理由は、この伝統が育んできた所有権理論とそれを基礎とする社会形成＝国家論に求められる。しかし、カーマイクルやハチスンによる自然法学の摂取は、必ずしも厳密な意味での法学分野(権利の体系)に限定されるものではなくて、倫理・政治・宗教をも含む「道徳学説」全体の再編を伴うものであった。すなわち、スコットランドの啓蒙思想家にとって、グロティウスやプーフェンドルフの体系は、法学(権利の体系)をその一部として含む広範な「道徳体系」(義務の体系)とみなされていたということである(LJ (A), pp. 8–9)。

スミスは『法学講義』において近代自然法学の伝統をきわめて重視していることは明らかであるが、しかしかれが、この伝統にたいして決して無批判的でなかったことはよく知られている。スミスによる近代自然法学にたいする批判としては、統治契約説(同意論)の虚構性をめぐる議論が有名である。とくに『講義』(Aノート)では、ロックとアルジャノン・シドニーの名前が自然法学者のリストに登場し、彼らがイギリスで流布させた原契約説の問題点[12]について立ち入った考察が加えられている(LJ (A), pp. 315–18; Cf. LJ (B), pp. 402–04, 三五—八頁)。スミスの統治論は、周知のように「権威の原理」と「公益の原理」によって基礎づけられているが、『法学講義』「正義」論の課題は、「同感」原理によって統治(政治支配)に感情論的な基礎づけを与えるとともに、いわゆる社会発展の「四段階」論を基本的枠組みとしながら、統治と財産の関係を歴史的に跡づけることであった。

スミスのもうひとつの批判は、近代自然法学の決疑論的性格に向けられたものである。『感情論』末尾の「したがって、道徳哲学の二つの有用な部分は、倫理学と法学である。決疑論は全面的に拒否されるべきである」(TMS, p. 340,(下)四〇〇頁)という、これまたよく引き合いに出される一文が、決疑論批判の重要性をはっきりと物語っている。しかし、その前後の文脈については、過去の『感情論』研究において、あまり立ち入った議論がなされていないので、[13] すこし踏み込んで問題の所在を明らかにしておきたい。

「自然法学」の出版計画が告げられた『感情論』第六版・第七部(初版—第五版・第六部)の第四篇は、「道徳の諸規則」を扱ってきた過去の道徳論者(モラリスト)を、次の二つのタイプに区分する議論から始まる。第一グループは、「文芸批評家(critics)」のように、ゆるやかな方法で「道徳の諸規則」を論じた「古代の道徳論者」であり、第二グループは、「文法学者(grammarians)」のように、とくに「正義」の諸規則について、精密かつ厳格な方法で論じた「近代の道徳論者」である。近代の道徳論者はさらに、「中世とそれ以後の時代のキリスト教会のすべての決疑論者」と、そして「今世紀および前世紀のいわゆる自然法学者」とに大別される(TMS, p. 327,(下)三六五—六七頁)。

「文芸批評家」のように、ゆるやかな方法で「徳の問題」を論じた古代の道徳論者にかんするスミスの評価は、大方の予想に反してきわめて高い。[14] スミスは、アリストテレスの『ニコマコス倫理学(*Ethica Nicomaches*)』とキケロの『義務論(*De Officiis*)』を具体的にあげて、「高度に有用で快適でもある学問」(TMS, p. 329,(下)三七〇頁)と指摘し、古典古代の手法の近代にたいする優位性に注意を喚起しながら、さらに次のように述べている。

> 古代の道徳論者たちが、同じ諸問題〔倫理学と法学〕をとりあつかうさいに、なにも見事な厳密さをよそおわずに、正義、抑制、真実遵守の基礎となる感情とはなにか、それらの徳がふつうにわれわれを促す、行為の通常のやり方はなにかということについて、一般的な様式による叙述で満足したのは、はるかにすぐれた判断をしたようにみえる。(TMS, p. 340,(下)三九六頁)

他方、「厳密な諸規則が適切にあたえられうる唯一の徳は正義である」から、近代の道徳論者（決疑論者と自然法学者）は、「文法学者」の方法で正義の諸規則を論じたという。

決疑論は「ローマ・カトリックの慣行」である耳聴告白（auricular confession）を起源とするものであり、その領域は、①正義、②貞節、③真実遵守（veracity）の諸規則である。

決疑論者の諸著作の主要問題は、正義の諸規則にたいして良心がはらうべき顧慮、どこまでわれわれは、われわれの隣人の生命と財産を尊重すべきか、賠償の義務、貞節および節制の諸法と、われわれの言語で淫欲の罪とよばれるものがどの点にあるかということ、そして真実遵守の諸規則と、あらゆる種類の誓約、約束、契約の責務である。

これにたいしてスミスは直ちに、「決疑論者たちの諸著作については、一般に気分と感情だけが判断すべきものを正確な諸規則によって指導しようと、役にたたない企てをした」（TMS, p. 339,（下）三九四頁）と断じているのであるから、スコラに代表される中世キリスト教の倫理学が決疑論としてスミスの批判の対象となっていることに疑問の余地はないであろう。しかしながら、この箇所でのスミスの議論は、実はそれほど単純ではない。スミスはさらに、「良心の問題」をめぐって「決疑論者は大きく分裂している」と指摘し、スコラと区別される新たな決疑論者として、「古代のなかではキケロを、近代では、プーフェンドルフ、その注釈者バルベイラック、そしてだれにもましてハチスン博士」の名前をあげているからである。「忘れえぬ」恩師ハチスンについては、「たいていのばあいに、けっしてゆるやかな決疑論者ではなかった人である」（TMS, p. 331,（下）三七四頁）とまで、付言されているのである。ここで具体的な事例としてあげられているのが、強盗（追いはぎ）に脅迫されて結ばれた契約の履行義務の問題である。

決疑論者として新たにリストされたハチスンを含む自然法学者たちは、「なんのためらいもなく、なんであれそのような約束にたいしては、どんな種類の顧慮もはらう必要はないし、また、なんらかの顧慮が必要と考えるのはたんなる弱さと迷信であると判断した」（TMS, p. 331,（下）三七四―七五頁）。これにたいしてスミスは、「もしわれわれが、それをたんに法学の問題として考察するならば、その決定に疑問の余地はありえない」（TMS, p. 330,（下）三七三頁）と、一旦は自然法学者の判断に理解を示すのであるが、しかしながら、その後の展開は少々意外なものである。というのは、続いてスミスは、まるでキリスト教の決疑論を擁護するかのような議論を展開し始め、たとえ強制された約束（契約）でもあっても、履行義務（拘束性）があると主張するからである。「もしわれわれがこの事柄を、人類の普通の諸感情にしたがって考察するならば、この種の約束にたいしてであっても、いくらかの顧慮が当然と考えられる」（TMS, p. 331,（下）三七五頁）のであり、さらに、「厳密な適宜性は、そのような約束のすべてを守るように要求する」（TMS, p. 332,（下）三七七頁）のである。

「死の恐怖」でもって強制された強盗との約束（契約）は、たしかに法律論として遵守義務がないことは明らかである。この点にかんするかぎり、スミスの見解は近代の自然法学者と対立するところはない。しかし、法律論としては確かにその通りであるとしても、スミスは、決疑論者がそこに問題を見出したように、脅迫に屈してしまったこと、そして偽りの契約を結んだこと、さらには約束した契約を実際には履行しなかったという意味での信義（fidelity）の問題が、われわれの心に癒しえない負い目として残るというのである。[15]

信義破棄の罪を犯してしまった人物が、自分は自分の生命を救うために約束をしたのであり、その約束を守ることが他のある尊重すべき義務と両立しなかったから、自分はそれを破ったのだと、力説してもなんの役にもたたない。これらの事情は、かれの不名誉を軽減するかもしれないが、まったく拭い去ることはできない。（TMS, pp. 332–33,（下）三七九頁）

感情の高揚も抑えがたく、スミスは、さらに次のようにも述べている。それゆえ、「勇敢な人は、かれが愚行をともなわずに守ることができず、汚名をともなわずには破ることもできない約束をするよりも、むしろ死ぬに違いない」

（TMS, p. 332,（下）三七八頁）。こうした発言は、正義＝法律論だけでは必ずしも処理できない道徳哲学上の広汎な——倫理・政治・宗教からなる——問題領域（義務の体系）を、スミスが正当に視野にいれていたことを意味するものであり、それはけっしてスミスの決疑論批判の論旨と矛盾するものではないであろう。

だが、そうだとすると、自然法学の決疑論的性格をスミスはどこに求めているのであろうか。この点にかんするスミスの見解は、以下に明示されている。

それらの二学科〔決疑論と法学〕はまったく違った目的を企図しているにしても、主題の同一性が両者のあいだに類似性をつくった。そのため、公言した意図では法学をとり扱うことになっていた著者〔自然法学者〕たちの大半は、かれらが検討するさまざまな問題を、ときにはその学問〔法学〕の諸原理によって、ときには決疑論の諸原理によって、決定してきたのであり、かれらは、いつ前者をおこない、いつ後者をおこなったかを区別することなしに、そしておそらく自分たちでも気づくことなしに、そうしてきたのである。（TMS, p. 333,（下）三八〇頁）

要するに、スミスが近代自然法学の決疑論的性格を批判する要点とは、次のような内容であろう。社会存立の基礎として重要なのは、たしかに「正義」の諸規則であるが、正義論（法学）だけですべての社会問題が解決されるわけではない。例えば強制されて結ばれた契約（約束）の履行義務は、法律論としては問題とならないとしても、倫理学や宗教上の「良心の問題」としては、当然議論されるべき「未決」問題である。ただし、法学として議論すべきテーマは、厳密な意味での「正義」の領域（権利論）に限定されるべきであるから、それを超える「義務の体系」は、個人については倫理学で、社会や国家（政府）にかかわる課題については「内政（ポリス）」論（＝政治学）で、別個に分離して扱われるべきである。近代自然法学では、法学・政治学・倫理学の原理的区分が明確に自覚されることなく、法学体系（権利論）のなかに政治や倫理の問題が混在していることに問題の核心がある。[16] それゆえ、『感情論』出版後のスミスは、「正義」

（法学）と「内政」（政治学）の原理的区分を前提にしたうえで、法・政治・倫理が渾然一体となっていた先行の道徳哲学としての法学体系（道徳体系）を解体し、それをスミス固有の「自然法学」体系へと再編することを課題としたのである。したがって、スミスにおける経済学の成立問題を、先行の自然法学体系の内部でいわば自生的に成長してきた「内政」論が、やがて独立して『国富論』へ発展したという、いわば個体発生史的な物語として理解することはできない。

具体例として、「貧民の救済」問題をとりあげてみよう。近代国家の成立とともに政府が取り組まなければならなくなった重要な社会問題のひとつに、救貧対策がある。この問題にかんして近代の自然法学者（プーフェンドルフ→ハチスン）は、完全権（*jura perfecta*）としての所有権とは区別される不完全権（*jura imperfecta*）という概念でもって、貧民には「慈善の請求権」があると主張する。それに対してスミスは、『法学講義』（Aノート）で次のように論じている。「貧窮者はわれわれの慈善の対象であり、慈善の請求権を有するといっていいのかもしれない」。しかしながら、慈善の請求権という表現は「ひとつの比喩的意味（a metaphoricall sense）」においてしか妥当ではない。救貧（慈善の請求権）のような不完全権あるいは分配的正義の問題は、「正しくは法学に属するのではなく、法律の管轄（jurisdiction of the laws）の及ばない道徳体系に属する」（LJ (A), p. 9）。――救貧問題は法学（権利論）のテーマではなく、元来、個人の善意あるいは教会の救済に委ねられるべきである。しかし、エリザベス救貧法（一五七二年）を挙げるまでもなく、個人の善意や教会の救済だけでは解決できないばあい、救貧対策は、政府が政策課題としなければならない「内政」問題となるのである。

第二節　『法学講義』における法学と経済学

（1）「正義」と「内政（ポリス）」の原理的区分

フランシス・ベイコンの『学問の進歩（*The Advancement of Learning*）』（一六〇五年）のタイトルが示すように、近代的思惟は、「歴史と社会」の発展とともに、学問もまた進歩するという理解を前提としている。しかしながら、グロティウスを継承し発展させたと評価される自然法学者、とくにプーフェンドルフとハチスンにたいするスミスの決疑論批判は、当時の啓蒙の理念に反する内容であり、こうした批判の核心にふれる根本問題が、法学と、倫理学および政治学との原理的区分であった。

すでに言及したように、スミスによれば、グロティウスの『戦争と平和の法』の「最初の二巻は、法学の完全な体系である」けれども、その第三巻（正戦論）は、「一種の決疑論の書」（LJ(B): 397, 一七一—一八頁）であった。しかし、スミスが「法学の完全な体系」とよぶ「最初の二巻」の内容（前掲）は、『法学講義』（Bノート）の第一部「正義」論の構成（公法・家族法・私法）と基本的に一致している。[17] スミスによる近代自然法学の決疑論的性格にたいする批判の要点が、グロティウス以後の自然法学における「正義」論（＝法学）と、政治学あるいは倫理学の原理的区分の不徹底にあったと前節で指摘しておいたが、こうしたわれわれの主張の根拠は、グロティウス自身が主著の序論（プロレゴーメナ）で述べる次の一文によってさらに明らかになるであろう。

> わたしは、ほかの主題に属すること、たとえば、なにが現実に有益であるかを教えるような主題について論じることは控えてきた。けだし、そうした主題は政治学という、それ自身に特有の領域があるからであり、アリストテレスは正当にもこれを単独でとり扱い、それに無関係なものはなにも混ぜていない。これに反してボダンは、政治学と現在の関心事である法の体系とを混同した。わたしは、それでも若干の箇所で、なにが有益であるのかということに言及したが、しかしそれは付随的にであり、その問題を正義の問題からより明瞭に区別せんがためである。[18]

ボダン（Jean Bodin, 1529/1530–96）は、マキァヴェッリと双璧をなす一六世の政治思想家であるが、グロティウスは、ボダンの浩瀚な著作『国家論六巻（*Les six livres de la République*）』（一五七六年）における、法学と政治学の混同をはっきりと指摘している。「あらゆる実定的な制度から独立した正義の自然的諸規則」（TMS, 341,（下）三九九頁）を研究したグロティウスの著作を「法学の完全な体系」としてスミスが評価する決定的な理由が、これである。それゆえこのグロティウスの指摘は、そのままハチスンの『道徳哲学体系』[19]（一七五五年）についても妥当するであろう。『体系』第三部「国内政治（Of Civil Polity）」なかで「立法と行政」（ここに経済問題や租税論が含まれる）は、ともに（とくに第九章「市民法の性質とその執行について」）で議論されているからである。[20] スミスによるハチスンの決疑論批判の本丸と位置づけられるのが、この箇所にほかならない。

スミスの『法学講義』第一部「正義」と第二部「内政（ポリス）」がその起源をまったく異にする学問分野であることは、『感情論』末尾の次の一文に明確に論じられている。

> 法の哲学がそれ自体として、どれか一国民の個別的な諸制度への顧慮なしにとりあつかわれたのは、まったくもってごく最近になってからである。古代の道徳論者たちのだれにおいても、われわれは、正義の諸規則を個別的に列挙しようという、なにかの企てを見出すことができない。キケロはかれの義務論において、アリストテレスはかれの倫理学において、かれらが他のすべての徳をとりあつかうのと同一の一般的なやり方で、正義をとりあつかっている。キケロとプラトンの法律論において、われわれは、あらゆる国の実定法によって強制されるべき自然的公正の諸規則を列挙しようという、いくつかの試みを当然に期待してよかったのであるが、しかし、……かれらの諸法とは、ポリスの諸法であって正義の諸法ではない。（TMS, p. 341,（下）三九九―四〇〇頁）

プラトンの『法律（*Nomoi*）』とキケロの『法律（*De Legibus*）』は、文字どおり「政治共同体（ポリス）の諸法」を論じている。したがって、「ポリスの諸法」とは、伝統的に政治学（ポリティア）とよばれてきた学問領域に属するものであった。[21]「この名称はフランス語であって、もとはギリシア語のポリティアから出たものである。ポリティアの適切な意味は、国内統治の政策であったが、いまでは統治の下位部門、すなわち清潔、治安、および低価格または豊富を意味するにすぎない」(LJ (B), p. 486, 邦訳二六一頁；Cf. LJ (A), p. 331)。さらに次のようにも定義される。「国内平和……が確保されると、つぎに政府は国家の富裕の促進を願うであろう。これがポリスとよばれるものを生む。その国の貿易、商業、農業、そして製造業に関する規制がどのようなものであれ、そうした諸規制はポリスに属するとみなされる」(LJ (A), p. 5)。

経済学の対象領域――「その国の貿易、商業、農業、そして製造業に関する規制」――が、当時にあって「統治の下位部門」に属するということは、それが伝統的には政治学に属するテーマであり、それゆえ近代自然法学の守備範囲ではなかったという意味である。『講義』の「ポリス」を、政治(内政)という言葉に置き換えても誤りでないことは、『感情論』の次の一文から明らかになるであろう。

> 政治の研究ほど、公共精神を促進する傾向が多いものはない。すなわち、国内統治のさまざまな体系、それらの長所と短所について、われわれ自身の国の政治組織、諸外国との関連でのその国の地位と利害関係、その商業、その防衛、それらが苦労している不利な点、それがさらされるかもしれない危険、前者をどのようにして除去し、後者をどのようにして防止するかについての、研究である。この理由で、政治についての諸研究(political disquisitions)は、もし正当で妥当で、実行可能なものならば、思索のあらゆる仕事のなかで、もっとも有用である。(TMS, pp. 186-87, (下) 二九頁)

『法学講義』における正義論(法学)と内政論(政治学)との原理的区分については、スミスがグラスゴウ大学教授として講じたもっとも初期のもの(一七五〇年代前半)と推定される講義ノートでも確認される。備忘録を残したジェイムズ・アンダソンの名前から「アンダソン・ノート」と命名されたこの講義ノートから、スミスが「ポリスの諸法(laws of police)」の項目を講義の最後に置いて、私法から公法へとつづく法学の議論と明確に区分していたことが判明する。[22]

しかし、もっとも重要な資料は、スミスの高弟ジョン・ミラーの証言であろう。――ミラーによれば、スミスの道徳哲学の講義は、自然神学・倫理学（『感情論』）・自然法学（未刊）・経済学（『国富論』）の四部門からなっていたが、その第三部と第四部について周知のように、次のような証言を残している。

第三部ではスミス氏は正義に関連して、精密で正確な諸規則と相容れ、まさにその理由によって十分で特殊な説明が可能な道徳分野をさらに長くとりあつかった。……講義の最後の部門〔第四部〕では、かれは正義の原理にではなく、便宜の原理にもとづいて、国家の富、権力および繁栄を増大させるように計算された政治諸規則を検討した。この観点から、かれは、商業、財政、教会および軍事的諸施設にかんする政治的諸制度を考察した。これらの諸主題にかんしてかれが論述したことは、のちに『諸国民の富の性質および諸原因にかんする研究』という表題のもとに公刊された著書の実質を含んでいた。[23]

このようにミラーは、『講義』第一部の「正義」論（未刊の法学）と『国富論』として刊行された第二部「内政」論は、「正義（justice）」と「便宜（expediency）」という異なる原理に基礎をもつ学問領域として区別されるべき性格をもっていたと証言している。もっとも、ミラー証言の限界は、正義論と内政論との原理的区別を明らかにしたとはいえ、「正義の原理」および「便宜の原理」とはなにか、また両原理がスミスの統治論としてどのように関連するのかについてまったく説明していないことである。[24] その点のさらなる検討の手がかりは、まずもって、スミスの伝記において「ミラー証言」をはじめて紹介したドゥーガルド・ステュアート自身の説明に求めるほかないであろう。

（2）フランシス・ベイコンと「立法者の科学」

ドゥーガルド・ステュアートは、スミスやウィリアム・ロバートソン、トマス・リードの伝記作家としてよく知られているが、かれの活躍はそれにとどまるものではない。かれはコモン・センス学派の総帥リードの影響を強く受けた倫理学説を発展させるとともに、さらにイギリスの大学ではじめて「経済学」の独立講義をおこなうなど、「スコットランド啓蒙の総括者」として、その不朽の遺産を一九世紀へと引き継ぐうえで多大なる貢献を果たした人物である。[25]

ステュアートは、『スミス伝』のなかで『国富論』について、まずは次のように評している。「諸国民の政策をひとつのもっとも重要な種類の諸法に関連させて、つまり、政策の経済学体系を形成する諸法に関連させて指導すること、これがスミス氏の『国富論』の偉大な目的である」[26]。『国富論』によって彫琢された「近代科学としての経済学（the modern science of Political Economy）」[27]は、ステュアートによれば、「政治科学（Political Science）」の「もっとも重要な分野」であり、その目的は、「法学の哲学的諸原理を確証すること、すなわち（スミス氏の表現を借りれば）『すべての国民の諸法をつらぬき、また、それらの基盤であるはずの一般的諸原理』を確証すること」[28]であるという。

一八一六年と二一年の二回に分けて『エンサイクロペディア・ブリタニカ』第五版の補遺に発表された『ヨーロッパにおける文芸復興以後の形而上学・倫理学・政治学の発展の概観』のなかで、ステュアートは、「近代科学としての経済学」がグロティウスに始まる近代自然法学から大きな影響を受けていることを指摘している。[29]『道徳哲学概要（*Outlines of Moral Philosophy*）』第二版（一八〇一年）の目次から察するに、ステュアートが一八〇〇年から開始した「経済学の専門講義」の第一項は、「グロティウスとかれの後継者たちの自然法学にかんする諸著作について、また経済学にかんする近代の思索を示唆するに際してそれらの著作が及ぼした影響について」[30]という表題であった。しかしながら、当該箇所の講義ノートは失われて存在しないので、その講義内容を詳らかにすることはできない。ただし、『概観』その他の記述から推察するならば、ステュアートが論じた自然法学の著作の経済学への影響とは、価値や貨幣といった経済理論にかかわることではなく、スミスにおける「自然的自由」の思想の法的・政治的基礎を明らかにすることであったと思われる。『伝記』の次の一文は、その点を裏づけるものであろう。

なおわたしは付加せずにはいられないのだが、一国民が自分自身および自国にとって有益であるように政治的権利を行使する能力は、知識と良俗の普及を前提にしている。そして、この両者は、勤労、秩序および自由に有利な法があらかじめ作用してこそ、はじめて生じうるのである。(31)

このようにステュアートは、スミスにおける「自然的自由」の思想形成に近代自然法学の伝統が大きな役割を果たしたことを認めているが、しかし、「立法と統治の一般原理」を主題とする「政治科学」としての経済学の出自として、かれがグロティウスにもまして重視するのは、フランシス・ベイコンの政治哲学――「立法者の科学」――である。以下に掲げる『伝記』の文章は、ベイコンの著作『学問の進歩』のラテン語増補版である『学問の尊厳と進歩(*De Dignitate et Augmentis Scientiarum*)』(一六二三年)から引かれたものである。(32)

(1)「立法者たち(legislators)が計画し、そしてかれらのすべての命令および賞罰を向けるべき究極の目標は、市民たちが幸福に生活することである。この目的のために必要なのは、市民たちが宗教的で敬虔な教育を受けること、よき道徳を身につけるように訓練されること、適正な軍事編成によって外敵から身の安全を保障されること、有効な政策によって、反乱や個人的加害から保護されていること、政府に忠誠を誓い行政長官に服従すること、そして最後に富とその他の国民的資源を豊富に供給されることである」。

(2)「確かに、このような問題にかかわる学問は、公共的任務の習慣によって、社会秩序、社会全体の利益、自然的公正の諸規則、諸国民の生活様式、さまざまな統治形態を包括的に観察するよう、とくに導かれてきた人々の領分に属するのであって、こうしてかれらは、正義と政策の双方の顧慮から、法の英知(wisdom of laws)について考える準備が整うのである。したがって、なによりも求められるのは、自然的正義の諸原理と政治的便宜の諸原理(the principles of natural justice, and those of political expediency)とを研究することによって、立法の理論(a theoretical model of legislation)を提示することである。この理論は、国内諸法(municipal codes)のあいだの相対的優位を評価するひとつの基準として役立つとともに、人類の福祉に心をくばる人に、それらの法典を修正し改良するための手引きをあたえるであろう[33]」。

引用文(1)で紹介されたベイコンの政治哲学、すなわち「立法者の科学」の内容は、スミスの『法学講義』の――第一部「正義」にではなく――第二部「内政」以下の部門に、さらに言えば「政治家あるいは立法者の科学の一部門（a branch of the science of a statesman or legislator）と考えられる経済学」という、『国富論』の主題に直接つながるものである。あらゆる統治（政治支配）の究極目的は、「市民たちの幸福な生活」を実現することにある。その目的を実現するために立法者（あるいは政治家）が遂行すべき政策項目とは、ベイコンによれば、①宗教教育（信仰）、②世俗的学校教育（良俗）、③軍備、④司法行政、⑤政府および行政官への服従、そして最後に（もっとも下位の項目として）⑥「市民に富とその他の国民的資源を豊富に供給する」ことである。ステュアートが、ケネーやジェイムズ・ステュアート、スミスらによって確立された「近代科学としての経済学」の起源としたのは、この引用文(1)の最後の項目である。立法者が「市民たちの幸福な生活」を実現するために立案する上記の諸政策は、「政治的便宜の原理」にもとづくものとされる。「政治的便宜」は、ラテン語版では'Utilitas Publica'であり、これは「公共善（public good）」あるいは「公共の利益（public utility）」と英訳される[34]。したがって、ミラーのいう「便宜の原理にもとづく……政治的諸規制」とは、「公共の利益」の実現を意図して立法者が計画する諸政策（諸規則）のことに他ならない。より端的に言えば、「便宜の原理」とは、「市民たちの幸福な生活」のための必要性（necessity）という意味である。それは、スミスが「国際法」について、「正しくは正義およびか衡平とよばれるものにもとづいている」のではなく、「正義の一部である、必要性にもとづくにちがいない」（LJ(B), p. 547, 四二二頁）と、述べている内容でもある。

もちろん、「政治的便宜の原理」も、広義の「正義の一部」であるから、この原理にもとづいて立案された諸政策は「自然的正義の原理」に反するものであってはならない。正義の原理は、「各個別法の定めた事柄が正しいか誤っているかをわれわれが決定しうる法の法[35]」だからである。しかしながら、『学問の進歩』のなかでベイコンが注意を喚起しているように、「立法者の英知（wisdom of a lawmaker）は、正義のひな形（a platform of justice）を示すことだけにではなく、それを適用することにも存する」という指摘を、ここで確認しておくことが重要である。法律の実務家として活躍したベイコンは、当時の法律研究の状況に思いを致しながら、その問題点を次のように論じている。

> これまで法律について著述した人たちはみな、哲学者として、あるいは法律家として著述したのであって、だれも政治家として著述したものはいない……。哲学者たちといえば、かれらは架空の国のために架空の法律をつくる……。法律家たちといえば、かれらはその住んでいる国家に準拠して、なにが法律として受け入れられているかについて書き、どういうものが法律であるべきかについては書かない。[36]

それにたいして「政治家」として法律を論じる者がベイコンのいう理想の「立法者」であった。それゆえ「立法者の英知」とは、哲学的探求の対象である「自然的正義」と、それを適用する際に顧慮しなければならない「政治的便宜」の双方の原理を結合させ、現実問題に臨機に対処しうる技能（アート）を意味している。

以上、ステュアートが示唆するように、『国富論』となって結実するスミスの経済学（ポリス論）は、「正義の原理」と「便宜の原理」の一致を実現する「統治のアート」、すなわち、ベイコンのいう「立法者の科学」と理解してよいであろう。こうした意味で、次の一文は、スミスがベイコンから継承した理想の「立法者」像を思い描いたものと読むことができるのではなかろうか。

> 行政官（civil magistrate）は、不正を抑制して公安を維持するだけの権力ではなく、善良な規律を樹立し、あらゆる種類の悪徳と不適宜性をくじくことによって、コモンウェルスの繁栄を促進する権力をも信託されている。したがってかれは、同胞市民の間での相互の侵害を禁止するだけではなく、一定程度まで相互の善行を命令する諸規則を定めていいのである。（TMS, p. 81,（上）

二一二頁）

スミスはまた、たとえ「自然的自由の制度」を実現するためであっても、あらゆる急進的改革を明確に拒否しているが[37]、こうした政治的立場も、かれの掲げる「立法者」像からすれば容易に首肯されるところであろう。

政策と法律の完成についての、ある一般的な、そして体系的でさえある観念が、政治家の諸見解を方向づけるために、疑いもなく必要であろう。しかし、その観念が要求すると思われるあらゆるものごとを樹立すること、しかもすべてを一時に、あらゆる反対にもかかわらず樹立することを主張するのは、しばしば最高度の傲慢であるに違いない。（TMS, p. 145,（下）一四五頁）

第三節　近代政治学と経済学の黎明

ベイコンは、『学問の尊厳と進歩』なかで、「帝国あるいは統治の技術には、国家が家族を含むように、家政学（Economics）が含まれる」[38]と述べている。「統治の技術」としての政治学に、「家政学」を含める発想は、古典古代の伝統とは異なる近代政治学の特徴である。プラトンやアリストテレスも、非市民階級（奴隷・外国人）が担う製造業や商業といった経済活動の重要性を事実として知らないわけではなかった。しかし、かれらの政治学は、善き市民の完成を目的とする政治共同体（ポリス）の学問であったから、私的経済に属する理財の術（chrematidtika）としての家政学は、政治学の対象とならなかったのである[39]。ルソーは、政治学としての経済学（économie politique）の用語の成立を、『政治経済論』（一七五五年）のなかで次のように説いている。

エコノミー（Économie ou Oeconomie）という言葉は、家（オイコス）と、法（ノモス）からきたもので、元来は家族全体の共同利益のためにする、賢明にして法にかなった家政を意味するものでしかない。この言葉の意味は、そののち国家という大家族の管理にまで拡張されるようになった。[40]

また、ジェイムズ・ステュアートも、「一家にとって家政にあたるものが、一国にとっては国内経済（political economy）である」[41]と指摘し、この用語の意味するところは、「食物、その他の必需品、そして仕事を、社会の全員に用意することである」[42]、と述べている。

ところで、ベイコンが活躍したテューダー朝エリザベス一世の治世から、ステュアート朝の開祖ジェイムズ一世（スコットランド王ジェイムズ六世）の治世にいたる時代は、イギリス絶対王政の全盛期であり、それゆえ、この時代の経済学や経済政策を総称して、「絶対主義的重商主義」とか、あるいは「前期重商主義」と呼ぶことが一般的であった。しかし、この時代の経済政策と経済学を、「絶対主義的重商主義」と定義することには幾つかの問題があるように思われる。第一に、「絶対主義」の概念が、市民革命期およびそれ以後に確立した「議会主権」（議会における統治原理）と対置されて理解されるので、もっぱら絶対王政（絶対主義）の封建的・前近代的性格が一面的に強調されてしまうこと。実際のところスミスは、近代国家としての絶対君主制を全面的に否定するような歴史評価を下していない。むしろ「貴族は、絶対君主よりもさらに国民の自由を侵害する」（LJ (A), p. 264）存在であり、さらには「すべての絶対的な統治（absolute government）のもとでは、首都にはその国のほかのどこよりも多くの自由が存在する。主権者自身が、正義の秩序をゆがめたり、国民大衆を抑圧したりする利害関心や意向をもつことはけっしてありえない」（WN, p. 589,（三）一六四頁）とも述べている。こうしたスミスの記述に含意される、主権国家の成立にはたした絶対王政（絶対主義）の歴史的役割は思想史的にも正当に評価されてしかるべきであろう。第二に、「重商主義」という概念が、もともと否定的意味合いを込めてつくられたスミスの造語であること。政府の経済的干渉が不要になるためには経済社会と法制度の一定の発展段階が前提となる。これがスミスの歴史認識の根底にある考え方である。したがって、テューダー絶対王政下の経済政策をすべて政府の抑圧的な「干渉」として否定的に捉えることは、黎明期における経済学「生成」への衝動を見失うことになり、それは、スミスの『国富論』を市場原理の経済科学に一面化してしまう、今日の支配的解釈と同様の錯誤をもたらすことになる。

テューダー朝の成立（一四八五年）からステュアート朝の開闢へといたる時代は、「ルネサンス期イングランド」とよばれている。とりわけヘンリ八世とエリザベス一世の治世は、イングランドに人文主義の思想と文化が大きく開花した時代であり、いわゆる「初期産業革命」（Nef: 1957）とよばれる一六世紀後半から一七世紀初頭までのイングランドの経済発展は、ヨーロッパから導入された新しい思想や技術がなければ実現されなかった。この時期イタリアからもたらされたものは、ペトラルカ、サルターティ、マキァヴェッリ等の人文主義者の作品だけではない。新たにラテン語に翻訳された膨大な古典古代の書物（政治学・倫理学・修辞学・歴史書）が、イギリスの知識階級の手に届くものとなったのである。とくにプラトンの『国家論』とアリストテレスの『政治学』は、キケロの『義務論』とともに、ルネサンス期イギリスにおける政治学の形成に大きな影響をあたえた著作である。国家あるいは「政治共同体」を意味する「レスプブリカ（*res publica*）」は、イタリアでは「共和制」を意味していたが、イギリスにおいては伝統的な「コモンウェルス（commonwealth）」や「コモンウィール（commonweal）」という言葉に翻訳され、君主制にたいしても適用可能な概念として読み替えられた[43]。ヘンリ八世の治世に活躍したエドマンド・ダッドリー（1462–1510）、トマス・モア（1477/8–1535）、トマス・スターキー（ca. 1499–1538）、トマス・エリオット（ca. 1490–1546）、さらにはエリザベス一世の治世を代表するトマス・スミス（1513–1577）や（既述の）フランシス・ベイコンなどの、こうした「ルネサンス期イングランドの人文主義者[44]」は、市民階級が支配するイタリアの共和制国家とは異なる条件のもとで、古典的作品の読み替え作業をとおして、イギリス近代国家（主権と統治）のありかたを論じたのである。

テューダー朝成立期のもっとも重要な政治課題は、主権国家の形成である。近代国家形成期における主権と統治の問題が、その当時の絶対王政の擁護論として議論されたのである。国王をイングランド教会の首長と定めたヘンリ八世の「国王至上法」(一五三四年)とエリザベス一世の「国王至上法」および「礼拝統一法」(一五五九年)は、中世以来の統治の二元支配——世俗権力と宗教権力の分裂——にたいして、他のヨーロッパ諸国と異なるイギリス独自の解決策をあたえるものであった。すなわち、イギリスの宗教改革は、「神の法」(神の意思)とは一応切り離された「自然法」[45]によって主権国家の基礎づけをおこなったグロティウスの『戦争と平和の法』の歴史的課題を、ある意味で先取りしたものと評価することができるのである。近代国家の主権概念を論じたボダンは、「主権とは国家の絶対的にして永続的な権力である」[46]と定義している。ボダンは、近代国家において世俗権力(国王)の主権が絶対的でなければならないことを強調したけれども、しかし、それは実際において絶対君主がなにをやっても許されるということではなかった。絶対君主といえども「正しい統治」を行わなければならず、実際の統治行為において主権は、「約束の遵守」、「自然的正義」、「臣民の財産の尊重」という三つの「自然法」による制限と「国家基本法」の拘束をうける。「正しい統治」を行わない君主は暴君となるからである。[47]

さて、イングランドのテューダー絶対王政はどのように評価されるのであろうか。この点についてスミスは、次のように論じている。[48]

国王は思うがままに、だれでも牢に入れた。投獄されることは何人にとってもなんであれ同意を強制するから、国王のその権利(liberty)は、国民の自由(freedom of the people)を完全に破壊するものである。当時の議会は権力をもたず、かれら、すなわち国王ヘンリ八世と女王エリザベスによって完全に支配されていた。(LJ (A), p. 262)

たしかにテューダー家の諸王は絶対君主であった。ただし、スミスがここで議論している内容は、ヘンリが通過を望んだ法案に反対した議員の話であることに注意しなければならない。「そのとき言論の自由は犯罪であった」ということ、すなわち、「言論の自由」が「国民の権利」として議会で（国王の）承認を受けていない時代の話だということである。[49] したがって、テューダー絶対王政下にあっては国王の意思に反する議員の言動にたいして、それを犯罪として投獄する正当な「権利」（自由）が国王の側にあったのである。しかし、このことはボダンの主権論のばあいと同様に、テューダー朝の絶対君主（国王）が、いかなる拘束からも自由であったということを意味しない。国王の主権を制約するイングランドの基本法として、国王ジョンが承認した「マグナ・カルタ」（一二一五年）があったからである。これ以降、イングランドでは課税について臣下の同意が必要となった。こうして、もともと国王の大権であった課税権の一部が議会法によって制約されることになったのである。『講義』（Bノート）では、以上の歴史過程が、次のように要約されている。――イングランドでは、「立法権は司法権にたいする抑制として導入された」が、「国王が絶対的な行政権と司法権をもつ。しかしながら下院は国王の大臣たちを弾劾することができるし、国王が任命する裁判官は、その後かれから独立する。立法権は国王と議会にあって絶対的である」（LJ (B), p. 434, 一二三頁）。

もっとも周知のように、イギリスでは、市民革命をへて下院（立法権）が強力となり、国王の統治権は大きく制約されることになった。しかし、それでも国王の権力は、国王大権を含め、絶大であった。というのは、いまだ立法化されていない領域や、立法化が困難な領域が広範囲に及ぶこと、さらには制定された法律の具体的な執行や運用は、国王が任命する行政府（大臣）に委ねられていたからである。それゆえ「イングランドの主権のそれぞれ一部が、国王、国民、貴族に委ねられる」（LJ (A), p. 319）混合政体が確立してさえ、国王が、その大権を別としても、行政権を比較的自由にコントロールしうるという状況については制度上いかなる変化もなかったのである。以上のことから、スミスの『法学講義』にかんして言えば、第一部「正義」は「立法」の領域を、第二部「ポリス」は「行政」（および「司法」）の領域を、それぞれ考察対象とするという結論が導かれる。すなわち経済（political economy）は、政府の「内政」問題だということである。[50]

われわれは、最初の『スミス伝』をまとめたステュアートの説明を手がかりとしながら、「法学」から分離され、やがて『国富論』という独立の著作として刊行される『講義』「内政」部門（経済学）の起源が、グロティウスに始まる近代自然法学よりも以前の、「ルネサンス期イングランドの経済学」として準備されていた事実を明らかにしてきた。残された課題も多いが、その一つは、スミス経済学の起源と位置づけられるベイコンの政治哲学が、マキァヴェッリの『君主論』（一五三二年）の影響を強く受けていることに関係する。いわゆる「国家理性（reason of state, raison d'etat）」の問題が、それである。国家理性とは、マイネッケによれば、国家の存続と繁栄を目的とする近代国家の行動規則のことである。[51] ここでわれわれは、『国富論』のなかでスミスが、「国家理性」を厳しく批判していたことを想起しなければならないであろう。

> スイスの一州やイタリアの小国家中のあるものにあっては、穀物輸出を制限することが、おそらく必要なこともあるだろう。〔しかし、〕フランスやイングランドのような大国では、その必要は到底めったにありえない。そればかりではなく、農業者が自分の財貨をいつでも最良の市場に送るのを妨げることは、明らかに、公共の利益という観点（a idea of publick utility）のために、つまり、ある種の国家理性（reasons of state）のために、通常の正義の法を犠牲にすることであり、それはもっとも緊急な必要性があるばあいにだけ、なされるべきであり許されうる、権威ある立法者（legislative authority）の行為である。（WN, p. 539,（三）七五頁）

「国家理性」、すなわち「公共の利益という観点」から実施される「穀物輸出の規制」にたいして、ここでスミスが反対していることは明らかであるが、しかしながら、「公共の利益という観点」（＝便宜の原理）から実施される政策のすべてが否定されているわけでないことにも、留意しなければならないだろう。というのは小国のばあい、または立法者が緊急事態と判断するばあいには、「便宜の原理」によって「正義の法」の一部（穀物輸出の自由）が制限されうる可能性がはっきりと述べられているからである。スミスは『講義』「公法」論において、主権者の臣民に対する義務（臣民の権利）について論じているが、こうした「主権者はなにをなすべきか」という問題は、主権者の臣民に対する権利（臣民の義務）と「同程度の正確さをもって答えようとしてもできない」と指摘している[52]（LJ (A), p. 313: Cf. LJ (B), p. 433, 一二七頁）。スミスにとっては、「便宜の原理」にもとづく救貧や穀物取引の制限にかんする主権者の義務論を具体的に論じるための部門が、「内政（ポリス）」論である。それゆえ、スミスにおける「国家理性」批判は、経済問題を議論すべき「場（トポス）」が、統治という伝統的に政治学の領域に属するものであることを、逆に証明していると理解すべきであろう。「便宜の原理」にもとづき立案された政策が、その意図された通りの「公益性」を実現するものであるかどうかを、「正義と便宜」双方の原理にもとづき確認してみせること、これが、「立法者の科学」としての『国富論』（スミス経済学）の課題であった。

むすび

「スコットランド啓蒙と経済学の成立」という問題については、ホントとイグナティエフが共同で編集した画期的な論文集『富と徳』（一九八三年）の刊行以来、これまでも（多くはないが）幾つかの研究が積み重なられてきた。スミスにおける経済学の成立問題を論じるばあい、スコットランド啓蒙の思想的枠組みに注目することはもとより大切であるが、その視野をその内部に狭く限定してしまうことは必ずしも有効な接近方法ではないであろう。スコットランド啓蒙は、フランスを中心とするヨーロッパ啓蒙を共時的な平面軸とし、科学革命を特徴とする一七世紀初期啓蒙を時系列とするところの思想の「時空」運動として捉えなければならないからである。また、本章で論じた近代政治学と経済学の関係を分析するには、この問題をさらに啓蒙の思想的源泉であるルネサンス人文主義にまで遡って再考する必要があると思われる。トレルチは、「啓蒙主義の基礎は一七世紀にあるが、さらにさかのぼればルネサンスにある」[53]と述べているが、実際、スコットランド啓蒙思想のコアを形成する大陸自然法学の伝統、共和主義的政治思想、そして科学革命の理論は、その起源を辿ればすべてルネサンス・ヒューマニズムに逢着するからである。

第三節では本来「ルネサンス期イングランドの経済学」を立ち入って論じなければならないのであるが、トルソにとどまるものであることをお断りしておきたい。本章で言及した「国家理性」以外に、スミスにおける「政治算術」批判や有名な分業論の成立問題など、なお検討を要する課題も多く残されているが、この点については他日を期したいと思う。

参照文献

一次文献

Bacon, F. (1605), *Advancement of Learning*, in *Collected Works of Francis Bacon*, 12 vols, Vol. III, Part I, Reprint by Routlege/ Toemmes, 1996.（服部英次郎・多田英次訳『学問の進歩』岩波文庫、一九七四年）

— (1623), *Of The Dignity and Advancement of Learning*, in *Collected Works of Francis Bacon*, Vols. IV-V.

Barbeyrac, J. (1729), "An Historical and Critical Account of the Science of Morality", translated by Mr. Carew in S. v. Pufendorf, *Of The Law of Nature and Nations*, translated by Kennett, B., Fourth ed., Reprint by Lawbooks Exchange, 2005.

Bodin, J. (1573), *On Sovereignty: Four chapters from The Six Books of the Commonwealth*, [Latin ed., 1583] edited and translated by Franklin, J. H., Cambridge University Press, 1992.

Carmichael, G. (1724), *Supplements and Obserbations* upon The Two Books of Samuel Pufendorf's *On the Duty of Man and Citizen*, 2nd ed., translated form the Latin by Silverthorne, M., in *Natural Rights on the Threshold of the Scottish Enlightenment: The Writings of Gershom Carmichael*, eds. by Moore. J. and M. Silverthorne, Liberty Fund, 2002.

Grotius, H. (1925), *De Jure Belli ac Pacis Libri Tres*, English translation of 1646 edition, by Kelsey, F. W., Oxford, Reprint by William S. Hein,

1995.

Hume, D. (1739–40), *A Treatise of Human Nature*, ed. by Selby-Bigge, L. A., 2nd ed., Oxford University Press, 1978.（大槻春彦訳『人性論』岩波文庫〔四分冊〕、一九四八―一九五二年）

Hutcheson, F. (1747), *A Short Introduction to Moral Philosophy*, in *Collected Works of Francis Hutcheson*, ed. by Fabian, B., 1990, Vol. IV.

— (1755), *A System of Moral Philosophy*, 2 vols, in *Collected Works of Francis Hutcheson*, Vols. V-VI.

Locke, J. (1693), *Some Thoughts concerning Education* , eds. by Yolton, J. W. and J. S. Yolton, Oxford University Press, 1989.（服部知文訳『教育に関する考察』岩波文庫、一九六七年）

Rousseau, J. J. (1755), *Ėconomie Politique*, in *The Political Writings of Jean Jacques Rousseau*, 2 vols, ed. by. Vaughan, C. E., Reprited 1962.（坂上孝訳「政治経済論」、『ルソー全集』第5巻、白水社、一九七九年所収）

Smith, A. (1976), *An Inquiry into the Nature and Causes of the Wealth of Nations*, 2 vols, eds. by Campbell, R. H. and A. S. Skinner, Oxford University Press（水田洋監訳『国富論』岩波文庫〔全四冊〕、二〇〇〇―二〇〇一年）

— (1976), *The Theory of Moral Sentiments*, eds. by Raphael, D. D. and A. L. M. Macfie, Oxford University Press.（水田洋訳『道徳感情論（上・下）』岩波文庫、二〇〇三年）

— 1978), *Lectures on Jurisprudence*. eds. by Meek, R. L., Raphael, D. D., and P. G. Stein, Oxford University Press.（LJ (B): 水田洋訳『法学講義』岩波文庫、二〇〇五年）

Steuart, J. (1767), *An Inquiry into the Principles of Political Oeconomy*, 2 vols., in *The Works, Political, Metaphisical, and Chronological, of the Late Sir James Steuart*, Vols. I-IV, Reprint by A. M. Kelley, 1967.（小林昇監訳・竹本洋ほか訳『経済の原理――第一・第二編』名古屋大学出版会、一九九八年）

Stewart, D. (1793), *Account of the Life and Writings of Adam Smith, LL. D.*, in Adam Smith: *Essays on Philosophical Subject*, eds. by Wightman, W. P. D. and J. C. Bryce, Oxford University Press, 1980.（福鎌忠恕訳『アダム・スミスの生涯と著作』御茶の水書房、一九八四年）

— (1854), *Dissertation: Exhibiting the Progress of Metaphysical, Ethical, and Political Philosophy since the Revival of Letter in Europe*, in *The Collected Works of Dugald Stewart*, ed. by Hamilton, W., Vol. I, Reprint by Gregg International Publishers, 1971.

— (1855–56), *Lectures on Political Economy*, in *The Collected Works of Dugald Stewart*, Vols. VIII-IX.

二次文献

Armitage, D. (2000), *The Ideological Origins of the British Empire,* Cambridge University Press.（平井雅博・岩井淳・大西晴樹・井藤早織訳『帝国の誕生――ブリテン帝国の誕生』日本経済評論社、二〇〇五年）

Black, A. (1992), *Political Thought in Europe 1250–1450,* Combridge University Press.

Downie, R. S. (1992), "Ethics and casuistry in Adam Smith", in *Adam Smith Reviewed*, eds. by Jones, P. and A. S. Skinner, Edinburgh University Press.

Elton, G. R. (1986), *The Parliament of England 1559–1581,* Cambridge University Press.

Hanley, R. P. (2006), "Adam Smith, Aristotle and virtue ethics", in *New Voices on Adam Smith*, eds. by Montes, L. and E. Schliesser, Ashgate.

Haakonssen, K. (1981), *The Science of A Legislator: The Natural Jurisprudence of David Hume and Adam Smith*, Cambridge University Press.（永井義雄・鈴木信雄・市岡義章訳『立法者の科学――デイヴィッド・ヒュームとアダム・スミスの自然法学』ミネルヴァ書房、二〇〇一年）

―― (1986), *Natural Law and Moral Philosophy: From Grotius to the Scottish Enlightenment*, Cambridge University Press.

―― (1988), "Jurisprudence and Politics in Adam Smith", in *Tradition of Liberalism: Essays on John Locke, Adam Smith and John Stuart Mill*, ed. by Haakonssen, K., The Centre for Independent Studies.

Hont, I. (2005), *Jealousy of Trade: International Competition and the National-State in Historical Perspective,* The Belknap Press of Harvard University Press.

Jones, W. R. D. (2000), *The Tree of Commonwealth, 1450–1793*, Fairleigh Diekinson University Press.

Kittsteiner, H. D. (1988), "Kant and casuistry", in *Conscience and Casuistry in Early Modern Europe*, ed. by. Leites, E Cambridge University Press.

Long, D. (2006), "Adam Smith's Politics", in *The Cambridge Companion to Adam Smith*, ed. by. Haakonssen, K., Cambridge University Press.

MacLaren, A. N. (1999), *Political Culture in the Reign of Elizabeth I: Queen and Commonwealth 1558–1585*, Cambrige University Press.

Mcllwain, C. H. (1947), *Constitutionalism: Ancient and Modern*, Cornell University Press.（森岡敬一郎訳『立憲主義――その成立過程』慶応通信、一九六六年）

McNamara, O. (1998), *Political Economy and Statemanship: Smith, Hamilton, and the Foundation of the Commercial Republic*, Northern Illinois University Press.

Mayer, T. F. (1989), *Thomas Starkey and the Commonweal: Humanist politics and religion in the reign of Henry VIII*, Cambrige University Press.

Meinecke, F. (1957), *The Doctrine of Raison d'État and Its Place in Modern History*, Translated by Scott, D., Routledge and Kegan Paul, 1998.（菊盛英夫・生松敬三訳『近代史における国家理性の理念』みすず書房、一九六〇年）

Meek, R. L. (1977), "New Light on Adam Smith's Lectures on Jurisprudence", in *Smith, Marx, and After: Ten Essays in the Development of Econimic Thought*, Chapman & Hall).（時永淑訳『スミス、マルクスおよび現代』法政大学出版局、一九八〇年）

Moore, J. and M. Silverthorne (1983), "Gershom Carmichael and the natural jurisprudence tradition in the eighteenth-century Scotland", in *Wealth and Virtue: The Shaping of Political Economy in the Scottish Enlightenment*, eds. by Hont, I. and M. Ignatieff, Cambridge University Press.（水田洋・杉山忠平監訳『富と徳――スコットランド啓蒙における経済学の形成』未來社、一九九〇年）

Nef, J. U. (1957), *Industry and Government in France and England, 1540–1640,* Cornell University Press.（紀藤信義・隅田哲司訳『一六・七世紀の産業と政治――フランスとイギリス』未來社、一九五八年）

Peltonen, M. (1995), *Classical Humanism and Republicanism in English Political Thought 1570–1640*, Cambridge University Press.

Phillipson, N. (1983), "The Pursuit of Virtue in Scottish University Education: Dugald Stewart and Scottish Moral Philosophy in the Enlightenment", *Universites, Society, and the Future*, ed. by Phillipson, N., Princeton University Press.

Pocock, J. G. A. (1990), "The Political limits to premodern economics", in *The Economic Limits to Modern Politics*, ed. by Dunn, J., Cambridge University Press.

Rothbard, M. N. (1995), *Economic Thought Before Adam Smith: An Austrian Perspective on the History of Economic Thought*, Vol. I.

Scatola, M. (2003), "Before and After Natural Law: Modeles of Law in Ancient and Modern Times", in *Early Modern Natural Law Theories: Context and Strategies in the Early Enlightenment*, eds. by Hochstrasser, T. J. and P. Schröder, Kluwer Academic Publishers.

Schumpeter, J. A. (1954), *Ecomimic Doctorine and Method: An Historical Sketch,* tranlated by Aris, R., *George Allen & Unwin*（中山伊知郎・東畑精一訳『経済学史――学説ならびに方法の諸段階』岩波文庫、一九八〇年）

Schröder, P. (2003), "Natural Law and Enlightenment in France and Scotland: A Comparative Perspective", in *Early Modern Natural Law Theories*, eds. by Hochstrasser and Schröder.

Skinner, Q. (1978), *The Foundations of Modern Political Thought*, Vol. I: The Renaissance, Cambridge University Press.

Troeltsch, E. (1925), *Renaissance und Reformation, Gesammete Schriften* Bd. 4, *Autsätze zur Geistesgeschichte und Religionssoziologie*, hrsg. Dr.

Hans Baron, Tübingen, Scientia Verlag Aalen, 1966..（内田芳明訳『ルネサンスと宗教改革』岩波文庫、一九五九年）
Tuck. R. (1993), *Philosophy and Government 1572–1651*, Cambridge University Press.
—— (1999), *The Rights of War and Peace: Political Thought and the International Order from Grotius to Kant*, Oxford University Press.
Viroli, M. (1992), *From Politics to Reason of State: The Acquisition and Transformation of the Language of Politics 1250–1600*, Cambridge University Press.
Vivenza, G. (2001), *Adam Smith and the Classics: The Classical Heritage in Adam Smith's Thought*, Oxford University Press.
Ullmann, W. (1961), *Principles of Government and Politics in the Middle Ages*, London: Methuen, rep. ed., 1974.
—— (1965), *A History of Political Thought: The Middle Ages*, Hamondworth: Penguin.（朝倉文市訳『中世ヨーロッパの政治思想』創文社、一九八三年）
Winch, D. (1983), "The system of the North: Dugald Stewart and his pupils", in *That noble science of politics: A study in nineteenth-century intellectual history*, eds. by Collini, S., D. Winch and J. Burrow, Cambridge University Press.（永井義雄・坂本達哉・井上義朗訳『かの高貴なる政治の科学――一九世紀の知性史研究』ミネルヴァ書房、二〇〇五年）
—— (1996), "The wisdom of Solon", in *Riches and Poverty: An Intellectual History of Political Economy in Britain, 1750–1834*. Cambridge University Press.
Wood, N. (1994), *Foundations of Political Economy: Some Early Tudor Views on State and Society,* University of California Press.

邦語文献

石井栄一（一九九五）『フランシス・ベイコンの哲学』（増補改訂版）、有信堂高文社。

植村雅彦（一九六七）『テューダー・ヒューマニズム研究序説』創文社。

大田要（一九八八）「ドゥーガルド・ステュアートにおける人口と富――古典学派の時代における重農主義」『立教経済学研究』四二（二）、一一九―一三八頁。

大田義器（二〇〇三）『グロティウスの国際政治思想――主権国家秩序の形成』ミネルヴァ書房。

大沼保昭編（一九八七）『戦争と平和の法――フーゴー・グロティウスにおける戦争、平和、正義』東信堂。

小倉欣一編（二〇〇四）『近世ヨーロッパの東と西――共和政の理念と現実』山川出版社。

加藤一夫（一九六六）『テューダー前期の社会経済思想』未來社。

――（一九九〇）『トマス・モアの社会経済思想』未來社。

菊田理夫（一九八七）『ユートピアの政治学――レトリック・トピカ・魔術』新曜社。

木村俊道（二〇〇三）『顧問官の政治学――フランシス・ベイコンとルネサンス期イングランド』木鐸社。

佐々木毅（一九七三）『主権・抵抗権・寛容――ジャン・ボダンの国家哲学』岩波書店。

――（一九八一）『近代政治思想の誕生――十六世紀における「政治」』岩波新書。

佐々木武（一九九九）「『近世共和主義』――『君主のいる共和国』について」、『主権国家と啓蒙――一六―一八世紀』（岩波講座『世界歴史』一六）。

篠原久（一九八八）「ドゥーガルド・ステュアートの道徳哲学――『自然法学』と『政治学』をめぐって」田中正司編著『スコットランド啓蒙思想研究――スミス経済学の視界』北樹出版。

――（一九八九）「ドゥーガルド・ステュアートにおける『正義と便宜』」田中敏弘編著『スコットランド啓蒙と経済学の形成――古典派経済学の研究I』日本経済評論社。

田中正司（一九八八）『アダム・スミスの自然法学――スコットランド啓蒙と経済学の生誕』御茶の水書房。

――（一九九四）『市民社会理論と現代――現代の思想課題と近代思想の再読』御茶の水書房。

――（一九九七ａ）『アダム・スミスの倫理学――『道徳感情論』と『国富論』（上）』御茶の水書房。

――（一九九七ｂ）『アダム・スミスの倫理学――『道徳感情論』と『国富論』（下）』御茶の水書房。

――（二〇〇三）『経済学の生誕と『法学講義』――アダム・スミスの行政原理論研究』御茶の水書房。

塚田富治（一九七八）『トマス・モアの政治思想』木鐸社。

――（一九九一）『カメレオン精神の誕生――徳の政治からマキアヴェリズムへ』平凡社。

土橋茂樹（一九九六）「十三・十四世紀におけるアリストテレス『政治学』の受容」、上智大学中世思想研究所編『中世の社会思想』（中世研究第一〇号）創文社。

新村聡（一九九四）『経済学の成立――アダム・スミスと近代自然法学』御茶の水書房。

芳賀守（一九九三）「ベイコンの経済思想」、花田圭介編『フランシス・ベイコン研究』御茶の水書房。

前田俊文（二〇〇四）『プーフェンドルフの政治思想――比較思想史研究』創文社。

松園伸（二〇〇四）「イングランドのレスプブリカ理念と議会」、小倉編（前掲）。

皆川卓（二〇〇四）「アリストテレスが結ぶヨーロッパ――ポリティアからレスプブリカへ」小倉編（前掲）。

山﨑怜（二〇〇五）『アダム・スミス』研究社出版。

渡辺恵一（一九九五）「『国富論』の成立問題――「政治家ないし立法者の学」としての経済学」『立命館経済学』四四（三）、三六四―三八一頁。

――（二〇〇六）「アダム・スミスと古典的共和主義の再興――『道徳感情論』（初版）研究序説」、田中秀夫・山脇直司編『共和主義の思想空間――シヴィック・ヒューマニズムの可能性』名古屋大学出版会。

注

(1) Schumpeter (1954), p. 21, 二七―八頁。挿入句は引用者自身のもの。以下同じ。
(2) 『感情論』からの引用は、TMSと略記して、原典と邦訳の当該頁のみを文中に示す。
(3) 『法学講義』（Bノート）冒頭「序論」の始まりは、以下の通りである。「法学は、すべての国民の諸法の基礎であるべき一般的諸原理を研究する学問である。グロティウスは、なにか自然法学の正規の体系らしいものを世にあたえようと試みた、最初の人であったように思われる。そして、戦争と平和の法についてのかれの論説は、そのあらゆる欠陥にもかかわらず、おそらく今日、この主題についてのもっとも完全な著作である」(LJ (B), p. 397, 一七頁)。「グロティウス……」以下の原文は、『感情論』とほぼ同じである。なお、『法学講義』（A／Bノート）からの引用文は、LJ (A)あるいはLJ (B)と略記し、原典頁と翻訳のあるBノートについては邦訳頁とをあわせて、文中に示す。
(4) プロイセンのコクツィーニ父子の著作と活動については、Haakonssen (1996, pp. 135–48)に詳しい紹介がある。
(5) グロティウス以前のいわゆるスコラ派の自然法学・国際法の系譜については、Tuck (1999), pp. 51–77, 大沼（一九八七）、四―五頁を参照。
(6) Tuck (1993), pp. 154–201, 大田（二〇〇三）、七頁。
(7) Locke (1693), p. 239, 二八九頁。
(8) Barbeyrac (1729), p. 84. 以上の展開については、前田（二〇〇四）、二二三―三二頁を参照。
(9) Moore and Silverthone (1983), p. 74, 一二四頁。
(10) Carmichael (1724), p. 10.
(11) Hutcheson (1747), iv, p. i. Cf. Schröder (2003), p. 303.

(12) ホーコンセンは、スミスによる「原契約説」批判の意図について次のように指摘している。「ロック以降の政治思想において大層流行していた、統治の契約理論の非現実的な法万能主義（legalism）を反駁すること。この目的に沿って、スミスは、学生たちのために、ロックの契約と同意の思想に対するヒュームの周知の批判を、上手に要約していることがわかる」(Haakonssen: 1981, p. 129, 一九六頁)。「ヒュームの周知の批判」とは、もちろん、かれの『政治論集（*Political Discourses*）』(1751) に収められた「原契約について (Of the Original Contract)」である。

(13) スミスの決疑論批判を扱った研究は、Kittsteiner (1988), Downie (1992), 田中（一九九七b、八三―五頁）など、それほど多くはない。

(14) この点については、例えば Vivenza (2001), Hanley (2006), Long (2006), 渡辺（二〇〇六）を見られたい。

(15) ヒュームは、「治療してくれる外科医」に診療費を支払う事例と対照させて、あらゆる道徳的義務の基礎は「社会の便宜」にあるから、「強盗に金銭の支払いを約束した」としても、このような「公共の利益」に反する約束に履行義務はない、と主張する（Hume, p. 525,（四）一一四頁）。

(16) 田中（一九九七a）は、ハチスン道徳哲学の決疑論的特徴について、「倫理にまかせられるべきことをも法律的に規定しただけではなく、法学的主題に倫理を導入した点にあった」（八三頁）と指摘している。

(17) 『法学講義』「正義」論の考察順序が、「Aノート」では「私法・家族法・公法」となっていて、公法から始まる「Bノート」とのあいに考察順序の逆転がみられることは周知の通りである。しかし、スミスは、「これらの方法には、それぞれ固有の長所がいくつかあるが、全体として〔統治の考察からはじめる〕民法の方法がまさっている」(LJ (B), p. 397, 三一一頁) と述べているように、「Bノート」の考察順序に絶対的な優位性を認めているわけではない (Haakonssen: 1981, p. 104, 一六二頁)。したがって、この「正義」論（＝狭義の法学）内部での考察順序の変更は、「内政（ポリス）」論の成立および『国富論』の出版問題とは、直接的な関係はないと思われる。

(18) Grotius, Prol. 57. なおゴチック強調は原著者のもの。

(19) ここでいう「経済問題」には、価値・価格論は含まれない。ハチスンは、プーフェンドルフの伝統にしたがい、この問題を、私法論の領域に属する『体系』第二編の第一二章（「商業における財の価値と鋳貨の性質について」）で論じている。

(20) Hutcheson (1755), pp. 310–347.

(21) Pocock (1990), pp. 138–40, 土橋（一九九六）、皆川（二〇〇四）を参照。

(22) 「アンダソン・ノート」については、新村（一九九四、一六七―二〇〇頁）に詳しい分析がある。「ノート」末尾に残された「内政（ポリス）」の唯一の文章は、統治における「正義」と「内政」の関係を、スミスがどのように理解していたかを知るうえで、きわめて示唆に富む内容を含んでいる。「ポリスの諸法は、絶対的な統治でよりも自由な統治での方が、より長期にわたって遂行されるが、施行されるのにより大きな困難がともなう。ポリスの諸法は、イギリスでよりもフランスで、またフランスでよりも日本のほうが、より厳格に、よりよく遂行されている」(Meek: 1976, p. 91, 一七一頁)。

(23) Stewart (1793), p. 274-745, 一一一一一二頁。

(24) 渡辺(一九九五)、一一四頁。

(25) 以下の展開については、篠原(一九八八:一九八九)に依拠している。ステュアートに関するその他の文献としては、Phillipson (1983), Winch (1983), Haakonssen (1996, pp. 226-260)があり、わが国では大田(一九八八)と篠原(本書:第7章)がある。

(26) Stewart (1793), p. 311, 六四頁。

(27) Stewart (1855), i, pp. 22, 171.

(28) Stewart (1793), p. 310, 六三頁。

(29) Stewart (1855), i, p. 171.

(30) Stewart (1855), i, p. 5.

(31) Stewart (1793), p. 311, 六三頁。

(32) 以下の文章は、ステュアート自身の英訳から訳出したものである。ベイコンの原文では別の文節をステュアートがひと続きの文章としたものなので、原文にしたがい、ここでは(1)(2)とわけておく。なお(1)のゴチック強調は原著者自身のもの。

(33) Stewart (1855), i, pp. 71-2.

(34) Black (1992), p. 25.

(35) Stewart (1793), p. 312, note (6), 六三頁。

(36) Bacon (1605), p. 475, 三五一一五二頁。

(37) 「大ブリテンに貿易の自由が完全に回復されることを期待するのは、たしかに、この国にオシアナやユートピアがかりにも建設されるであろうと期待するのと同様にばかげている。公共の偏見だけではなく、それよりもはるかに克服しがたい多くの個人の私的利害が、抗すべくもなく、それに反対する」(WN, p. 471, (二)三三〇一三一頁)からである。なお『国富論』からの引用については、WNと略記し、当該頁を文中に示す。スミスが理想とする立法者(=政治家)像については、さらにWinch (1996)を参照されたい。

(38) Bacon (1623), v, p. 78.

(39) Pocock (1990), pp. 124-26, 土橋(一九九六)、一七九一八〇頁を参照。ステュアートも、その内部に「経済学」を含まない古代の政治哲学の限界を、次のように指摘している。「この計画にもとづき政治科学を追求するばあい、古代の哲学者たちの思索からはほとんど助けを得られるはずがない。かれらの大部分は、その政治研究のなかで、さまざまな統治形態の比較と、諸政体のそれ自体の存続の永久化と国家の栄誉の拡大のためにおこなった諸規定の検討にその注意を限ったからである」(Stewart: 1793, p. 309, 六二頁)。

(40) Rousseau, i, p. 237, 七頁。

(41) Steuart (1805), i, p. 2, 二頁。

(42) Steuart (1805), i, p. 12, 一五頁。

(43) 佐々木(一九九九)、松園(二〇〇四)を参照。

(44) 「ルネサンス期イギリスの人文主義者」は、プラトン的な「観想的生活」にとどまることなく、国王の「廷臣」として「活動的生活」を経験した。こうした視点から、「ルネサンス期イギリスの政治と経済」の考察を試みた文献として、Mayer (1989), Wood (1994), Peltonen (1995), Rothbard (1995), MacLaren (1999), Jones

(2000), Armitage (2000), またわが国のものとしては、加藤（一九六六、一九九〇）、植村（一九六七）、塚田（一九七八、一九九一）、菊田（一九八七）、芳賀（一九九三）、木村（二〇〇三）などがある。

(45) Grotius (1925), Prol. 11.

(46) Bodin (1573), p. 1.

(47) 佐々木（一九七三）、一一四—一二三頁、同（一九八一）、一九二—一九八頁。

(48) 以下の展開は、中世以来の立憲主義（constitutionalism）の伝統を重視する、McIlwain (1947) と Ullmann (1961; 1965)を参考にしている。

(49) Cf. Elton (1986), pp. 341–49.

(50) かつて「治政」と訳されていた「ポリス（police）」は、新村（一九九四）以来、「行政」で定着してきたが、岩波文庫に収められた新訳『法学講義』（二〇〇五）では、「生活行政」という訳語があてられている。よく考えられた訳語ではあるが、日本語としてあまり聞きなれないこと、また実際の含意は、「生活条件の確保」よりも広く、「行政」よりは狭いニュアンスであるとの判断から、本章ではいろいろ迷った挙句「内政」という訳語をあてた次第である。

(51) 「国家理性」については、マイネッケの古典的研究（Meinecke: 1957, pp. 1–22, 1–28）のほか、Skinner (1978), pp. 248–54, Tuck (1993), chs. 2-3, Viroli (1999), pp. 238–80, Hont (2005), *passim* を参照。

(52) この点をいち早く指摘したのは、Haakonssen (1981), pp. 127–28, 一九四—九五頁である。

(53) Troeltsch (1925), s. 339, 八九頁。

第6章　新国家の創出――アメリカ啓蒙と植民地独立の経済思想

田中秀夫

第一節　近代国家、植民地、帝国

（1）植民地とは何か

古代フェニキアの植民都市カルタゴに始まり現代に至るまでに、多くの地域に多様な数多くの植民地が形成された。アジアの富を求めた大航海時代の幕開け、地理上の発見以降の近代西洋による植民地形成は際立っている。ヨーロッパ諸国はアジア、アフリカ、アメリカへと探検隊、軍隊、商船、そして植民を送り出した。ルネサンス、宗教改革、科学革命というヨーロッパの大変動とその根底にあった人間精神の覚醒、そして次第に芽生えてきたヨーロッパ文明の優越性の意識こそ、近代の植民地主義の根源にあったものである。

そうした動きに連動していたのは、キリスト教普遍世界 Corpus Christiana の解体を受けたヨーロッパの秩序の「流動化」、多数の領域国家 state, stato の形成と戦乱という文脈である。カトリック世界の解体はイタリアだけの現象ではなく、一六世紀にはフランスでもドイツ（神聖ローマ帝国）でも宗教改革によって危機が深まった。それぞれの地域は国民国家の形成へ向かうが、それには大別すると中央集権的な絶対主義国家への道と、市民の共和国への道があり、この二つの道はしばしば激しい対立を引き起こすことになる。領土的野心を持った絶対主義国家どうしも利害対立を深め、国家理性 ragione di stato, reason of state の命ずるまま凌ぎを削る戦乱にヨーロッパは巻き込まれていく。

都市国家の乱立、小国分裂、そして弱体化を克服する道を模索していたマキャヴェッリは、祖国フィレンツェにおける政体変動に注目するなかで、君主政体がよいのか共和政体がよいのかを、比較考量した。新しい価値を国家の「偉業」「偉大さ」grandézza におき、それを遂行する統治者と市民の徳 virtù, virtue と国民軍＝民兵 milizia を不可欠の条件として備えた共和国の拡大を、マキャヴェッリはフィレンツェに処方した。マキャヴェッリにとって本質的に重要であった「共和政と自由」は、流動的なヨーロッパの情勢を前提にするとき、現状維持によって保持することは困難であって、拡大する共和国を要請したからである。それは必要 necessità に基づく選択であった。こうして帝国への野望、偉大さへの憧れが新しい価値として登場した。

ベイコンの「知は力なり」という言葉はマキャヴェッリの力の思想の普遍化として理解することができる。このベイコンの実践的な知の表象は、フーコーによって知の権力性として捉え返されたが、一七世紀の人びとにとっては、そのような反省はなかった。拡大する共和国＝帝国[1]にとって「領土と人口」の獲得が目標となった。したがって、国民国家の形成と帝国形成、植民地獲得との連続性が存在した。国民国家とは何であるかという問題がこの過程で問われることになる。それが明確な映像、十分な概念へともたらされたのは、ジャン・ボダンの「主権」の概念を継承して登場した『リヴァイアサン』（一六五一年）のホッブズによってである。

西洋による外部世界の植民地支配は、近年「ポスト・コロニアリズム」のコンテクストで論じられることが多く、かつての経済史・経済思想史的アプローチと際立った対照を示している。エリック・ウィリアムズ[2]やウォラーステイン[3]の研究は参照されるが、主要な議論のコンテクストはサイードらの「ポストコロニアル」批評である。[4]このポストコロニアル批評と経済思想史・社会思想史研究との間に関連を見いだすことが必要である。

植民の動機は様々であると思われる。権力欲、貪欲や利得目当てのものから、栄光を求めて行なうもの――テューダー朝からステュアート朝初期までの英国の植民地論に人文主義の流れを見出し、テューダーにおいてはキケロの、ジェイムズ一世時代にはタキトゥスとマキャヴェッリの影響を検出したフィッツモーリスの研究は興味深い[5]――、また宗教などの何らかの理由で迫害され、母国に住めなくなった人々が永住地を求めて移住し入植する場合（ピルグリム・ファーザーズ等）もある。母国が過剰人口の捌け口を求める場合もある。入植地にはすでに先住民が居住している場合もあるから、そのようなときは必ずしも平和な植民がなされるとは限らない。

スペインによる植民地支配はコンキスタ（征服）であり帝国主義的暴虐であった。その目的は入植ではなく金銀財宝の取得・強奪であり、原住民の支配・使役・搾取・虐殺をいとわなかった。その非人道性はラス・カサスによって激しく断罪された。[6]そもそもインディオは人間であるかということ自体が争われた。[7]レイシズムは自明の理であった。ヴィトリア、ジェンティーリ、グロティウスは宗教の違いを戦争の理由にすることを認めなかったが、コンキスタは異教徒をキリスト教徒に改宗させるための聖戦として正当化された。[8]

イギリスからのアメリカへの植民のような、原住民の征服をともなうとしても、そもそも征服が目的ではない植民[9]も、帝国のイデオロギーに染まっていく。[10]ウォルター・ローリのヴァジニア植民地にしてさえ、女王の勅許によって正当化された企てであった。植民者のなかには北米インディアンの武勇心などの徳性に目覚めたものもいた。「高貴な未開人」の概念もこうして生まれ、非キリスト教世界を「堕落した世界」と決め付けることはできなくなった。一

八、一九世紀になるとヨーロッパによるアジア、アフリカなどの後進的な国民、いわゆる「野蛮」な民族の征服は、ますます「文明」の恩恵を普及するものとして正当化されるようになった[11]。

正当性に疑問がないのは征服なき植民地である。先住民のいない未開拓地への入植は、モアとジェンティーリ、グロティウス、プーフェンドルフ、ロックによって正当化され[12]、後には主にオーストラリアへの移民に関連してウェィクフィールドが擁護したものでもあり、征服を目的とする植民地支配は、ホブスンやレーニンによって「帝国主義」として断罪された類型である。

内乱、宗教戦争が深刻な社会の分裂を引き起こした一七世紀の危機の時代のイングランドでは、ホッブズは共和主義を含む各種の混合政体論を批判して絶対主権国家を説き、過剰人口の捌け口として植民地を位置づけたが、ハリントンは、マキャヴェッリを継承しつつも一歩議論を進めて、国家が安定するためには拡大する共和国であることが必要であると主張した。ペティはアイルランドの植民が引き起こした諸問題を解決するためには、イングランド人とアイルランド人の人種混合やゲール語の撲滅といったことも提案しているが、アイルランドに議席をあたえる合邦が必要であると述べている[13]。

ロックは国家の拡大を明示的に説かなかったが、しかし、アメリカへの植民を正当な権利であり義務でさえあると考えていたように思われる。

神は世界を人間共有のものとして与えた。けれども、神はそれを彼らのために、そうして、彼らがそこから生活の最大便益を引き出し得るように、与えたのだから、それがいつまでも共有、未開墾のままであっていいと神が考えていたとは、想像されない。神は、それを勤勉怜悧なものの利用に任せた——そうして労働がそれに対する彼の権原となるべきであった……（第五章三四、岩波文庫三八頁）

すでに政府組織をもっている国の共有地は国法によって共有地になっているのだから、同意なしに囲い込んだり、専有したりすることはできない。しかし、「なんら改良も耕作も加えられないで自然のままに放置されたアメリカの原始林や未墾地」（第五章三七、四三頁）に植民したとしても「他の人達を害し、不服をいったり、この者の侵略によって損害を蒙ったと思ったりする」（第五章三六、四一頁）という理由にはならないだろう。[14]

他方、ロックはまた次のように述べている。

政府に対してただ黙示の同意を与えたに過ぎないその所有者は、贈与売買その他によって右の財産を手放しさえすれば、自由に他のどの国にでも加入することができるのである。あるいはまた他の者と協定して、in vacuis locis すなわち自由にして未だ占有されていない世界のどの部分にでも、新しい国家をはじめることができる。（第八章一二一、一二四―五頁）

この後半部は、アメリカ植民者に適用できないことはない。そうすれば、例えばヴァジニア植民地は国王の特許状を得たから臣民として移住したのだという慣習法的な論理と、にもかかわらず母国から離脱したのだから、新しい国家を創出したことになるという自然法的な論理の間で悩まざるを得ないであろう。

大森雄太郎によれば、[15]アメリカ植民地がロックの統治論から引き出した議論は三つあって、第一に、同意による統治であり、彼ら植民地の論者は、第一一章「立法権力の範囲について」に述べられた「同意による課税原則」を援用して抵抗した。「代表なければ課税なし」で知られるこの主張の嚆矢は一七六四年のオーティスのパンフレットである。第二に、第八章「政治社会の起源について」のなかの今引用した文章から、ロックの移住の自然権の概念を援用して、イギリス領の植民地は帝国内にありながらも別個の独立国家であるという議論を引き出した。この議論はオーティスにあるが、ヴァジニアのリチャード・ブランドが一七六六年に明確に主張した。第三に、第一九章「統治の解体について」のなかの抵抗権論である。これは一七六五年のボストンの新聞記事にすでにみられるが、危機が深まるにつれ、この抵抗権の発動による独立論が援用された。

ロックの議論の三点のうち、第二点を具体的な政治の場で考えると、特許状に基づく法律論（統治契約に基づく植民地形成）と自然法的な哲学的論理（自由な植民地形成）とのギャップを埋めることは難問であって、どこまで行っても平行線になるであろう。現にブランドも解決できなかったように思われるし[16]、やがて前者が母国の主張となり、後者が植民地の主張になっていくのは不可避的であった。

ロックが仕えた名誉革命政権は、本格的な植民地帝国への道へと向かっていく。植民地の自由貿易を規制し、母国への経済的従属を強要する政策が取られた。ロックの植民地支配正当化論[17]にもかかわらず、そこには富と権力を執拗に追求するイングランドの支配層、商人・手工業者の強欲を見ることもできるだろう。

（2）植民地独立の経済学とは何か

植民地の産業規制の結果、母国による植民地支配が苛酷となり、抑圧的となるときには、植民地は独立する権利があるという急進的な思想がハチスンによって唱えられるのは、わずかに半世紀後に過ぎなかった。ハチスンが念頭に置いていたのはアメリカであるより、むしろアイルランドであったかもしれない。アイルランドは一一七一―七二年のヘンリ二世による征服によって服従を強いられて以来、従属下におかれ、名誉革命政権によってイングランドに競合する産業をことごとく禁じられ、抑圧された。

ロビンズが指摘したように、ウィリアム・モリヌークスは『アイルランドの場合』を執筆し、アイルランドの自治権を主張したが、ヴァジニアなどのアメリカの植民地とアイルランドを同一視しなかった。同時代のスコットランドの愛国者フレッチャーはスコットランドの独立を主張したが、抑圧に対する抵抗権の発動を理由として考えていたのではない。後に詳細に触れるように、トレンチャードとゴードンの『カトーの手紙』第一〇六信は、抑圧的な植民地政策を批判しているが、植民地の抵抗権を明示的に主張することはなかった。植民地の独立を母国の抑圧に対する抵抗権の発動として明確に説いたのは、前述のようにハチスンを嚆矢とする[18]。

グローバルにみて、文化的・民族的な伝統を背景としている場合、独立国家という組織単位は、長期的安定性にすぐれたインフラストラクチュアとなるポテンシャルがもっとも高いように思われる。近年、マイケル・イグナティエフが繰り返し主張しているのは、そのことである[19]。近代主権国家は、各種の紛争のなかから、まさに紛争の調停者として、試行錯誤のプロセスを経て、多くの人々の衆知を通して、形成されたいわば総合命題である。五〇〇年の歴史しかないものの、近代国家は最も成功した社会組織である。

本章は植民地独立の経済学を論じる。それは国民国家と深い関係がある。植民地も国民国家になろうとする。畢竟、近代以降の世界環境の中では、植民地独立は主権国家としての自己確立であるほかにありえない。主権国家としての自己確立は、国民経済の形成を要請するであろう。植民地は成長すれば、当然のこととして自律を求める。社会というものはできるだけ自治を求めるし、植民地も自治を志向し、母国の抑圧と統制を免れたいと考える。保護でさえ常に歓迎されるわけではない。

しかし、植民地独立は母国と無関係になることではない。相互に独立国家として対等になり、友好関係を構築することが必要である。そこにいくまでに植民地独立はしばしば戦争を余儀なくされる。強者の支配は、アメリカ独立がそうであったように、弱者の側の実力によってしか排除できないからである。植民地独立の経済学は、こうして革命の経済学でもある。このような革命的な教義が実際に歴史的に形成されてきた。本章ではアメリカ独立[20]を象徴的事件として表象しながら、その言説の歴史を振り返ってみる。

第二節　啓蒙の産物としての植民地独立の思想

前節で述べたように「植民地独立」の思想は啓蒙思想の産物であった。それは、とりわけハチスン、ヒューム、スミスというスコットランドの啓蒙思想家の系譜において自然法思想と共和主義思想に基づいて掘り下げられ、理論的な基礎が与えられた。テューダー・ヒューマニスト以来、植民地獲得論にはイングランドの栄光を増す「活動的生活」として正当化する思想と、コモンウェルスを腐敗させるのではないかという不安とが存在していた[21]。

（1）アンドルー・フレッチャーの独立論

スコットランドとイングランドの合邦案は一六世紀に遡る。一六〇三年にスコットランド国王ジェイムズ六世がイングランドの王位に就任し、ジェイムズ一世を名乗ることによって、両国の王位合同は達成された。しかし、両国の文化的伝統の差異は大きく、王位合同は対立の解消策にはならなかった。むしろステュアート家がカトリックであったこと、ジェイムズ一世が王権神授説を信奉する学者国王であったことが、そうでなくても複雑な政治と宗教の問題をいっそう複雑にした。

そもそも王室というものは荘厳華美を本質とし節約家ではないために、財政危機に陥りがちである。一方、下層ジェントリから都市中産層までの中間階級が成長し、実力をもつようになった反映であるが、権利請願（一六二八年）、船舶税をめぐる王権と議会の対立（一六三七年）、外交路線の紆余曲折などによって政情不安が高まり、危機が深刻化した。中間階級を基盤とするピューリタンの諸党派は議会の内外で、国政の運営をめぐって激論を戦わせる。

ピューリタン革命で最初に頭角を現したのは長老派であったが、権力闘争を勝ち抜いたのは「新型軍」を組織した独立派であった。独立派の領袖クロムウェルの主導する「共和国時代」が到来するが、クロムウェルはマキァヴェッリの「拡大する共和国」を実践すべくアイルランドに軍を送り、ジェイムズ一世以来のアルスター植民地を拡大し、アイルランドを属領＝植民地として従来以上に強く抑圧した。植民地の測量等に功のあったウィリアム・ペティは、統治のための学問である政治算術を創始し、広大な土地を得、やがてランズダウン公爵家を興し、寄生地主となっていく。

危機の一七世紀と言われるように、この時代は国際環境も悪かった。前半には大陸での三〇年戦争（一六一八―四八年）があり、王政復古後も反動政治に加えて、一六六〇年代のペスト禍とロンドン大火など政情不安を掻き立てる要因に事欠かなかった。やがて、よき政治、幸福な社会を求める国民の願いを適えるべく、反政府の政治家と知識人がオラニェ公ウィリアムと連携して立ち上がり、名誉革命が成し遂げられる。名誉革命には、ウィリアム・カーステアズ（William Carstares, 1649–1715）やギルバート・バーネット（Gilbert Burnet, 1643–1715）のようなスコットランド人も寄与し、彼らは名誉革命後に要職についたから、彼らの間では合邦の機運は次第に高まってくる。しかし、ハーグでウィリアムの軍に加わり、名誉革命にコミットしたものの、革命後にスコットランドに戻ったフレッチャーはオランダの改良型大麦製粉機を導入して農業改良に寄与するとともに、民兵軍と浮浪者の強制雇用を提唱する一方、政治的には反イングランドの立場を明確にし、戦闘的な反合邦論を主張する。

スコットランドは、極度の貧困にみまわれた一六九〇年代の飢饉から脱出するために、パタースンのパナマ地峡に植民地貿易のための中継基地を設けるというダリエン計画に力を注いだが、失敗した。経済危機の深刻さは、スコットランドの為政者に、世論の反対を振り切ってでも、イングランドとの合一の道を選ばせた。スコットランドは一七〇七年にイングランドとの国家統合によって大ブリテンの一部となった。スコットランドにおいて、合邦反対派は賛成派より多く、伝統社会に暮らしてきた人びとはステュアート家への愛着も強かったために、合邦後もジャコバイトの反乱がおこった。一七一五年と一七四五年の反乱は大規模であった。長く独立国であったスコットランドの国民にとって合邦自体が屈辱だった。

フレッチャー[22]は共和主義者として専制政治に反対した。一七〇七年の合邦に反対したフレッチャーは連邦制を支持していた。大帝国論は彼のものではなかった。この時代のヨーロッパにおける止むことのない国家間の熾烈な勢力争いはそれぞれの地域の疲弊・窮乏化をもたらした。戦乱の惨禍を痛感し平和の価値を再認識したフレッチャーは、ヨーロッパ全域を十カ国に再分割し、武力の均衡による平和を提唱した。伝統や慣習を無視した大胆な提案であったが、領土確定がローマ教皇の専権事項であったバロック時代の地政学的・幾何学的精神の発露を見るべきかもしれない。それは平和を目的とするヨーロッパ連邦の構想であり、サン＝ピエールやカントの構想を半世紀以上先取りするものであった。

フレッチャーは独立共和国を擁護したが、しかしながら、その独立論は植民地独立を含むものではなかった。フレッチャーの力点は、スコットランドの隷従からの解放にあった。フレッチャーの独立論は敗北を喫し、イングランドとスコットランドの統合によって大ブリテンが成立した。大国への道が選択された。すでにイングランド銀行と公債発行によって国家は潤沢な資金を獲得していたから、大国がさらに外部に向かって支配権の拡大、帝国を目指すのは、理の当然であった。

（2）『カトーの手紙』の植民地論

一八世紀になると『カトーの手紙』にも植民地独立への消極的な言及が見られるようになる。第一〇六信は「プランテーションと植民地」をトピックとして、その意義を論じている。

> 一国民の富は住民の数に存する。ただし、それは住民が通常就業しており、全体の経済を維持するのに必要である以上の住民が他人の勤労に依存して暮らしていない場合のことである。それ以外のもの、すなわちいかさま師、詐欺師、強盗、賭博師、生臭坊主のようなものは、もうちょっとましなものとともに、公共の富を浪費し破壊する。[23]

国民がその国の臣民を暴力で国外に追いやったり、愚かな戦争や無益な探検に送り出すことは、損失以上に利益をもたらすのでない限り、国家を弱らせる。国内にいる以上に国外にいて公共の蓄積を増やす例もある。国事にあたる大使、公使とその随行員、取引に携わる商人、貿易業者、必要な戦争での兵士、異国の慣習や政策を伝える旅行者も、自らの改善の参考になるから、そうした例である。それ以外のものは、損失である。

トレンチャードとゴードンは、こうした前提から植民地を論じ、貿易のための植民地は有益であると主張する。植民地は母国の富と力を増加させる意図によって設けられるが、賢明に運営され、適切に規制されなければならない。いかなる国民もすべての物質を自国に持っているわけではない。いかなる風土もすべての財貨を生み出すわけではない。そうした財貨の交易は、すべての人々の利益、快楽、あるいは便宜である。他国から買うよりも自らその財貨を作ることが利益である場合もある。植民地はどうか。「西インド諸島のわが植民地の多くは旧イングランドの自らの人口の十倍を雇用して」いるが、それは本国から生活資料、手工業製品、道具などを送る一方、金銀や、製造原料を送り出すことによってである。「北の植民地」は材木、麻、鉄などの金属と航海のためのすべての資材を提供している。こうした植民地が大きく成長した時、我々から離れるということは、ずっと先のことなので、示唆しようとは思わない。

しかし「他人の利益のために働き、骨折り、危険に挑むことを、それに自らの利益を見出す以上に、困難に思うのが人間である。ことに彼らを酷使する人間に対してはそうである[24]」。したがって、植民地を母国に依存させ続ける方法としては、力による方法と、自らと家族が安楽に暮らすことができ、富ももたらす、生産活動に就業したり、製造品を作らせるという方法がある。しかし、実力支配は目的を達することはできず、植民地を破壊することになる。「若干の慎慮ある法律と、少しばかり賢明な振る舞いによってすべてのアメリカの富の最大の分け前に我々はすぐに預かれるであろう[25]」。これは植民地を一人前と見なして対等に近い権利を与えるという合邦論でもない。

「植民地の利益はしばしば独立することにある。もはや保護を必要とせず、貿易の資材を他国に供給する以上に自分でより有利に利用できるときには常にそうである。そして母国の利益は植民地を常に依存させておき、そのように利用することである」[26]。したがって、植民地が依存するように全神経を払い、柔和で目立たない方法を用いる必要がある。南部植民地は競合する産業がないので危険ではないが、北部はそうではなく、人口も増加し、母国と競合する産業も発展してきた。やがて母国にとって危険となりうるので、アイルランドの肉牛や毛織物の輸入禁止[27]のような、賢明な規制によって保護政策をとるべし。これが一〇六信の結論である。

トレンチャードとゴードンはウォルポール政権に反対したカントリ派であったが、しかし、植民地独立を支持する必要は彼らにはなかった。その理由は基本的に時代が未だそこまで熟していなかったからであると思われる。しかし、母国が植民地を抑圧すれば、いずれ植民地は母国に離反するであろうという可能性予測自体は持ちえた。また植民地が独立しうる条件についても、彼らは明確な理解をもっていた。しかし、それはなお明確な植民地独立論、独立擁護論ではなかった。

植民地独立を擁護する論理を明確化したのはハチスン、ヒューム、スミスである。植民地独立論は共和主義と自由主義、あるいは自然法＝自然権思想の結合の産物であり、さらに言えば経済ヒューマニズムの帰結であった。一七五七―六三年の英仏七年戦争は、インドの領有権とともに、アメリカの領有権を最大の焦点とする大戦争であった。そして、すでにこの時期になると、アメリカ植民地は大規模になりつつあった。厖大な戦費を調達して勝利した大ブリテンは、直ちに、植民地経営の経費負担問題に直面した。実際、植民地の防衛は巨額を要した。大ブリテンの常備軍が植民地に配置された。この時期の正規軍は十万人をはるかに超えていた。防衛費は不生産的な経費であり、スミスが分析したように剰余の大きな割合を消費する。広大な領土の防衛に大ブリテンが投じなければならない経費は、重く母国の経済と財政にのしかかった。帝国の夢は幻想であり、その夢から覚めることをスミスは為政者に説いた。それにもかかわらず、大ブリテンが戦争に訴えてまで植民地獲得を目指したのは、プロテスタント国家として、また財政軍事国家として形成された、近代国家としての大ブリテン社会の構造と、国家理性の発露としての国際社会の環境が、国家の拡大を不可避とする論理を内在していたからである。

（3）ハチスンの植民地独立論

ハチスンの主張[28]は今では比較的よく知られている。ここでは簡単にふり返っておこう。ハチスンの植民地独立論は一七三〇年代のグラスゴウ大学での道徳哲学の講義で論じられていたと推定されている。一七三八年にはボリングブルックが『愛国者王の理念』を（フレデリック皇太子のために）書いて出版した。ボリングブルックは、領土ではなく商業に「偉業」を求め、植民地＝農場と艦隊が海を支配する海洋国家、商業国家の支配者として愛国王の統治を描いた[29]。この時代はウォルポールの時代であり、カントリ派がその腐敗政治と帝国的利権を激しく論難していた。ハチスンがボリングブルックをどう見ていたかは分からないが、常備軍＝戦争、商業＝貨幣、そして恩顧授与の結びつきに「腐敗」を見たカントリ派の見解は、ハチスンも共有していたものと推察できる。ハチスンの著作は、教え子の出版人、ロバート・ファウルズが『道徳哲学入門』ラテン語版を一七四二年に、英訳を一七四七年に出版した。入門は五版を数え、最後の版は一七八八年にフィラデルフィアで刊行された。ハチスンはスコットランドのみならず、アメリカでも、おそらく郷国アイルランドでもよく読まれた。

植民地設立についてハチスンは公正な方法として二つを挙げている。第一に、人口が増加した時、過剰人口を武装させて新しい定住地に送り出し、独立国家をつくる場合がある。このときに母国と植民地の関係は友好関係となる。第二に、拡大する共和国に相当する場合で、自由な市民が植民団として新しい征服に向かう方法である。この場合、征服後にさらに属領を設けて、母国の利益のために、植民を送るが母国の市民と同じ権利を与えないならば、権利の侵害があり公正ではない。ただし、市民が自発的に同意し、帰国したい時に財産とともに帰国でき、以前と同じ市民としての権利を享受できるなら公正である。「自ら耕作できる土地」以上の領有権を認めなかったハチスンは、大ブリテンによるアメリカの領有の正当性に疑問を抱いていた。

こうしたハチスンの議論には、コモン・ローの考え方が一部は反映していると思われる。ケリーによれば、イングランドとアングロ - アイリッシュの思想家にとっての最も重要な法的伝統はコモン・ローであって、それによれば領土獲得の起源は、相続と征服であった。征服は幅が広く、軍事的制圧から購入まであり、ローマ法と万民法＝国際法によれば、征服とは通常軍事支配であった[30]。

では植民地が独立できるのはいつか。ハチスンの主張はいくらか『カトーの手紙』に似ている。政治的統一の目的は、国民の全般的幸福であり、それはより広範な人類の利害に従属しなければならない。母国の計画が実力で変更されるなら、すなわち制限された穏和な権力から絶対的権力に堕落するなら、あるいは抑圧的な法がつくられるなら、しかも植民地が人口と力を増大し、自分たちだけで政治的統一が達成できるとき、植民地は服従するよう拘束されない。「人びとは母国の野心的な了見のために、自分たちと子孫の自由と幸福を犠牲にするように拘束されることはできない[31]」。独立した植民地は、母国による防衛が必要とした費用を補償し、母国が失う力の喪失を同盟国として補填することだけを義務付けられる。独立が可能な大社会が、その社会の事情と必要を十分には知らない遠国の政府に服従することは不自然であり、遠国の利益のためだけに統治されるのも不自然であって、そこには正義も公正もない。

ハチスンの植民地独立論が具体的に適用されるケースについてハチスンは述べていない。しかし、ハチスンの視野にあったのは、アイルランドとアメリカであった。アイルランドはハチスンの時代にはアメリカ以上に、政治的にも、経済的にも、そして宗教ゆえにも、抑圧されていたからである。アメリカは大部分がプロテスタント植民地であったが、アイルランドは非国教徒、カトリックが多数を占める半植民地であった。

アーミテージは「巨大で手に負えない帝国」に対するハチスンの批判がヒュームに影響を与え、ヒュームもまたブリテン帝国構想に疑問をもつようになったとしている[32]。

（4）ヒュームとスミスの独立論

ヒュームはアメリカ問題に関して、独立論を支持した。ヒュームはコスモポリタンとしてもブリテン人としても、またスコットランド人としても、現実政治に対して構想力をもって批判的に見ていたのであって、空想的でも無関心でもなかった。ヒュームはヨーロッパの平和と繁栄を願っていた。しかし、というより、したがって、ヒュームはフランスの大国化・覇権主義に警戒を隠さなかった思想家であり、合邦体制には反対しなかったが、だからといって「拡大する共和国」の支持者であったわけではない。「学問と技芸の興隆と発展」を論じた論説に示されているように、古代ギリシアがある時期に実現していた、多数の共和国の連合と競争（emulation）という形態――それはヒュームにとって学問と技芸が最もよく自生的に発展する土壌であった――こそ、ヒュームが理想とするものであった。そのような自由な国家の友好関係を理想とする構想はスミスもまた継承したものである。

けれども、もちろん、それを近代にそのまま実現することが容易にできるとは、ヒュームは考えていなかった。しかし、古代ヘラスの拡大版をヨーロッパに展望するというヒュームの構想力は、フレッチャー的なヨーロッパ再分割＝再統合案にみられる構想力ほどユートピア的ではなかった。それを可能にする原理は、ウェストファリア条約でうたわれた「勢力均衡」の原理であった。しかしその原理は自動的に実現するものではなかった。カトリックのフランスが大国化を目指す以上、勢力均衡を実効有らしめるためにはプロテスタント連合が結束してチェックをかける「勢力均衡」政策を自覚的に追求しなければならないのであって、それはすでに一世紀ほどの実効策としての経験に裏づけられていた。

このような諸国家の独立・均衡論がヒュームのベースにあったが、そのような前提の上で、アメリカをいつまでも幼年期と見なすことはできないというアメリカの成長論がヒュームの視点であった。ヒュームはアメリカ独立論を著作で明示的に主張することはなかったが、文通相手には繰り返し、アメリカ独立必然論を説いている[33]。ヒュームの独立論はフランスのテュルゴの思想とも共鳴する。熟した果実が枝から落ちるように、植民地は成長すれば独立するものであるとテュルゴは論じた。しかし、ヒューム的な独立支持はアメリカ論争においては、きわめて少数派であった。こうしたアメリカ擁護論は、スコットランドの啓蒙思想家のなかでは、ほとんどヒュームとスミスだけであった。

植民地の歳入への抵抗は正当性なき反逆であり、許されざる忘恩行為であると考えた同時代人の牧師＝経済論者タッカーは、母国の歳入に貢献しないような植民地は進んで保護の対象から切り離すべきであるという放棄論を説いた。トーリーのタカ派として知られる文壇の大御所サミュエル・ジョンスンも類似の見解を説いて、歳入に貢献しないアメリカを断罪した。スコットランド出身の出版人で、ヒュームの通信相手でもあった、ウィリアム・ストラーンはこの時期、庶民院議員であり、ノース内閣の閣僚としてアメリカにたいする武力弾圧を主張していた。スコットランドにはアメリカへの同情が広範にあったが、しかし、ファーガスンをはじめとして、多くはアメリカの利害より母国の利害を優先的に考え、アメリカが応分の貢献をすることを要求した。ファーガスンはアメリカ支持者のリチャード・プライスを批判する政府よりのパンフレットを書いて、アメリカの反逆を指弾した。[34]

それに対して、スミスはかつてのスコットランドのイングランドとの合邦がもたらした恩恵・利益に鑑みて、アメリカ植民地の場合も可能なら合邦を最上であるとしてその根拠を説き可能性をさぐったが、最終的には現実主義の立場から独立論をもってみずからの立場とした。スミスの議論は詳細で複雑であるけれども、すでに多くの研究によって、その輪郭は相当明らかにされている。スミスはアイルランドに関しても、合邦案を支持していた。スミスは、スコットランドが合邦によって封建貴族の暴政から最終的に解放されたように、アイルランドも地主貴族の専制から解放されるであろうと予測し、それが最大のメリットだとした。もし、アメリカもアイルランドも大ブリテンと合邦し、拡大版ブリテンが生まれたら、巨大な国家となる。フランクリンが予想するように、首都はやがてアメリカに移るであろうが、拡大版ブリテンは大陸のカトリック国家と対抗する、あるいはそれを凌ぐ規模になったであろう。

しかし、三千マイル離れた大西洋を挟む大国＝帝国はいかにして運営できるのであろうか。一時的に合邦はありえても、それを長期的に維持することはそもそも無理な相談であった。スミスは合邦案を可能な案と考えていたから、この空間的隔たりをどのように処理したのであろうか。合邦案ではあるとしても、スミスの思想は自由貿易論であり、自由主義であるから、スミスの合邦案を帝国論とみなすことは適切ではない。帝国とは土地と人の支配であり、かつてのローマ帝国のような領土的軍事支配を意味するものであるから、スミスが支持する合邦はその意味での帝国ではなかった。今や大ブリテンは北米植民地の大部分を獲得し、同時にインドの植民地化も進めていた。大ブリテンはしかしながら、領土的支配の不経済性に直面せざるを得なかった。スミスの帝国批判の後、アメリカ植民地の独立の後、大ブリテンは、土地の支配から海の支配へと、ローマ型の領土支配ではなく海洋帝国に純化する新しい帝国の形成に転換していく。自由貿易帝国主義といわれるものである。旧植民地主義から新植民地主義への転換である。

権力支配の魔力にスミスは気づいていた。人間の驕りを戒め、帝国の夢を弾劾したスミスを[35]、その後の大英帝国の形成という既成事実を基にして、それを先取りした帝国の思想家と見なす解釈がある。スミスに自由貿易帝国主義の源流を見る見解も有力であるが、植民地や属州への抑圧をスミスは明確に否定したから、スミスを「帝国」の思想家とみるのは、歴史認識として間違っている。それでもなお、スミスの合邦案が採用されたら、スミスの意図に反して、拡大版ブリテンは帝国政策を取ったであろうと予測することは可能であるが、それがスミスの意図になかった以上、スミスを断罪するのは適切ではない。帝国への野望を生み出す重商主義政策は、経済的合理性において自由貿易に劣っているというのが、スミスの結論であった。

第三節　アメリカ独立の経済思想――アメリカ啓蒙の帰結

(1) 従属か独立か――植民地と国家

啓蒙思想を生み出したのは旧世界だが、それを実現したのはアメリカである、とある研究者はアメリカ啓蒙の研究に書きつけている[36]。アメリカ植民地も啓蒙の時代を迎えていた。しかしながら、自由の国アメリカは未だ万全ではなく、アメリカ植民地は、製造業を禁止し、海運を規制する母国の様々な法律によって拘束され、隷属を余儀なくされていた。さらに英仏七年戦争（フレンチ－インディアン戦争、一七五六－六三年）の結果、フランスの北米植民地がほぼブリテンのものとなり、北アメリカの大半が大ブリテンの主権のもとにおかれた。英仏七年戦争は大戦争であった[37]。戦費も動員された人員も膨大であった。その結果は、確かにアメリカ植民地の大部分の宗主権を得たものの、巨額の財政赤字であった。従来にもまして大きな植民地を抱えた母国は、国家財政の負担を軽減するために植民地課税に踏み切る。植民地は一方的な従属の強化に反対して、国政への参加、植民地への配慮を強く求める。母国は「宣言法」（一七六六年）を出して議会主権を植民地に突きつけた。こうして課税問題から独立革命論争が始まる。

アメリカにおける啓蒙思想は、課税問題から独立革命、建国という独自の課題、独自のコンテクストを中軸において展開することになる。フランクリン、ペイン、アダムズ、ジェファスン、ジェイ、マディスン、ハミルトン、テイラーなどのアメリカ啓蒙を代表する思想家たちが独立と建国をめぐって論陣を張った。そのほかにスコットランド啓蒙を植民地に持ち込んだウィザスプーンやジョン・ウィルスン、エディンバラに留学した医師ベンジャミン・ラッシュなど[38]多数の啓蒙思想家をアメリカは擁していたが、この二人も独立宣言に署名した。

公論は圧倒的に母国の抑圧を批判するものであった。この独立革命論争についても、当時のアメリカ植民地各州の複雑な政治構造や政治運動、政治過程についてはとりわけアメリカにおいて山なす厖大な研究があり、詳細が相当明らかになっているが、しかし、アメリカ独立の経済思想については比較的研究が薄い。以下では、大きく分けて自由主義と関連を持ちつつ、この時期には、主流派の農業共和国論と少数派の商業共和国論が対抗して展開されたという理解にたって、議論の展開を垣間見てみたい。

植民地側の論客として最初に活躍したのはパトリック・ヘンリで、彼は一七六五年の印紙条令に反対するヴァジニア市会での演説において、課税への植民地の抵抗は戦争となり、やがて両国は分離し、独立するであろうと述べた[39]。

ヘンリの予測にもかかわらず、また課税に同意を拒み抵抗を続けたとしても、植民地は可能な限り合邦を模索し、最終局面まで独立を考えていなかった。植民地は代表権を要求した。対等になりたかったのである。一七六八年にはタウンゼンド諸法に反対して、ジョン・ディキンスンが『ペンシルヴェニア農夫の手紙』を出す。ロンドンのミドル・テンプル法学院で学んだディキンスンは、フィラデルフィアで弁護士として活動していたが、タウンゼンド諸法をコモン・ローの原理に立って批判した。彼はまたジェイムズ・ウイルスンを指導したことでも知られる。[40]

帝国と植民地の対立は期せずして、啓蒙思想に育てられた偉大な政治家を生み出す。猛烈な集中力を発揮して古今東西の偉大な法学の古典を研究していたジョン・アダムズが『カノン・ローと封建法を論ず』を出版したのは一七六五年であった。その末尾で印紙条例がアメリカにとって何を意味するかに触れて、ステュアート朝の専制がシドニー、ロック、ハリントンを生み出したように、イングランド議会の圧制が類似の天才を生み出すことを願った。[41] マサチューセッツ植民地議会の議員としてアダムズは愛国派を支援し、総督トマス・ハチンスンとたたかった。一七七四年に大陸会議の代表となったアダムズは、この年から翌年にかけて、「ノヴァングルス」Novanglus 名で『ボストン・ガゼット』に本国の抑圧策批判を連載した。

君主政、貴族政、および民主政の平等な結合というイギリス憲法の一般的な原理に基づいて、イギリス帝国の自治領全体のために新しい憲法がつくられ、その全体に権限が及ぶ最高の立法府が設置されるとしたら、いったい何が必要なのかを考えてみよう。[42]

イングランドの人口が六〇〇万人で下院に五〇〇議席持っているから、アメリカの人口はその半分とすれば、二五〇議席が必要である。

しかし、アメリカがイギリス本土にそれだけ多くの人間を派遣しておくことができるであろうか。また彼らアメリカからの議員は、そんなに離れていて、選挙区住民の状態とか意見とか緊急問題などを知ることができるであろうか。[43]

アイルランド、東インドと西インド諸島の植民地も議員を送るであろう。航海法と貿易関係法は廃止され、アメリカからアフリカまでのどの植民地も世界中と貿易する自由をもつであろう。また貴族院にも自治領は議席を持たなければならない。やがてアメリカの人口が最大になる時には、立法府も他のすべてもアメリカに移されるであろう。

アダムズのこのような合邦論は、およそ実現可能とは考えられてはいなかったように思われる。アダムズは、植民地独立を不可避と考えていたように思われる。独立宣言にジョン・ディキンスンは反対したが、キケロを彷彿とさせるアダムズの賛成弁論は大陸会議を動かして独立宣言の採択にいたる。そうした動きのなかで、アダムズと現状認識で多くの共通点を持ちながらも、柔軟な思想によって、植民地と母国の調停に努めた人物にフランクリンがいた。

(2) フランクリンの自由主義的農民共和国論

フランクリンは父がノーサンプトンからアメリカに移民した二世であったが、イングランドにもスコットランドにも親しみを抱いていた。したがって、植民地が英国と平等に統合されて英米帝国を形成することを望んでいた。[44] とはいえアメリカはフランクリンにとって英国からの移民の国でなければならなかった。マサチューセッツへのドイツ人の移民さえ歓迎しなかったフランクリンは有色人種に偏見をもった「白人のアメリカ」の最初のイデオローグでさえあった。[45]

フランクリンは一七五一年に『人類の増加、諸国の人口などに関する考察』を書いたが、一七五五年に出版され、注目を集めた。「アメリカでは土地が多く、また非常に安いので、農業のできる労働者ならば、家族を養える農園ができる広さの土地を買う金を、短期間で貯えることができ、結婚することを恐れない」。したがって、早婚で子沢山となり、人口は二〇年で倍増すると述べた。そして植民地は農業中心なので、母国の通商を妨げる危険はわずかであり、むしろ母国の製品の需要はますます増大すると予想されるから、イギリスは植民地の製品を抑制すべきではない。人口減少は、征服、領土喪失、貿易喪失、食糧喪失、悪政と財産の不安定、そして奴隷の導入によってもたらされる。

人の住んでいない、あるいは自国民を入れるために原住民を退去させた新しい領地を獲得する領主や、貿易を振興し、職を殖やし、量的または質的に耕作を高めて土地を改良し、漁場によって食糧を殖やし、財産を安定させるなどのための有効な法律を作る立法者、それに、新しい貿易、技術、製造業あるいは農業の新しい改良法などを考え出す人は、本当にその国の「父」といえよう。[46]

現在、北アメリカには一〇〇万人以上のイギリス人がいるが、四半世紀に倍増すると仮定すれば、一世紀たてばイギリス以上の人口となるだろう。

フランクリンは、一七五四年のマサチューセッツ総督シャーリーへの手紙において、植民地課税に反対し、代表なければ課税なしを唱導するとともに、議会に代表を送り、「植民地の貿易を抑制して製造業者を拘束する旧法令を同時に破棄し、海のこちら側のイギリス臣民が、それらの点で大英帝国にある臣民と同等の立場に[47]」なることを説いた。一七六七年のケイムズ卿への手紙でも「議会における大英帝国各地の公平無私な代表制による統合こそが、帝国の政治的威光と繁栄の唯一の確固たる基礎である[48]」とフランクリンは述べた。この完全合邦案をフランクリンは空想とは思っていなかったように思われる。フランクリンは大ブリテンを古代ローマのような領土支配型帝国ではなく海洋帝国として認識しており、海洋帝国として、議員の往来は不可能ではなく、議会の統合は可能と判断していたように思われる。しかし、この手紙ですでにフランクリンはイギリスからの一時的「分離」を仄めかしている。合邦によってイギリスの安定は増すが、アメリカにとっての利益ははっきりしない。スコットランドやアイルランドと違って、アメリカは広大で、自然に恵まれ、大国となり、人口も多く、強国になること間違いない。アメリカは他からの束縛を打破し、相手を束縛できるであろう。アメリカには自由の種子が至るところにあるので、圧迫を加えられればアメリカの最終的反抗は早められるであろう。[49]

フランクリンは一七七六年のハウ宛の手紙で述べている。

およそ野蛮冷酷しごくにも、冬の最中にわれわれの無防備の町を焼き、蛮人をそそのかしてわれわれの穏和な農民たちを殺戮させたり、奴隷たちをたきつけてはその主人たちを殺させたりして、いまは外国の傭兵にわれわれ植民地に血の雨を降らせようとさえしている政府に対して、われわれが屈服することを考えるなど不可能であります。このような凶暴な危害によって、われわれがかつて慈しんだ母国への愛情の残り火も、すべて消えてしまいました。

イギリスは好戦的な国家として支配を欲し、商業国家として有利な独占を願い（どれも戦争をする正当な原因となりませんが）、……真の利益が見えなくなり、昔十字軍がヨーロッパの多くの国に対してそうであったように、生命にも財政にもひじょうに有害で、最終的には必ず国にとって致命的となる破滅的な遠征へと、ひたすら駆り立てられていくのです。[50]

このような不信感は翌年のハートリーへの手紙にも吐露されている。

アメリカ独立宣言の後も戦闘は続いたが、一七八二年九月に和平会談が始まり、翌年、平和条約が結ばれ、以後、両国は友好関係の再建に向かっていく。これはアダム・スミスが予測していた範囲内のことであった。スミスは夢想の提案であるとしながらも、大ブリテンがアメリカを切り離し、植民地防衛費から解放されることを望んだ。そうすれば自由貿易条約を締結できるであろう。

このようにして良友と別れることになれば、おそらく近年のわれわれの不和がほとんど消滅させてしまった母国にたいする植民地の自然的な愛情は、急速に復活するだろう。その愛情は彼らを、分離するときにわれわれと結んだ通商条約を、いつまでも尊重したいという気持にするばかりでなく、貿易においてはもとより、戦争においても、われわれを支持し、不穏で党派的な臣民であるかわりに、われわれのもっとも誠実で愛情があり、寛大な同盟者になる気をおこさせるであろう。そうなれば、古代ギリシアの植民地と、それらが出てきた母都市とのあいだに存在するのをつねとしていたのと同種の、一方の側の親としての愛情と、他方の側の子としての尊敬とが、グレート・ブリテンとその植民地のあいだに復活するであろう。[51]

フランクリンは独立後の一七八四年に「アメリカへ移住しようとする人びとへの情報」を書き、農民共和国として栄えている状況を紹介した。これは各国語に訳され広く読まれたという。

かの国では、ヨーロッパの貧民ほど惨めな人びとも少ないし、ヨーロッパで金持ちと呼ばれているような人びともごく少なく、むしろ全般的に皆平凡で幸福なのである。大土地所有者は少なく、小作人も少ない。大半の人びとは、自分自身の土地を耕すか、何か手仕事や商業をやっている。[52]

大学は九校あり、学院も多くあるので、言語や専門職につく資格を得る学問を学ぶのも容易である。人口が急増しているので新来者でも就職の機会が平等にある。誰でも勤労の成果を得られるが、財産を持って来ない場合は懸命に働かなければならない。

要するに、アメリカは労働の国であって、通りが大きなパンで舗装され、家の屋根はパンケーキぶきで、鳥がこんがり焼かれて「さあ食べて！」と鳴きながら飛び回っているという、英語の怠け者の国、フランス語のいわゆる夢の国、では決してないのである。

ではどのような種類の人間がアメリカに移住すべきであるのか。

穀物農業や牧畜に通じている、元気で若く勤勉な者なら、容易にそこで身を立てることができよう。他人のところで働いているうちに、そこで受け取った高い賃銀を少し貯えておけば、それで土地を買って農場を始めることができ、その際隣人の好意や信用貸しの援助も受けられる。イングランド、アイルランド、スコットランド、ドイツからの多数の移民も、このようにして、二、三年のうちに、豊かな農民になった。[53]

このようにフランクリンはアメリカを何にもまして独立自営農民の国として描いた。[54]そしてこの独立自営農民の国は、反商業を意味するものではなく、農業中心の商業共和国であり、自由主義、自由貿易と対立するものではなかった。

(3) 独立革命とトマス・ペインの共和国像　祖国の創生

一七七六年にアメリカは独立宣言を公布した。すなわち、自然法と自然権から起こし、英国の抑圧に対する抵抗の正当性を述べ、ゆえに連合した植民地は独立国家であると宣言した。

連続せる暴虐と簒奪の事実が明らかに一貫した目的のもとに、人民を絶対的暴政のもとに圧倒せんとする企図を表示するにいたるとき、そのような政府を廃棄し、自らの将来の保安のために、新たなる保障の組織を創設することは、彼らの権利であり、また義務である。[55]

独立革命は民衆思想家ペインを有名にした。フランクリンの紹介でアメリカにわたったペインは『コモン・センス』

（一七七六年）を書いた。それは独立革命の最も有名なパンフレットとなった。ペインは大ブリテンの国王の腐敗、いな君主制そのものを批判した。ペインはフランス革命も支持し、『人間の権利』（一七九一―九二年）でバークを批判し、さらに『理性の時代』（一七九四―九五年）を書いて、英米における最大のフランス支持者として知られた。

人類のあいだに広くおこなわれている秩序の大部分は、政府の生んだ結果ではない。それは起源を社会の諸原理と人間の本質との中に持つものである。政府に先立って存在し、政府という形式が廃止されてもなお存在しつづけるであろう。人間相互間に、また文明社会の各部分のあいだに存在する相互依存と互恵的利害関係とは、その社会を結び合わせるかの偉大な連鎖を作り出す。地主、農民、工場主、卸売業、小売業およびその他のあらゆる職業の者は、各自が他の者から、また全体から受ける援助によって栄える。共通の利益がそれぞれの営むものを規制し、その法律を形作るが、共通の慣習が規定する法律は、政府の法律よりも大きな影響力を持つ。要するに、社会は政府の功に帰せられているほとんどすべてのことを自らの力で行なうのである。[56]

このようにペインは社会自体を人々の相互依存体系と考え、政府を必要悪として考える傾向がある。そしてペインは国際関係を、商業を基礎にして自由な交流として把握する。ペインは、したがって世界的商業共和国というべきものを展望しているように思われる。

わたしはこれまで自分の出したすべての出版物の中で、事情が許す場合には、商業のために弁じてきた。その効果を支持する者だからである。いったい商業というものは、個人ばかりでなく、国民をも相互に役立たせることによって、人類を互いに兄弟のように親しくさせる働きをする平和的な制度なのである。……商業は……戦争制度を根絶し、未開の状態にある諸政府に革命を惹き起こさせるであろう。商業の発明は……普遍的な文明に向かっての最大の前進なのである。……商業なるものは、二人の個人間の取引を数の点で拡大したものにほかならず、そして自然は、二人の個人間の取引を意図したと同じ方式に従って、すべての者のあいだの取引を意図したのだが、こうした目的を果すために自然は、製造業者と商業との材料を一つの国民および全世界のさまざまな、また遠方の地方に分配した。それらの材料は、戦争の手段では商業によるほど安価に、あるいは都合よく手に入れることができないので、自然は商業を戦争を根絶する手段としたのである。[57]

ペインはイングランドのノーフォーク州のセットフォードにクエーカー教徒の家庭に生まれた。グラマスクールで学んだ後、家業を継いでコルセット職人となったが、その後、税務所職員、私立学校教員などを経て、一七七四年にフランクリンと知り合ってフィラデルフィアに渡った。当地で印刷業者エイトキンの発刊した『ペンシルヴェニア雑誌』に寄稿を始め、一七七六年の一月に刊行したパンフレット『コモン・センス』で一躍時代の論客となった。以後、フランス革命の勃発まで独立戦争の渦中で、植民地の政治経済問題のために様々な活動を行った。

ペインはアメリカ独立を支持したが、アメリカ市民となってフランス革命を支持し、フランスの名誉市民となってフランスに滞在する。『人間の権利』は第一部が一七九一年に、第二部がその翌年に刊行された。フランス革命に賛同し、大ブリテンの政治腐敗を断罪した『人間の権利』の主題は広範に及んでいるが、商業共和国論を押し出しているわけではない。[58]

イギリス政府は、社会からではなく、征服から発生した政府の一つであり、したがって、それは人民のうえに発生したことになり、ウィリアム征服王の時代以来、その時々の事情によって多くの改正が行なわれてきてはいるが、イギリス自体が更正したことはかつて一度もなく、したがって憲法はもっていないことになる。[59]

ペインがフランス共和国憲法と比較して批判するのは、前者が二年改選であるのに、後者は七年議院であること、前者が六〇ス一以上の納税者に選挙権があるのに、後者では選挙権者は一〇〇人に一人に満たず、高額納税者の農民でも資格がない場合があるといった恣意的な制度であること、前者では議員数は有権者数に比例するとしているのに、後者ではきわめて不均等であることなどである。

ヨークシャーは一〇〇万に近い人口がありながら、州代表の議員はわずか二人しか出していないのに、ラットランドは、人口がその一〇〇分の一もないのに、同数の議員を出している。オールド・セアラムの町は、人家が三軒とないのに、議員を二人も出しているのに対し、マンチェスターの町は、人口が六万人余もあるのに、一人も選出することが認められていない。[60]

またフランス共和国憲法では狩猟法を廃止したのに、後者では廃止されず、独占がまかり通っていることをペインは強く批判する。

イギリスでは、野生の鳥獣は自らの費用で養ったのでもない人びとの所有物とされており、独占はと言えば、全国が数々の独占に分割されている。勅許状を受けた町は、そのどれもがそれ自体貴族的独占であり、選挙資格はこれら勅許状を受けた独占から発生する。これが自由というものだろうか。……これら勅許状を受けた独占地では、人が他の地方からやってくると、まるで外敵ででもあるように追い立てられてしまう。……これらの独占地の内部には、また別の独占がある。二万から三万の人口をもつ都市、たとえばバースのような都市では、議会に代表者を選出する権利は約三一名の者が独占している。しかもこれらの独占の内部には、さらに別の独占があって、同じ町の者でありながら、両親が彼に職業を与える境遇になかった者は、多くの場合、その才能、あるいは勤勉がどれほどのものであろうと、職業を得る自然権を拒まれているのである。[61]

フランス共和国憲法は議員が官職に就任することを禁じているが、大ブリテンではそうではない。宣戦と講和の権は前者では国民にあるが、後者には征服者の後裔である国王にある。ペインはさらに比較を続け、前者は称号を廃止し、貴族を人間に高めたと賛美する。また聖職者の生活条件を改革したし、十分の一税を廃止し、不寛容を廃止して「良心の一般的権利」を樹立した。ペインの世襲制と貴族批判は過激で鋭い。

ペインはこうして共和政を正しい統治形態であると主張する。

共和制の原理にもとづいて行動しない政府はすべて、言いかえれば、レス・プブリカをその唯一の全対象としないような政府はすべて、良き政府ではない。共和政府とは、全体としても個人としても、公共の利益のために樹立され、運営される政府であるにほかならない。それはかならずしもある特別の形態と結びつく必要はないが、代議制形態と最も自然に結合する。代議制形態は、国民がそれを維持して行く経費を負担する目的を実現するのに最もよく適しているからである。[62]

ペインの理解では共和政府は公共の利益を目指すものであり、自然には代議制形態である。この理解は曖昧ではないが、共和制が実際に曖昧に理解されがちであるという事実にペインは気づいている。「さまざまな種類の統治形態が、このんで自らを共和制と称してきている。たとえば、ポーランドは、選挙君主政と呼ばれるものを伴った世襲貴族制であるのに、自らを共和制と称している。オランダも共和制と称しているが、実は主として世襲総督制を伴った貴族制なのである」[63]。こうした形態と違って、ペインによればアメリカこそ真の共和制である。

アメリカの政府は、完全に代議制のうえに成り立っていて、性格の点でも実際の点でも、今日存在する唯一の真の共和制である。その政府は、国民の公の仕事のほかには何の対象も持たず、したがって、正確に言って共和制である。[64]

ペインによれば、単純な直接民主政体は人口の増加から制限を受けるのに対して、君主政体と貴族政体は「知識の無力」から制限を受ける。代議制は違う。人口の制約も知識の制約も克服できる。

ちょうど文芸共和国が、天才に対して公正で無差別の機会を与えることによって、最もすぐれた文学作品を生み出すように、代議制による政府は、知恵が見出されるときにはその知恵を一つところに集めることによって、最も賢明な法律を生み出すのに適している。[65]

ペインはアメリカ共和国を支持しただけではない。フランス革命を支持しただけでもない。世襲的特権を廃止して共和制の樹立を目指すように英国に説いただけでもない。ペインの構想は、はるかに壮大であった。ペインはイギリスとアメリカ、フランス三国の同盟を推奨した。そうすれば国費の無駄な支出が節約できるだろう。ペインはさらにこれにオランダが加わり、海軍軍縮あるいは武装解除の可能性にも言及した。ペインは商業の普及による戦争の廃止を展望していた。ペインは将来の予測として「おそらく全ヨーロッパはただ一つの大共和国を形作り、人間はすべてのものから完全に解放されることとだろう[66]」と語っている。ペインの予測は、ほぼ二世紀の間、空想であった。しかし、今日、ペインは再評価されるに値するであろう。

第四節　農業共和国か商業共和国か

(1) クレヴクール『農夫の手紙』、『ザ・フェデラリスト』と反フェデラリスト

アメリカにおける商業的農業の魅力を説いたフランクリン、商業共和国を説いたペイン以上にアメリカを農業共和国として把握したのは、フランス生まれのクレヴクールである。彼は一七六五年にアメリカに定住して、ジェイムズ・

ヘクター・セント・ジョンと名乗り、ニューヨーク南東部に一二〇エーカーの土地を購入して「パイン・ヒル」農場と名づけ、農民となった。故国から重農主義＝自然支配の思想を抱いてきた彼は、アメリカで自営農民として成功する傍ら、各地を旅行して、一七八二年に『アメリカ農夫の手紙』をロンドンで出版した。独立革命の騒擾のなかで孤立した彼は王党派によって植民地スパイの嫌疑で投獄の憂き目にあったが、一七八〇年にイギリスに脱出したのであった。その後、フランスに戻り、ドゥドトー夫人のサロンに出入りし、ダランベールやサン＝ランベールと交友するなかで、フランクリンと知り合い、再度アメリカに渡った。その後、ニューヨークなどのフランス領事となって、フランスとアメリカの橋渡しをしてニューヨーク＝ロリアン間の定期航路の開通に尽力するとともに、馬鈴薯のあたらしい栽培法をノルマンディーに紹介し、牧草アルファルファをアメリカに移植するといった功績を残した。農業を通じてジェファスンと親交を持ったものの、やがてフランス革命に巻き込まれていき、波乱に満ちた生涯を失意のうちに終えた。

『農夫の手紙』は『両インド史』で知られるレナール神父に捧げられ、アメリカ事情をヨーロッパの友人に伝える一二信から成っているのであるが、序についで第二信が「アメリカ農夫」の境遇など、第三信は「アメリカ人とは何か」、第四信から九信まではボストン近くの島の描写、第一〇信がチャールズタウンの描写と奴隷制度など、第一〇信は「ヘビとハチドリ」、第一一信では植物学者バートラム博士訪問記、最後の第一二信は独立戦争で苦しむ「辺境開拓者の悲哀」を描いている。

全体としてアメリカに来る移民は、貧民であれ、元犯罪者であれ、自由で寛容な国なので、土地耕作者として歓迎され、勤勉でさえあれば、豊かな大地の恩恵をうけて、数年で独立自営農民となって平穏で豊かに暮らせるということが繰り返し説かれている。

地上のほかの場所では、人口の多すぎるところがあるかと思えば、半ば絶滅してしまったところもあるという……いたるところで、間違った宗教や、暴政や、道理をはずれた法律が、人類を苦しめ悩ましている。ここでは、私たちは人類のかつての尊厳をかなりの程度まで回復している。私たちの法律は単純で、公正だ。私たちは耕作の民だ。私たちの耕作には限度がない。だからなにもかも裕福で繁栄している[67]（手紙一）。

しかじかの土地が自分のものだということのできなかったあれほど多くのヨーロッパ人が、この幸福を実現するために大西洋を渡ってくるのも不思議なことでもありません。もとは荒れ果てていたこの土地も、父の手で素晴らしい農場に変えられ、そのおかげで、この土地が私たちのすべての権利を確立してくれました。この土地の上に私たちの地位、わたしたちの自由、市民としてのわたしたちの権限、しかじかの地域の住民としての地位が築かれています。……これがアメリカ農夫の、真の、そして唯一の、哲学と呼べるものです[68]（手紙二）。

彼［新来のイングランド人］はこの国で、故国の勤勉さが新しい形で発揮されているのを目にし、それに、ヨーロッパで栄えているあらゆる技術、学問、創意の萌芽を、ここの人たちの仕事の中に探し出すのです。かれがこの国で見るものは、美しい都市や豊かな村々や広大な田園を飾る立派な家々、素晴らしい道路、果樹園、牧場、それに橋などですが、そこは一〇〇年前にはなにもかも荒涼たる、森林のうっそうと繁る未開の地だったのです!……この社会は、ヨーロッパのように、あらゆるものを所有する大領主と無一物の一群の民衆とで構成されているのではありません。ここには貴族も、宮廷も、王侯も、僧侶も、教会領地も、ごく少数の者にきわめて歴然たる権力を与えている隠然たる勢力も、何千の人びとを使用する大製造業も、素晴らしく優雅な贅沢品も、ありません。富める者と貧しい者が、ヨーロッパの場合のように、大きく隔たってもおりません。少数の町は例外として、ノヴァ・スコシアからウェスト・フロリダにいたるまで、私たちは広大な地域に散在する耕作者の国民で、……互いに交流をはかり、寛大な政治の絆によって結ばれ、法律は公平ですから、その力を恐れることなく尊敬します。誰もがすすんで働きますから、私たちは皆、束縛を知らぬ自由な勤労の精神に動かされます[69]（手紙三）。

第三信は、このようにアメリカを賛美してやまない。司祭はいるが、会衆と同様に素朴で、他人の労働を貪ることのない農夫である。国王もいないので、国王のために働き、飢え、血を流すこともない。「私たちは今日の世界に存在するもっとも完璧な社会集団です。ここでは、人間は理想通りに自由で、この素晴らしい平等も、他の多くの社会集団に見られるような変わりやすいものではありません。[70]」この偉大な避難所で、ヨーロッパから来た貧民は合流した。以前は貧民でしかなかった者が市民となり、人間となる。今や彼の国は「土地と、パンと、保護と、地位」を与えてくれる。移民のモットーは「パンのあるところ、祖国あり」*Ubi panis ibi patria* である。

偏見も生活様式も、昔のものはすべて放棄し、新しいものは、自分の受け容れてきた新しい生活様式、自分の従う新しい政府、自分の持っている新しい地位などから受け取ってゆく、そういう人がアメリカ人なのです。……ここでは、あらゆる国々から来た個人が融け合い、一つの新しい人種となっているのですから、彼らの労働と子孫はいつの日かこの世界に偉大な変化をもたらすでしょう。……アメリカ人は新しい原則に基づいて行動する新しい人間です[71]（手紙三）。

クレヴクールは、ハンナ・アレントがアメリカ独立革命に見た稀有なもの、すなわち新しい社会の「創生」「始まり」を、ここにおいて一部、先取りしていると言ってもよいだろう。しかしながら、独立革命の動乱はクレヴクールから幸福な生活を奪った。クレヴクールは独立革命後の戦乱に悲観的になったが、独立に反対したわけではない。独立革命後に出された『農夫の手紙』は、事実上アメリカを独立国として見ているために、独立に力点を置かなかったにすぎない。

独立革命によって英国からの独立を果たしたアメリカは自立の道を進んで行く。アメリカは一七八七年に連邦憲法案を制定したが、反対論が強く、そこでハミルトン、マディスン、ジェイが協力して憲法案を世論に説得するために執筆したのが『ザ・フェデラリスト』である。それは、元は、ニューヨークの『インディペンデント・ジャーナル』

に一七八七年から翌年にかけて「パブリアス」名で連載された八五編の論説であったが、一七八八年には二巻に分けて出版された。その内容は多岐かつ詳細にわたっているが、要するに邦が連邦共和国に統合されることの重要性が主張されている。マディスン執筆の第一〇編の共和国論は有名であるとともにきわめて興味深いが、多くを執筆したのはハミルトンであって、各編にちりばめられたハミルトンの現実主義的な透徹した認識は、彼が分離主義的になりがちな邦を説得して困難な連邦国家形成を指導する最適の為政者の一人であったことをよく示している。経済関連のトピックはわずかな議論しかないものの、それについてはハミルトンが執筆しており、農工商のそれぞれの利益をバランスよく追求するにはどうすればよいかという観点をベースに、現下の課題として、独立戦争の厖大な戦費を借り入れで凌いだことによる信用失墜からの回復、貨幣と資本の不足の解消が強調されている。しかし、いかにハミルトン執筆といえども、反農業というニュアンスはない。

商業の繁栄が、国富の最も有効で生産的な源泉であることは、今日、すべての賢明な政治家が気づき、承認している……商業の繁栄は、満足を与える手段を多様化することにより、また、人間の欲望にとっても、企業心にとっても、大切な目的物である貴金属［貨幣］を［国内に］導入し、その流通を増大することにより、人間に勤勉をうながすすべての回路が生き生きと、元気よく、機能し、勤勉によって、ますます活発になり、豊かになるのに役立つのである。たゆまず努力する商人、汗水を流して働く農民、積極的な職人、勤勉な製造業者、あらゆる階層の人びとすべてが、意欲的期待をもって将来を望み、汗の努力に対する喜ばしい報酬によって活気を増大し続ける（第一二編）[72]。

しばしば相互に攻撃しあってきた農業と商業の対立も今では終焉した。「農業と商業の利益は、密接不可分に混合」していることが証明されている。農産物に新たな販路を開拓し、農業者に刺激を与える商業は「あらゆる形態の労働と産業の忠実な召使」であって、地価の上昇をもたらし、人口が急増しつつある三〇〇万人の国民の大半が従事している農業の利益を高めるのである。

　フェデラリストは共和主義者であったが、憲法に署名をしなかった反フェデラリスト――エルブリッジ・ゲリー（Eldridge Gerry）[73]、ジョージ・メイスン（George Mason）[74]、ルーサー・マーティン（Luther Martin）[75]たち――も共和主義者であった。彼らはともに古典共和主義思想の伝統を継承し、政治における徳と自由を重視した[76]。彼らは常備軍に反対し、民兵制を支持した。両者の最大の差異は、フェデラリストが大国に共和政体を樹立できるし、またアメリカは統合しないと対外的脅威に対処できず、様々な国難を克服できないとしたのに対して、反フェデラリストは邦レヴェルのローカルな自治、共和主義を実効的と考えていた点にある。公論によって運営可能な公共空間の規模には限度があり、中央集権的な統合国家は政治腐敗を招き専制に堕する危険性が大きいと彼らは考えた。彼らは農本主義的と見なされてきたが、しかし彼らは商業に反感を抱く農本主義者であったわけではない。中流の反フェデラリストは、農工商の経済的調和の理念を抱いていた[77]。

　彼らはハミルトンの果敢な中央集権的な経済政策案に反対した。ハミルトンの主張する連邦国家主導の政策は、地域的な公共空間に不可欠の自由、共和主義とっての価値を破壊するのではないか。しかしながら、反フェデラリストは、重税への反対を別として、体系的な経済の展望を欠いていた。リチャード・ヘンリー・リー（Richard Henry Lee）のような南部の反フェデラリストが反商業的な農本主義に傾斜したとすれば、ゲリーのようなニュー・イングランドのエリートは商業とウィッグ的な共和主義の理念を和解させようとした。「フェデラル・ファーマー」のような中流の民主主義者は商人と独立自営農民の理念を反映した商業イデオロギーを擁護し、ウィリアム・フィンドレイ（William Findley）は商業の成長を支持しつつ厖大な富の蓄積に反対した。下層の反フェデラリストは市場に対してモラル・エコノミーの伝統を守ろうとした[78]。

　コーネルによれば、ハミルトンの経済計画案に対する重要な批判は、ウィリアム・マニング（William Manning）、カロライナのジョン・テイラー（John Taylor of Caroline）、アルバート・ガラティン（Albert Gallatin）、ウィリアム・フィンドレイなどが行なった。テイラーは農本主義者で、フェデラリストの腐敗政策を批判した。テイラーによれば、ハミルトンの計画は英国の君主政のコピーであり、英国流の財政金融制度の導入はアメリカの政治を腐敗させるであろう。テイラーは銀行を敵と見なした。銀行の支持者は強力な党派「紙券利害」――株式保有者、高給を望む役人、公債増で利益をえる貨幣階級と投機家からなる――であり、彼らは社会の権利と利益にとって危険で、憲法を侵して、腐敗の原動力をつくろうとしている。その結果は公共の徳の基礎の解体である。テイラーはハミルトンの計画に共和主義的な国制の原理を破壊し、英国の宮廷型の統治にとって代えようとする陰謀を見た。

公債償還制度の意図、銀行創設が加速しようとする狙いは、一、少数者の手の中への巨富の蓄積、二、政治的な資金の原動力、三、課税の帰結によって、共和主義的州議会から政治的重要性を奪うことによるその抑圧、である。

ハミルトンを批判したテイラーは、州の課税権、州の権利を擁護した。(79)

彼らの農本主義はアメリカのこの時期の主流であったかもしれない。しかしながら、彼らは自らの社会理念に固執するだけで、ハミルトンの高度な専門的議論を論駁できなかったのではないかという印象もぬぐえない。ハミルトンと独立自営農民の思想は、しかしながら、平行線を辿るであろう。というのは、彼らの多くは、いたずらにハミルトンに反対したのではなく、アメリカは農業共和国として繁栄を目指すべきであるというヴィジョンを、自己利益を越えて、確信していたからであり、しかもそれは長い伝統のある有力な共和主義の一類型であった。その意義は歴史を通して存在するであろう。

とすれば、研究者の間に見解の対立があるにもかかわらず、反フェデラリズムは、テクノクラート＝ハミルトンに対立したファーマー＝ジェファスンの思想と一体であったことは容易に見て取れるであろう。(80)

（2）二つの共和国構想――ジェファスンとハミルトン

A. ジェファスンの農民共和国

アメリカ啓蒙を代表する思想家としてジェファスンとマディスン[82]は、ビアードを批判したアデアの研究以来、共和主義者として解釈されてきた。アデアはジェファスンの農民共和国論のルーツをアリストテレスの共和国概念、すなわち有徳な自由人＝自営農民の共同体に求め、ジェファスンはさらに「共和国は大国に適す」とするヒュームの近代共和国論を媒介としてそれをアメリカに適用したという解釈を提出した。アメリカに与えた思想的影響について、ロックにもましてスコットランド啓蒙[81]を重視する解釈もアデアに始まる。[83]ジェファスンはスコットランド出身のウィリアム・スモールから、マディスンは一七六九年にニュージャージー大学（後プリンストン大学）に招かれたウィザスプーンから、スコットランド啓蒙の遺産を学んだ。[84]アデアによれば、二人のヴァジニア人の農本主義は独立自営農民（ヨーマン）と自由国家の関連を重視する政治的農本主義であり、彼らは共和国の理想的な市民を生み出すものとして農本的生活に関心をもっていた。[85]フランクリンとハミルトンは都市の商工業を重視したが、総じてアメリカの啓蒙思想家は農民の簡素で有徳な生活を讃美した農本主義者であった。[86]

アリストテレス以来、農耕生活はしばしば賛美されてきた。キケロもまた農夫の農耕は最も高貴な仕事であると考えており、テューダー・ヒューマニストのサー・トマス・スミスの『コモンウェルス論』における国家に最大の貢献をする独立自営農民 Yeoman 論の基礎にキケロの思想があったとされる。[87]

アデアが先鞭をつけたスコットランド啓蒙の植民地アメリカへの影響については、今では研究も進み、従来以上にその重要性が知られている。一七〇〇年から一七七六年までの間に二〇万人以上のスコットランド系アイルランド人がアルスターから北米に渡ったが、彼らはやがて長老派牧師を養成することを目的の一つとしてニュージャージー大学を創設する。一七四六年のことである。それまで北米にはハーヴァード（一六三六年）、ウィリアム・アンド・メアリ

（一六九三年）、イエール（一七〇一年）の三大学があった。その後、スコットランド人が関係したキングズ・カレッジ（後のコロンビア大学、一七五四年）、フィラデルフィア大学（後のペンシルヴァニア大学、一七五六年）、ロードアイランド大学（後のブラウン大学、一七六四年）が相次いで設立された。[88] こうして母国の六大学を上回る七大学を植民地は擁し、学問に力をいれることになる。

ウィザスプーンは、よく知られているように、リードの哲学的実在論、コモン・センス哲学を学び、それを基礎とする道徳哲学をニュージャージー大学で講義した。その影響は大きく、ジェファスンもまた彼と交流した。アメリカに影響を与えたスコットランド哲学は、リードに始まるコモン・センス哲学であって、『道徳感情論』に象徴されるアダム・スミスの道徳哲学ではなかった。[89] ウィザスプーンはマディスン、ブレッケンリッジ（Hugh Henry Breckenridge）、ジョン・テイラー、フレノー（Philip Freneu）などに政治理論を教えた。独立宣言に聖職者として唯一署名したことで知られるウィザスプーンは独立革命に深くコミットしたが、彼はハチスンの抵抗権論を継承して、植民地の反逆の正当化論を説いた。[90] かつての祖国が横暴な国へと堕落した時、大義を持った新しい祖国に加勢することはウィザスプーンにとって当然の正義であった。

スコットランド啓蒙の影響を受けていたジェファスンは、一七八一年に執筆した『ヴァジニア覚書』（出版は一七八五年、初版扉には一七八二年とある）質問一九で、商工業と貿易を論じている。「ヨーロッパの経済学者たちは、あらゆる国家は自力による工業生産に努力すべきであるということを、一つの原則にしている」。環境の相違を無視して、この原則をアメリカに適用することには疑問がある。ヨーロッパの土地は耕作し尽くされているので、余剰人口は工業に頼らざるを得ない。しかし、アメリカには「農民の勤勉を誘う無限の土地」がある。「すべての市民が土地の開発に従事するのが一番いいのだろうか。それとも、市民の半数が農業をやめさせられて、他の半数の人々のために製造業と手工技芸とを行なうのが一番いいのだろうか」。このように問いを立てて、ジェファスンはこう述べている。

もし神が選民をもつものとすれば、大地に働く人々こそ神の選民であって、神はこれらの人々の胸を、根源的で純粋な徳のための特別な寄託所として選んだのである。……耕作者の大部分が道徳的に腐敗するという現象は、いまだかつてどの時代にも、まただどの国民の間にも実例のあったためしがない。道徳の腐敗は、農民のように自分たちの生存のために天に頼り、自分の土地や勤勉に頼ることをしないで、自分の生存のために顧客の不慮の災害や気まぐれに依存しているような人々に捺されたしるしなのである。依存は追従や金銭絶対の考えを生み、徳の芽を窒息させ、野心のたくらみに都合のよい道具をつくり出す。(91)

ジェファスンの主張はきわめて単純明快である。「農民以外の市民階級の総計と農民の総計との比率」が不健全な部分と健全な部分の比率であり、腐敗の程度を測るバロメーターであるとするジェファスンは、都市を嫌悪し、農民共和国こそ、生き生きとした有徳な共和国であると考えた。しかしジェファスンは自給的生活を主張したのではなく、自由貿易を擁護した。

あらゆる国の平和と友情とをつちかうことにわれわれは努力すべきであり、われわれをもっとも傷つけてきた国に対してさえも、その国に反対するわれわれの主張が通ったあかつきには、同様の態度で臨むべきなのである。通商の扉を開き、通商上のすべての拘束をとり払うこと、いいかえればわれわれの港に運び込みたいと思うものを何でももちこむための完全な自由をすべての人間に与え、同じことを相手側にも求めることが、これからのわれわれの関心事となるであろう。(92)

このような独立自営農民を重視する農民共和国論は、産業そのものとしての農業賛美ではなく、政治的な観点からの議論であり、有徳な生活を可能にするものとしての農業讃美であることは注意を要する。(93) このような農民共和国は、同じヴァジニア人であるマディスンも共有したが、ハミルトンの認めるものではなかった。やがて一七九二年には、ジェファスンとハミルトンの確執が始まる。その根底には異なる国家ヴィジョンがあった。すなわち、農本主義的自由貿易論者ジェファスンと製造業と保護主義を重視するハミルトンという対立である。

B. ハミルトンの商業共和国

ハミルトンは一七五五年に英国領西インド諸島に生まれ、一七七二年に北米植民地に移住した。独立革命では愛国派に属し、一七七七年に総司令官ワシントンの副官となり、その後、フェデラリストとして活躍した。一七八九年にワシントンが初代大統領になり、ハミルトンは初代財務長官に任命され、中央集権的な国家を形成することに努力し、ハミルトン体制として知られる経済政策を行なった。初代大統領ワシントンの諮問に応えた『製造業に関する報告』(一七九一年)において、ハミルトンは考察の結論として二点を述べた。第一に「繁栄する農業を基礎とする製造業が栄えている国」は農業だけを営む国よりも貿易収支が順調になる確率が高い。第二にその結果、前者は後者よりも多くの貨幣を得るであろう。[94]『報告』は緻密な分析をもつ優れた著作であるが、アメリカのように製造業が幼弱な場合、それに奨励金を与えて保護すべきであると説いたために、後に、ドイツの保護貿易論者リスト等から典型的な保護主義政策の典拠とされた。しかし、それはハミルトン政策の一部に過ぎず、ハミルトンはその直前に「公信用に関する報告書」において、独立戦争の負の遺産である累積公債による信用危機を克服するために、連邦銀行の設立、戦時公債の借り換えを提案し、連邦政府の公信用の確立を目指した。

ハミルトンは重農学派の影響を受けることを退けるとともに、重商主義的な金融利害に加勢するものでもなく、明らかにヒューム、スミスの国内における農工分業論、国内市場論=国民経済論を継承していた。しかし、ハミルトンはスミスの自由貿易論を拒否した。他方、自由貿易論者としてスミスの自由主義を継承していたジェファスンは、スミスの農工分業=国内市場論については、広い国土と繁栄する農業をもつアメリカの特殊性ゆえに採用しなかった。スミスは資本投下の自然的順位論に基づいて、農業の生産性を製造業以上に評価したから、未だ農業に投資する余地のあるアメリカは、ヨーロッパよりもはるかに成長が早く、人口も二〇年から二五年に倍増すると見ていた。

しかし、ハミルトンは、農業の生産性優位論を疑問とし、農業中心の自由貿易、経済的自由によってはアメリカが富裕になるとは考えなかった。経済運営には賢明な為政者の介入が必要と考えたために、ハミルトンは重商主義者であるとか、ジェイムズ・ステュアートの影響が濃厚であるとかされる。そうした一面があるとしても、全体としてのハミルトンは、それをはるかに越えた経済学者であり、スミスの農工分業論、国民経済論と重商主義が得意とした貨幣政策の遺産をアメリカという特殊な条件を持った国の経済政策に生かそうとした独自の商業共和国論者であったと見るべきであろう(95)。

商業共和国はすでに大ブリテンの国是であった。領域支配でなく、海洋帝国として第二次植民地時代に入っていた英国は、やがて世界の工場といわれる時代を迎える。とすればハミルトンの商業共和国構想は、やがて英国と同じ路線を走る国としてアメリカが英国、大英帝国と競いあう時代を予想させる路線である。ジェファスンらの農業共和国構想、農業資本主義国アメリカというヴィジョンのほうが、英国との関係においてはより親和的、相互補完的であったかもしれない。アメリカが偉大な農民の国であってはいけない理由などはなかった。

おわりに――遺産と発展

独立国家はどのような国家像を目指すべきであるか。植民地になることはなかったものの、近代化に立ち遅れたドイツのリストはアメリカ旅行をし、ハミルトンの保護主義から指針を得た。農工商の均衡を確保した国民経済の樹立をリストは展望し、後進ドイツがその展望を実現するためには、保護主義によって幼稚産業を保護育成しなければならないというのが、リストの結論であった。そこには農本主義では発展が望めないという判断があった。時代は工業の時代に向かっていた。産業革命が果たして人間の根源的な生にとって恩恵をもたらしたのかどうかについては議論の余地があるであろう。しかしながら、大社会の論理を意匠によって制御する社会主義者の夢がユートピアであり、知の傲慢であることが次第に明らかになるにつれて、資本主義による工業中心社会の到来は、有無を言わせぬ必然として立ち現れたというべきであろう。そのとき工業のもたらす負の側面を政策によってどこまで解消できるかということが問われることになる。けれどもそれはまだ当分の間、未来の課題であった。

アメリカの独立は、アレントによれば、新しい国家の創出であり、旧体制の転覆としてのフランス革命やロシア革命と異なる画期的な革命であり、祝福すべき出発であった。ペインやクレヴクールのアメリカ共和国論にもアレント的な創発性への視点が感知された。アメリカ植民地の独立革命はその後の植民地独立のモデルとなるとともに市民革命のモデルともなった。一九世紀の中葉からはラテン・アメリカの植民地が独立し、二〇世紀に入ってからはアジア、アフリカの植民地が相次いで独立した。二〇世紀の独立は、民族解放闘争を伴うことが多かったが、国際連合ができたことによって、国際的支援を得てアフリカに顕著なように小国家の独立も相次いだ。しかし、独立国家となったからと言って、自律できる経済力がないことも多く、先進国や国際組織の支援によってかろうじて生きながらえている貧国も多数ある。国家独立と国連加盟が今や時の流れとなっているから、止め処なくこれからもエスニック社会の国家独立が進んでいくであろう。

それが果たしてその社会の幸せに繋がるかどうかに規則はない。状況次第ということである。沖縄は独立しなかったが、独立したほうが幸せであったかもしれない。植民地独立は基本的に尊重されなければならない。しかし、多くの国にとって自律は容易なことではない。世界のあるべき姿、最も望ましい形は、すでにペインが二世紀前に世界共和国として描いていたのではないだろうか。自由な社会の連合、自由な商業による相互利益の追求、戦争の廃止、多様な能力の多元的な発揮、そういった方向に社会が進んでいくことが望ましいと、植民地独立論者の多くは考えていたのである。

参照文献

Adair, Douglass G. (2000), *The Intellectual Origins of Jeffersonian Democracy*, Lexington Books, (written 1943).

Anderson, Fred (2002), *Crucible of War: The Seven Year's War and the Fate of Empire in British North America, 1754–1766*, Vintage Books.

Anon., *Novanglus, and Massachusettensis; or Political Essays*....(Boston, 1819).（ジョン・アダムズ「ノヴァングルス」（五十嵐武士抄訳）、斎藤眞・五十嵐武士訳『アメリカ革命』研究社、一九七八年）

Appleby, Joyce (1992), *Liberalism and Republicanism in the Historical Imagination*, Cambridge, Mass.

Armitage, David (2000), *The Ideological Origins of the British Empire*, Cambridge University Press.（平田・岩井ほか訳『帝国の誕生：ブリテン帝国のイデオロギー的起源』日本経済評論社、二〇〇五年）

Arneil, Barbara (1996), *John Locke and America: The Defence of English Colonialism*, Oxford: Clarendon Press.

Banning, Lance (1977), *The Jeffersonian Persuasion: Evolution of a Party Ideology*, Ithaca.

Beloff, Max ed. (1987), *The Federalist or, The New Constitution*, Basil Blackwell, 2nd edition.（斎藤眞・武則忠見訳『ザ・フェデラリスト』福村出版、一九九一年）

Brock, William R. (1982), *Scotus Americanus*, Edinburgh University Press.

Butler, Jon (2000), *Becoming America: The Revolution before 1776*, Harvard University Press.

Claeys, Gregory (1989), *Thomas Paine: Social and Political Thought*, Routledge.

Commager, Henry Steel (1978), *The Empire of reason: How Europe Imagined and America Realized the Enlightenment*, Weidenfeld and Nicolson, 1978.

Cornell, Saul (1999), *Anti-Federalism and the Dissenting Tradition in America, 1788–1828*, The University of North Carolina Press.

Court, Frankline (2001), *The Scottish Connection*, Syracuse University Press.

Crowley, John E. (1993), *The Privileges of Independence: Neo mercantilism and the American Revolution*, The Johns Hopkins University Press.

Cunningham, Jr. Noble E., *The Jeffersonian Republicans: the Formation of Party Organization, 1789–1801*, Chapel Hill, 1957.

Ferguson, Robert A. (1997), *The American Enlightenment 1750–1820*, Harvard University Press.

Fitzmaurice, A. (2003), *Humanism and America: An Intellectual History of English Colonisation 1500–1625*, Cambridge University Press.

Franklin, Benjamin (2004), *The Autobiography and other Writings on Politics, Economics, and Virtue*, ed. by Alan Houston, Cambridge University

Press.（フランクリン『人類の増加、諸国の人口などに関する考察』池田孝一訳『ベンジャミン・フランクリン』（アメリカ古典文庫一）、研究社、一九七五年）
Grinde, Jr., Donald A. and Bruce E. Johansen (1991), *Exemplar of Liberty: Native America and the Evolution of Democracy*, University of California Press.（星川淳訳『アメリカ建国とイロコイ民主制』みすず書房、二〇〇六年）
Hall, Mark David (1997), *The Political and Legal Philosophy of James Wilson 1742–1798*, University of Missouri Press.
Hamilton, Alexander (1934), *Papers on Public Credit, Commerce and Finance*, ed. by Samuel McKee, Jr. Columbia University Press.（アレグザンダー・ハミルトン、田島恵児ほか訳『製造業に関する報告書』未來社、一九九〇年）
Hutcheson, Francis (1755), *System of Moral Philosophy*, 2 vols.
Ignatieff, M. (1993), *Blood and Belonging: Journey into the New Nationalism*, The Noonday Press.（幸田敦子訳『民族はなぜ殺しあうのか』河出書房新社、一九九六年）
── (1998), *The Worriors Honor: Ethnic War and the Modern Conscience*, Metropolitan Books.（真野明裕訳『仁義なき戦場──民族紛争と現代人の論理』毎日新聞社、一九九九年）
Jefferson, Thomas (1999), *Notes on the State of Virginia*, Penguin Books.（ジェファソン、中屋健一訳『ヴァジニア覚え書』岩波文庫、一九七二年）
St. John, J. Hector (1782), *Letters from an American Farmer*, London.（クレヴクール『アメリカ農夫の手紙』秋山健・後藤昭次・渡辺利雄訳『クレヴクール』（アメリカ古典文庫二）、研究社、一九八二年）
Kelly, Patrick (2005), "Conquest versus consent as the basis of the English title to Ireland in William Molyneux's Case of Ireland ... Stated (1698)," in *British Interventions in Early Modern Ireland*, eds. By Ciaran Brady and Jane Ohlmeyer, Cambridge University Press.
Korman, Sharon (1996), *The Right of Conquest*, Oxford: Clarendon Press.
May, Henry (1976), *The Enlightenment in America*, Oxford University Press.
McNamara, Peter (1988), *Political Economy and Statesmanship: Smith, Hamilton, and the Foundation of the Commercial Republic*, Northern Illinois University Press.
Morgan, Edmond (2002), *Benjamin Franklin*, Yale University Press.
Paine, Thomas (1989), *Political Writings*, Cambridge University Press.（西川正身訳『人間の権利』岩波文庫、一九七一年）

Pangle, Thomas L. (1988), *The Spirit of Modern Republicanism: The Moral Vision of the American Founders and the Philosophy of Locke*, Chicago.

Pocock, J. G. A. (1975), *The Machiavellian Moment: Florentine Political Thought and the Atlantic Republican Tradition*, Princeton.（田中秀夫・奥田敬・森岡邦泰『マキァヴェリアン・モーメント——フィレンツェの政治思想と大西洋圏の共和主義の伝統』名古屋大学出版会、二〇〇八年）

Pocock, J. G. A. (1985), *Virtue, Commerce and History*, Cambridge University Press.（田中秀夫訳『徳・商業・歴史』みすず書房、一九九三年）

Rahe, Paul (1992), *Republics Ancient and Modern: Classical Republicanism and the American Revolution*, Chapel Hill.

Robbins, Caroline (1982), *Absolute Liberty: A Selection from the Articles and Papers of Caroline Robbins*, ed. Barbara Taft, Archon Books.

Robbins, Caroline (1982), "When It Is That Colonies May Turn Independent", in *Absolute Liberty*, Archon Books, 1982.

Robertson, John ed. (1997), *Andrew Fletcher: Political Works*, Cambridge University Press.

Sloan, Douglas (1971), *The Scottish Enlightenment and the American College Ideal*, Teachers College Press.

Smith, Adam (1976), *Wealth of Nations*, Glasgow ed. Oxford University Press（水田洋訳『国富論』岩波文庫、二〇〇〇—二〇〇一年）

Thompson, C. Bradley (1998), *John Adams and the Spirit of Liberty*, University Press of Cansas, 1998.

Trenchard John and Thomas Gordon (1995), *Cato's Letters*, 2 vols, Liberty Fund.

Tuck, Richard (1999), *The Rights of War and Peace: Political Thought and the International Order from Grotius to Kant*, Oxford University Press.

Wallerstein, Immanuel (1974), *The Modern World-System: Capitalist Agriculture and the Origins of European World-Economy*, Academic Press.（川北稔訳『近代世界システムⅠ、Ⅱ』岩波書店、一九八一年）

Williams, Eric (1944), *Capitalism and Slavery*, University of North Carolina Press.（中山毅訳『資本主義と奴隷制——ニグロ史とイギリス経済史』理論社、一九六八年）

Williams, Eric (1970), *From Columbus to Castro: The History of the Caribbean 1492–1969*, Harper & Row.（川北稔訳『コロンブスからカストロまで——カリブ海域史、一四九二—一九六九』岩波書店、一九七八年）

明石紀雄（一九九三）『トマス・ジェファソンと「自由の帝国」の理念』ミネルヴァ書房。

大森雄太郎（二〇〇五）『アメリカ革命とジョン・ロック』慶応義塾大学出版会。

斎藤真（一九九二）『アメリカ革命史研究　自由と統合』東京大学出版会。

高木八尺・末延三次・宮沢俊義編（一九五七）『人権宣言集』岩波文庫。

田島恵児（一九八四）『ハミルトン体制研究』勁草書房。

田中秀夫（一九九一）『スコットランド啓蒙思想史研究』名古屋大学出版会。

田中秀夫（一九八一）「ヒュームのアメリカ論──『ヒューム書簡集』より」『甲南経済学論集』二二─二（前掲『スコットランド啓蒙思想史研究』第七章に加筆修正再録）。

田中秀夫（一九九六）「ファーガスンのアメリカ論」『文明社会と公共精神──スコットランド啓蒙の地層』昭和堂。

田中秀夫（二〇〇五）「帝国の夢を弾劾する──アダム・スミスの商業ヒューマニズムと共和主義」『思想』九七二号。

中野勝郎（一九九三）『アメリカ連邦体制の確立─ハミルトンと共和政』東京大学出版会。

中野勝郎（二〇〇六）「ジェイムズ・マディソンの共和制観」、田中秀夫・山脇直司編『共和主義の思想空間』名古屋大学出版会。

藤永茂（一九七二）『アメリカ・インディアン悲史』朝日新聞社。

ペティ、松川七郎訳（一九五一）『アイァランドの政治的解剖』岩波文庫。

ルイス・ハンケ、佐々木昭夫訳（一九七四）『アリストテレスとアメリカ・インディアン』岩波書店。

本橋哲也（二〇〇五）『ポスト・コロニアリズム』岩波新書。

ラス・カサス、長南実訳（一九八一─九二）『インディアス史』一─五、岩波書店。

注

(1) 拡大する共和国は帝国であるが、帝国は共和国とは限らない。「ブリテン帝国」の特殊性については Armitage, David., *The Ideological Origins of the British Empire*, Cambridge University Press, 2000.（平田・岩井ほか訳『帝国の誕生：ブリテン帝国のイデオロギー的起源』日本経済評論社、二〇〇五年）を参照。邦訳八─九頁。本書はブリテン国家の形成とブリテン帝国の膨張の連続性を主題にした啓発的な研究である。

(2) Williams, Eric, *Capitalism and Slavery*, University of North Carolina Press, 1944.（中山毅訳『資本主義と奴隷制─ニグロ史とイギリス経済史』理論社、一九六八年）Do., *From Columbus to Castro: The History of the Caribbean 1492–1969*, Harper & Row, 1970.（川北稔訳『コロンブスからカストロまで─カリブ海域史、一四九二─一九六九』岩波書店、一九七八年）。

(3) Wallerstein, Immanuel, *The Modern World-System: Capitalist Agriculture and the Origins of European World-Economy*, Academic Press, 1974.（川北稔訳『近代世界システムⅠ，Ⅱ』岩波書店、一九八一年）

(4) 本橋哲也『ポスト・コロニアリズム』岩波新書、二〇〇五年。

(5) フィッツモーリスは、トマス・モアから一六二五年のヴァジニア会社の終焉までの時期の植民地形成の思想において「活動的生活」に表現されるようなヒューマニズム（準共和主義）のレトリックが重要な役割を果たしていたと述べている。Fitzmaurice, A., *Humanism and America: An Intellectual History of English Colonisation 1500–1625*, Cambridge University Press, 2003. サー・トマス・スミスはアイルランドに植民を企てて失敗したが、植民地への参加は「わが時代にイングランドのために為しうる最も栄誉ある貢献」だと主張している。*Ibid*., p. 37.

(6) ラス・カサス、長南実訳『インディアス史』一―五、岩波書店、一九八一―九二年。

(7) ルイス・ハンケ、佐々木昭夫訳『アリストテレスとアメリカ・インディアン』岩波書店、一九七四年。

(8) Korman, Sharon, *The Right of Conquest*, Oxford: Clarendon Press, 1996, p. 49.

(9) 斎藤真『アメリカ革命史研究　自由と統合』東京大学出版会、一九九二年、四三―五二頁は平和な入植と先住民征服、排除の弁証法を指摘している。

(10) Armitage, David, *The Ideological Origins*, *op. cit*.（平田・岩井ほか訳、前掲書）

(11) Forman, *op. cit*., p. 56.

(12) Tuck, Richard, *The Rights of War and Peace: Political Thought and the International Order from Grotius to Kant*, Oxford University Press, 1999. pp. 47–50, 120–6, 156–8, 175.

(13) ペティ、松川七郎訳『アイァランドの政治的解剖』岩波文庫、一九五一年、九〇―九一頁。

(14) ロックのこのような発言はアメリカへの入植の有力な正当化論となったが、インディアンから見れば、侵略の正当化に他ならなかった。インディアン側から見たアメリカ史としては藤永茂『アメリカ・インディアン悲史』朝日新聞社、一九七二年がある。

(15) 大森雄太郎『アメリカ革命とジョン・ロック』慶応義塾大学出版会、二〇〇五年、一一―一二頁。

(16) 大森、前掲書、四二―四八頁。

(17) 英国によるアメリカ植民地支配のロックによる正当化論については次の詳細な分析がある。Arneil, Barbara, *John Locke and America: The Defence of English Colonialism*, Oxford: Clarendon Press, 1996.

(18) Robbins, Caroline, *Absolute Liberty: A Selection from the Articles and Papers of Caroline Robbins*, ed. by Barbara Taft, Archon Books, 1982. pp. 133–134.

(19) Ignatieff, M., *Blood and Belonging: Journey into the New Nationalism*, The Noonday Press, 1993.（幸田敦子訳『民族はなぜ殺しあうのか』河出書房新社、一九九六年）。Do., *The Worriors Honor: Ethnic War and the Modern Conscience*, Metropolitan Books, 1998.（真野明裕訳『仁義なき戦場 ―― 民族紛争と現代人の論理』

毎日新聞社、一九九九年)

(20) アメリカの独立と建国に先住民インディアンの政治的伝統――イロコイの大いなる法――が影響を与えたという研究もある。Grinde, Jr., Donald A. and Bruce E. Johansen, *Exemplar of Liberty: Native America and the Evolution of Democracy*, University of California, 1991.(星川淳訳『アメリカ建国とイロコイ民主制』みすず書房、二〇〇六年)

(21) Fitzmaurice, A., *op. cit.*, pp. 168, 188–190.

(22) 詳細は田中『スコットランド啓蒙思想史研究』名古屋大学出版会、一九九一年、第一章「合邦問題とフレッチャーのヴィジョン」、Robertson, J. ed., *Andrew Fletcher: Political Works*, Cambridge University Press, 1997, Introduction を参照。

(23) John Trenchard and Thomas Gordon, *Cato's Letters*, 2 vols, Liberty Fund, 1995, vol. 2. p. 747.

(24) *Ibid.*, p. 749.

(25) *Ibid.*, p. 750.

(26) *Ibid.*, p. 751.

(27) 前者は一六六七年の法律でイングランドの農夫を保護した。後者は一六九八年の法律で、アイルランドの毛織物業の繁栄を挫き、結果的に同国の経済の衰退に影響を与えた。

(28) 詳細は、筆者の『スコットランド啓蒙思想史研究』前掲、第二章「ハチスンにおける経済、法、政治」を参照。Robbins, Caroline, "When It Is That Colonies May Turn Independent", in *Absolute Liberty*, Archon Books, 1982.

(29) Armitage, D., *The Ideological Origins*, *op. cit.*, pp. 185–6, 前掲邦訳、二五九―六〇頁。

(30) Kelly, Patrick, "Conquest versus consent as the basis of the English title to Ireland in William Molyneux's Case of Ireland...Stated (1698)," in *British Interventions in Early Modern Ireland*, eds. by Ciaran Brady and Jane Ohlmeyer, Cambridge University Press, 2005, p. 335.

(31) Hutcheson, *System of Moral Philosophy*, 1755, vol. 2, p. 309.

(32) Armitage, David, *op. cit.*, p. 188.(前掲邦訳、二六一頁)

(33) 田中秀夫「ヒュームのアメリカ論――『ヒューム書簡集』より」『甲南経済学論集』二二―二、一九八一年、前掲『スコットランド啓蒙思想史研究』第七章に加筆修正して収録。Pocock, J. G. A., *Virtue, Commerce and History*, Cambridge University Press, 1985, Chap. 7.(田中秀夫訳『徳・商業・歴史』みすず書房、一九九三年)

(34) 田中秀夫「ファーガスンのアメリカ論」『文明社会と公共精神――スコットランド啓蒙の地層』昭和堂、一九九六年、第六章を参照。

(35) 田中秀夫「帝国の夢を弾劾する――アダム・スミスの商業ヒューマニズムと共和主義」『思想』九七二号、二〇〇五年を参照。

(36) Commager, H. S., *The Empire of Reason: How Europe Imagined and America Realized the Enlightenment*, Weidenfeld and Nicolson, 1978. Preface (p. 9) 本章はアメリカ啓蒙と植民地独立論、農業共和国論あるいは商業共和国論との間には密接な関係があると想定しており、表題にもそれを示しているが、フィラデルフィアを最大の拠点とするアメリカ啓蒙の内在的分析も全体的特徴の描写も行なうことができない。さしあたり、この Commager の書物等を参照されたい。

(37) Anderson, F., *Crucible of War: The Seven Year's War and the Fate of Empire in British North America, 1754–1766*, Vintage Books, 2002.

(38) スコットランド啓蒙のアメリカへの影響は比較的研究が進んでいる。主要なものは、Sloan, D., *The Scottish Enlightenment and the American College Ideal*, Teachers College Press, 1971. Brock, W. R., *Scotus Americanus*, Edinburgh University Press, 1982. Court, F., *The Scottish Connection*, Syracuse University Press, 2001.

(39) Ferguson, R. A., *The American Enlightenment 1750–1820*, Harvard University Press, 1997, pp. 81–82.

(40) Hall, M. D., *The Political and Legal Philosophy of James Wilson 1742–1798*, University of Missouri Press, 1997, p. 10.

(41) Thompson, C. B., *John Adams and the Spirit of Liberty*, University Press of Cansas, 1998, p. 36.

(42) *Novanglus, and Massachusettensis; or Political Essays*.... (Boston, 1819), pp. 79–80. ジョン・アダムズ「ノヴァングルス」(五十嵐武士抄訳)、斎藤眞・五十嵐武士訳『アメリカ革命』研究社、一九七八年、一〇七頁。

(43) *Novanglus, and Massachusettensis; or Political Essays*.... (Boston, 1819), p. 80. 同上、一九七―八頁。

(44) Morgan, E., *Benjamin Franklin*, Yale University Press, 2002, p. 93.

(45) 少し後のデータであるが、一七九〇年の合衆国の人口は三九〇万あまりで、うちスコットランド系は二六万人、八、三パーセントであった。ドイツ系はもっと多く、州によっては三分の一以上であった。Brock, *op. cit.*, p. 13.

(46) Franklin, B., *The Autobiography and other Writings on Politics, Economics, and Virtue*, ed. by Alan Houston, Cambridge University Press, 2004, pp. 218–19. フランクリン「人類の増加、諸国の人口などに関する考察」池田孝一訳『ベンジャミン・フランクリン』(アメリカ古典文庫一)、研究社、一九七五年、一五〇頁。

(47) 同上、一五九頁。

(48) Franklin, *op. cit.*, p. 282, 同上、一七四頁。

(49) *Ibid.*, pp. 284–85, 同上、一七七頁。

(50) 同上、二〇六―二〇七頁。

(51) Smith, A., *Wealth of Nations*, Glasgow ed. Oxford University Press, 1976, Vol. II, p. 617. スミス、水田洋訳『国富論』岩波文庫、三、二一九―二〇頁。

(52) Franklin, *op. cit.*, pp. 341–42, フランクリン、前掲書、二二二頁。

(53) *Ibid.*, p. 344, 同上、二二四頁。

(54) アメリカは独立自営農民の国であるという理解は象徴的な意義を持っているが、実体はもっと複雑であった。一六八〇年から一七七〇年にかけての植民地経済の概要については Butler, J., *Becoming America: The Revolution before 1776*, Harvard University Press, 2000, pp. 50–88 (Chap. 2 Economy) を参照。

(55) 高木八尺・末延三次・宮沢俊義編『人権宣言集』岩波文庫、一九五七年、一一四―一一五頁。

(56) Paine, T., *Political Writings*, Cambridge University Press, 1989, p. 155. ペイン『人間の権利』(西川正身訳、岩波文庫、一九七一年)二二二頁。

(57) *Ibid.*, pp. 196–97. 同上、二八八―八九頁。

(58) ペインはしばしば特に後進国では農業が商業以上に有益である

といった発言をしており、農本主義的と解釈されることがあるが、しかし全体としてペインは、スミス的な商業社会論とみなしてよいとクレイズは主張している。Claeys, G., *Thomas Paine: Social and Political Thought*, Routledge, 1989, pp. 97–98. 欲求満足を基本とするペインの社会理論にとっては農業の優位と商業の推進はなんら矛盾しなかったというのである。クレイズは『農業的正義』一七九七年（ロンドンとフィラデルフィアで出版）などの後期のペインは、初期の商業の楽観論を失い貧困問題について深刻になったと理解している。ペインは、土地独占の結果、半数が土地を持たないので、二一歳になったとき最低一五ポンドの補償を受けなければならず、五〇歳以上は年々一〇ポンドを支給されなければならないとしたが、これはオーグルヴィやトマス・スペンスのような平等の主張ではない。pp. 196–207. 差異の原因としてブリテンとアメリカの背景の差が影響しているのであろうか。

(59) Paine, *op. cit.*, p. 82. ペイン前掲書、七六頁。

(60) *Ibid.*, p. 84. 同上、八〇頁。

(61) *Ibid.* 同上、八一頁。

(62) *Ibid.*, p. 168. 同上、二三五―六頁。

(63) *Ibid.* 同上、二三六頁。

(64) *Ibid.* 同上、二三六頁。

(65) *Ibid.*, p. 166. 同上、二三二頁。

(66) *Ibid.*, p. 194. 同上、二八四頁。

(67) J. Hector St. John, *Letters from an American Farmer*, London, 1782, pp. 8–9. クレヴクール『アメリカ農夫の手紙』秋山健・後藤昭次・渡辺利雄訳『クレヴクール』（アメリカ古典文庫二）、研究社、一九八二年、四五―四六頁。

(68) J. Hector St. John, *Letters from an American farmer*, p. 26. 同上、五八頁。

(69) J. Hector St. John, *Letters from an American farmer*, pp. 46–47. 同上、七一―七二頁。

(70) J. Hector St. John, *Letters from an American farmer*, p. 48. 同上、七二頁。

(71) J. Hector St. John, *Letters from an American farmer*, pp. 51–53. 同上、七五―七六頁。

(72) Beloff, M. ed., *The Federalist or, The New Constitution*, Basil Blackwell, 2nd ed., 1987, p. 54. 斎藤眞・武則忠見『ザ・フェデラリスト』福村出版、一九九一年、五六頁。

(73) 斎藤真、前出、二四二―四三、二五六、二六六、二六八、二七七、二七九頁。

(74) 斎藤真、前掲、二五八―二六九頁。

(75) 斎藤真、前掲、一八六―八七、二四四、二五一、二五六―五七、二六二、二八九頁。

(76) これは今や優勢になりつつあるが、Pocock, J. G. A., *The Machiavellian Moment: Florentine Political Thought and the Atlantic Republican Tradition*, Princeton University Press, 1975.（田中秀夫・奥田敬・森岡邦泰『マキァヴェリアン・モーメント』名古屋大学出版会、二〇〇八年）他方、自由主義を強調する反論も強く、Pangle, T. L., *The Spirit of Modern Republicanism: The Moral Vision of the American Founders and the Philosophy of Locke*, Chicago, 1988; Appleby, J., *Liberalism and Republicanism in the Historical*

Imagination, Cambridge, Mass., 1992. 中間的見解に立つものとして Rahe, P., *Republics Ancient and Modern: Classical Republicanism and the American Revolution*, Chapel Hill, 1992.

(77) Cornell, S., *Anti-Federalism and the Dissenting Tradition in America, 1788–1828*, The University of North Carolina Press, 1999, p. 83. 本書は反フェデラリストの政治経済思想を本格的に研究した貴重な研究であり、本章は多くを負っている。

(78) *Ibid*., p. 175.

(79) Cornell, *op. cit*., pp. 177–78.

(80) 両者の関係を重視するものとしては Banning, L., *The Jeffersonian Persuasion: Evolution of a Party Ideology*, Ithaca, 1977, Cornell, S., *Anti-Federalism and the Dissenting Tradition in America, 1788–1828*, The University of North Carolina Press, 1999など、断絶説は Cunningham, Jr. N. E., *The Jeffersonian Republicans: the Formation of Party Organization, 1789–1801*, Chapel Hill, 1957など。

(81) May, H., *The Enlightenment in America*, New York: Oxford University Press, 1976. Ferguson, R. A., *The American Enlightenment 1750–1820*, Harvard University Press, 1997.

(82) マディスンの共和主義については、中野勝郎「ジェイムズ・マディソンの共和制観」田中・山脇編『共和主義の思想空間』名古屋大学出版会、二〇〇六年所収を参照。

(83) Adair, D. A., *The Intellectual Origins of Jeffersonian Democracy*, Lexington Books, 2000 (written 1943). アデア、フィンク (Zera Fink)、ロビンズ (Caroline Robbins) にはじまりやがて「共和主義総合命題」と呼ばれるに至るアメリカにおける共和主義研究の系譜については本書に寄せられたアップルビー (Joyce Appleby) の序文が簡潔に描いている。

(84) Adair, pp. 24–26.

(85) Adair, p. 18.

(86) Commager, *op. cit*., p. 243.

(87) Fitzmaurice, *op. cit*., p. 24.

(88) Court, F., *The Scottish Connection*, Syracuse University Press, 2001, pp. 16–17.

(89) Sloan, D., *The Scottish Enlightenment and the American College Ideal*, Teachers College Press, 1971.

(90) Sloan, *op. cit*., pp. 138–39.

(91) Jefferson, Thomas. *Notes on the State of Virginia*, Penguin Books, 1999, pp. 170–71. ジェファソン、中屋健一訳『ヴァジニア覚え書』岩波文庫、一九七二年、二九七頁。

(92) *Ibid*., p. 120. 同上、三二二頁。

(93) Adair, D., *op. cit*., pp. 18–19. 明石紀雄『トマス・ジェファソンと「自由の帝国」の理念』ミネルヴァ書房、一九九三年が述べるようにジェファスンは農本主義的共和主義者で、自由貿易論者でもあった。

(94) Hamilton, A., *Papers on Public Credit, Commerce and Finance*, ed. by Samuel McKee, Jr. Columbia University Press, 1934, p. 226. アレグザンダー・ハミルトン、田島恵児ほか訳『製造業に関する報告書』未来社、一九九〇年、六九頁。

(95) McNamara, P., *Political Economy and Statesmanship: Smith, Hamilton, and the Foundation of the Commercial Republic*, Northern

Illinois University Press, 1988. Crowley, J. E., *The Privileges of Independence: Neo mercantilism and the American Revolution*, The Johns Hopikins University Press, 1993. わが国には田島恵児『ハミルトン体制研究』勁草書房、一九八四年と中野勝郎『アメリカ連邦体制の確立——ハミルトンと共和政』東京大学出版会、一九九三年がある。

第7章

啓蒙の「形而上学」と経済学の形成

――ドゥーガルド・ステュアートと「精神の耕作」

篠原　久

はじめに

「スコットランド啓蒙」最盛期の知識人たちが相次いで世を去った一七九〇年代に著作活動を開始したエディンバラ大学教授ドゥーガルド・ステュアート（Dugald Stewart, 1758–1828）は、自己がそのなかで育った知的環境としての「スコットランド啓蒙」と、大学での自己の担当学科としての「道徳哲学」との総括を、一九世紀スコットランド知識人としての自分に課せられた最重要の課題とした。アダム・スミス、トマス・リード、およびウィリアム・ロバートスンの「生涯と著作」についての「追悼講演」とその出版が、そのよく知られた代表的な業績であろうが[1]、本章では、『ブリタニカ百科事典』第四・五・六版の補巻[2]に発表された彼の「近代ヨーロッパ学問史」にみられる「（スコットランド）道徳哲学」の総括の試みを取り上げる。

『ブリタニカ』補巻（全六巻）に二回に分けて（一八一五年と一八二一年に）発表された論文は「ヨーロッパの文芸復興以来の形而上学、倫理学、および政治学の発展に関する全般的展望」と題され[3]、一五年の第一部は、ベイコンから一七世紀の自然法学者（グロティウスとプーフェンドルフ）までを、二一年の第二部は、ロックからトマス・リードまでを取り上げているが、「学問史」としての表題「形而上学・倫理学・政治学」のうち、全般的展望が果たされたのは、「形而上学」部分のみであった。「倫理学」はほとんど、「政治学」はまったく概観されることがなかった。しかしステュアートは一八〇〇年から一〇年間にわたって、「道徳哲学」講義とは別途の形態で「経済学」の独立講義を行い、この「新しい学問」の概要を『ブリタニカ』における展望第三部の主要内容とすべく努力していた。

エディンバラ大学「論理学・形而上学」教授のウィリアム・ハミルトン（William Hamilton, 1788–1856）の編集になる『ドゥーガルド・ステュアート著作集』第一巻には「学問史」の第一・二部に加えて、ステュアートが第三部用に準備していた原稿の一部が収録されている[4]。これは第三部「一八世紀の倫理学と政治学の発展」と題されているが、収録されているのは、知識の普及に貢献するものとしての「印刷術」の意義を訴えた「終章――断片」だけである。

しかし、ステュアートが「学問史」第三部に予定していた原稿、とりわけ彼がそこでの主内容に採り入れようとしていたものは、実は『著作集』第八巻に収録されている「経済学講義」冒頭部分の「序説」であって、編集者のハミルトンは、この部分がステュアート自身によって第三部用に利用できるように改訂されていることを、脚注で指摘しながらも、これを「学問史」のほうには入れずに、もっぱら「経済学講義」への導入部分の役割を果たすものとして発表したのであった[5]。

本章はこの「経済学講義」の「序説」部分を、「学問史」第三部の主内容として取り扱い――というのもステュアートがそのように改訂したのであるから——、これを第二部結論部分と接続させ、第三部として予定された「断片」としての「終章」への橋渡しとすることによって、「スコットランド道徳哲学」のステュアートによる総括形態を展望しようとするものである。

第一節　「学問史」第三部としての「経済学序説」——その（一）「序説」第一章

ステュアートが『ブリタニカ』に掲載しようとした「学問史」の内容としての「形而上学・倫理学・政治学」は、自己の担当学科「道徳哲学」の三大構成要素であって、この構成は恩師トマス・リードのものと同じであり、当時のスコットランド諸大学の「道徳哲学」の大枠でもあった。(6) この第一部門としての「形而上学」は「学問史」冒頭の「前書き」で明示されているように、「スコラ学派の本体論や霊学（the Ontology and Pneumatology of the schools）ではなく、人間精神に関する帰納的哲学（the inductive Philosophy of the Human Mind）」のことであって、人間精神のもつ様々な能力やその作用を「経験と観察」に基づいて究明しようとするものであった。ただし、この部門の名称は担当者によって異なっており、リードは終始「ニューマトロジー」という呼び名に愛着を示していた。(7) いずれにせよ、ステュアートの展望は、この（新しい意味での）「形而上学」が土台となって、一八世紀に「経済学」（Political Economy）が、「政治学」（Politics）の古い殻（「統治形態論 forms of Government」中心の旧来型）を打ち破って、「立法の理論」を重視する「新しい学問」として出現することにより、（人間精神の改良を含む）新しい社会（近代ヨーロッパ）の「改良」に貢献するという筋道が開けるというものであった。そのためには、「人口」と「国富」を主内容とする方向で定着しつつある「経済学」の領域を、「救貧」と「教育」をも含みうる内容に拡大しなければならない、というのが、ステュアートの（「経済学講義」序説、およびこの改訂版としての「学問史」第三部での）主張である。

「経済学の対象と領域」と題されたその「序説」の第一章（「その最広義におけるこの学問の表題と包括範囲」）では、「形而上学」と「経済学」との関連性については次のような表明がなされる。[8]

> この主題［経済学の及びうる範囲］について私が詳しく述べたのは、それが人間精神の哲学（*Philosophy of the Human Mind*）と密接な関係があることをどうしても指摘したかったからである。政治学的知識（political wisdom）の唯一間違いのない規則は、究極的には人間行動の支配的起動力（the prevailing springs of human action）についての知識に基づいており、したがって社会機構の詳細の中に迷い込んで社会全体を動かす道徳的力能を見逃す者は、私的生活には大いに有益となる大量の情報を蓄積しうるけれども、国民の繁栄と安全とがそれに基づくところの主要な原因についてはまったく無知のままであるにちがいない。……
>
> われわれの精神機能が次第に開発され、われわれの享受能力がそれに比例して拡大するための配慮がなされてきたのは、政治的結合（political union）の中においてであり、その結合が生み出しうる漸次的改良においてであるので、どの国においても既存の政治的秩序の特定の修正によって、一般大衆の知的条件と道徳的条件はともに、確実に決定されると断言しうるほどである。[9]
>
> （VIII-17-8）

この両者（「形而上学」と「経済学」）の関連性は「学問史」第二部末尾で詳述されているものであるが、ここでの「第一章」後半部分では、旧来のものとは異なる「新しい政治学」としての「経済学」の意義が力説されることになる。

> ある非常に有能で公正な批評家が、この『学問史』の第一部に対して与えて下さった若干の批判のなかで、私が今後この主題を続行していくに際して、統治の理論に関する思索を一切避けて、もっぱら経済学という近代の学問（the modern science of Political Economy）に限定するという意図を表明したことに遺憾の意を述べられた。この省略に関して私は、科学［＝学問］という点では経済学は未だ目新しいものだということに、おそらくその十分な理由を見出しうるけれども（前世紀の中葉に至るまで、

その学問の諸原理を体系的な形態にまで構成するという試みはなされなかったのだから)、とりわけ私にとって重要となる理由は、それとは本質的に異なるものであり、また私自身の意見では非常に重要でもあるので、私はこの機会を利用して、読者のいくらか詳細な検討の材料としていただくため、その理由を提示することにしたい。……

国民の幸福が直接的に依存するのは、その国において樹立されている特定の経済学(=経済政策)体系(the particular system of Political Economy)であって、賢明な統治形態の効用が生じるのは、それが賢明な経済政策体系を生み出す遠い傾向からである。なるほど前者は自然に後者に導くけれども、必然的にそこに導くわけではない。というのも、不便宜な法(inexpedient laws)が、無知と偏見の結果、優れた国制と厳正な執行機関に支えられた統治によって長期間認可される可能性がきわめて高いのに対して、根本的に悪い統治によって生み出されうる害悪でさえ、啓発された国内政策体系(an enlightened system of internal policy)によって、相当程度に矯正されうるからである。(VIII-20-2)[10]

国民の幸福にとっては「統治形態」よりも「経済政策(経済学)体系」が重要であるという、ステュアートが繰り返し主張することになる観点は、(法の起源 *origin of Laws* と関連するところの)「政治的自由」(*Political Liberty*)よりも、(法の傾向 *tendency of Laws* と関連するところの)「市民的自由」(*Civil Liberty*)のほうを重視するという論点にも連なるが、この「第一章」の末尾では、「よき法」が死文化するのを避けるためには、印刷術の進歩に基づく、民衆(下層階級)への知識の全般的普及が重要であるとの指摘がなされるに至り、議論の運びが「学問史」第三部と接続する方向が打ち出されることになる。

幸福は、実際、立法の唯一の目的であり、内在的な価値をもつものである。いわゆる政治的自由はこの目的に達する手段の一つにすぎない。よき法に恵まれれば、国民は政治権力を手に入れていないとしても、多くの幸福を享受できる。これとは反対に、法が不正で不便宜である場合には、国民の政治権力は、彼らの不幸を相殺するどころか、改良への打ち勝ちがたい障害を乗り越えようとして、多数の［数の優勢という］専制に訴えつつ、群衆にはその判断能力のない諸原理を支持しがちになる。

（VIII–23）[11]

権利を失うまいと用心怠りなく、しかもその権利をしっかりと保持することを決意した、啓発された国民（an enlightened people）の溌剌たる精神がなければ、どんなに賢明な政治的制度・法令（political institutions）でも、死んだ文字に等しいのである。

（VIII–27）

フォックス氏［Charles James Fox, 1749–1806］が［たんなる「よき法」の無能さを強調する際に］自分の才能と雄弁を補強するために、この議論［出版の自由］を用いなかったのは大いに悔やまれるところである。しかし、彼が執筆した時代にはその議論は最良のウィッグ作家たちによってさえほとんど注目されなかった。実際のところ、彼の死後、印刷術の影響は、国中の至る所での下層階級への知識の普及と、パンフレットおよび定期刊行物の驚くべき増加によって、二〇年前にはどんなに想像力をたくましくしても考え及ばない程度にまで高まったのである。この世論の機関（This organ of public opinion）が抑制されずにいるかぎり、自由の友は、われわれの幸福な国制の運命について深刻な懸念を抱く必要はない。その国制が曝されうる何らかの危険があるとすれば、それは国民の道徳と公共心における度し難い欠陥、すなわちそれによって自らがもはやその恵みを享受できず、また享受に値しえなくなるような欠陥からのみ生じうるのである。

（VIII–28）

第二節　「学問史」第三部としての「経済学序説」——その（二）「序説」第二章

この「第二章」は編者ハミルトンによって「経済学プロパー、すなわち第一部の内容と区分」という表題が与えられているが、この章もステュアート自身が「学問史」第三部主内容のために予定したもので、ここでは「経済学講義」全体の特徴が要約されている。[12] その最初の二つのパラグラフは、「第一章」の内容を受けつつ、ステュアート「経済学」四部門体系の素描につなぐ連結環となり、さらに「経済学」への自己のアプローチ（接近態度）を表明したものとしてきわめて重要なものとなっている。省略せずに全文を掲げておく。

私は前章において、経済学（*Political Economy*）の表題に含ませる諸研究の性質についての一般的観念を伝えようと努力した。そしてこの『学問史』では政治学（Political Philosophy）の意味をこの経済学に限定した。実際のところ、最近では、人口（Population）と国富（National Wealth）という主題がそれだけでもっぱら経済学という表題を帯びるようになっているが、この学問の領域を拡大するために私が提供した理由は満足のいくものとみなされるであろうと心ひそかに信じている。

通常、経済学という名称で受け入れられている学問が近代の産物であることは広く認められているところである。そして私が同一の表題をそこにまで拡大しようとしている他の主題についても同じことがいえるということは、以下の所見から明らかとなるであろう。実際のところ、そのすべての主題について思索した知識人たちのほぼ一致した賛意を獲得している多くの結論は、古代の政策の諸格言とは正反対のものである。したがって、最初の研究対象として、この新しい学問を生み出した近代ヨーロッパの特殊事情、すなわち政治家たち（statesman）に古代ギリシア・ローマの諸制度に由来するもの以外の観点を究明する必要性を課した特殊事情は何なのか、という疑問が自然に生じてくるように思われる。この疑問を考察するにあたって、私はこのあと、経済学の様々の分野がそれによって一つの知識部門に結合されるところの自然的接続と、この接続によって諸分野のどれか一つの考察が他のすべての分野の考察に導く際の移行の容易さとを、指摘する機会をもつであろう。この項目のもとに私が提供しなければならない意見は、同時に、この「学問史」のこの部分［第三部］では、私の見解の多くが、なぜ歴史的もしくは回顧的（historical or retrospective）というよりもむしろ、予想的（prospective）な性質を帯びているのかを説明することに役立つであろう。主題についてのこういう観点は、突然に異常な成熟を遂げたけれどもその年齢においてはまだ幼年期にある科学を取り扱うに当たっては、どうしても避けられないのである。

(VIII-30-1)

このあとの「序説」第二章の残りの部分では、ⅠからⅣの項目のもとに、ステュアート「経済学」の四構成部分が紹介され、編者ハミルトンはそれぞれの項目に「人口」、「国富」、「貧民——その扶養」、「教育——犯罪の予防・犯罪者の更正・犯罪の処罰」という表題を付している。最後の「教育」に付された副題は、ステュアート教育論の力点を誤解させかねないものと思われるが[13]、それはともかくも、ステュアートは古代と近代の「経済政策体系」の根本的相違に言及しつつ、「人口」から「教育」の項目にいたる自然的流れと相互関連の指摘を「第二章」の課題とした。

ステュアート「経済学講義」は、結論的には「新しい学問」の体系的構築者としてアダム・スミスを称え、（詳細な点では諸批判を提出しているにせよ）その経済学（『国富論』）の基本思想を普及させることを自らの課題としていたが、スミスが、ヒュームやジェイムズ・ステュアートらの先行者たちの端緒的考察と展望とを消化し尽くした形で自らの体系を提示した結果、彼らの問題提起がはっきりとは読者には伝わらないようになっているのに対して、ドゥーガルド・ステュアートはむしろ、ほぼあらゆる主題、論争、理論、政策についての「起源」（ルーツ、もしくは最初の発案者・問題提起者）に関心を寄せ、今日の「経済学史・経済思想史」的アプローチを示すことを自分の課題としているように思われる。しかし、彼自身が述べているように、「学問史」第三部の内容としての「経済学」は、「歴史的・回顧的」接近よりも「前望的・予想的」側面に関心が払われたのである。のちにみるように、それは「精神哲学」との関連での「教育」の重視に連なるのである。

まず、「人口」と「国富」との関連については、とりわけヒュームとジェイムズ・ステュアートの端緒的問題提起が「経済学形成」の土台として取り上げられている。

この項目「人口と国富との関連における農業と商工業との比較」では、国民の生活様式と人類の漸進的改良への影響という点で、古代の政策体系と近代の政策体系とのあいだの顕著な差異（the striking contrast between ancient and modern schemes of policy）以上に注目に値するものはないように思われる。すなわち、前者は農地法という主題、および兵士という種族を維持し増殖することを主目的としたその他の拘束的で暴力的な手段によって、ものごとの自然的道筋を阻止したり変更するものであり、後者は（少なくとも、経済学の真実の諸原理 the true principles of Political Economy がいくらかでも進展をみせた国においては）農業と商業との相互作用を促進させることにより、人間生活の愉楽品を増大し、人間本性に属するすべての能力を開発し、人間の諸制度の不完全さが許す限りの範囲において、知識と文明の恵みとを社会のすべての階級に普及させるのである。（VIII-32-3）[14]

実際、近代ヨーロッパに自立の精神（the spirit of independence）を最初に生み出し、その若干の統治、とりわけわれわれ自身の統治のもとにおいて、古代の最も有名な国制のもとでみられたものよりも、ずっと平等な自由と幸福とをもたらしたのは、下層階級のあいだへの富の全般的普及である。（VIII-35）[15]

家内的奴隷が廃止された結果としての、古代の国民と近代の国民とのあいだの生活条件の相違についてはすでに言及された。また、その相違が生み出した影響は、どこよりも国富の源泉（the resources of national opulence）に対して最も顕著であった。土地は（少なくともヨーロッパのこの部分では）今やすべて、その生計を自分自身の勤労の成果に依存している人々によって耕作されているので、彼らの尽力の度合いは、彼らの欲求と必要とが増加することによってのみ、もしくは（ジェイムズ・ステュアート卿の表現によれば）「人々をして自分自身の情念と欲望の奴隷にさせる製造業と商業の作用によって」のみ、増大しうるのである。ここから、この独創的な著者が労働と勤労（*labour* and *industry*）とのあいだに非常な力点をおいて設定した重要な区別が生じてくる。「前者は」、と彼は述べている、「［それを担う］人に日々の生命維持手段を供与さえすれば、強制によってでも常に確保しうるのであるが、他方、後者を定着させるためには、勤労者の絶対的に必要なものにではなく、彼らの適度な欲望をみたすものに見合った適度な等価物を用意せざるをえない。また、この等価物は後で国民のすべての階級のあいだに余剰物に対する同様

な嗜好が広がっていくのを助長するようになる。」（VIII-35-6）(16)

以上の「下層階級の自立的な勤労」と「農・工・商業間の相互作用」の結果として、近・現代社会のメカニズム（the mechanism of modern society）は「諸部分の複雑な絡み合い」と「全体構図の外見上の単純性」を帯びるようになるが（VIII-37）、「このメカニズムから生じる重要な帰結」の若干のものとしてステュアートが「第二章」の「国富」のテーマのもとに提示したのが、社会全体への「貨幣の流通」に由来する「価格と貴金属量との関係」、商業・貿易活動の延長としての新大陸と新航路の発見、為替手形および各種の信用制度の創設、および、これらの商業上の「革新」（innovation）とりわけ公信用制度の発達による主権者たちの関心の移行（略奪的・暴力的政策から国民大衆の勤労と富の安全確保へ）である。この最後の論点に関してステュアートはヒュームの「文明化された君主制」論に言及しつつ、議論の展開を「新しい政治学としての経済学」と「教育」のほうに向けていく。

この非常に顕著な事実についての一部の説明は、印刷術によってすべての階級に知識が普及し、これが国民の啓発的精神のもとで支配者の抑圧に対する砦となったということに、確かに求めうるが、同様に、支配者と被支配者の真実の利害がいかに密接に関連しているかを、絶対君主の顧問たちにさえ納得させるところの、経済学に関するより正しい見解の影響力のなかにも多くの説明が見いだしうるのである。（VIII-44）

「第二章」末尾の「貧民」と「教育」は、貧民の起源（解放奴隷）への留意と女子教育への言及によって閉じられている。

われわれが現在考察中の［貧民・救貧問題としての］社会的混乱（disorders）は、より大きな混乱であった奴隷制度が廃止されたことに起因するのであり、それ以来この問題は、政治家に、立法の科学（the science of legislation）が提供する最も興味深く、同

時に最も解決困難な諸問題の一つを提示してきた。（VIII-48）

貧民の扶養はもう一つの主題と密接に関連している。すなわち、国民大衆に勤労と正しい道徳の習慣を身につけさせ、可能であれば、自分の国の法に背いた者の生活態度を是正させる手段のことである。この最後の点について刑務所と独房監禁の計画によってなされた試みは、現在の啓蒙された慈悲心（the enlightened benevolence）の名誉となるもので、それらの意図する立派で重要な目的をさらに効果的に達成するためには、おそらく多くの改良が可能となるであろう。……しかしながら、これらの害悪［犯罪］を根底的に矯正するためには、政府が社会の最下層にも及ぶ教化手段を提供しうるような体系的教育に関心を向ける必要がある。（VIII-49）

ベイコン卿（Lord Bacon［1561-1626］）の時代以来、科学と哲学において生じた変革が、（これまでほとんどの大学で行われてきたものよりも大規模に）学校教育計画においてそれに見合った変化を勧告していることは明らかなように思われる。なるほど、この教育観は、（人間知識の知的改良と進歩との関係で考えると）人間精神の哲学（the Philosophy of the Human Mind［= Metaphysics］）の固有領域に属するかもしれないが、同じ主題については、経済学の最も重要な目的と密接に関連する多くの観点も存在するのである。／他の多くの点に劣らず、この点でも、女性の教育は、（［人間の］早期の教育任務が大部分彼女たちの配慮に委ねられねばならないのだから）注目に値しないとは考えられないであろう。／実際、近現代の人類の生活条件を古代の人類のそれと区別する多様な状況のなかで、女性の地位と重要性以上に顕著なものはない。（VIII-55）(17)

ハミルトンによればこの「第二章」で、［「学問史」第三部収録予定「経済学」関連の］「文脈の最終的吟味と時折の変更」が終了することになる。この作業は「一八二三年の最近に至るまで続行された」ということである（VIII-56 editor's footnote）。このあと、二ページほどの断片が「実定法の二種類への予備的区分、およびこれらが経済学に対してもつ関係についての予備的考察」という表題のもとに「第三章」として掲げられているが、この配置はハミルトンによる「推測」であり、「学問史」との関連も明らかではない。[18]

第三節　「学問史」第二部末尾における「形而上学」

「学問史」第一部末尾で、「第三部」へのはるかな展望のもとに、一七世紀「自然法学」からの――スコットランド諸大学のカリキュラムへの影響を通しての――新しい政治学としての「経済学」の形成過程[19]を論じたステュアートは、「第二部」の末尾では「スコットランド形而上学」(Metaphysical Philosophy of Scotland) という表題のもとに、フランシス・ハチスンからトマス・リードまでの「スコットランド哲学」の流れを追うことにより、今日のいわゆる「スコットランド啓蒙」と「スコットランド常識哲学」の系譜をいち早く描き出すことになった。[20]「スコットランド学派」の系譜を追ったあと、ステュアートは「形而上学」という言葉の変化に触れ、新しい形而上学から新しい学問としての「経済学」が生まれてくる次第の叙述を「学問史」第二部の結語とした。

以上の考察のなかで、私に強い印象を与えたのは、ロックの『人間知性論』の出版以降、形而上学 (*Metaphysics*) という言葉の意味において、徐々に気づかれない程度に生じた大きな変化である。この言葉は、以前はスコラ学派の本体論と霊学の意味に用いられたが、現在では、多様な領域の人間知識の起源を、人間本性の基本構造の第一原理にまで辿ることをその目的にしているすべての研究の意味にも同様に用いられると理解されている。この変化は、ロックの後継者たちの哲学的研究において生じた変化によってのみ説明されうる。すなわち、中世暗黒時代の無益な抽象概念と細かな区別立て (the idle abstraction and subtleties) から、知性を耕作 (＝陶冶・育成) し、その機能と能力をうまく働かせることによって、人類の重要な諸目的に関する知識の習得

に役立つような諸研究への変化である。（I-475）

道徳諸科学の歴史的概観によれば（on a view of the history of the moral sciences）、形而上学的研究からもっとも離れていると思われるいくつかの学問において（たとえば経済学 the science of political economy において）なされたもっとも重要な歩みは、早期の抽象的瞑想の習慣（early habit of abstract meditation）によって自らの知的力能を働かせる訓練を身につけた人々によって成し遂げられたということが分かるであろう……ロック、バークリ、ケネー、テュルゴ、モルレ、そしてなかんずくアダム・スミスの名前が、ただちにこの見解の正しさを証明するであろうし、またこの「学問史」で形而上学と倫理学と政治学とを一つにまとめるに際して、私がことさら気まぐれな配列を採用したわけではないということも示すであろう。（I-476-7）[21]

形而上学的思考習慣の有益な結果が、まず経済学に、そして皮相な見解においてはこの思考習慣との関係が非常に薄いと思われる若干の他の科学において認められたということ、また知識の木の樹液の上昇が、目に見える変化が幹において感じられるのに先立って、こずえの端の幼芽の芽生えによって示されるということも、何ら驚くべきことではない。前世紀において改良がなされたことが全般的に知られている科学は、一般の観察にもっとも広範囲に公開されている科学であるが、形而上学において生じた変化は、これらの抽象的な研究に深い関心を寄せている少数の人物の注目しか引かなかった。しかしながら、つぼみの膨らみは、根［＝形而上学、精神哲学］が健全であることの十分な証拠を提供しており、また幹の成長が、たとえ遅々たるものであっても、時の経過とともに、葉と花の成長と同様に顕著になるという期待を助長しているのである。（I-483）

上記の引用で言及されている「形而上学的思考」としての「抽象的瞑想」や「抽象的研究」という表現は、ステュアートによれば、ベイコンとロックの研究方法を正しく継承した「スコットランド学派」に特徴的な「精神の解剖学」のことであるが、[22]「学問史」第二部の最終パラグラフは、この両者の思考方法の「実践的影響力」に触れることによって、「学問史」第三部「終章」（＝教育論）への展望の役割を果たしている。

これらの哲学者［ベイコンとロック］は、人類の前進的改良が、厳密な意味での推理能力の開発（the culture of the *reasoning powers*）からというよりも、最強の理性［＝推理能力］でさえ、ひとたび習慣によって固定されると、その永遠のとらわれの身となるあの人為的印象と連想とを、若いころに予防することから、期待されうるということを十分に知っていたように思われる。（彼ら以前の哲学者でこのことを認識していた者はいないであろう。）これらの印象と連想は、ガリヴァーを地面にくくりつけた細い糸に喩えることができる。それらは、知的能力の突然の行使によってではなく、よき教育の漸次的効果によって、ひとつずつ引き裂いていくことにより、克服されるのである。文芸復興以来、印刷術の発明と宗教改革とによって支えられて、この過程は全キリスト教世界において、ますます進行を早めている。しかしその結果が一般の観察者の目にも明らかとなったのは、主として前世紀を通じてであった。カトリック諸国においてさえ、ロックの著作によって切断された［拘束の］糸の何と多いことであろうか。人間精神がいつか将来享受する運命にある、あの道徳的自由を回復するまでは、まだ何と多くの糸が切断されずに残っていることであろうか。（I-484）

第四節　「学問史」第三部「終章」——“Georgics of the Mind”

われわれはようやくステュアートが「学問史」第三部用に準備し、ハミルトンが『ステュアート著作集』で初めて発表した「断片」に到着した。[(23)] この「断片」（＝「最終章」）は、ステュアートが「学問史」第一部と第二部で散発的に繰り返して強調した論点、すなわち「知識の普及に貢献する印刷術の役割」を、総括するという体裁をとっているが、それに先だって、「学問史」全体の展望を終えた形の叙述を以下のように示している。

> 私が今ようやくその試みを終えた歴史的素描は、次の一般的推定を十分に正当なものと認めているように思われる。すなわち、文芸復興から現在まで、知識と精神的啓発と相互的人間感情の拡大とにおける人類の進歩（the progress of mankind in knowledge, in mental illumination, and in enlarged sentiments of humanity towards each other）は、着実な歩みを辿ってきただけでなく、たえず加速しながら行われてきたということである。なるほど、特定の地域や時代の状況を加味して部分的にみれば、人間理性は、退歩とまではいかなくとも停滞という外観をくり返し呈してきた。しかし理性の進捗度合いが、より長期間にわたる尺度と、それが地球の表面を征服した範囲と速度とを記録するような尺度で測られるとき、科学と文明のおよぶ範囲は文芸復興以降、不断に拡大してきたと確信をもって断言しうる。……精神の潜勢力（*impetus*）は、ある場合には、そこを進んで行くだろうと思われているものよりも一層短くて平坦な道を自らのために勝ち取って押し進んでいき、ある場合には身を縮ませて、次の来るべき春のため勢力を蓄えておくのである。
>
> （I-487-8）

この「科学と文明のおよぶ範囲」に言及したステュアートは、「過去五〇年間」にみられた。この問題に関する「楽観論」と「悲観論」（文明衰退論）とを取り上げ、自らの支持する楽観論にはユートピア的「熱狂」の極端にまで走り、時代背景に不穏な影響を与えかねないものがあることを戒めている[24]。しかし彼の言いたいことは、部分的な誤謬が見られるからといって、それを含む正しい議論（真理）を全面的に放棄してはならないというもので、この点はすなわち彼の教育論に直結するものなのである。

以上の考察「ユートピア的熱狂的極端論への批判と戒め」は、しかしながら、われわれの実践的諸原理を形成するにあたっては、平静かつ冷静に理性を行使すべきだということを勧告し、またわれわれの最も崇高な道徳的感情によって刺激されている場合でさえ、われわれを想像力の指導に委ねることの危険性を例証しているけれども、真理に混ざり合っている誤謬のゆえにその真理を拒否したり、また、道徳性と宗教がともにしっかりと心に抱くことをわれわれに勧めているすべての希望を、公私双方の徳性にとって同等に致命的な、冷酷でわびしい体制の犠牲にするための理由を、何ら提供するものではないのである。

（I-498）

ステュアート「教育論」を支える「知識普及論」は、「印刷術」の効果の整理という形を取る。彼によれば「社会の改良を促す印刷術の効果」は、「知識の進歩を確保し加速させる効果」と、「下層階級への知識の普及を促進する効果」という二大項目にまとめられる。その第一項目は「確保」の部分と「加速」の部分に分けられ、第二項目への接続としては「偏見の除去」という観点に言及される。

まず「確保」については、彼自身の草稿の運命に触れているかのようである。

> 印刷術が、あらゆる学問的成果の複製を増加させることによって、これまでの諸発見のうち非常の多くのものをわれわれから奪った思いがけない出来事が反復される機会を相当程度にまで、というよりもゼロにまで減少するということは、十分に明白である。過去の世界史においてこのようにして引き起こされた知的労働の浪費は、想像するのさえ困難である。……この点で、印刷術の効果は、われわれの獲得した利益を少しも失うことなく、ときおり労働を中断させるような、機械の一時停止装置（*catch*）[25]の効果に喩えることができる。
>
> （I-503）

次の「加速」については、『国富論』の分業論に対抗して、自らの知的分業論が展開される。彼の「知識普及論」の一つの白眉でもあって、以下の三パラグラフは連続したものである。

> 知識の進歩は、科学的研究の数を増加し、文明化された全世界に思想の自由な交流（*free commerce of ideas*）を促進するという印刷術の効果によって、すばらしく支援されるにちがいない。この効果は、こうして真理の研究に携わる知識人の数だけでなく、

この増加した数の力に、労働の分割と配分に由来する力が加わることにも比例して、増大するのである。

スミス氏は『国富論』において、機械的技術における分業がどのようにして人間労働の生産力を増加させるのかを、実にうまい例証によって説明した。しかしながら、類似の操作から知識の追求において得られる利益は、比較にならないほど大きいのである。様々な個人は、一部は生まれつきの気質により、また一部は初期の教育によって、様々な学問分野に向かう。そしてここから、通常多様な才能（*genius*）と呼ばれる無限に多様な精神能力が生じる。これらの多様な才能は、多様な領域の人間知識のあいだでの関連性と類似性の結果、すべてが互いに役立つようになる。そして、それらの才能が生み出す産物が、印刷術によって、共同のストックに捧げられるとき、すべての人々の多様な知性は、生来のものにせよ獲得されたものにせよ、一つに結合されて巨大な機関（one great engine）となり、日々に募る力を伴って、人類の道徳的・政治的運命に影響を及ぼすのである。

しかし、機械技術における分業と、より純粋に知的な研究における分業とのあいだの主要な差異は、前者では少数で限定された数の諸個人が同一の計画を遂行するために協力することができるのに対して、後者では、最も離れた国民や時代において才能と勤労の発揮したすべての力が、印刷術によって結合されるという事実である。……現在地球上に存在している多くの人々にもたらされている幸福の追加分の何と多くのものが、その淵源をマルクス・アウレリウスの『自省録』に、孔子の金言に、またアテネの街頭でソクラテスの口から漏れた格言にまで辿れることであろうか。

(I-504-5)[26]

「偏見の除去」についてはとりわけ宗教的迷信が話題となる。

精神の改良は、たんに事実もしくは理論的結論の蓄積だけによって評価されるべきではない。誤謬の是正もしくは偏見の粉砕は、人間の幸福にとって、科学の拡大よりもしばしばずっと本質的に重要である。この最後の点［偏見の粉砕］については、ルターの宗教改革以降のヨーロッパのすべてのプロテスタント諸国で実に顕著な進歩があったことは疑いえない。そして、その理由の説明としては、真理から誤謬の混合物――中世ゴシックの長い暗黒期を通じて野心的な僧侶たちによって助長された、いい加減な連想から生じた誤謬の混合物――を洗い落とすという、知識の全般的普及の効果以外には考えられないのである。この進歩については、この島のわが北方部分［スコットランド］において、魔力の存在を世間一般が信じているという事態がごく短期間のあいだに速やかに消滅したという顕著な事例が見出される。（I-506-7）

既存の偏見を徐々に掘り崩していく印刷術のこの効果に対して、非常に強力に力を貸したのは、商業の進歩の結果としての下層階級への富の全般的浸透である。この補助的な状況がなければ、印刷術は不毛の発明であったにちがいない。というのも、人々が読書をするに先立って、彼らはまず知識への願望を感じなければならないからである。そしてこの願望は、ある程度の自立と富裕（a certain degree of independence and of affluence）とが獲得されるまでは決して強まることはないのである。（I-508-9）

この最後の論点（接続点としての「偏見の除去」）が第二項目（「下層階級への知識の普及を促進する効果」）に導くことになるのだが、この項目のもとではとりわけイングランドに対するスコットランドの優位が指摘されつつ、幼き精神の早期の耕作（開発・陶冶）の重要性が訴えられる。

この印刷術の発明に、それによってのみ世界の幸福に貢献しうる完全で普遍的な効力を与えるためには、下層階級が教育の初歩的部分に容易に接することができなければならない。とりわけ彼らが人生の非常に早い時期に読み方を教えられて、その後は、任務としてではなく、楽しみとして書物を利用することができるようにならねばならない。私が先ほど、商業によって生み出された富の全般的普及を、近代ヨーロッパを啓発するに当たっての印刷術に強力に力を貸した状況として言及したのは、このためであった。（I-510-1）

スコットランドの小作農のあいだには知識の基礎が全般的に普及し、これに対してトゥイード川の反対側の同じ階級では無知がはびこっているという事実は、次のことを決定的に証明している。すなわち、われわれのような社会状態においては、社会の一般大衆に初歩的教育の便益を広めるに当たって、印刷術を、商業の好都合な傾向の援助に支援された場合でさえ、完全に効果的にするためには、政府の側の何らかの干渉がぜひとも必要だということである。政府が体系的にかつ啓発的な原理に基づいて、大衆の教化とその精神改良にあたることによって、どれほど多くの成果が得られるかは、容易に想像しえないほどである。[27]（I–512）

特定の時代における人類の幸福は、その時代が学問の歴史に提供する材料によってではなく、知的享受能力がどの程度、一般大衆に伝えられているかによって評価されるべきである。この観点からすれば、過去四〇年間においてわが国（our own country）はどんなにすばらしい光景を提供したことであろうか。製造業者や農業者たちから構成される文芸協会（Literary societies）がわが王国（the kingdom）の様々な地方都市において出現し、ときおり彼らの共同成果を出版しており、また多数の女性の著者たちが、学問と趣味のあらゆる分野において、最も有名な同国の男性たちと卓越性を競っているのである。（I–516–7）

「スコットランド啓蒙」末期に、その全盛期の展望（回顧）と総括を委ねられた「道徳哲学教授」ステュアートは、そのよき伝統と偉大な成果（遺産）の継承・保存（整理）・伝達という重責を果たすとともに、とりわけ「将来への展望」としては、知識の一般大衆（下層階級）への普及という事態を重視し、早期における「精神の耕作（＝育成・農耕）」と、「よき印象」の注入（および「よき観念連合」による植え込み）に基づく公教育の必要性を訴えたのである。[28]「学問史」第三部「終章」の以下の結語は、彼の教育観を提示していると同時に、自らその制度化の任務を担った「スコットランド哲学」の特徴の開示ともなっている。

以上の考察から私は自然に、若干の現代の哲学者たちが、教育による偏見［教育による先入観の注入］（the prejudice of education）だとみなして、多くの場合これに見境なく示した熱狂的反感に由来する不幸な結果に注目することになる。この反感は、どんな問題に対しても自分自身の偏見のない判断を行使しうる各人の破棄しえない権利によって保証されている（と考えられてきた）。私には、この学説は極端にまで押し進められて、実際的結果において不得策（inexpedient）であると同時に、健全な哲学（sound philosophy）の諸原理とも矛盾しているように思われ、実際のところ、各人は自分自身の創意工夫（ingenuity）の発揮に頼って、必要で有益なすべての生活技術を再発明すべきだと提案していることに他ならないと考えられる。そもそも、自然が人類の進歩的改良を確保するように定めた計画は、どの継続的な世代も、将来世代の経験と知恵とを積み増すということに他ならないのではないか。したがって、この方法によって、誤謬の混合物が一世代から次世代に伝えられるに違いないにしても、もし両親と教育者たちが、子どもたちの幸福に役立つと自らの私的な判断によって考える事柄を、将来可能な諸発見と比べて、自分たち自身の時代の成果への不信から、子どもたちに教え込む［＝植え付ける］（inculcate）ことを拒否したとすれば、いったい人類はどのようにして、その知識や道徳を高めることができるのであろうか。とりわけ現代のような時代には、われわれの伝達する誤謬が長期間存続するのではないかと考える必要はない。恐れられるべき害悪は、［子どもたちに特徴的な］生来的で絶対的な信じやすさ（implicit credulity）ではなくて、世界のすべての時代の賢明で善良な人々によってこれまでにしっかりと抱かれてきた道徳的諸原理に対する全面的無視である。

（I–521–2）

参照文献

Bacon, Francis (1605/1859), *The Advancement of Learning*, in *The Works of Francis Bacon* edited by J. Spedding, R. L. Ellis, and D. D. Heath, London, 7 vols., in vol. 3.（服部次郎・多田英次訳『学問の進歩』岩波文庫、一九七四年）

Hume, David (1752/1985), *Political Discourses*, Edinburgh, in *Essays, Moral, Political, and Literary*, ed. by Eugene Millar, Liberty Classics,

Indianapolis.（田中敏弘訳『ヒューム政治経済論集』御茶の水書房、一九八三年）
Macintyre, Gordon (2003), *Dugald Stewart: The Pride and Ornament of Scotland*, Sussex Academic Press, Brighton, Portland.
Napier, Macvey (ed.) (1815-24/1989), *Supplement to the Fourth, Fifth, and Sixth Editions of the Encyclopaedia Britannica, With Preliminary Dissertations on the History of the Sciences*, in six volumes, printed for Archibald Constable and Company, Edinburgh, 1815–24, The Facsimile Reprint Editions by Meicho Fukyukai（「名著普及会」）, Tokyo.
Reid, Thomas (1990), *Practical Ethics: Being Lectures and Papers on Natural Religion, Self-Government, Natural Jurisprudence, and the Law of Nations*, edited with an introduction and a commentary by Knud Haakonssen, Princeton University Press, pp. [97–8], "Diagram II: The structure of Thomas Reid's basic course in philosophy, with the portion on practical ethics in detail".
Steuart, James (1767/1805), *An Inquiry into the Principles of Political Œconomy*, London, 2 vols., in *The Works of ... James Steuart*.（小林昇監訳『経済の原理――第一・第二編』名古屋大学出版会、一九九八年）
Stewart, Dugald (1854-60/1994), *The Collected Works of Dugald Stewart*, ed. by William Hamilton, 11 vols., reprint with an Introduction by Knud Haakonssen, Thommes Press, Bristol.
Stewart, Dugald (1811/1994), *Biographical Memoirs of Adam Smith, LL. D., William Robertson, D. D., Thomas Reid, D. D.*, Edinburgh, in *Works*, X.
Stewart, Dugald (1815, 1821/1994), 'Dissertation First: Exhibiting A General View of the Progress of Metaphysical, Ethical, and Political Philosophy, since the Revival of Letters in Europe', Part I, *Supplement*, vol. 1, 1815, pp. [1]–166, Part II, *Supplement*, vol. 5, 1821, pp. [1]–257. in *Works*, I.
Stewart, Dugald (1854/1994), 'Dissertation. Part Third: Progress of Ethical and Political Philosophy during the Eighteen Century. Concluding Chapter.—A Fragment,' in *Works*, I.
Stewart, Dugald (1855, 56/ 1994), *Lectures on Political Economy*. 2vols., in *Works*, VIII, IX.
Stewart, Dugald (1792/1994), *Elements of the Philosophy of the Human Mind*, [vol.1], London, in *Works*, II.
Stewart-Robertson, Charles (1987), 'The Pneumatology and Georgics of the Scottish Mind: An Inquiry into an Eighteen-Century Tradition,' *Eighteenth-Century Studies*, vol. 20, no. 3 (1987), 296–312.
Stewart-Robertson, Charles (1989), 'Thomas Reid and Pneumatology: the Text of the Old, the Tradition of the New,' in *The Philosophy of Thomas*

Reid, edited by Melvin Dalgarno and Eric Matthews, Kluwer Academic Publishers, Dordrect, Boston, London, pp. 389–411.（篠原久訳「精神のこの若きアスカーニウス――トマス・リードとニューマトロジーの亡霊」『関西学院大学　経済学論究』四一―四、一九八八年一月）

Wood, Paqul (2000), "Introduction: Dugald Stewart and the Invention of 'the Scottish Enlightenment'", in *The Scottish Enlightenment: Essays in Reinterpretation*, edited by Paul Wood, University of Rochester Press, NY, pp. [1]–35.

篠原久（一九八六）『アダム・スミスと常識哲学――スコットランド啓蒙思想の研究』有斐閣。

篠原久（一九八八a）「ドゥーガルド・ステュアートの道徳哲学――「自然法学」と「政治学」をめぐって」（田中正司編著『スコットランド啓蒙思想研究――スミス経済学の視界』北樹出版、第八章）

篠原久（一九八八b）「ドゥーガルド・ステュアートとスコットランド啓蒙思想――「経済学講義」をめぐって」『上ヶ原三十七年――久保芳和博士退職記念号』創元社、四七―七〇頁。

篠原久（二〇〇〇）「スコットランド道徳哲学」経済学史学会編『経済思想史事典』丸善

篠原久（二〇〇七）「スコットランド常識学派」日本イギリス哲学会編『イギリス哲学・思想事典』研究社。

注

(1)　スミス、ロバートスン、リードの追悼講演は「エディンバラ王立協会」でそれぞれ一七九三年、一七九六年、一八〇二年に行われ、それらの最初の出版が順次、一七九四年、一八〇一年、一八〇二年になされたあと、一八一一年に三伝記合冊本（*Biographical Memoirs of Adam Smith, LL. D., William Robertson, D. D., Thomas Reid, D. D.*, Edinburgh）が刊行された。この三伝記は、ジョン・ヴィーチ（John Veitch, 1829–94, セント・アンドルーズ大学論理学教授、のちにグラスゴウ大学論理学・修辞学教授）による「ステュアート伝」とともに『ドゥーガルド・ステュアート著作集』（後述）の第一〇巻に収録されている。

(2)　*Supplement to the Fourth, Fifth, and Sixth Editions of the Encyclopaedia Britannica, With Preliminary Dissertations on the History of the Sciences*, ed. by Macvey Napier, in six volumes, printed for Archibald Constable and Company, Edinburgh, 1815–24, The Facsimile Reprint Editions by Meicho Fukyukai（「名著普及会」）, Tokyo, 1989.

(3)　'Dissertation First; Exhibiting A General View of the Progress of

Metaphysical, Ethical, and Political Philosophy, since the Revival of Letters in Europe', Part I, *Supplement*, vol. 1, 1815, pp. [1]–166, Part II, *Supplement*, vol. 5, 1821, pp. [1]–257.

(4) 'Dissertation. Part Third: Progress of Ethical and Political Philosophy during the Eighteen Century. Concluding Chapter.—A Fragment,' in *The Collected Works of Dugald Stewart*, edited by Sir William Hamilton (11 vols.), 1854–60, reprint with an Introduction by Knud Haakonssen, Thommes Press, Bristol, 1994, vol. I, pp. 485–527. ハミルトンは『ドゥーガルド・ステュアート著作集』第八・九巻（「経済学講義」一八五五―六）の刊行直後に死去したので、残りの第一〇―一一巻はヴィーチによって出版された。

(5) 『著作集』第八巻所収の「経済学講義」序説は「経済学の対象と領域」と題され（Lectures on Political Economy. Introduction: Of the Objects and Province of Political Economy）、これにハミルトンは次のような脚注を付している。「これは、ステュアート嬢が作成した［草稿の］目次に挙げられている〈経済学入門講義・序説〉"*Introduction to a Course of Elementary Lectures on Political Economy*"（「編者公告」を参照）に対応するものと思われる［「編者公告」というのは、第八巻冒頭のハミルトンによるAdvertisementで「経済学講義」出版に至る経緯を説明したもの］。この部分は、余分の複写が取られていた結果として、目次に示されている他の原稿の運命［息子のマシュー・ステュアートによる父親の原稿の焼却］を免れたのである。その第一章は確実に、第二章もおそらく、後の段階になってステュアート氏によって、「学問史」第三部（*Third Part* of his *Dissertation*）に組み込まれることが意図されていたものである」（VIII-9 editor's footnote）。ステュアートによって出版が予定されていた「経済学講義」を含む多量の草稿は息子のステュアート大佐（Col. Matthew Stewart, c. 1784–1851）に委ねられたが、娘のマリーア（Maria D'Arcy Stewart, 1793–1838）はそれらの草稿のリストを作成し、慎重にもその一部のコピーを取っていたのである。最近の『ステュアート伝』によれば、ステュアート大佐の後年の精神異常（「妄想」）は、インド兵役時の罹病（梅毒）によるものである。Gordon Macintyre, *Dugald Stewart: The Pride and Ornament of Scotland*, Sussex Academic Press, Brighton, Portland, 2003, p. 233 & p. 311 note 39.『著作集』第八・九巻所収の「経済学講義」は、初期の草稿と学生の筆記ノートから合成されたものである。なお、「経済学講義」の概要については、篠原久「ドゥーガルド・ステュアートとスコットランド啓蒙思想――「経済学講義」をめぐって」（『上ヶ原三十七年――久保芳和博士退職記念号』創元社、一九八九年、四七―七〇頁）を参照。当該論文では「学問史」第三部との関連性は意識されていない。

(6) 篠原久『アダム・スミスと常識哲学』有斐閣、一九八六年、八八頁。Cf. スコットランド諸大学における「道徳哲学」担当者については、『経済思想史事典』（経済学史学会編、丸善、二〇〇〇年）「スコットランド道徳哲学」の項目を参照。

(7) Charles Stewart-Robertson, 'Thomas Reid and Pneumatology: the Text of the Old, the Tradition of the New,' in *The Philosophy of Thomas Reid*, edited by Melvin Dalgarno and Eric Matthews, Kluwer Academic Publishers, Dordrect, Boston, London, 1989, pp. 389–411. このステュアート＝ロバートスンの論文は一九八五年九月にアバディーン大

学キングズ・コリッジで開催された「トマス・リード国際会議」での冒頭講演（'This Young Ascanius of the Mind: Thomas Reid and the Spectres of Pneumatology'）を若干改訂して出版したものであるが、もとの「講演原稿」の翻訳が以下のものである。篠原久訳「精神のこの若きアスカーニウス――トマス・リードとニューマトロジーの亡霊――」『関西学院大学　経済学論究』第四一巻第四号、一九八八年一月、一一三―五九頁）

(8) この「第一章」という表示とそのタイトルは編者ハミルトンが付けたものである。

(9) 以下、VIII-17-8の表記で『ステュアート著作集』第八巻の一七―一八頁の引用であることを、また、傍点は原文のイタリックを示している。

(10) 引用文冒頭の「有能で公正な批評家」というのは、『エディンバラ評論』誌上（第二七巻、一八一六年九月）に「学問史」第一部の書評を寄せたマキントッシュ（Sir James Mackintosh, 1765–1832）で、彼はステュアートの教え子でもあり、恩師が果たせなかった「倫理学」部分の学問史を次の表題で『ブリタニカ』第七版（一八三〇年）に掲載した。'Dissertation on the Progress of the Ethical Philosophy, Chiefly during the Seventeenth and Eighteenth Century'.

(11) 「学問史」第三部の終章では、「一般化」の思考習慣を身につけていない「無規律な群衆の性急さ」が、「フランス革命から最初に生じた悲惨な事件」の原因にあげられている（I-520-1）。本章では「学問史」からの引用は、第一部と第二部をも含めて、『ステュアート著作集』第一巻所収のものによる。

(12) ハミルトンはこの「見出し」としての「第二章」（Chapter II）に次のような脚注を付している。「ステュアート嬢は自分が作成した複写に〈この部分以下はすべて古いものである〉（"All after this is *old*."）と書き記している。もし、このことによって彼女が、「講義」を「学問史」に改訂・脚色する過程」(the process of accommodating the *Lectures* to the *Dissertation*) が第一章で終わっているということを意味しているならば、それは明白な誤りである。その理由は次章［第二章］の少なくとも初めの部分から明らかである」（VIII-30）。なお、「経済学プロパー、すなわち第一部」とされているのは、ハミルトンが『著作集』第八・九巻に「経済学講義」を収録するにあたって、（広義の）「政治学」の後半部分をも「第二部、政治学プロパー、すなわち統治の理論」として掲げることになったからである。「統治形態論」講義は「道徳哲学［＝正規の担当学科］講義」の末尾で行われ、「経済学」講義はこれとは別の「独立講義」なのであるから、このハミルトンの処置は不十分な編集の一例と考えられる。

(13) ステュアートの力点は次のところにある。「これらの害悪［犯罪］を根底的に矯正するためには、政府は社会の最下層にもおよぶ教化手段を提供しうるような体系的教育に関心を向ける必要がある。／ヘンリ・ウットン卿（Sir Henry Wotton, 1568–1639）が正当にも雄弁に語っているように、〈よき法は人間社会の神経と靱帯であるとつねに称されてきたとはいえ、法は、その効果において、よき人間本性の支配にとうてい匹敵するものではない。というのも、自然の植樹と同様に社会的植樹においても、か弱い若木は、最初にしっかりと根付いていれば（過酷な天候に曝されたり、それ自身の柔軟性に由来する危険に陥るかもしれないが）、支柱とつっかいに支えられているので、他には必要なものはほとんどないのである」」(VIII-49)。引用文中の／は原文の改行。

(14) 以上の、ヒューム『政治論集』(*Political Discourses*, 1752) 冒頭論文("Of Commerce")の内容を彷彿させる文章のあと、同様な趣旨の以下の「引用文」が続くが、これは「経済学講義」本論でのステュアートの文章からのものである。「実際、近代の政策が古代の政策に勝る点は、主としてそれが、経済学の若干の最も重要な条項において、自然によって勧告されたものごとの秩序に一致していることに由来する。」(VIII-33, Cf. VIII-143)

(15) これと同じ文章が「経済学講義」本論(VIII-148)で見られる。

(16) ジェイムズ・ステュアートからの引用とされている「人々をして自分自身の情念と欲望の奴隷にさせる製造業と商業の作用によって」という文章はドゥーガルド自身のもので、より長文の正確な引用は「経済学講義」本論(VIII-156-7)に掲げられている。当該箇所はジェイムズ・ステュアート『原理』第一編第二一章(「第一編の要約」)からのもの(小林昇監訳『経済の原理——第一・第二編』名古屋大学出版会、一九九八年、一四一頁)である。またその次の引用も完全に正確なものではないが、ドゥーガルドの文章をそのまま掲げた。当該箇所は『原理』第二編第三〇章(「交易と勤労に関するさまざまな問題と所見」)からのもの(前掲邦訳、四一五頁)である。

(17) 「第二章」の結語は以下の通りである。「ある一群の理論家は、女性の天性の才能を過少評価し、社会制度における彼女たちの計り知れない重要性に注目せず、この時代においてさえわれわれの男性祖先(our forefathers)の偏狭な考えにしがみついている。他方、別の一群の理論家は、自然本性の向かう明白で見事な行き先を看過し、男女両性の本分と義務とを混同して、政治社会の秩序と、清潔で洗練された家庭的生活態度とをともに破壊している」(VIII-56)。なお二〇〇一年六月にヴァジニア州アーリントンのジョージ・メイスン大学で〈「一八世紀スコットランド学会」(ECSSS)・「国際アダム・スミス学会」(IASS)共同会議〉が開催され、その全体会議報告でジェイン・レンダルがフェミニズムの観点からドゥーガルド・ステュアートの教育論を取り上げていた。Jane Rendall, 'Adapting the Legacy; Gender, History, and Political Economy in the Work of John Millar and Dugald Stewart'. この「報告」の出版の有無については不詳である。

(18) 二種類の実定法というのは、「すべての様々な種類の政治社会に共通する、もしくは共通すべき」実定法と、「農業、商業、およびより洗練された生活技術[=製造業]においてある程度進歩した社会に特有の」実定法のことであり、「結婚の正規の手続きを設定する法」と、「所有権を正当化する法」とが第一種のものに、そして「市民生活の通常の取引と社会の様々な構成員の特定の諸利害を規制する法」が第二種にものに属するとされている。この「第三章」は結婚制度を非難する諸理論に言及していることから、前注(17)の引用分と関連をもつのかもしれない。

(19) この形成過程の素描については、篠原久「ドゥーガルド・ステュアートの道徳哲学——「自然法学」と「政治学」をめぐって」(田中正司編著『スコットランド啓蒙思想研究』北樹出版、一九八八年、第八章)を参照。

(20) 今日の「スコットランド啓蒙」に相当する「スコットランド哲

学」および（スコットランド）「学派」概念自体の、ステュアートによる確立過程については次の文献を参照。Paul Wood, 'Introduction: Dugald Stewart and the Invention of "the Scottish Enlightenment"', in *The Scottish Enlightenment: Essays in Reinterpretation*, edited by Paul Wood, University of Rochester Press, 2000, pp. [1]–35. ウッドによれば「学問史」で（スコットランド）「学派」という用語が使用されているのは、I-93, I-469の二箇所で（I-470では "the same school" という表現あり）、I-428のステュアートによる脚注では、ジュネーブの友人でスミス『哲学論文集』の仏訳者プレヴォ（Prévost）の "L'école Ecossaise" という表現がステュアート自身によって紹介されている。ウッドは『ブリタニカ』第八版（一八四〇年）の第一巻所収の「学問史」から引用しているが、ここでは『ステュアート著作集』第一巻の頁数を示した。なお「スコットランド学派」に関しては、篠原久「スコットランド常識学派」、日本イギリス哲学会編『イギリス哲学・思想事典』二〇〇七年を参照。

(21) この箇所にステュアートは以下の脚注を付している。「私の意図としては、次のこと、すなわち、経済学を科学という威厳のある地位にまで高めたこれらの著者たちの精神が形成されたのは、形而上学的な思考によってである、ということが認められれば十分である。」（I-477 footnote）

(22) 「形而上学」という言葉の意味の変化に言及した引用文に続いて、ステュアートは次のように述べている。「現在、形而上学という称号のもとに分類されている様々な研究を比較してみると、次の共通点以外の事実を突きとめることは困難だということがわかるであろう。すなわち、それらの研究はすべてその遂行にあたって、同じ種類の知力行使（mental exertion）を、つまり、精神がその注意力を内に向けて、その精神の作用と、その精神が意識する対象そのものに注目するところの（ロックが反省 *Reflection* と呼んだ）あの力の行使を必要とする、ということである。われわれの知的力能と活動的力能（our intellectual and moral powers）に関する研究においては、精神はそれが働かせる諸機能（faculties）に、もしくはこれらの機能を作動させる性向（propensities）にその注意力を集中するのである。形而上学者の学問領域に属する他のすべての研究においても、彼の推論の材料は、主として彼自身の知的内部資料（his own internal resources）から引き出されるのである。」（I-475–6）

(23) 「学問史」第三部の表題（「一八世紀における倫理学と政治学の発展」）にハミルトンは次の脚注を付している。「これは（二〇二頁［の「学問史」第二部での公告 Advertisement］で述べられているように）計画されたが、最終章の部分を除いては実行されなかった。［倫理学と政治学の発展にかかわる］諸傾向と諸帰結（*Tendencies and Results*）を含むこの最終章は今回初めて出版されるものである。印刷のもとになった草稿には次の指示が記されている。〈以下の頁は『百科事典』冒頭に付す私の「学問史」の終章となるよう意図したものである。――キニール［Kinniel ステュアートが晩年に過ごした地所］、一八一六年一一月。〉」（I-487）

(24) ユートピア的「楽観論」を示すものとして、コンドルセの『テュルゴ伝』からの引用が三頁にわたって引用されている（I-493–7）。コンドルセからの引用はステュアートの最初の著作『人間精神の哲学要綱』（*Elements of the Philosophy of the Human Mind*, 1792）においても行われ（II-236-7）、（フランス革命後の恐怖政治に連なる）当時はそのことに対して、スコットランド高等民事裁判所判事から、危険思想を広めるものとして批判がなされた。判事クレイグ卿のステュアート宛て（一七九四年二月一五日付）書簡がヴィーチの「ステュアート伝」に掲載されている（X-lxx-lxxii）。「学問史」第三部でのこの長文の引用は、自分の真意を読者に再確認させる手段であったのかもしれない。

(25) 前述注(5)のように、ステュアートの大量の草稿は、息子による「思いがけない出来事」によって、その「知的労働が浪費」されてしまった。

(26) 以上の機械的技術の分業では「工場内分業」が想定されているようであるが、「社会的分業」に関しては、以下のようにその効果がさらに一層強調されている。「農夫の粗末な毛織物の上着を提供するために役割分担をしている驚くべき数の技術に関してスミス氏が非常にみごとに述べた事柄は、農夫の比較的に備えの薄い知性の質素な備品（the homely furniture of his comparatively unfurnished understanding）に関して、よりうまく適合することが分かるであろう。前者の［スミスの］事例では、［貢献した技術を］数え上げるという試み自体が可能かもしれないが、ヨーロッパの現状での最下層の人々が、親の教育と、自分たちの周囲で行われている技術の観察と模倣とから無意識に得る、道徳、物理学、機械学、および博物学（＝自然誌）についての初歩的な諸真理を発見したり、それらを一般大衆の理解力になじませるために、その知見を結合したにちがいない人々の数についての最もかすかな概念でさえ、いったい誰が思い浮かべることができるのであろうか。」（I-506）

(27) 「イングランドでは、一般大衆がスコットランドにおけるよりもはるかに多くの動物的生活を満たす手段を享受していることは疑いえない。けれどもスコットランドにおいては、教区学校を確立させている基盤の結果として、字が読めない男女に出会うことはめったになく、ある程度字を書いたり計算することができないような者を見かけることはほとんどないのである。これに対してこの島の南方部分［イングランド］においては、字を読むことのできる者の数が全住民数に対して非常にわずかな割合しか占めていない教区が多くある。ヨーロッパの他のほとんどの部分においては（フランスも例外でなく）、この割合はおそらくずっと少ないであろう。」（I-511）

(28) 「経済学講義」本論の第二編（「国富について」）第一章（「生産的労働と不生産的労働について」）で、アダム・スミスの「生産的労働」概念の狭隘さを批判する過程において、ステュアートは、知的教育労働（および「才能の獲得に投じられる労働」）に言及して以下のように述べている。「私はこの機会を利用して次のことをどうしても付言せずにはいられない。すなわち、知性の耕作（the cultivation of the *understanding*）に用いられる労働は、具体的に明記しうる他のどんな労働よりも、（それが生み出す収穫において）農夫の労働に似ている。どちらの事例においても、人間の勤労の創造力（the creative powers of human industry）は、勤労の効果と、あの自然の賜物、すなわち物質的世界と同様に精神的世界においても、来るべき時節に春の労苦を、豊かに増大した収穫量で報いる、あの自然の賜物との結合に基づいているのである。／ベイコン卿が、いつもの比喩的な文体で、教育に「精神の農耕」（"*the Georgics of the Mind*"）という意義深い称号を与えたとき、彼が参照したのは明らかにこの類推であった」（VIII-287-8）。「精神の農耕」はウェルギリウスの『農耕詩』（*Georgicon*）に由来する。Bacon, Francis, *The Advancement of Learning*, edited by G. W. Kitchin, J. M. Dent & Sons Ltd. (Everyman's University Library), 1973, p. 154（服部次郎・多田英次訳『学問の進歩』岩波文庫、一九七四年、二六三―四頁）. なお、「スコットランド啓蒙」における「精神の農耕」の伝統をとりあげた論文に次のものがある。Charles Stewart-Robertson, 'The Pneumatology and Georgics of the Scottish Mind: An Inquiry into an Eighteen-Century Tradition,' *Eighteenth-Century Studies*, vol. 20, no. 3 (1987), 296–312.

第8章

文明社会と商業社会——『エディンバラ・レヴュー』からJ・S・ミルまで

川名雄一郎

しかし、つぼみのふくらみは根が健全であることの十分な証拠をしめしているし、幹の成長がたとえよりゆっくりとした過程であるとしても、葉や花の成長と同じくらい顕著なものであるという希望をもたせてくれる。

デューガルド・ステュアート(1)

第一節　はじめに

「為政者あるいは立法者の科学の一部門(2)」として一八世紀後半のスコットランドにおいて成立した経済学は、一九世紀になるとその展開の中心をイングランドに移すようになった。政策論争にもしばしば積極的に関与し経済学の理論的発展にも寄与しつつ、この時期のイングランドにおける経済学の展開に重要な役割を担ったのが『エディンバラ・レヴュー』であった。雑誌のタイトルからも推察されるように、『エディンバラ・レヴュー』の創刊に中心的や役割を果たした四人――フランシス・ジェフリ、シドニー・スミス、フランシス・ホーナー、ヘンリー・ブルーム――は、いずれもスコットランド、とりわけエディンバラに縁のある人々であった。ジェフリ、ホーナー、ブルームは、いずれもスコットランドに生まれエディンバラ大学でデューガルド・ステュアートに学んだ「彼の最良の作品」であった[(3)]。また、イングランドのエセックスに生まれ、オクスフォード大学ニュー・カレッジで学んだスミスは、牧師補となって赴いたネザラボンの郷士の息子マイケル・ヒックス＝ビーチに付き添って、一七九八年からエディンバラに滞在した折にステュアートの影響を受け、ジェフリ、ホーナー、ブルームとも親しくなった[(4)]。

『エディンバラ・レヴュー』創刊の経緯についてはいくつかの証言が残されている。それぞれが断片的であり、また事実関係についての不整合もあるが、クライヴの考証にしたがえば、おおよそ次のような事情であったと考えられている[(5)]。定期雑誌の構想を最初に抱いたのはスミスであり、彼は一八〇一年末から一八〇二年の早い段階でジェフリやホーナーにその構想について話していた。一八〇二年三月には、バックルー・プレイス一八番地にあったジェフリの家で話し合いがもたれ、この構想はより多くの人に共有されることになった。何度かもたれた話し合いのうち一回は天気の荒れた晩に行われた。また、この話し合いの過程で当初それほど積極的でなかったジェフリも構想に積極的な賛意を示すようになっていった。'*Tenui musam meditamur avena*' というものも提案されたが、最終的に採用されたモットーは '*Judex damnatur cum nocens absolvitur*' であった。

一八〇二年一〇月一〇日に発売された創刊号は価格五シリング、初刷七五〇部であった。売れ行きはきわめてよく、翌月には増刷され、一年以内にエディンバラだけで二〇〇〇部が売れたと言われている[(6)]。スミスが少なくとも最初の三号について編集者の役割を担ったが、その実務にはホーナーもしばしば積極的に関与した。当初から創刊メンバーとして認められていながら立場が微妙であったブルームが重要な立場を占めるようになるのは一八〇三年夏以降である。ジェフリが編集者になるのは第三号（一八〇三年四月）が出版された後のことであり、ブルーム、スミス、ホーナーはエディンバラを離れロンドンに活躍の場を移したものの、いずれも同誌の刊行に重要な役割を担い続けた。

創刊当時の細かい事情についてはまだ分からないことも多いけれども、スコットランドで当時の英語圏におけるおそらく最良の学問成果を身につけた若き俊英たちによって創刊された『エディンバラ・レヴュー』は、またたく間に評判を獲得し、商業的にも予想以上の成功を得た。同誌は、経済学に関していえば、「経済学文献のリーダーズ・ダイジェスト」と評される存在となった。(7)

本章の目的は、エディンバラ・レヴュアーとJ・S・ミルの議論を題材としながら、一九世紀前半のイングランドにおける商業社会（商業文明）をめぐる言説の展開の一端を眺めることで、この時期の経済学およびそれに関連する言説のなかに、スコットランド啓蒙の議論がどのような痕跡を留めているかを辿ることである。ただし、ここで一九世紀の思想家に対するスコットランド啓蒙思想の影響を確定することを目的としているわけではない。本章で試みられるのは、一九世紀前半のイングランドにおいて広く共有されていた商業社会という現代社会認識の枠組みと、それを対象とした学問としての経済学に対する彼らの理解を素描することである。

第二節　『エディンバラ・レヴュー』における商業社会論

近代に特徴的な形態とされる商業社会とは、政治形態の一類型ではなく――それだけが洗練された社会に適合するような一つの特定の国制は存在しない――、社会的行動のマナーや様式の総体のことであり、それはしばしば『文明』という新しいタームによって言及された。(8)

ジョン・バロウはこのように指摘したが、一八世紀スコットランドの啓蒙思想家から一九世紀イングランドのウィッグ思想家に受け継がれた重要な知的遺産の一つはこの商業社会という現代社会理解であったように思われる。商業社会は、通時的な観点からは、それまでの社会発展の帰結でありながら、それまでのあらゆる社会とも異なるまったく新しい形態の社会として理解され、共時的な観点からは、当時にあってはヨーロッパの一部の国のみが到達しえた社会であると考えられていた。通時的な観点に関していえば、エディンバラ・レヴュアーは、しばしば推測的歴史に示した消極的な態度にもかかわらず、そのようなアプローチによる歴史理解、すなわち、社会発展の四段階論に基づく野蛮な社会から洗練された文明社会への発展という歴史理解の枠組みを是認して自らの議論を展開していた。共時的な観点については、『エディンバラ・レヴュー』にしばしば掲載されていた旅行記に関する記事が興味深い素材である。

現実的なものであろうと潤色されたものであろうと空想的なものであろうと、また、実際に船に乗ってのことであろうと書斎のなかでのことであろうと、旅行は比較の学校だった。旅行者の報告は文化人類学や政治社会学の論考の先駆となった。西洋人は旅行によって自らの文化を他の文化に立ち向かわせることで、自らの文明の位置付けや人間性の本質を知ろうと試みるようになった。

ピーター・ゲイはこのように述べたが[(9)]、彼らの旅行記への関心もこのような啓蒙の精神を引き継いだものであった。旅行記は、それがもたらす多くの情報の重要性からだけでなく、『エディンバラ・レヴュー』が重視したさまざまな論点をふくんでいたという点からもきわめて重要な題材であった[(10)]。

彼らの旅行記にたいする態度は、ブルームの次のような言明からうかがわれる。

私たちは、旅行記は、それから得られる利点からして、よりありふれた気楽な著作よりも大いに注目に値するものであると考えており、それゆえ私たちは、〔旅行記を評論するという〕取り組みについては、ほかの文芸部門で指針としている選書についての厳格な基準を緩めることにしようと考えてきた[(11)]。

彼らはこのように旅行記がもつ意義を積極的に評価しつつも、それが持ちがちな欠点にも注意を向けていた。旅行記の著者はしばしば現地の言葉に精通していないので、議論の論証が十分になされていないことが多いし、著者が抱いている偏見は、彼らが注目する情報を限定的で不十分なものにしてしまうだけでなく、そのような限られた知識に基づいた見解を偏向のあるものにしてしまいがちであった。

私たちは完全かつ公平に外国を見ることはめったにできないし、私たちが見たものを偏見や不公平さなしに考察することすらほとんどできない。対象のもつ目新しさは、その対象が誇張されたり過小評価されたりすることに確実につながるし、未知の風習の目撃者はほとんどつねに、自分たちのものと違うからといって、それらを蔑むか比類ないほど優れたものとして賞賛しがちである。[12]

正確で有用な知識を獲得することにとって障害となってしまう偏見は、旅行や旅行記から得ることのできる利益を台無しにしてしまうものであったから、旅行記を評価する際の重要な基準の一つは偏見がどれだけ除去されているかであった。[13]

このように述べているからといって、実際に彼らの議論が偏見のないものであったとは言いがたい。むしろ、『エディンバラ・レヴュー』に掲載された多くの書評の論調を特徴づけているのは、未知の社会のあらゆる側面に対して示されている好奇心や、旅行記がもつ意義を積極的に評価しようとする態度にもかかわらず、それらの社会が西ヨーロッパよりも遅れた段階にあることを自明視し、それらにたいして好意的な見解をほとんど表明することなく厳しい批判の目を向けていたという事実である。たとえば、アジア諸国についての旅行記を論評したときに彼らがしばしば意図していたのは、中国やインドをはじめとするそれらの国の文明に対して好意的な見解をもっていたオリエンタリストにたいする反駁であった。ジェフリは中国に対する嫌悪感を隠さなかったし、[14]朝鮮旅行記を取りあげた論文のなかで次のような言明を残している。

未開の国家や遠く離れた国家についての議論にはいつもきわめて興味深いものが見られる。しかし、痛々しいものもほとんどいつも見られる。人々の状態はしばしばきわめて低い悲惨な状態にあるので、哀しみや嫌悪感の他は感情がわいてこない。また、外的環境がより良好なところでも彼らの道徳的状態が嘆かわしいものであることは、なお一層の不快な感情を抱かせる。残酷、二枚舌、好色、寛容のない争い、洗練や上品さのない放蕩、品のない残虐な迷信、法なき専制、生命や財産の絶え間なき不安定、子供じみた無思慮や気まぐれ、残忍な冷酷。これらが人類の約四分の三の人々の実像なのではないかと私は危惧している。(15)

自らの社会の優越性への確信をけっして失うことのなかった彼らの考えでは、ヨーロッパで実現している、「あらゆる人間の発明のなかでもっとも価値があり、その他の世俗的な恩恵の偉大な保護手段であり、あらゆる知的・道徳的改善の主要な原動力である」自由な統治は、偶然の結果ではなく、ヨーロッパ人がそのような制度の価値を理解しえたからこそ確立されたものであった。したがって、アジアでは確立されなかったこのような制度によって、ヨーロッパにおいて人民の自由の拡大や宗教的寛容や財産・人身の安全の確立などが実現してきたことは、制度や環境の相違よりも、アジア人とヨーロッパ人の先天的な相違に因るものであった。

私たちはこのようにして、少し躊躇しつつも、ヨーロッパ人とアジア人のあいだには性格や気質には生まれつき固有の違いがあると結論づけることになる。前者は、おそらく、寛容さや忍耐強い思考の能力という点で優れており、通常、より冷静で強い知性や、より理性的で節度ある確固とした道徳性をもっている。(16)

自分たちの属している商業社会(商業文明)への彼らの信頼は、スコットランド啓蒙から学んだ、野蛮な社会から洗

練された文明社会への発展という歴史理解の枠組みに依拠したものであった。アダム・スミスの有名な言明によれば、

商業と製造業は、それまでほとんどいつも隣人と戦闘状態にあり上位者に対して奴隷的な従属状態にあった住人たちに徐々に秩序と良い統治をもたらし、それとともに個人の自由と安全をもたらした。このことはほとんど注目されていないけれど、商業と製造業がもたらした結果のなかで最も重要なものである。[17]

エディンバラ・レヴュアーは、スコットランド啓蒙思想家による商業文明への高い評価を基本的に是認し、商工業の発展がその担い手である商業中産階級の富を増大させるとともに政治的影響力を高め、それに伴って人民の権利や自由が拡大されてきた過程に好意的に言及していた。[18] そして、商業社会を特徴づける重要な要因である分業は、ミラーの『イングランド統治史論』にたいするジェフリの書評のなかで次のように述べられていたように、それがもたらす悪影響にもかかわらず人々の境遇の改善に資するものとして理解されていた。

機械的労働の分業化は、視野をせばめ努力する範囲をせばめ、労働者をほとんど機械のようにしてしまうことで、能力を衰えさせる傾向を確実にもっており、下層階級の人々の性格にたいする直接的影響は間違いなく有害なものである。しかし一方で、これによって共同体の中間階級全体にいきわたる安楽や富裕は能力を涵養するための余暇や性向を自然にもたらすし、文芸や芸術作品にたいする大きな需要をつくりだす。同時に、それに刺激されて、そのような高等な部門に従事する制作者自身もよく知られた利点をもった分業を導入するようになる。中間階級の実例は少しずつそのすぐ下の階層に伝わっていくし、このようにして社会のあらゆる階層を感化し広まっていくことで公正で自由な感情がいきわたることは、単純労働が労働者にあたえる悪影響をある程度正すことに役立つのである。[19]

このジェフリの言明から明らかなように、彼らの商業社会に対する高い評価は商業の担い手としての中間階級にたいする好意的な見解と結びついていた。たとえば、中間階級に好意的に言及したホーナーの書簡にたいして、ジェフリは次のように返答した。

私たちの中間階級の人々がもつ富裕、知性、道徳性のなかに、自由な国制を作り出すか復興させるのに十分な要素の源泉があると考えることについては私もまったくあなたに同意しています。[20]

ただし、「人類の約四分の三」に比べて商業社会としてのヨーロッパ社会が優れたものであるという確信が揺らぐことはなかったとしても、ジェフリをはじめとするエディンバラ・レヴュアーの現代ヨーロッパ社会にたいする見解が全面的に肯定的なものであったわけではなかった。ジェフリの考えでは、

人口がある程度いて文明生活の様式がある程度に達しているあらゆる国では、最低限の生活をするのがやっとのわずかな収入のための労働に日々を過ごし、その当然のなりゆきとして、災難による困窮や苦難、人間の本性に起因する愚行や不道徳につねに陥りがちな人々は、残念ながら〔その存在を〕否定することのできない集団である。[21]

商業社会では、全体としてみれば富が増大し多くの点で改善が進みつつあったにもかかわらず、下層階級はその恩恵に与かることができていなかった。産業制度は過剰人口を常態化させ、貧困に苦しむ下層階級の増大を必然的なものにすらしてしまっており、[22]「社会のもっとも低い階層の労働者の快適さは、ほとんどの文明社会において、未開人の普通の生活に比してほとんど優越していない」[23]。このような見解をもっていたエディンバラ・レヴュアーは、スミスやファーガスン以来の、分業にともなう弊害を是正し下層階級の境遇の改善に資するものとしての教育の重要性にたい

する認識を共有していた。[24]

上述のように、ジェフリは分業の結果として自らを涵養するようになる中間階級という存在に言及し、教育によってこの階級のもつ徳が下層階級に広まっていくという期待を示すことで分業の好ましい側面に目を向けていたが、分業のなかでもジェフリがとりわけ関心をもっていた知の分業がもたらす影響についての彼の認識はアンビヴァレントなものであった。[25]

独創的な天才の時代、総合的で独自な思考の時代は終わった。……ベイコン、シェイクスピア、テイラーやフッカーの著作の代わりに、百科事典、地理学上の編纂物、多くの国家の史書、ドイツの著作家の作品が私たちにはある。……ある人は綿を赤く染める方法を改良することに生涯を費やし、別の人は誰も読むことのないカタログにごくわずかの昆虫を加えることに、ある人はいくつかのギリシアの合唱曲の韻律を確定させることに、ある人は判読困難なロマンス作品や古い農地関係書類の解読に、ある人は汚れた骨を地中から発掘することに、ある人は自分の教区にあるすべての城壁や丘について記述することに生涯を費やしている。別の五〇〇人も等しく自由で重要な仕事に従事していているが、それぞれの人は大部分、自分の分野以外のあらゆることについてまったく無知なのである。[26]

知の分業に着目することで、ジェフリは現代社会の状況をこのように描きだしたが、この文脈でジェフリが指摘したのは、デューガルド・ステュアートが論じたような知の分業がもたらす好ましい結果ではなく、[27] むしろ、このような知識の爆発的な増大にもかかわらず、それが個々の人間の向上に結びついていないのではないかという疑念であった。

現在では不幸なことに思想にかんするより深遠で抽象的な真理にいたる一般的な道も王道もなく、したがって、一般的な知識の進展が、過去四〇年間のように、それまでなかったような速さで増大していくことについていくことが多くの人にとって骨の折れることであるような時代にあっては、それらの真理は疑われたり無視されたりしがちである。[28]

彼の考えでは、分業が「その高等な部門から影響力、品位、重要性を損なうことなく、文芸に導入されることはありえない」のであった。[29]

第三節　一九世紀初頭のブリテンにおける経済学の位置づけ

再びバロウの指摘に立ち戻るならば、近代の商業社会の長所は本質的には統治形態には依存しないものであった。どのような統治制度のもとであっても、科学が指し示す原理に立法者あるいは為政者が従うならば、商業社会の長所は実現されえたのであった。[30] したがって、商業社会においては、立法者あるいは為政者に、そして彼らが従うべき一般原理を明らかにする経済学に積極的な役割が与えられることになった。ところで、バーンズが指摘したように、「立法者」という概念は二つの異なったニュアンスをもっていた。すなわち、創始者 founder としての立法者と、統治者 governor あるいは為政者 statesman としての立法者である。[31] 意図せざる結果の論理に着目しながら社会変動の理論を探求するなかで、スコットランド啓蒙思想家はおしなべていわゆる立法者神話を拒否していたが、彼らが拒否したのは、あくまでも創始者としての立法者であって、彼らの思想においては統治者・為政者としての立法者にはむしろ重要な役割が期待されていた。このような立法者は、たとえばジェイムズ・ステュアートの表現にしたがえば次のような人物である（彼は為政者と呼んでいる）。

〔「自由で独立している人々を利己心という直接的な動機によっておだやかに誘導し、一定の、終局的には彼らに固有の利益を目指した計画に同意するように」させるという」この運営の先頭に立つ者は為政者 statesman と呼ばれる。私は、彼が常に油断なく、自分の仕事に精励し、有能にして清廉であり、自分が治める社会に対して優しい愛情をもち、あらゆる階級の住民に対して公平で寛大であり、しかも個人的な利益への配慮が社会の繁栄と両立しない場合には、それを二の次にする人物であると想定する。[32]

そして、スミスによれば、それは「その熟議がつねに変わることのない一般原理に支配されている人」であり、「その合議が事象の一時的な揺らぎによって方向づけられる」為政者や政治家 politician とは区別される存在であった。[33]

立法者が従うべき「一般原理」を明らかにする経済学をスミスは「為政者あるいは立法者の科学の一部門」と呼んだが、スミスの次の世代にあたり、『エディンバラ・レヴュー』創刊者たちに大きな影響を与えたデューガルド・ステュアートは経済学に「政治社会の幸福と改善」を目的とするあらゆる理論としての立法の理論というより広い定義を与えた。[34] 立法の理論としての経済学は「どのような形態の統治のもとでも社会秩序を整えるはずの正義の原理と便宜の原理という普遍的原理」の研究であり、法学をその一部として含む一方で、統治形態の比較研究をおこなう「統治の理論」を除外したものであった。[35] ステュアートの考えでは、社会の幸福にとって第一義的に重要なのは経済制度であり、統治形態の重要性は二次的であった。人民の幸福にとっては政治的自由よりも、市民的自由の方が重要であるにも関わらず、社会秩序が政府の存在に依存していることから、統治の理論を立法の理論に先立つものとする考え方は自然なもののようにも思われがちであるが、実際にはそのようなことはない。統治形態の比較のためには経済学の知識が前提とされるが、異なった統治形態をもつ多くの国家にあてはまる一般原理をあつかう経済学は、統治形態に必ずしも言及することなく研究できると考えられた。[36]

ステュアートは、一般原理を扱う経済学が統治形態の変革を求める思想に結びつくことを恐れており、上述の学問的観点からとともに、現状に対する配慮からも統治の理論と立法の理論（経済学）を切り離し、後者を前者に先立つものとした。[37] 一九世紀初頭、ステュアートが経済学講義を行っていた時期は、フランス革命とそれに引き続いたナポレオン戦争によって、「一般原理」に対する反発が醸成されていた時代であり、フランス革命後には、スミスやミラーの議論も危険視される可能性があったし、実際に、ミラーの急進的傾向をより推し進めた彼の長男はその思想のためにアメリカに逃れることになったし、彼の教え子であったトマス・ミュアは急進的な改革運動に身を投じたことにより弾圧されオーストラリアに流罪になった。このような状況の中でステュアートはスミスの経済学（および経済学一般）に対する誤解を解くために多大な努力を傾注するとともに、現国制のもとで立法の担い手が一般原理に従って望ましい行動をする可能性を、多少の留保をつけつつも、楽観的に想定し、現国制の枠組みを基本的に擁護した。

けれども、同時期にステュアートとは違って、この点についてきわめて悲観的な見解に達していたのがベンサムであった。たしかに、ウィンチが指摘したように、ステュアートとベンサムの間には立法の重要性に対する理解など重要な点で親近性も認められるが、[38] のぞましい政策遂行を阻害するシニスター・インタレストを見出した後期のベンサムは、政治機構上の何らかの工夫がなければ、そのような政策は実現することはないと確信するようになり、そのような政策を保障する政体として「民主的支配」の確立を主張し、さらに民主的支配を実現する唯一の政体として代議制民主政を主張することになった。[39] ステュアートから多くの影響を受けていたジェイムズ・ミルは、おそらくミラーによって国制論への関心を喚起され、それにベンサム的な急進主義の装いを施したと言うことができるだろう。

経済学という体系はエディンバラ・レヴュアーの社会認識にとって決定的であった。一八三〇年に『エディンバラ・レヴュー』にマコーリーが発表した「サウジーの社会についての対話」は商業社会への信頼を明瞭に表明したものであったが、興味深いのは、彼がサウジーを批判するなかで、サウジーに経済学の知識がまったく欠けていることに言及し、このような欠点が彼の現代の商業社会にたいする理解に誤謬をもたらしていることを指摘していたことである。[40] このことは、彼らの商業社会の長所にたいする認識が経済学によってもたらされ、あるいは科学的な根拠をあたえられていたことを示唆しているだろう。

エディンバラ・レヴュアーにとっての経済学とは、フォンタナによれば、次のようなものであった。それは、第一に、単一の理論というよりは分析とも呼ぶべき商業社会（あるいは市場社会）についての体系的な考察であった。この点に関して彼らの議論は、社会の変化はさまざまな生産様式が継起的に出現する形態によって特徴づけられるという、推測的歴史による歴史的進歩の観念に基づいていた。そのような歴史的変化の結果として実現した商業社会は、分配の不平等などの欠点などにもかかわらず、大多数の人に富と政治的自由を普及させたという点で、それまでのどの社会とも異なったまったく新しい、そしてより優れた社会であるという確信に裏打ちされていた。そして、市場経済は科学的法則によって支配されているから、それを理解することは可能であるし、社会状態をより好ましい状態に引き上げるためにはこの知識が不可欠であるという考えから、市場についての科学的理解がきわめて重視された[41]。このことが第二の点に関係するものであり、彼らにとって経済学とは、国家の繁栄や貧困の原因について研究する統治の科学の一部門として市場自体について研究する、より限定された科学的知識の体系を意味していた。リカードの『経済学と課税の原理』できわめて抽象的で洗練された形で展開され、『エディンバラ・レヴュー』においてそれにたいする好意的な書評を発表したマカロックがその普及者とみなされてきたのは、このような意味での経済学であった。

これらの二つの側面をもつ経済学を一九世紀に伝える上で決定的な役割を果たしたステュアートが行った経済学の独立講義という試みは、（その定義がどのようなものであったとしても）経済学が法学や政治学などの隣接分野から独立した研究分野となりうることを制度的に表現したものであった。そして、それがもっていた重要な含意の一つ――それはスミスにまで遡ることができるし、後の思想家がどのように受けとめたかは様々であったが――は、経済学の原理の普遍性というものであった。この原理の普遍性という主張が「科学化」というこの時期のさまざまな学問を特徴づける大きな動きと結びついたのが、この時期の経済学の特徴の一つであったということができるだろう。

社会状況に目を転じてみれば、一八世紀終盤から一九世紀初頭にかけて、すなわちフランス革命からナポレオン戦争の時期にかけての国際・社会情勢の急激な変化は食糧問題や貧困問題といった新しい政治的課題を生み出していた。

それは、立法の科学や経済学の変容をうながし、経済学という学問の伸張、独立科学化をもたらす契機となったし、ブリテンの統治構造や政治過程に実質的な変化をもたらした。重要な変化は、王立委員会や特別委員会といった専門委員会の重要性の増大（政策決定過程における専門知識の重視）や、議会の立法機能の拡大、言いかえれば、行政府のチェック機関から実質的な政策決定機関への変質である。一九世紀の思想家が好んだのは、「立法者の科学 science of a legislator」ではなく、「立法の科学 science of legislation」という表現であったが、議会の立法機能の拡大は、「立法者」から「立法」への用語の変化に象徴されてもいるだろう。

このような変化の過程に関して、一九世紀初頭の経済論争におけるスミスの議論の位置づけは興味深い。ナポレオン戦争がもたらした様々な新しい経済的・社会的問題に有効な処方箋を提示することを目指して、経済学が対象領域を狭めつつ理論的洗練を遂げていく過程で、スミスの理論も批判を浴び修正を余儀なくされていったが、このような状況にあっても、自然的自由の体系としての経済学の創始者としてのスミスへの敬意が失われることはなかったし、その名前のもつ魅力は圧倒的であった(42)。ブルームにとって、スミスは「個人の利害という偉大な原理、すなわち、重力が天体を支配しているのと同じように、〔社会〕体系全体を関係づけ保持しているような力」の発見者であったし(43)、ジェイムズ・ミルに言わせれば、「スミス博士の名声はきわめて高いので、彼の著作の中に欠点を見出すことが虚栄心を満たすための目的となっている」のであった(44)。

議論のスタイルについても、スミスは後の思想家がしばしば言及することになる一つのモデルを提供していると考えられていた。第一に、アプローチの仕方（方法）についてであり、第二に、理論と応用の関係についてであった。第一の点に関して言えば、彼の方法は人間本性認識からの演繹的推論と、経験的（歴史的）事実からの帰納的推論という二つのアプローチを結びつけたものとしてしばしば好意的に言及された。ここで想起されるべきなのは、スコットランド啓蒙の文明社会史を特徴づけるアプローチの一つである「推測的あるいは理論的歴史」である。フォーブズが述べているように、推測的歴史の方法は人間本性認識からの推論によって歴史を描くという点で演繹的なものであった(45)。

それは、あらゆる社会や統治における進歩を「その社会に固有な状態や状況によって作りだされるある種の自然的進歩」とみなし[46]、特殊性や偶然性も視野に入れており単純な決定論ではなかったものの[47]、歴史的変化の法則性や普遍性の発見を重視する決定論的な議論として受け止められることも多かった。たとえば、ジェフリは、ミラーの議論における人為を越えた社会の歴史的変化への着目のなかに意図せざる結果の論理よりも歴史における個人の役割や偶然性を軽視した決定論的な傾向を読みとって、次のように述べていた。「法律、統治、言語、技芸、科学、習俗についての彼のあらゆる思索における主要な原理は次のようなものであった。すなわち、恣意的な、あるいは偶然の要因によって作り出されるようなものはないということ。いかなる重要な変化や制度、習慣、事件も、ある個人の努力やある国家の性質や性向、偶発的な性格や、特異な英知や愚考に帰すことはできないということ[48]」。

推測的歴史は一九世紀に入ると影響力を失っていくが、このような演繹的色彩の強い推測的歴史とともに、『国富論』を含めた彼らの議論にはヨーロッパ史というべきジャンルに属するより実証的な歴史的議論があって、この歴史論の意義が見失われることはなかったように思われる。エディンバラ・レヴュアーは、スミスをはじめとするスコットランド啓蒙思想家たちが示したこれらのさまざまな歴史叙述を基本的に是認しながら、商業社会論を展開していたのである。

演繹的方法に関する問題については、リカードの周辺の経済学者の見解を確認しておくことも有用だろう。穀物法論争や地金論争において経済理論家としての頭角を現したリカードは、『経済学と課税の原理』(一八一七年)によって、当時の経済学界において一躍抜きん出た存在となった。リカードの影響は当時の経済学界において圧倒的なものとなり、理論の洗練度の高さで同時代にあって群を抜いていたその議論は、「あたかも異教審問所がスペインを支配したのと同じように」一九世紀前半のイングランドの経済学界・政財界を支配した[49]。

リカードの影響力の大きさは、彼の経済学を特徴づける演繹的・幾何学的アプローチや自由放任的な政策的含意といった要素が(特に経済学批判者によって)経済学という一般名称に結びつけられ、リカードの議論にたいする反発が経済学そのものへの反発に直結するという現象を引き起こしたことにも表れているだろう。ただし、リカードの権威のもとに集った経済学者がすべて、リカードの演繹的推論という方法を無批判に受容したわけではなかった。たとえば、リカードの弟子と呼ぶのにふさわしいであろう経済学者の一人であるマカロックも、リカードの演繹的アプローチに全面的に賛成していたわけではなかった。[50] この点に関連していえば、彼にはリカード経済学の普及者という側面だけでなく、スコットランド啓蒙以来の経済学の伝統の担い手という側面があった。商業社会論としての経済学は、スミスからステュアートへ、そして『エディンバラ・レヴュー』創刊者へ、さらにマカロックをはじめとする次世代のエディンバラ・レヴュアーに継承されていったということができる。[51]

ステュアートは、社会事象の研究は観察に基礎づけられた形での人間本性の原理からの演繹による「理論的な」研究でなければならないとしていた。ステュアートの考えでは、過去は「未来についての私たちの推測の賢明さ」とくらべて案内役としては劣っているし、それまでのどの時代とも違った、まったく新しい商業社会としての現代社会においてはなおさらであった。[52] ステュアートは次のように述べている。

> 簡単にいって二種類の政治的推論がある。それらのうち一つは、人類の実在の制度を結論にとって唯一の確実な基礎とみなし、すでに実現されているものに倣っていないあらゆる立法の計画を空想的なものと考える。もう一つのものは、多くの場合、私たちは時代の特殊な状況と組み合わされた形での人間本性の既知の原理から支障なくアプリオリに推論することができると考える。[53]

彼は、政治学は後者のアプローチに基づくものでなければならないとしたが、そのことによって経験の役割をまったく無視したわけではなく、過去や現在に存在した政治形態の観察に基礎づけられた形での「理論的な」研究でなければならないということを主張した。

よくなされていることであるが、経験と理論とをあたかもお互いに反対のものであるかのように対比させることほど本当にばかげたことはない。理論がなければ（あるいは、別の言い方をすれば、多様な現象を賢明に比較することから引きだされる一般原理がなければ）、経験は分かりにくくて役に立たない指針である。一方で、適切な理論（同じようなことが観察されることで、多くの類比によって裏づけられ、それは仮説的な理論にまでなる）は、関連するしっかりと確認された事実についての、単なる経験主義者がもっているであろうよりもはるかに包括的な知識を必然的に前提としている。[54]

このようなステュアートの見解はマカロックによっても支持されていたし、そのマカロックにとってスミスの議論のスタイルは模範とすべきものを含んでいた。彼は一八二八年にスミスの『国富論』の新版を編集したが、その序文で、経済学と歴史叙述が見事に結びつけられている点を『国富論』の長所として指摘し、そこに経済学のあるべき姿を求めた。彼は「事実と経験からの推論にもとづく科学がなしうるものと同じくらい多くのものを確実にその〔『国富論』の〕結論に認めることができる」と指摘し、次のように述べた。

富の生産、配分、消費を決定する法則についての真の知識に到達するためには、経済学者はきわめて多くの表層から素材を引き出さなければならない。彼はあらゆる異なった状況に置かれている人間を研究しなければならない。彼は、社会、技芸、商業、文明の歴史を、そして、哲学者と旅行者の著作を知らなければならない。つまり、文明の進歩を促進したり阻害したりする要因を明らかにするであろうすべてのものを知らなければならない。[55]

マカロックはリカード記念講義をもとにした『経済学論』（一八二四年）において帰納的アプローチと演繹的アプローチを併用する科学という経済学観をしめしており、[56]この点についても、オブライエンやフォンタナが論じたように、マカロックの経済学やその方法にたいする見解は、リカード的というよりもスコットランドの伝統に棹差すものであった。[57]彼らにとって方法論上の重要な問題は、演繹か帰納かという二者択一的なものではなく、二つのアプローチをどのように組み合わせるかという点にこそあった。[58]この問題は次の世代にも引き継がれ、J・S・ミルが取り組んだのは、経済学やその関連分野の領域規定の問題とともに、それぞれの科学において演繹と帰納という方法をどのように組み合わせるかという問題であった。

先に述べたようなスミスへの郷愁にもかかわらず、第二の理論と応用との関係という点に視点を移せば、リカードの議論に代表されるような、理論としての経済学の領域の縮小化がこの時期の経済学を特徴づける一つの大きな動きであったことは否定できない。先に述べたように、スミス以降の経済学は個々の経済政策論争に積極的に関与し、政策決定過程に直接・間接の影響力を行使するようになり、その結果として、個々の論点に対してより洗練された理論的回答を用意することにも成功するようになっていたが、逆説的なことに、そこには理論と応用の分離というこの時期以降の経済学がしばしば強調するようになった動きの兆候が現れてもいた。経済学は「民衆と主権者との双方を富ますことを目指している」というスミスの言明、[59]あるいは「政治社会の幸福と改善」を目的とするあらゆる理論というステュアートの言明と比較すれば、リカードの次のような言明は、この時期の経済学が向かいつつあった一つの方向をはっきりと示していた。

セイ氏がはっきりと述べているように、助言は経済学者のすることではない。彼はどのようにしたら富裕になるかについては述べるべきだが、怠惰よりも富を選ぶべきだとか富よりも怠惰を選ぶべきだとか助言するべきではない。[60]

このように述べていたリカードの『経済学と課税の原理』は対象を限定しており、そこにはスミスの『国富論』第五篇のような議論はないし、課税論は、課税は必要悪であるという観点から、「干渉が絶対的に必要な」ケースに限られていた。リカード以上に経済学を道徳哲学や政治科学に近いものとみなしていたマルサスの『経済学原理』(一八二〇年）にすら、スミスのような議論を全面的に展開したパートはないし、リカードの課税論に比するような議論すらなかった。この時期に科学としての経済学は、どれほど立法に有用であったとしても、ステュアートが定義したような「立法の科学」という包括的な学問ではなくなりつつあった、あるいは、少なくともそのような包括性を志向することはなくなりつつあったということができるだろう。[61]

第四節　J・S・ミルと経済学

J・S・ミルが「経済学の定義と方法」（一八三六年）において科学としての経済学の定義を試みたのは、このような経済学の「科学的精緻化」の過程においてであった。彼が科学としての経済学の定義を試みたときに念頭においていたのは、フォンタナが指摘した経済学のふたつの側面のうち後者の、より狭義の意味での経済学であった。[62]「経済学の定義と方法」で彼は、それまでの経済学者の経済学観をとりあげて批判的に検討している。

たとえば、彼はスミスを次のように批判した。『国富論』におけるスミスの経済学観は、「国家がどのようにすれば豊かになるかを教えている」というものであり、それは科学とアート（応用）を混同している。経済学が科学であるとすれば、それは実用的な規則の集合ではありえない。実用的な規則は科学ではなく科学から引き出されるものであるから、「ある国の富を増大させるための規則は科学ではなく科学の結果である。経済学はどのようにすればある国を豊かにすることができるかを教えはしない」[63]。彼の考えではスミスの認識は不適切であり、科学としての経済学の定義はより狭いものでなければならない。

それでは、「富の生産、分配、消費を規定する法則を教える科学」という狭い定義はどうだろうか。これは科学とアートを区別している点で上記の定義の誤りは逃れていたけれども満足いくものではなかった。この定義における富という用語は曖昧さをのがれていない[64]。富の生産に関する法則は、化学、力学、地質学といった自然科学全般に関する法則と心理学的な法則の両方を含んでいるからである。自然科学の法則は経済学の扱う対象ではない。それゆえ、富についてのどのような法則を扱うかが限定されなければならない。

それでは、そのような限定を含んださらに狭い定義――「人間本性の法則に依存するかぎりで富の生産と分配をあつかう科学」や「富の生産と分配についての道徳的あるいは心理的法則にかんする科学」という定義――はどうであろうか。ミルの考えでは、それすらも完全なものではなかった。なぜなら、経済学は人間のあらゆる状態における富の生産と分配を取り上げるわけではなく、社会状態と呼ばれる状態におけるもののみを扱うからである[65]。

こうして、ミルの議論にしたがえば、経済学が関心をもつのは、人間本性のうち「富の所有を欲し、この目的の達成手段がもつ相対的有効性を判断できる存在」としての側面のみであるとされ、経済学は「富の追求の結果として生じるような社会状態の現象について述べる」に過ぎないものとされた。したがって、経済学は次のように定義されなければならない。

富の生産を目的とする人間の作用の結合から生じる社会現象の法則を、それらの現象が他の目的の追求によって修正されない限りにおいて探究する科学[66]。

「簡素で貧弱」で「大衆的尊敬や政治的権威の候補にはなれそうにはなかった」としても[67]、これがミルの満足した経済学の定義であった[68]。

たしかにエディンバラ・レヴュアーは経済学の科学化が視野狭窄をもたらしていることに対して批判的であったが[69]、そのような視野狭窄の傾向に抗し、スミスの『国富論』に匹敵する広がりをもった議論を提示したのは、『エディンバラ・レヴュー』陣営の思想家ではなかった。政策論争において、「リカード経済学の推進役」としての『エディンバラ・

レヴュー』の果たした役割がどれほど重要であったとしても、その議論は体系性にはほど遠いものであった。[70]一八二〇年代の『エディンバラ・レヴュー』の経済学の中心的存在であったマカロックは独創的な経済理論を展開するようなことはなかったし、『エディンバラ・レヴュー』は経済学の理論的発展において主導権を握るような立場から徐々に退きつつあった。一八二〇年代から三〇年代に経済学を自らの陣営に引きよせつつあったのは哲学的急進派であり、スミスに匹敵する広がりをもった議論は、このグループの正統な後継者として育てられてきたJ・S・ミルによって示されることになった。[71]

彼が一八四八年に『経済学原理』を出版した時に理想としたのは、リカード、マルサス、マカロックをはじめとする一九世紀の経済学者たちの『経済学原理』ではなく、七〇年以上前に出版されたスミスの『国富論』であった。彼が自らの『原理』によって目指したのは、近年の著しい理論的進展を踏まえた上で、『国富論』の現代版を提供することであった。科学としての経済学という観点から科学とアートを混同した著作として批判された『国富論』が、今度はむしろその特徴ゆえにミルの高い評価を得ることになったのである。彼の考えでは、「偉大で美しい著作」である『国富論』の長所は「原理とともに応用を教える」という点にあった。[72]

その著作のもっとも特徴的な、そしてその主題の一般原理の単なる解説としては遜色がないか、あるいは優れてさえいる他の著作ともっとも異なっている特質は、それがつねに原理と応用を関連づけていることである。これは、抽象的理論の一部門としての経済学に含まれているものよりも広範囲の思想や議論をおのずから意味している。[73]

経済学の科学的精緻化という流れに掉差し、科学としての経済学を非常に狭く定義した彼が実際に『原理』で意図したのは、そのような定義を踏まえたうえでの、経済学のみにとらわれない視野の広い議論であった。彼の『原理』の副題「社会哲学への若干の応用とともに with some of their applications to Social Philosophy」には、そのような意欲がはっきりと示されているし、この副題は近い世代では、リカードの『原理』よりも、「実際的適用という目的を考慮しつつ considered with a view to their practical application」という副題をもつマルサスのそれを想起させるだろう。科学としての経済学の狭い定義を放棄することはなかったものの、「社会哲学への応用」ということによって、スミスやステュアートが経済学として行おうとしていたきわめて視野の広い包括的な議論に立ち返ろうとしたのであった。

ミルの一八三〇年代半ばから一八四〇年代初頭にかけての思索の成果が惜しみなく盛り込まれた『論理学体系』や『経済学原理』などにおける、科学としての経済学という領域にとどまらない社会理論の試みは、経済学を下位部門にもつより高次の科学として追求されたものであり、彼にとって、その科学は、社会の歴史的変化の法則を明らかにし、統治制度の発展や存続のための社会的条件を明らかにすることを目的とした商業社会（商業文明）論でもあった。

一八三〇年代初頭以来、ミルは政治学者・経済学者の過度な普遍性志向に批判的になり、政治・社会制度について相対主義的な態度を表明するようになっており、そのような見地から、社会の多様性を比較分析する必要性を強調するようになっていた。たとえば、一八三五年に書かれた「アメリカの社会状態」では、社会の相対性を認識する際に重要な役割を担う経験知識の源泉として歴史書と旅行記を挙げて、アメリカを題材にしつつ、社会状態の個別性と国民性との関連についての議論を展開していた。[74]

他方で、彼は多様な様態を示す様々な社会に共通する現象を「文明」というタームによって理解することも試みていた。一八三六年に発表された「文明論」においてミルは「中産階級の成長という言葉」のもつ重要な含意に関心を向け、[75] 同時代のあらゆる事象を中産階級の成長ということに結びつけて説明することを試みた。彼の考えでは、未開状態と反対の状態という意味での文明の特徴は、定住が進み人口が稠密なこと、農業や商工業が発展していること、人々が共通の目的のために協力して社会的交流を享受していること、社会成員の身柄と財産を保護する制度が確立していることなどであった。このような理解に基づいて、彼は財産・知識・協力する力の三つの要素が大衆（とりわけ商業中産階級）へと普及していることに文明化の原因を求めた。[76]

この時期のミルは、商業精神のもつ含意を文明という概念と関連づけつつ、財産や知識や協力する力の普及といった文明の肯定的な面だけでなく否定的な面についても議論を行っていた。文明の進展の過程で、個々人は他の人間と協力しあい助け合うことを学び、また文明が進展にあわせて改善されてきた社会制度への依存の度合いを徐々に強めていくことによって、個人が自立する必要性は確実に減少していく。中産階級の否定的な特徴はこのような傾向と関連づけて理解することができる。社会制度への依存の度合いを強めることによって、個人の活動的な性格を呼び起こすような誘引は失われ、彼らの性格は穏和なものになる。そのような誘引が残されているとすれば、それは富への欲望だけになる。これが文明社会において人々が労力を金儲けに集中させがちになってしまうことの理由であった。特に中産階級は富を追及することに彼らの活力を注ぎ込むことになり、すでに十分な富をもっていてそのような動機に乏しい貴族階級の活力は絶えていくことになる。

このような金銭崇拝の傾向は、金儲けのための詐欺的行為などを誘発することで、社会の道徳的腐敗をもたらすことになる。そして、知識人の世界すらもこのような社会の商業化の影響からは自由ではありえない。文学は売り上げを伸ばすために大衆に迎合するようになり、「流行っている意見を単に反映したもの」にすぎなくなる。売り上げのために作品の質が犠牲にされ、当座の楽しみのために熟考することが犠牲にされる。その結果として、優れた個人の影響力は減退していく。(77)

このように、彼は商業精神のもたらす腐敗の問題を文明という概念と関連づけて理解しており、したがって、彼が「文明社会」と「商業社会」という用語を互換的に使用していることは用語法上の混乱ではなく自覚的なものであったことは明らかである。「トクヴィル論［2］」で彼は次のように述べている。

トクヴィル氏がデモクラシーに帰している全ての知的な影響は中産階級のデモクラシーのもとで生じている。(78)
トクヴィル氏がアメリカ人のなかに見出し、私たちが現代のイングランド人の精神のなかに見出した欠点は、商業階級にありき

たりな欠点である。(79)

ミルとトクヴィルは多数者の支配による行きすぎた社会的画一化傾向とそれによる社会の停滞への危機感を共有していたものの、トクヴィルの議論では、平等化によって社会的慣習などの様々な軛から自由になった孤立した個人の無力感が逆説的に世論への盲信を招くとされたのにたいして、ミルは、多数者の暴政という問題と中産階級の道徳的腐敗の問題を関連づけて理解し、商業社会の実質的な担い手である商業階級の偏見こそが個性の抑圧に結びつくものとしていた。つまり、ミルの考えでは、多数の暴政の問題も商業精神の腐敗の問題も商業文明社会に内在的な問題として理解されるべきものであった。(80)

第五節　商業社会と民主社会

本章でとりあげてきた思想家にとって、自らの時代を理解するための商業社会・商業文明という枠組みは当然の前提であり、現代社会は商業社会であるという認識とその社会の解剖学としての経済学への信頼こそが、意識的にせよ無意識的にせよ、彼らがスコットランド啓蒙思想家から継承したものであったように思われる。

シーデントップは、一八世紀後半から一九世紀前半にいたる時期の文明社会像には、大きく分けて二つの類型が見出されると指摘している。一つは、その政治的な側面に着目して、文明社会とは何よりも人民の権利・権力の拡大、人々の平等化によって特徴づけられる民主社会であると考えるものであり、もう一方は、商業の発展がその担い手である中産商業階級の興隆をもたらし、生活様式の変化を引き起こしたという点に着目する商業社会という文明像である。もちろん、この二つの側面は相互に密接に関連しており、どちらか一方のみを論じ他方を無視した思想家はほとんどいないが、きわめて単純化して言うならば、民主社会という文明像はフランスの思想家の議論に特徴的であり、商業社会という枠組みはブリテンの思想家によって好んで援用された[81]。

ともに政治理論に社会学的な基礎づけを与えようとしたスコットランド啓蒙思想家とフランス思想家とのあいだの大きな違いの一つは、シーデントップの見解では、統治制度にたいする関心の程度に関わるものであるとされる。スコットランド啓蒙思想家は生活様式に着目する四段階理論に依拠して社会変動の理論を展開したが、彼らの議論においてはフランス革命以降の統治制度上の問題に直面していたフランス思想家にくらべて統治制度への関心が希薄であった。それにたいして、フランス思想家は社会状態と政治制度の関係により大きな関心を寄せ、社会状態による制限のなかでより望ましい政治制度を確立するための政治的理念に重点をあてた議論を展開した[82]。スコットランド啓蒙思想家が「商業化」や「商業社会」という表現で現代社会を特徴づけたのにたいし、一九世紀初頭のフランスの思想家たちがしばしば「民主化」や「民主社会」によって特徴づけたのは、このことを反映したものでもあった[83]。

たとえ過度な単純化であったとしても[84]、このようなブリテンとフランスの思想的伝統の対比を念頭におくならば、ミルはこの二つの系譜が交錯する思想家の一人であったということができる。彼の生涯にわたるフランスへの関心はよく知られているし、フランス思想の影響を強く受け、自身もその影響に自覚的であった[85]。とくに一八三〇年前後のフランスにおける七月革命をはじめとした政治的事件や、一八二〇年代から一八四〇年代にかけて華々しく展開されていたフランス思想の受容は、彼の社会理論の発展にとってきわめて重要な意義をもっていた。ただし、皮肉なことに、精神の危機後のベンサムやジェイムズ・ミルにたいする反発や、それと関係するフランス思想への関心が、自らの国の知的伝統に彼が十分な関心を向けることを妨げた要因の一つになっていたということも考えられるが、このことはミルが自国の伝統を拒否しフランス的伝統に連なることを自覚的に選択したということを意味するものではないだろう。

ミルには若い頃から知性の社会における役割を重視するという意味での主知主義的な性向があった。たしかに一八三〇年代の議論においては、知的要因と物質的要因のいずれを重要視しているかは曖昧な面もあったが、『論理学体系』で、「人類の思索能力の状態」という知的要因を社会状態を規定する主要な要因とみなす立場をはっきりと打ちだすことになる。[86] 彼は経済的要因を軽視することは決してなかったが、彼にとってその重要性は二次的なものであった。彼の考えでは、「ある時点における知識の状態は、その時点での産業上の可能な改善にとって越えることのできない限界であり、「思索能力の状態、知性が同意している命題の性格は……物質的状態を決定するのと同じように、共同体の道徳的・政治的状態を基本的に決定する」。[87]

このようなフランス的とされる主知主義的な傾向にもかかわらず、ミルは、フランス的な民主社会ではなくブリテン的な商業社会という枠組みによって文明社会を理解した。このことからブリテン的（あるいはスコットランド的）伝統とミルとのあいだに自覚的な強い思想的伝統が存在していたと結論づけるつもりはないが、それはミルとスコットランド啓蒙とのあいだの思考枠組みの親近性、あるいはミルの思索の知的バックグランドの一つとしてのスコットランド啓蒙の存在をいくぶんかは示唆するだろう。

ミルの考えでは、現代社会を特徴づけているのは何よりも商業化という現象であった。彼は、「商工業階級が徐々に興隆し農民が徐々に解放されてきたこと、……それらに続いて、制度、意見、習慣や社会生活の全体にわたって根本的な変化が起こったこと」に言及しつつ、「中産階級の成長という言葉」のもつ重要な含意を強調した。[88] 彼は、中産階級の成長による文明化は大衆の力を強め、彼らへの実質的な権力の移行をもたらすことによって、政治における民主化（デモクラシー）を不可避なものとしていると考えた。

デモクラシー、いいかえれば世論の政治の勝利は、それが勝利するだろうという個人または個人の集合体の意見に依存しているのではなく、富の増大という自然法則、読み書きの普及、人々の交流がいっそう容易になっていることに依存している。[89]

このように、彼にとって、社会のあらゆる現象を包括的に説明する概念としての文明化という概念は政治における民主化も内包して説明することも可能にする概念であった。つまり、普遍的な文明化という現象にリンクされることによって政治における民主化としてのデモクラシーもまた普遍的な現象として理解されることになるというのが彼の見解であった。したがって、トクヴィルがデモクラシーと呼んであらゆる事象の原因とみなした平等化は文明化の兆候の一つであってその原因ではなく、トクヴィルは現代社会にみられる事象の原因を見誤っているというのがミルの達した結論であった。ミルの考えにしたがえば、平等化は商業化の偶然の帰結にすぎなかった。ミルはトクヴィルの「デモクラシー」という概念による社会理解を拒否して次のように述べたが、そこに表明されている認識は、多分にレトリック的であったとしても、平等化の進展を「神の御業」とまで述べたトクヴィルの認識と対照をなしている。

トクヴィル氏は、少なくとも表面上は、デモクラシーの影響と文明の影響を混同している。彼は、現代の商業社会の傾向のすべてを一つの抽象的な観念と結びつけて、それらにデモクラシーという一つの名前を与えている。そのために、彼は、単に国家が繁栄することから現代において その進歩を明らかにするような形で自然に生じているいくつかの結果を境遇の平等に帰しているように思われる。

境遇の平等化という傾向が商業文明の傾向の一つであり、けっして目立たないものではないということは間違いなく正しい。国家が繁栄し続けている時、つまり、産業が発展し資本が急速に増大しつつある時、資本を所有する人の数もまた少なくとも同じ割合で増える。そして、社会の両極にいる人々のあいだのへだたりがそれほど減らないとしても、中間の位置を占める人の数は急速に増大する。一方の側には王族が、他方には貧民がいるだろうが、そのあいだには立派で収入の多い職人層や財産と勤勉さをあわせもった中産階級が存在するだろう。これは平等化の傾向と呼ぶことができるだろうし実際にそうである。しかし、この平等化の進展は進歩的な文明の特徴の一つにすぎない。すなわち、産業と富の進歩の偶然的な結果の一つである。それは、もっとも重要な結果であって、わたしたちの著者［トクヴィル］が論じているように、多くの仕方で他の結果にたいしても影響を与えているけれども、だからといって原因と混同されてはならない(90)。

経済学をもっていたから商業社会という枠組みを採用し、それをもたなかった思想家は民主社会として現代社会を描いたとはいえないとしても、一八二〇年代から三〇年代に民主社会という文明社会像を論じるのに影響力のあったフランス思想家は、しばしば自らの経済学の知識の乏しさを嘆いたし、一方でこの時期のブリテン、とりわけイングランドは「経済学の基本的な教養が他のどこにおいてよりも、一般により理解されている」国であった(91)。ミルが商業社会という視点を選択したことの要因の一つとして、経済学という学問の伝統を想定することにはある程度の根拠があると思われる。フォンタナが強調したように、「〔エディンバラ・レヴュアーなどの〕スコットランド人ウィッグの理論的展望の核心は商業社会と近代の価値への傾倒」であり、これは「市場の法則の科学的な理解」という狭義の意味で経済学と、「『科学的な』政治学――いいかえれば、その言葉のもっとも広い意味において『経済学』と一般に述べられていたもの」への信頼に基づいていた(92)。ミルの『経済学原理』は狭義の意味においても広義の意味においても経済学の論考であったし、その点で「新しい『国富論』」と呼びうるものであった。

「スコットランド人からの贈り物(93)」は一九世紀前半のイングランドにおいても大切に受け取られ、つぼみを膨らませていたということができるだろう。

参照文献

＊『エディンバラ・レヴュー』をはじめとして当時の定期刊行誌の論文は匿名で書かれるのが一般的であったが、それらの著者認定については、原則として、W. E. Houghton (ed.), *The Wellesley index to Victorian periodicals 1824–1900*, 5 vols (Toronto, 1966–89). にしたがっている。

Anon. (1806), "Macdiarmid on national defence", *Edinburgh Review*, viii, 291–311.

Anon. (1814), "Berington's Literature of the Middle Ages", *Edinburgh Review*, xxiii, 229–45.

Anon. (1815), "Liberty of the continental press", *Edinburgh Review*, xxv, 112–134. [Possibly by James Mill]

Brougham, H. (1802; Acerbi), "Acerbi's Travels", *Edinburgh Review*, i, 163–72.

— (1803; Politique), "Politique de tous les Cabinets de l'Europe", *Edinburgh Review*, i, 345–81.

— (1804; Hunter), "Hunter's Travel through France, etc. in 1792", *Edinburgh Review*, iv, 207–14.

— (1804; Morgan), "Morgan's Comparative view of the public finances", *Edinburgh Review*, iv, 75–84.

— (1804; M'Kinnen), "M'Kinnen's Tour in the West Indies", *Edinburgh Review*, iv, 419–27.

— (1804; Plan), "Plan of national improvement, etc.", *Edinburgh Review*, v, 1–22.

— (1805; Carr), "Carr's Northern tour", *Edinburgh Review*, vi, 394–405.

— (1805; Examen), "Examen de l'Esclavage, etc.", *Edinburgh Review*, vi, 326–50.

— (1806; Kotzebue), "Kotzebue's Travels in Italy", *Edinburgh Review*, vii, 456–70.

— (1820; new plan), "The new plan of education for England", *Edinburgh Review*, xxxiv, 214–254.

— (1824; education), "Scientific education of the people", *Edinburgh Review*, xci, 96–122.

— (1871), *The Life and Times of Henry Lord Brougham, written by himself*, (Edinburgh and London, 1871).

Buchanan, D. and Jeffrey, F.? (1809; Spence), "Spence on agriculture and commerce", *Edinburgh Review*, xiv, 50–60.

Burns, J. H. (1967), *The fabric of felicity: the legislator and the human condition*, (London).

Burrow, J. (1966), *Evolution and society: a study in Victorian social theory*, (Cambridge).

— (1988), *Whigs and liberals: continuity and change in English political thought*, (Oxford).

Cairns, J. W. (1995), "'Famous as a school for law, as Edinburgh... for medicine': legal education in Glasgow, 1761–1801", in A. Hook and R. Sher (eds.), *The Glasgow Enlightenment*, (Edinburgh).

Clive, J. (1952), "The *Edinburgh Review*", *History Today*, 2, 844–50.

— (1957), *Scotch reviewers: the Edinburgh Review, 1802–15*, (London).

— (1974), "The *Edinburgh Review*: the life and death of a periodical", in A. Briggs (ed.), *Essays in the history of publishing; in celebration of the 250th anniversary of the House of Longman, 1724–1974*, (London).

Cockburn, H. (1852), *Life of Lord Jeffrey: with a selection from his correspondence*, 2 vols. (Edinburgh).

Collini, S., D. Winch, and J. Burrow (1983), *That noble science of politics: a study in nineteenth-century intellectual history*, (Cambridge).（永井義雄ほか訳『かの高貴なる政治の科学』ミネルヴァ書房，二〇〇五年）

Corsi, P. (1987), "The heritage of Dugald Stewart: Oxford philosophy and the method of political economy", *Nuncius*, 2, pp. 89–144.

Demata, M. (2002), "Prejudiced knowledge: travel literature in the Edinburgh Review", in M. Demata and D. Wu (eds.), *British romanticism and the Edinburgh Review: Bicentenary Essays*, (Basingstoke).

Dome, T. (2004), *The political economy of public finance in Britain, 1767–1873*, (London).

Fetter, F. (1953), "The authorship of economic articles in the *Edinburgh Review*, 1802–47", *Journal of Political Economy*, 61, 232–59.

Filipiuk, M. (1991), "John Stuart Mill and France", in M. Laine (ed), *A cultivated mind: essays on J. S. Mill presented to J. M. Robson*, (Toronto).

Flynn, P. (1978), *Francis Jeffrey*, (Newark and London).

Fontana, B. (1985), *Rethinking the politics of commercial society: the Edinburgh Review 1802–1832*, (Cambridge).

— (1990), "Whigs and liberals: the *Edinburgh Review* and the 'liberal movement' in nineteenth-century Britain", in R. Bellamy (ed.), *Victorian liberalism: nineteenth-century political thought and practice*, (London).

Forbes, D. (1951), "James Mill and India", *Cambridge Journal*, 5, pp. 19–33.

— (1954), "'Scientific' Whiggism: Adam Smith and John Miller", *Cambridge Journal*, 7, pp. 643–70.

Gay, P. (1970), *The Enlightenment: an interpretation. vol. 2, The science of freedom* (London). [first published in 1969]（中川久定ほか訳『自由の科学――ヨーロッパ啓蒙思想の社会史I』ミネルヴァ書房，一九八二年）

Guizot, F. (1997), *History of civilization in Europe*, ed. L. Siedentop, (London).

Horner, F. (1803), "M. Canard, Principes d'economie politique", *Edinburgh Review*, i, pp. 431–50.

— (1806), "Playfair's edition of The wealth of nations", *Edinburgh Review*, vii, 470–1.

James Mill (1809; Spanish America), "Emancipation of Spanish America", *Edinburgh Review*, xiii, 277–311, aided by F. de Miranda.

— (1804; Lauderdale), "Lord Lauderdale on public wealth", *Literary Journal*, iv, 1–18.

— (1809; Jovellanos), "Jovellanos on agriculture and legislation", *Edinburgh Review*, xiv, 20–39.

—— (1810; Tolélance), "Sur la Tolélance Religieuse", *Edinburgh Review*, xvi, 413–30.
—— (1813; Ireland), "State of Ireland", *Edinburgh Review*, xxi, 340–364.
—— (1820; Government), "Government", in *Supplement to the fourth, fifth and sixth editions of the Encyclopaedia Britannica*, 6 vols. (Edinburgh, 1824), iv, 491–505.（小川晃一訳「政府論」『教育論・政府論』岩波書店、一九八三年）
Jeffrey, F. (1802; Mackenzie), "Mackenzie's Voyages", *Edinburgh Review*, i, 141–58.
—— (1803; Gentz), "Gentz, Etat de l'Europe", *Edinburgh Review*, ii, 1–30.
—— (1803; Millar's view), "Millar's View of the English government", *Edinburgh Review*, iii, 154–181.
—— (1805; Barrow), "Barrow's Travel in China", *Edinburgh Review*, v, 259–88.
—— (1808; Espriella), "Don Manuel Espriella's Letters from England", *Edinburgh Review*, xi, 370–90.
—— (1810; Stewart), "Stewart's Philosophical essays", *Edinburgh Review*, xvii, 167–211.
—— (1812; Crabbe), "Crabbe's Tales", *Edinburgh Review*, xx, 277–305.
—— (1813; Staël), "Madam de Staël, Sur la literature[sic.]", *Edinburgh Review*, xxi, 1–50.
—— (1818; Hall), "Captain Hall's Voyage to Loo-Choo", *Edinburgh Review*, xxix, 475–97.
—— (1827; Baber), "Memoirs of the Emperor Baber", *Edinburgh Review*, xlvi, 39–75.
—— (1844), *Contributions to the Edinburgh review*, 4 vols. (London).
Keynes J. M. (1973), *The General Theory of Employment, Interest and Money*, *The Collected Writings of John Maynard Keynes* (London, 1971–1989), vii（塩野谷祐一訳『雇用・利子および貨幣の一般理論』東洋経済新報社、一九八三年）
Lehmann, W. (1960), *John Millar of Glasgow, 1735–1801*, (Cambridge).
Macaulay, T. B. (1830), "Southey's Colloquies on society", *Edinburgh Review*, l, 528–65.
Mackintosh, J. (1818), "Universal suffrage", *Edinburgh Review*, xxx, 165–203.
—— (1836), *Dissertation on the progress of ethical philosophy, chiefly during the seventeenth and eighteenth centuries*, (Edinburgh).
McCulloch, J. R. (1824), *Discourse on the rise, progress, peculiar objects and importance of political economy*, Edinburgh, repr. in *The collected works of J. R. McCulloch*, 8 vols., ed. D. P. O'Brien, (London, 1995), iii.
—— (1827; cotton), "Rise, progress, present state, and prospects of the British cotton manufacture", *Edinburgh Review*, xcvi, 1–39.

— (1828), "Introductory discourse", in A. Smith, *An inquiry into the nature and causes of the wealth of nations*, 4 vols., ed. J. R. McCulloch, (London).

Mill, J. S. (1963–91), *Collected works of John Stuart Mill*, 33 vols., ed. F. E. L. Priestley and J. M. Robson, (Toronto and London).

Millar, J. (1803), *An historical view of the English government*, 3rd edn., 4 vols. (London). [1st edn. in 1787]

Mizuta, H. (ed.) (1999), *Adam Smith: critical responses*, 6 vols. (London and New York).

Mueller, I. W. (1956), *John Stuart Mill and French thought*, (Urbana).

O'Brien, D. P. (1970), *J. R. McCulloch: a study in classical economics*, (London).

— (2004), *The classical economists revisited* (Princeton). [Revised edition of his *The classical economists*, (Oxford, 1975)]

Pappé, H. O. (1964), "Mill and Tocqueville", repr. in G. W. Smith, (ed.), *John Stuart Mill's social and political thought: critical assessments*, 4 vols. (London and New York, 1998), iii, 119–137.

Playfair, J. (1807), "Madame de Staël, Corinne", *Edinburgh Review*, xi, 183–85.

Rashid, S. (1985), "Dugald Stewart, 'Baconian' methodology and political economy", *Journal of the History of Ideas*, 46, 245–57.

Ricardo, D. (1951–73) *The works and correspondence of David Ricardo*, 11 vols., ed. P. Sraffa, with the collaboration of M. H. Dobb (Cambridge).

Schofield, P. (2006), *Utility and democracy: the political thought of Jeremy Bentham*, (Oxford).

Siedentop, L. (1979), "Two liberal traditions", in A. Ryan (ed.), *The idea of freedom: essays in honour of Isaiah Berlin*, (Oxford).

— (1994), *Tocqueville*, (Oxford).

Smith, A. (1976), *An inquiry into the nature and causes of the wealth of nations*, 2 vols., ed. W. B. Todd (Oxford).（水田洋監訳・杉山忠平訳『国富論』岩波書店、二〇〇〇―一年）

Smith, S. (1803; Fiévée), "Fiévée, Lettres sur L'Angleterre", *Edinburgh Review*, ii, 86–90.

— (1803; Pallas), "Pallas's Travels in the Russian empire", *Edinburgh Review*, iii, 146–54.

— (1804; Islande), "Voyage en Islande", *Edinburgh Review*, iii, 334–43.

— (1839–40), *The Works of the Rev. Sydney Smith*, 4vols. (London).

Steuart, J. (1998), *An inquiry into the principles of political œconomy*, 4 vols., ed. A. S. Skinner with N. Kobayashi and H. Mizuta, (London).（小林昇監訳・竹本洋ほか訳『経済の原理』全二巻、名古屋大学出版会、一九九三―八年）。

Stewart, D. (1854–60), *The collected works of Dugald Stewart*, 11 vols., ed. W. Hamilton, (Edinburgh).

邦語文献

川名雄一郎（二〇〇三）「J・S・ミルとアメリカ――思想形成期における意義」『思想』九五三号、一二三―四六頁。

篠原久（一九八八a）「ドゥーガルド・ステュアートとスコットランド啓蒙思想――「経済学講義」をめぐって」久保芳和博士退職記念出版物刊行委員会編『上ケ原三十七年――久保芳和博士退職記念論集』創元社。

――（一九八八b）「D・ステュアート経済学における理論と実践――「正義と便宜の一般的諸原理」をめぐって」『経済学論究』（関西学院大学）四二巻、八一―一〇五頁。

――（一九八八c）「ドゥーガルド・ステュアートの道徳哲学――「自然法学」と「政治学」をめぐって」田中正司編著『スコットランド啓蒙思想研究――スミス経済学の視界』北樹出版。

田中秀夫（一九九九）『啓蒙と改革――ジョン・ミラー研究』名古屋大学出版会。

略号

JSM: John Stuart Mill

CW: *Collected works of John Stuart Mill*, 33 vols., ed. F. E. L. Priestley and J. M. Robson (Toronto and London, 1963–1991).

Ricardo: *The works and correspondence of David Ricardo*, 11 vols., ed. P. Sraffa, with the collaboration of M. H. Dobb (Cambridge, 1951–1973).

Stewart: *The collected works of Dugald Stewart*, 11 vols., ed. W. Hamilton (Edinburgh, 1854–60).

"Guizot on civilization": J. B. White and JSM, "Guizot's Lectures on European civilization" (1836), repr. in CW xx, 367–93.

'Definition': JSM, "Definition of political economy; and on the method of philosophical investigation in that science" (1836), repr. in CW iv, 309–39.

'Tocqueville [2]': JSM, "De Tocqueville on Democracy in America [2]" (1840), repr. in CW xviii, 153–204.（「トクヴィル論［2］」。）

Logic: JSM, *A system of logic, ratiocinative and inductive: being a connected view of the principles of evidence and the methods of scientific* investigation (1st edn. in 1843), repr. in CW vii-viii.

注

(1) Stewart, i, 483.

(2) Smith (1976), i, 428.

(3) Mackintosh (1836) 315. ジェフリは一七八七年にグラスゴウ大学に進学したが、トーリーであった父から同大学でジョン・ミラーの講義には出席しないように忠告を受けていた (Cockburn (1852) i, 12.)。コウバーンは、実際に彼はミラーの講義を聴いておらず、彼が後年にミラーの講義を高く評価したのは、自身の体験ではなく友人からの証言や当時の一般的な評判に基づいていたと指摘している (*ibid.*, i, 11. See also Lehmann (1970): Flynn (1978) 29–31: Cairns (1995): 田中（一九九九）19 注5.)。なお、彼は一七八九年にエディンバラ大学に移った後、一七九一年秋から翌年夏までオクスフォード大学クィーンズ・カレッジで学んでいるが、彼もまた当時のオクスフォードの知的沈滞に失望した (Cockburn (1852) i, 34–42: Flynn (1978) 33.)。

(4) 『エディンバラ・レヴュー』については以下を参照のこと。Clive (1952); (1957); (1974): Collini et al. (1983): Fontana (1985); (1990).

(5) 以下については、Clive (1957), 'Appendix: The Founding of the "Edinburgh Review".' に依拠している。創刊に関与した人物による証言は、たとえば、以下に見られる。Brougham (1871): Cockburn (1852): F. Jeffrey, 'Preface', Jeffrey (1844) i: S. Smith, 'Preface, Smith (1839–40) i.

(6) 第三号（一八〇三年四月）で初刷一七五〇部、第一〇号（一八〇五年一月）でのそれは四〇〇〇部となり、一八一四年には計一万三〇〇〇部発行され、最大部数は一八一八年に記録された一万三千五〇〇部であった。ちなみに、一八〇八年ころのイングランドの綿製造業では平均賃金は一日二シリングであった (Clive (1957) 133ff.)。

(7) Fetter (1953) 234.

(8) Burrow (1988) 28.

(9) Gay (1970) 319.

(10) Demata (2002) 83, 88. ジェフリはウォルター・スコットにたいして次のように述べている。「『[エディンバラ・]レヴュー』は、いわば、まさに二本の足によって立っているのです。文学は間違いなくそのうちの一つですが、重要な方の足 *Right leg* は政治学なのです」(Jeffrey (1844) i, xvii.)。

(11) Brougham (1804; Hunter) 207. ここで「選書についての厳格な基準 strict rule of selection」といわれているのはおそらく次のものであろう。「きわめて低質な出版物は、したがって、現在すでに公刊されている多くの文芸雑誌においては取りあげられていない。しかし、『エディンバラ・レヴュー』関係者はこの選書の原則

principle of selection をさらに厳格に守りたいと考えている。つまり、現代の文芸作品についての完全な見解を提示するということを試みず、名声をすでに得ているか、あるいはそのような価値のある著作に関心を、相当な程度、限定したいと考えている」（'Advertisement', *Edinburgh Review*, i (October 1802).）。また、ブルームは次のように述べている。「旅行記が興味深いのは、それがもたらしてくれる遠い国に関する情報、旅行者の精神、彼らが体験した光景が精神に与えた所感などをはっきりと示していることからである。」（Brougham (1802; Acerbi) 163.）

⑿　Jeffrey (1805; Barrow) 260. シドニー・スミスも外国旅行者がしばしばもつナショナリスティックな偏見を批判している（Smith (1803; Fiévée) 87.）。

⒀　Jeffrey (1805; Barrow) 260–1. なお、彼らが旅行記を重視したのは、それから得られる有用な情報のためでもあったから、好奇心からの瑣末なエピソードのみの旅行記には概して批判的であった（E. g. Brougham (1804; Morgan); (1804; M'Kinnen); (1805; Carr); (1806; Kotzebue): Smith (1803; Pallas); (1804; Islande). See also Demata (2002) 91.）。

⒁　「私はつねに心の底から中国人を軽蔑しています。」（F. Jeffrey to F. Horner, 3 September 1804, Cockburn (1852) ii, 93.）

⒂　Jeffrey (1818; Hall) 475.

⒃　Jeffrey (1827; Baber) 44. この点に関連して興味深いのは、国民性の形成にたいする統治制度の影響の大きさが強調されていることである。E. g. Anon. (1806) 301: Playfair (1807) 194: James Mill (1809; Spanish America) 281; (1813; Ireland) 344: Anon. (1814) 238: See Clive (1957) 178–9.

⒄　Smith (1976) i, 412.

⒅　E. g. Brougham (1803; Politique); (1805; Examen): Jeffrey (1803; Gentz); (1803; Millar's view): Buchanan and Jeffrey? (1809; Spence): Horner (1803): James Mill (1809; Jovellanos); (1810; Tolélance): Anon. (1815).

⒆　Jeffrey (1803; Millar's view) 175.

⒇　Jeffrey to Horner, 18 September 1806, Cockburn (1852) ii, 110. Mackintosh (1818). も参照のこと。ジェフリは別の論文で、「中間階級によって、私たちは、いわゆる上流生活や公的生活と呼ばれるような社会的地位より下位にいるほとんどすべての人々や、財産や職業において同じ程度の仲間内をこえるような名声や評判を求めようとしないほとんどすべての人々を意味している」と述べている（Jeffrey (1812; Crabbe) 280.）。クライヴはこのジェフリのコメントから、彼の中間階級観のけっして肯定的ではない側面を読み取っている（Clive (1957) 143–4.）。たしかに、ジェフリをはじめとするエディンバラ・レヴュアーの中間階級観が肯定一辺倒のものでなかったのは確かであるが、この言明におけるジェフリの主張の要点は、上流階級が権力を握っている現状では中間階級が活躍の場を与えられていないということを指摘することにあるように思われる。Cf. Jeffrey to Horner, 18 September 1806, Cockburn (1852) ii, 110:「問題は彼ら〔中間階級の人々〕を社会の表舞台に引き出すことです。」

(21)　Jeffrey (1808; Espriella) 379–80.

(22)　Jeffrey (1813; Staël) 22–3. Cf.「教養や知性の一般的な進歩に

よって、軽減させられるというよりも、より悪化させられがちな害悪」(ibid., 23.)。

(23) Jeffrey (1802; Mackenzie) 147.

(24) E. g. Brougham (1820; new plan); (1824; education): McCulloch (1827; cotton).

(25) ジェフリは、この観点から、ミラーの議論では知の分業の進歩と政治制度の変化についての見解がはっきりしていないという指摘をしている (Jeffrey (1803; Millar's view) 176.)。

(26) Jeffrey (1813; Staël) 20-1.

(27) 「〔知的分業による多様な〕成果が、現在、出版によってなされているように、共有財産とされるとき、あらゆる多様な知性は、それが生得的であっても後天的であっても、相互に与えあう光明の助けによって、互いに結びついて、人間の知識と幸福の手段を向上させる一つの大きな機械のようになるだろう。」(Stewart ix, 339.) ステュアートの議論については、篠原の本書所収論文のほか、篠原(一九八八a);(一九八八b);(一九八八c)を参照のこと。

(28) Jeffrey (1810; Stewart) 169.

(29) Jeffrey (1813; Staël) 20.

(30) もっともステュアートは好ましい政策が追求される可能性がもっとも高いのは「公平な国制」のもとであるという見解をしめしている (Stewart viii, 25: 篠原 (1988a) 51.)。

(31) Burns (1967).

(32) Steuart (1998) i, 168.

(33) Smith (1976) i, 468.

(34) Stewart, viii, 9.

(35) ibid., 9-29.

(36) ibid., 21-5

(37) Collini et al. (1983) 33.

(38) ibid., 94.

(39) ベンサムによるシニスター・インタレストの「発見」については、Schofield (2006), ch. 5. を参照のこと。

(40) Macaulay (1830), 540-1.

(41) Fontana (1985) 7-8.

(42) 一九世紀前半、『国富論』はいくつかの版が出版されている (See Mizuta (ed.) (1999).)。ウィリアム・プレイフェアが編集し一八〇五年に出版された版は『エディンバラ・レヴュー』においてホーナーによって酷評された (Horner (1806).)。

(43) Brougham (1804; Plan) 16.

(44) James Mill (1804; Lauderdale) 5.

(45) Forbes (1951) 29.

(46) Millar (1803) i, 375-6.

(47) 田中(一九九九)三八—九頁を参照のこと。

(48) Jeffery (1803; Millar's view) 157.

(49) Keynes (1973) vii, 32.

(50) O'Brien (1970): Dome (2004), 144ff.

(51) フォーブズは、「アダム・スミスによって先鞭をつけられた経済学と社会の歴史の結びつきはJ・R・マカロックによって発展させられた」と述べている (Forbes (1954) 647.)。

(52) Collini et al. (1983) 29-31.

(53) Stewart ii, 220.

(54) Stewart iii, 329.

(55) McCulloch (1828) ix. Fontana (1985) 107. も参照のこと。フォンタナは、これらの点とともに、経済学の成立やそれと商業社会の発展との関係についての歴史的理解についても、両者のあいだには同じような認識がみられるとしている（ibid., 107–8.）。

(56) McCulloch (1824) 16. リカード記念講座は、一八二三年に急死したリカードの業績を記念するために、ジェイムズ・ミルをはじめとしたリカードの知己が中心となって集めた寄付による基金によって運営され、講師のマカロックが新設のロンドン大学の経済学教授職に就任する直前の一八二七年まで行われた（O'Brien (1970) 48–57.）。

(57) O'Brien (2004) 79: Fontana (1985) 105–11: Dome (2004) 144–6.

(58) ステュアートの議論については、Rashid (1985): Corsi (1987). などを、マカロックの議論については、O'Brien (1970) 96–8; (2004) 79–82. を参照のこと。

(59) Smith (1976) ii, 428.

(60) Ricardo, ii, 338.

(61) ウィンチが描き出したように、リカードとマルサスの論争は、このような経済学と政治の科学の関係をどのように理解するかという点に関するものでもあった（Collini et al. (1983) ch. 2.）。

(62) Cf.「私たちがこれまで信じてきているところでは、アダム・スミスをもってしてもきわめて曖昧で不確実な状態に置かれていた経済学は、おもに三つの発見によって科学の地位にひきあげられた。すなわち、人口の原理、地代の理論、リカード氏の外国貿易の理論である」（JSM, "The Quarterly Review on political economy", (January 1825), CW iv, 30.）

(63) JSM, 'Definition', CW, iv, 312. Cf. Smith (1976) i, 428. なお、ミルは「立法の科学」という表現についても批判している。「立法の科学は、不正確で誤解をうみやすい表現である。立法とは法律を作ることである。私たちは、何かを作る科学という表現は用いない。統治が、統治するという行為ではなく、統治された状態や政府のもとでの生活を、しばしば漠然とであっても意味していなければ、統治の科学すら好ましくない表現であろう。好ましい表現は政治社会科学であり……」（ibid., 321.）。

(64) ibid., 313ff.

(65) ibid., 318ff.

(66) ibid., 321–3.

(67) Collini et al. (1983) 137.

(68) 科学とアートを混同しているというスミスに対するミルの不満についていえば、この不満はミルと同じ時期に経済学の定義に関心を払ったシーニアによっても抱かれていた（ibid., 68.）。

(69) ibid., 87–8.

(70) ibid., 78.

(71) もちろん、哲学的急進派の思考スタイルがそのような広がりのある議論をもたらしたということを言っているわけではない。むしろ、彼が哲学的急進派の議論から距離を取りつつあったことによって、そのような議論が可能になったといえるだろう。

(72) JSM to H. S. Chapman, 8 November 1844, CW xiii, 642; JSM à A. Comte, 6 juin 1844, ibid, 631.

(73) JSM, *Principles of Political Economy*, CW ii, xci.
(74) 川名（二〇〇三）を参照のこと。
(75) JSM, ‘Civilization’, CW xviii, 121.
(76) 財産についてのミルの議論の焦点は富の蓄積ではなくて普及にある。「ある個人によるこの点〔生存に十分な程度〕を超えた富のさらなる増大が一般的な幸福を増加させることになるかは疑問であるし、そうでなければ同じ富は他の人を貧困の状態から引き上げるために使われるだろうから積極的な害悪でさえある。」(JSM, “The Quarterly Review on the political economists” (30 January 1831), CW xxii, 249.) この言明は明らかにジェイムズ・ミルが指摘した過剰な富による「腐敗作用」を想起させる (James Mill (1820; Government) 505.) Cf. JSM, “Use and abuse of political terms” (May 1832), CW xviii, 12.
(77) ibid., 129–135.
(78) JSM, ‘Tocqueville [2]’, CW xviii, 195.
(79) ibid., 196.
(80) パップは次のように指摘している。「トクヴィルは自由そのものを、望ましいものであれ懸念すべきものであれ、あらゆる帰結をともなう商工業精神の源泉と考えた。ミルは有害な帰結を平等という考えにではなく商業精神に帰した」(Pappé (1964) 230.)。
(81) Siedentop (1994) 27.
(82) Siedentop (1979) 158–9.
(83) また、バロウも似たような観点からフランスとスコットランドにおける社会理論の伝統を対比させている。彼によれば、一九世紀の進歩観にはともに一八世紀のモンテスキューを源泉とする二つの系統があり、一つは知性を進歩の主要な要因とみなすフランス啓蒙を継承したコントのものであり、もう一つは分業などの経済的側面を進歩の主要な要因とみなすスコットランド啓蒙を引きついだジェイムズ・ミルのものであった (Burrow (1966) 7ff.)。
(84) シーデントップは一九世紀初頭のフランス思想家の議論の意義や独創性を強調するあまり、スコットランド思想家の議論を過小評価してしまっているように思われる (Siedentop (1979); (1994); ‘Introduction’, in Guizot (1997).)。彼は「スコットランド思想家は統治の問題に一義的な関心をもっていなかった」と述べているが、彼がフランス思想家の議論にみいだした社会と政治の相互作用の認識はスコットランド思想家にとっても重要であり、たとえば、ミラーの『イングランド統治史論』はそのような関心に基づいてイングランド政体の変遷をたどった国制論の白眉であった。
(85) ミルとフランス思想の関係については、たとえば、Mueller (1956): J. C. Cairns, ‘Introduction’, in CW xx: Filipiuk (1991). などを参照のこと。
(86) JSM, *Logic*, CW viii, 926. 同様の見解は「トクヴィル論［2］」でもみられていた (JSM, ‘Tocqueville [2]’, CW xviii, 197–8.)。
(87) ibid. この点にかんする包括的な議論は『論理学体系』第五版（一八六二年）以降に増補された第六巻第一一章「歴史の科学についての追加的説明」で展開されている (ibid., 931–42.)。
(88) JSM, ‘Civilization’, CW xviii, 121.
(89) ibid., 126–7.
(90) JSM, ‘Tocqueville [2]’, CW xviii, 191–2.
(91) James Mill (1809; ‘Jovellanos’), 22.

(92) Fontana (1990), 45.

(93) Burrow (1966), 64.

終章

終わりなき革命――永続する啓蒙と経済的自立の夢

田中秀夫

第一節　英語圏四国の歴史と啓蒙のアジェンダ

本書は一七世紀から一九世紀にかけてのイングランドを中心とする英語圏四国（nation）ないし四地域（country）、すなわちイングランド、スコットランド、アイルランド、アメリカにおける啓蒙思想と経済認識の形成の相互関係を主題として研究したものである。この四地域は国家（nation）としては複雑な歴史をもっている。イングランド、スコットランド、アイルランドの関係は一七世紀まではほとんど対立の関係であったが、啓蒙の時代であるとともに、商業の時代、海洋帝国の時代ともなった一八世紀には、歩み寄りが見られた。すなわち、大ブリテンとしてイングランドとスコットランドは統合され（一七〇七年）、アメリカは大ブリテンの植民地となった（一七六三年）。アイルランドもまた大ブリテンの半植民地とされ、一八〇一年には北アイルランドは大ブリテンとの議会合同によって統一されるに至った。けれども一八世紀にあってさえ、イングランドとスコットランドの関係も友好以上に対立の側面のほうが大きかったように思われるし、まして長く隷属関係におかれていたアイルランドとイングランドの関係もまた友好的であることはむしろ少なかった。一八世紀に植民地奴隷制が前代未聞の規模になったことも想起しておこう。啓蒙思想家はもちろん奴隷主の強欲を激しく批判した。

多様な人種的混成体である英語圏四国（便宜的に国と呼ぶ）の歴史は、常に二面性を孕んだ歴史であった。すなわち、それは協調と支配・隷従の歴史であり、信頼と憎悪の歴史であり、友好と戦争・革命の歴史であった。中世のキリスト教普遍世界によってかろうじて秩序のもとに繋ぎとめられていた封建領主の権力闘争があからさまに再開され、やがて東洋の奢侈の流入、商業活動の隆盛によって、封建社会が解体されてから、新しい統合を見るまで、ヨーロッパは権力闘争と戦乱に明け暮れたかの観を呈した。

こうした戦乱を経て、一七世紀から一八世紀になると、相互に反発しながらも、この四国は利害のみならず、ある程度共通の文化、英語文化で結ばれ、相互に人々が移住、移民、移動を繰り返して、社交性（sociability）を積み重ねてきた。そして「ウェストファリア体制」の成立という大陸の動向にも棹差されて、一八世紀にはついに協調の時代が始まった。このような変動を経た英語圏の動きはきわめて興味深い歴史である。保護と抑圧に振り回されたアメリカも一八世紀の末には実力で独立を勝ち取るから、それまでのつかの間の時代が最も統合されていた時代であるかもしれない。今ではスコットランドも独立国家とは言えないにしても、分権によって議会を持つようになっている。

統合の度合いは様々であるにしても、本書が設定した時代にこの四国は共通の英語文化をもつ地域として、密接な交流を持ち、とりわけ出版物はこの四地域を結んでいた。すなわち、大ブリテン帝国は英語文化圏として出版物でも濃密に結ばれていたのであって、ロンドンで出版された書物は、共同出版などの形で、エディンバラやグラスゴウでもしばしば出版され、ダブリン版も作られた。グラスゴウのファウルズ兄弟（Fouls）が有名であるが、スコットランド独自の出版もあった。海賊版もあった。このような出版物の各版はアメリカに送られたことも言うまでもない。直接の人的交流も様々な形で存在した。こうして人的交流（それは広義の社交 sociability である）によっても、また出版物を通しても、啓蒙思想も政治経済論議も広まっていった。この時期を通じて出版業はロンドンが圧倒的に繁栄していたが、大学については、少なくとも一八世紀の後半になるとスコットランドが実力と名声を誇るようになった。アメリカ植民地の留学生が目指したのは、オックス・ブリッジではなく、とりわけエディンバラであった。

啓蒙の直面したアジェンダ

ではこの四国が共通に直面していた社会の問題とは何であったのか。時代によってそれは異なるし、厳密に見れば、多くの異なった問題があったが、大略すれば、それは何よりも生存にかかわる貧困と貧民の問題、中間層の政治的権利の問題、宗教的寛容と非国教徒の市民権の問題、そしてまた国家理性と諸国の利害対立の問題などであった。植民地奴隷制の人道問題や、政治腐敗の問題などもあった。そしてこうした問題の多くは経済問題にも深く関係していた。封建社会ならいざ知らず、市民革命が起こった一七世紀から一八世紀にかけての、近代の人権意識が覚醒した啓蒙の時代においては、「下層の貧困な階級」――かつては同胞である以上に「やつら」であったが、今や「同胞」としてますます意識されるようになってきた――の境遇をいかにして改善するかというのが、おそらく最大の問題であった。こうしてキーワードが、政治の言語から次第に社会、経済の言語に移行していく。政治の言語は依然として支配的であり続けるが、「商業」Commerce、「貨幣」Money、「改善」Improvement、とりわけ「勤労」Industry が社会を論じる際の重要な言語となっていくのは、おそらく理の当然であった。怠惰を悪徳として排撃し、勤労を徳として教え、制度化することが社会の大きな課題となった。「公共精神」や「祖国愛」も重視されたが、それは中流から上流の階級に対する訴えであった。

怠惰で貧しい下層階級（Idle Poor）に勤労を教えることは容易ではなかった。彼らの怠惰と貧困は、犯罪の温床ともなったから、矯正監獄やワークハウスなどが必要とされたが、それらは人道的見地から改善される必要もあった。犯罪者をガレー船に送るなどという措置は再考されなければならなかった。[1]犯罪者を取り締まるための警察組織も整備される必要があった。[2]老人からなる夜警では、若者からなる屈強の窃盗団を取り締まることなど覚束なかった。また、デフォーが『モル・フランダース』（一七二二年）で描いたような、パンを盗んだだけで流刑などという厳罰は再検討されなければならなかった。

啓蒙の戦略的学問としての経済学

本書では一八世紀の啓蒙の時代に、まさに啓蒙の戦略的な学問として「経済学」が構築されたという見解を掲げている。ここでいう「経済学」とは Political Economy のことである。これを正しく翻訳することは案外難しい。Political は政治的（政略的）というよりも、ポリス（政治体）のという意味であり、Economy はまずは生命秩序を意味する。今では忘れられているが、これが経済学の根源的な意味である。そしてこの新しい学問は、法学と政治学のなかから分化し、それらに対抗して生まれてきたのである。したがって、Political Economy は「政治体の生命秩序の学」と解釈すべきだということになる。そのような意味で「経済学」を表象すれば、スミスなどの古典的な経済学はほぼ正しく表象したことになるであろう。

スミスは Political Economy を「立法者の科学」と定義し、主権者と国民を共に富ませる学問だとしたが、著作自体は『諸国民の富の本性と起源の研究』と名づけた。それは社会についての体系的な新しい学問としての Political Economy の書であった。国家の政策には正しい政策と間違った政策がある。スミスは「富」を人々の欲求の満足をもたらす財と定義し、必要性の高い度合いから必需品と便宜品に分けた。スミスは奢侈品を否定したり論難したりはしていないが、富をまずは個々人が快適な生活を送るのに必要な物財と考えるべきであるとした。こうした富の概念を手がかりとして、経済に関して、同時代の大ブリテンの政府の行っている政策の何が正しく、何が間違っているのかを、個人の視点と社会全体の視点とから論じたのがスミスである。スミスは、「富」の本性に照らして、富の増大に寄与するか否か、寄与する度合いの大小を問題として提起し、そうした基準から投資や政策の是非を説いた。

スミスにとっては、国家の政策は直接に富を形成することではない。にもかかわらず国家は経済に不当に介入してきたとスミスは言う。そのような国家の介入は一部の階級が自らの利益を求めて国家に圧力を加えた結果であると言うのである。たとえば重商主義政策（補助金など）によって一部産業が保護された結果、その産業の財は本来の価格より、人為的に高められることになり、その結果、国民全体、消費者個人の利益が損なわれた。スミスによれば、経済生活は国民各人の私的な営みなのである。

もともと国家などはなかった。スミスによれば、ある社会発展の段階において、すなわち遊牧段階において、国家は富者の財産を貧民の強奪から守るために登場したのだ。ルソーも国家を不平等の産物として把握した。不平等の産物であるとしても国家には所有権の保護という公共的役割がある。強奪は罪深い行為である。しかし、国民が飢えないようにするにはどうすればよいか、犯罪をなくすためにはどうすればよいか、その方法を考えることは、啓蒙知識人の役割であった。

アウグスティヌスは原罪国家観を伝えたが、その思想は連綿として受け継がれてきた。国家の起源をネガティヴに考えるアウグスティヌス主義は啓蒙の知的源泉であった。そのような罪深い国家――罪深い人間のせいで生まれた――をいかにして健全な組織に転回するか。信仰者は救済にすがったであろう。しかし、世俗化を受け容れたエピクロスの弟子である啓蒙知識人は、信仰による救済に問題解決を求めることはできなかった。問題は国家の重商主義であり、経済への介入であった。こうして国家機能について研究を深めたアダム・スミスは、国家の役割を、全国民的な利益を確保するための、司法、国防、教育、国内行政に限定すべきであると結論した。

司法（jurisdictio, jurisdiction）がなければ、国民相互の争いの裁定ができない。所有権の規則を定め、司法によって、正義を執行しなければならない。しかし、司法だけでは不足である。しばしば、国家理性の発動としての戦争が起こってきた。貧しい勇猛な国民が柔弱になった富国を侵略することも、しばしば起こってきた。この国防は国家の役割である。公教育もすべてを教会に委ねるのは不適切である。青少年の健全な発達のために、有益な諸学問を教授する教育施設を設けることも国家の役割である。国防、教育以外にも、衛生や港湾・道路の整備などといった生活行政（governacurum, civil government, police）も国家の役目である。

個人の権利と自由を最大限保証しつつ、個人で遂行できない公共的な役割を明確化し、かくして文明社会を平和で安全にし、そのなかで個人が活気ある生活を営めるようにするには、どうすればよいかという、一七世紀の自然法学者から受け継がれた啓蒙の課題を、アダム・スミスは一つの究極の結論にまでもたらした。

しかしながら、国家理性の発動としての戦争の抑止をスミスはどこまで構想できたであろうか。法学講義でのスミスは、グロティウスの国際法を好意的に紹介したものの、考察をそれ以上に展開できなかった。それは国家を単位としてみるほかになかった主権国家時代、ウェストファリア体制下の現実に強く制約されていたからである。重商主義政策を激しく論難したスミスにも、それを超える国際秩序は自由貿易による平和の普及に期待したにとどまり、カントやサン・ピエールのような「永久平和」を構想することはなかった。そこにはリアリストとアイデアリストの間の溝があった。

もしその溝が埋められたなら、その後の二世紀余りの国際戦争は回避できたであろう。困難な道であるが、リアリストの冷徹な目を持ちつつ、アイデアリストの崇高な理念に向かって進むことが必要であっただろう。しかしながら、そのようなアプローチもまた、ある程度まで自然法思想が用意していた。もう一度、自然法思想を振り返っておこう。

第二節　啓蒙の自然法学

ホッブズにとっても、自然法思想家一般にとっても、所有権の規則を定め、正義を維持することが、そもそも国家の役割であった。ホッブズはペティと同じく「知」を「力」と考えるベイコン主義者であった。ホッブズはベイコン以上に政治体の存立構造を徹底的に把握しようとした。その際に、自然法思想が、強力な武器となった。権力なき不安な状態から、身体の安全、生活の保全を可能にする政治社会にいかにして人々は移行できるか。その際の手がかりは何か。自然が教える平和への道筋——相互契約によって主権国家を設立してそれに服従するという社会契約——に従うこと以外に方法はない。それがホッブズの自然法であった。

自然法学の論証構造とレトリック

ホッブズの著作は緊密な論証的構造を持っている。それは読者を説得することを意図して書かれているからである。[3] ホッブズの同時代人は、ピューリタン革命と内乱の時代にあって、価値とイデオロギーの激しい対立を経験していた。内乱の時代は権力闘争の時代であったが、そこには自由な言論の公共空間が生まれていた。この言論戦、書物戦争を勝ち抜くためには説得力で優位する必要があった。説得力はもちろん詭弁ではない。強固な原理を発見して、原理を基礎に正しい推論を行なう必要があった。

正しい論理をベイコンもペティも重視した。ハリントンにしても、ミルトンにしてもそうである。彼らはいずれも知に重きを置いた哲学者である。彼らの主知主義的な国家論や経済論、すなわち社会哲学は、論証上の確実さを競ったのである。レトリックがこうして一つの焦点となる。社会の学問は、公論というものがそうであるように、読者を説得することなしには、有効ではない。危機の一七世紀にあって彼らは経験主義と論証という二つの武器を鍛えて、社会の理論的構築を推し進めた。その頂点を極めたのが、ペティ、ホッブズ、ハリントンたちの著作である。

とりわけホッブズの影響は大きかった。「自己保存」(利己心)の哲学としてのホッブズの社会契約説は、プーフェンドルフに衝撃を与えた。一般的にホッブズ以上にグロティウスの影響のほうが重視されるのであるが、『リヴァイアサン』の衝撃がプーフェンドルフの著作の直接の動機となったことは明らかである。戦争状態としての自然状態の描写、人間本性の利己性の強調などにプーフェンドルフは我慢ならなかった。「自然」は決して「戦争」の状態ではない。むしろ戦争は人為で起こる。神への愛、同胞への愛が人間にはある。戦争は堕落した人間の権力欲の産物である。ホッブズ批判としての、「社交性」の哲学としてのプーフェンドルフの自然法学は、ウェストファリア体制(勢力均衡時代)の政治秩序に適合したために一世を風靡し[4]、スコットランドでも読まれ、グラスゴウ大学のカーマイケルを経てハチスンに伝えられたことは、今では相当明らかになっている。

グラスゴウ大学の第二代の道徳哲学教授に就任したハチスンは、スコットランドとアイルランドの両国を背景として持ったキー・パースンである。ダブリンで長老派牧師のもとに生まれたハチスンは、グラスゴウ大学でカーマイケルの講義に出て、近代自然法思想の本流と出会った。アイルランドに戻って、デンマークの専制政治を弾劾した著作『デンマーク事情』(一六九三年)で知られるモールズワース[5]などの現地のウィッグと交友しつつ、ハチスンは一八世紀前半のグラスゴウ大学教授として、自然法思想を機軸とする道徳哲学を掘り下げた講義を行った。その講義にはアイルランドからも少なからぬ学生が出席して、情熱的なハチスンの徳の思想に感化されたと思われる。母国の抑圧が耐えがたくなったとき、植民地や属領、辺境は独立する権利をもつと、明確に主張した嚆矢は、ハチスンである。それについては第六章が触れている。さらにハチスンにおいては自然権思想が経済思想へと具体化される萌芽が見られる。あるいはハチスンの道徳哲学においては、経済分析が自然法概念に依拠して進められたと言うほうが正確かもしれない。

ハチスンはアイルランドを背景とするバークリの一回り後輩であった。本書第四章において後藤がクローズアップしているバークリの一七三〇年代の経済論策は、貨幣信用論を焦点とするものであった——当時のアイルランドの経済的苦境は貨幣不足が一大原因であると認識されていた——が、第三章で生越が論じているようにその時期のハチスンはすでにスコットランドにあって、貨幣信用のテクニカルな議論ではなく、シャーフツベリ流の洗練・社交性の思想とともに労働、勤労の徳論に力点をおいていた。穏健派の源流であったハチスンにとっては、過度な禁欲も退けられなければならなかったが、しかしマンデヴィルの個人の悪徳（奢侈）の賛美のほうがいっそう問題であった。個人が自らの欲望を正直に追求すれば、社会は繁栄するという思想（ある種の有効需要論）は、多くの世俗的思想家が受け容れつつあったエピクロス主義にもまして過激であり、到底、容認できるものとは思えなかった。ハチスンは利己心の全面否定などをおよそ求めることはなかった。人間の自愛心、自己中心性を十分に認識していた。しかし、過度な欲望は人を仕合わせにすることはなく、人を滅ぼすことになる。長老派の牧師でもあったハチスンは、こうして、常識的というべきであろうが、欲望の抑制こそ理に適ったものであり、道徳感覚に耳を傾けることによって、仁愛の精神を育むことが重要であるとした。

ここで、経済学は自然法思想と重商主義パンフレット作者の経済時論という二つの系譜から成立するという周知のシュンペーターの把握[6]を思い出すべきであろう。バークリは、『人知原理論』（一七一〇年）によってロックの感覚主義的認識論を継承して、一歩進めた。そうした哲学者バークリがエディンバラに集う若い啓蒙知識人たち「ランケニアン・クラブ」の偶像となった時期もあった。バークリを受け継いで完成したのがヒューム『人間本性論』（一七三九—四〇年）の第一編であり、『人間知性論』（一七四八年）である。バークリは、アメリカにわたりバミューダに大学を建設しようとした企図に失敗して帰国した後に、アイルランドの経済問題に対する貨幣論の側からの鋭い問題提起を行った。そうした時事評論で鍛えられたテクニカルな議論は、多かれ少なかれ自然法学者によっても学ばれるが、時事評論が自然法を取り込むことはあまりなかった。こうして「経済」なるものはテクニカルな現象分析を時事評論家が扱う一方、その本体を自然法哲学者が抽象的な構造論として論理化するということになる。その出発点はホッブズに見出すことができるであろう。ペティには両者の先駆的な統合を見いだすことができる。

自然法と経済

ホッブズにおいて「経済」は国家構造の一環として位置づけられていた。あまり注目されないけれども、各人は自己労働で自らの生活を快適に営むのが望ましい、とホッブズは述べている。しかし、それは国家の保護の下においてしか、可能にならなかった。プーフェンドルフにあっても「経済」は国家の内部に包括されていて、自立を許されるものではなかった。社会的な行為の規範、すなわち自然法についての学問を道徳哲学であるとした二人は、啓蒙思想への萌芽を見せてはいるものの、啓蒙思想家と呼ぶのは尚早である。

アダム・スミスが、近代自然法思想を直接にはハチスンから継承していることは言うまでもない。ヒュームとともにスミスは古今の文献を広くかつ深く読んで研究した碩学であった。ロックからハチスンまでの労働思想には、神の命令としての勤労の概念が継承されていた。しかし、各人が勤労に従事するようになるためには、国家や主権者がある種の監察権力を行使することが必要である、とロックもハチスンも見なしていた。いまだ勤労の主体は自立を達成していない。啓蒙はロックでもハチスンでもいまだ始まったばかりである。ロックからハチスンにかけて、国家の後見権のようなものが未だ存在している。重商主義的な労働雇用政策が見られる。ペティやダヴナントと違って、ロックやハチスンは国家の存在理由の批判的省察を行った。自然法思想への深い関与があった。しかしながら、彼らは未だ自立した個人を前提にはできなかった。自己規律した、自由な活動を行える、自立した個人は将来の展望にとどまった。

個人の経済活動の自由放任を首尾一貫して説いたのは、おそらくヒュームをもって嚆矢とする。そしてヒュームにもまして徹底して自由放任の利益と正当性を論証したのはアダム・スミスである。ヒュームには社会発展の四段階論がない。四段階論を掘り下げたスミスは第四段階としての商業社会を詳細に分析し、重商主義政策を正面から批判した。それは時の政府でさえ遂行していた政策であった。いな、むしろスミスの『国富論』をもってしても、容易に為政者に放棄させることのできなかった近代国家の政策であった。ホントが詳細に論じたように、国益（国民的利益）を守るためには、国防とともに、経済競争で自国に有利にように利益を追求すべきことは、為政者の指針であり続けた。「勢力均衡」と「貿易差額」は分かりやすい概念であった。しかし、「バランス」が両様に訳されるように、均衡はしばしば自国に有利になるような政策を採用することを含意していたのである。こうして「勢力均衡」の時代にあってさえ、マキァヴェッリの「拡大する共和国」の思想は「帝国」の思想となって、為政者の権力欲の空想を刺激したのであった。

スミスによれば、国家は帝国を目指してはならなかった。それは国家目的ではない。社会発展の段階が進むにつれて、国家の役割も多様化するが、自ら自由に働いて暮らす国民の経済生活をインフラストラクチュアの構築と整備によって保証することが国家の役割なのである。立法と司法制度の樹立、港湾道路の整備、教育制度の整備、国防などが個人の役割を超えた国家の役割である。国防はあくまでも防衛であって、他国を侵略することではない。攻撃は最大の防御であるという思想はスミスにはない。

経済行為そのものに介入することは国家の政策ではない。様々な特権を与えられ、国家によって支援された大貿易会社などは、同業組合と同じく、それ以外の国民の富をその分、奪うことになっている。一部の国民に特別の保護を与えることは、それ以外の国民の利益を損なう間違った介入である。それは自然的正義に反する政策である。したがって、重商主義政策は、いかに国民的産業、国民的利益を増進することを掲げていようと、間違った政策である。すべての保護、特権授与は廃止すべきである。

第三節　自由主義、重商主義、ネオ・マキァヴェリアン経済学

スミスの自由主義と農本主義

スミスは、徹底して、個人の平等で自由な経済活動を擁護した。スミスに農業への偏重があったことは確かである。同じ条件の下、同じ投資額を投下する場合、農業が最も早く発展するというのがスミスの理論であった。農業では家畜も働くし、土地の肥沃さも貢献するから、同じ額の投資をする場合、農業がもっとも生産的である。製造業が不生産的であるという重農学派の主張はドグマである。製造業は分業と発明の効果が最もよく発揮される産業であって、農業についで生産的である。商業は直接に富を生み出す産業ではないが、農工分業が進むためにも、国民生活にとっても、不可欠の活動であり、国内商業は外国貿易の二倍の国内雇用を可能にする。こうして、生産性と雇用という観点から、農業、製造業、国内商業、外国貿易の順に投資をするのが、経済発展のためには、よいというのがスミスの理論であった。スミスは一国視点に立っているが、それは自然なことであろう。一国視点抜きの国際視点は空想的であろう。これを排外的なナショナリズムと見間違うべきではない。

さらにスミスは農村生活を賛美した農本主義者であった。農村の静かで落ち着いた生活、風光明媚な田園の景観のなかで送られる豊かな生活ほど、人間にとって満足できる生活はないとスミスは考えていた。多くのブリテン人は、イングランドやスコットランドのカントリ・ジェントルマンの生活に憧れを抱いていたが、スミス自身もまたおそらくそうであった。ケイムズ自身がそうであるとともに自ら著作を書いて描いたような「ジェントルマン・ファーマー」にスミス自身がなろうとした形跡はまったくないけれども、スミスにとっても憧れであったことは否定しがたいであろう。

しかし、カントリ・ジェントルマンの生活を誰もが営めるものではないことも、明らかであった。合邦以後の経済

発展によっておそらく一〇〇〇万人を超えていた大ブリテンにとって、社会の位階制のなかで下層をなす多くの労働者が、安定した平穏な生活を享受することは、さほど容易なことではなかった。ジャコバイトの反乱などの大きな政変もあれば、英仏七年戦争のような大きな戦争もあった。多種多様な騒動も頻繁に起こっていたし、食料暴動もあった。しかしながら、スミスはそのような激動を貫いて、市場経済＝分業社会が着実に確立してきたという認識を得ていた。また市場経済の形成以外に国民大衆の生活の安定と幸福はおぼつかないというのが、スミスの認識であった。市場経済は権力者の支配を崩壊させる力を持っている。そして勤勉な下層民を自立させることができる。こうして市場経済の浸透によって、階級の流動性が生まれ、社会はいっそう平等化し自由化する。商業は自由をもたらすのである。

一七二三年に生まれたスミスは一七四五年のジャコバイトの乱の時期には十分に社会に目覚めていた。それ以後『国富論』を書くまでの三〇年間にイングランドとスコットランドで起こっていた社会変化、商業社会の形成に目を見据えていたのが、スミスであった。そしてそのスミスには、サー・ジェイムズ・ステュアートという先輩がいた。

サー・ジェイムズ・ステュアート

ヒュームも重要であるが、経済活動という国民大衆の営みに、長期にわたる大きな労力を払って観察をし続け、認識を深めていったそのコミットメントにおいて、スミスの先駆者であったのはヒュームと共にサー・ジェイムズ・ステュアート（一七一二―一七八〇年）である。わが国では例外的なほどステュアート研究は重視されてきた。ステュアートの『経済の原理』（一七六七年）は先駆的な労作であった。近代の商業社会における「勤労」の意義を喝破したステュアートは経済認識においてヒュームを一歩進めたとされるが、しかし、詳細な分析者であったステュアートは市場経済の自律を展望することができなかった。外国貿易で発展を遂げた国はやがてそれ以上発展できない段階を迎える。そのとき国内商業の時代になる。この時代を迎えた国家の為政者は、有効需要を喚起して経済に刺激を与えなければならない。有効需要としては地主の不生産的な消費を拡大することほど有効な施策はない。こうしてステュアートにおいては為政者の役割は、経済政策者となる。経済学は啓蒙の戦力的学問になりつつあったが、しかしながら、ステュアートはいまだ、まったき啓蒙思想家でもなければ、自由主義的な経済学者でもなかった。

サー・ジェイムズは小林昇の研究の圧倒的影響力が最大の理由であるが、わが国では他のどの国にもまして、すなわち故国スコットランドにもまして、重要視されてきた。わが国では、ステュアートの難解な大著『経済の原理』は幾度かの部分訳の後、今では全訳されており、数多くのステュアート研究が書かれ、こうして重商主義の金字塔が、わが国では尊重されている。それは世界的にも異例のことである。[7]

繰り返しになるが、啓蒙の経済学にはもとより先行者があった。重商主義と自然法思想である。そしてさらに共和主義も無関係ではない。自然法と共和主義については序章でサーヴェイをした。重商主義については、序章では詳しくサーヴェイしなかったが、ここで触れなければならないであろう。重商主義と啓蒙は決して完全に無関係というわけではない。重商主義の時代であった一七世紀から一八世紀の前半までは、近代自然法の時代であり、共和主義の時代でもあった。近代自然法思想と共和主義は重商主義に影響を与えたであろう。この三者がどのような関係にあったのかという問題は、未だに必ずしも解決済みではない。

マルクスによって、また小林昇によって最後の重商主義者として重視されてきたサー・ジェイムズ・ステュアートは法曹として世に出たものの、一七四五年のジャコバイトの乱に加担した後、大陸を流浪しつつ大著『経済の原理』(一七六七年)を残したことで知られる。本書は、近代の商業社会の勤労に注目した著作でもあった。ヒュームとほぼ同世代であったステュアートは、アーガイル派のヒュームとは違って、スクアドロンでもなく、ジャコバイトであった。ジャコバイトは名誉革命にも反対し、イングランドとの合邦にも反対した、守旧的愛国派であった。しかし、ジャコバイトは大陸との交流のパイプを持っていた。法曹の多くが合邦を支持するようになったなかで、ステュアートがジャコバイトとして四五年の反乱に関与したのはなぜだったのか、その理由は必ずしもよくわからない。

いずれにせよ、ステュアートは、ヒュームの表現を用いるなら、大陸を流浪する間に「思想の新情景」に出会った。ステュアートは、大陸の啓蒙思想家の著作から様々な影響を受けたと思われるが、社会の実況見分を通じても、啓蒙の時代精神に覚醒して行ったと思われる。重商主義者ステュアートは反啓蒙の思想家として出発したかに見えるが、その実、啓蒙に関係のある思想家であった。ステュアートが敵視した思想は何であったのか。ステュアートの論敵はだれであったのか。『原理』第一編を彼はマキァヴェッリの言う「統治者」、機を見て敏な「為政者」として、また改良派地主の視点から論じている。封建貴族の末裔であった法曹貴族のステュアートは、今まさに商業の時代を迎えているという現実を鋭く把握した。「封建的、軍事的統治から自由な、商業的統治」への移行はステュアートの地盤である。「アメリカやインドの発見、産業や学問の勃興、商業や奢侈的な技芸の導入、公信用制度の確立、それに広範な租税体系によって、過去三世紀のあいだにおこったヨーロッパの事態の大変化は、いたるところで統治の方式を一変させた。[8]」

政治社会から商業社会への転換はステュアートも取り組んだ主題であった。それでは依然として一種「重商主義的」な政策論をもっていたステュアートを新マキァヴェリアン経済学者と呼んでよいだろうか。それとも最近の研究が言うように、それを超えた古典派経済学者なのであろうか。ダヴナントのような戦略家と類似の体質をもった思想家であっただろうか。ステュアートはその中間にいるというより、古典派に近い。

ウィリアム・ペティと新マキァヴェリアン経済学

本書の第一章と第二章で扱われているウィリアム・ペティは、代表的な重商主義者であった。ポーコックとホントが「新マキァヴェリアン・ポリティカル・エコノミスト」という用語で呼んでいるのはとりわけダヴナントであるが、ペティもそう呼ばれてよいように思われる。ホッブズの唯物論的個人主義哲学、またハーヴェイの血液循環論の影響を受けていた、政治算術の創始者ペティは、「市民」あるいは個人の共同体として国家の富裕化を、政治、経済（商業・

手工業・農業）、軍事を通じて実現しようとした思想家である。ペティには国民の幸福や平等化を重視するといった思想はあまりなく、クロムウェルのアイルランド遠征に医師として従軍し、アイルランド人から奪った土地測量の功績によって、アイルランドに広大な土地を与えられて不在地主となったことに示されているように、生産型である以上に遥かに掠奪型の資本主精神の持ち主であった。ペティはホッブズなどの哲学の影響を受けていたとはいえ、初期啓蒙の思想家と言えるのは、限定つきである。計算的理性はすでにペティの原理であるから、ペティは前啓蒙の思想家ではない。確かに啓蒙は始まっているが、強者の荒々しい啓蒙、掠奪文化の啓蒙にとどまる。ペティには共和主義の影響もさほど強くない。

ペティ、ホッブズの同時人の共和主義者にはハリントンやミルトンなどがいる。『オシアナ共和国』（一六五六年）の著者ハリントンは、ポーコックの研究によって、共和主義者としてのその全貌がほぼ解明された[9]。ハリントンはマキャヴェッリの共和主義思想を農本的なイングランドの環境に移植し、独自の共和主義政体論を構築した。それは未だ啓蒙思想ではなかったかもしれない。審議と決議の分割と、官職輪番制の制度を具体化したオシアナの国制は、一七世紀共和主義政体の構想であり、一七世紀的民主主義の表明であった。アメリカに自ら信じる理想社会を実現するために海を渡ったクェーカー教徒のウィリアム・ペンは、アルジャーノン・シドニーから学んだハリントンの共和主義を植民地憲法案に盛り込むであろう。ハリントンの経済認識はホッブズと比べて、さほど進んだものではなかった。それは政治体の維持にとって不可欠な活動とはされたが、本格的な「生産」の概念を持たない重商主義的な概念のままであった。一七世紀は重商主義と政治算術の時代ではあったが、経済学は未だ政治学や法学の内部に包摂された下位部門であった。

第四節　政治社会から商業社会への転換

経済学が自立した社会の学問として登場するのは、一八世紀啓蒙を待たなければならない。それはようやく宗教戦争の戦乱から安定した平和の時代を迎えた一八世紀が、初めて経験した「商業社会」の発展という経験的現実があって初めて生まれえた新しい社会概念の所産であった。根底において、そこには政治社会から商業社会への社会の転換というダイナミズムがあった。その転換は誰にでも把握できたわけではない。しかし、社会の鋭利な観察者にはそのような社会の原理的な転換が把握できたのである。戦争から平和へ、政治から経済へ、そして政治社会から商業社会への転換が実際に生じていたが、それを看破するためには、社会の原理を執拗に究明しようとする哲学者の原理的思考が必要であった。したがって、経済学は実際の商業に携わった商人や実務家によって構築されたのではなかった。経済学は、政治（軍事）から経済（商業）への社会の原理の転換を分析によって把握し、看取した哲学者の営為として構築されたのである。「社会の学問の転換あるいは革新」は哲学者によってなしとげられた。そしてそれは偶然ではなかった。

序章でも述べたように、本書の主題の一半をなす「啓蒙」の原語、Enlightenment, Lumière, Aufkläriung とは「明るくする、光を照らす」という意味であり、「暗黒」の克服を意味する。暗黒とは迷妄、迷信の世界であり、人間精神の奥に潜む闇の世界でもある。それを最広義の「アンシャン・レジーム」と表現するとすれば、啓蒙とは文化的、精神的、制度的な様々なアンシャン・レジームとの戦いであった。

啓蒙は、理性による紛争の解決、平和な共存を指向する。啓蒙は、カントが雄弁に語ったように、暴力や戦争に反対する。カントとともに、サン・ピエールもまた「永久平和」を構想した。穏和、洗練、平和、寛容な社交空間を、地方を越えて、国境を越えて広めることを啓蒙は目指した。宗教戦争の惨禍を経て初めて、啓蒙の平和主義が生まれた。啓蒙思想家によって戦争の抑止からさらには戦争の廃止が展望された。

啓蒙と国防問題、民兵の意義

啓蒙以前から初期啓蒙に位置づけられるスコットランドの愛国者アンドルー・フレッチャーは、共和主義者、民兵論者、合邦反対論者として知られるが、彼は強固に武装した要塞都市を構築することによって、攻撃不能という形での、武装平和を構想した。これは非武装ではなく、武装による戦争の相互抑止という考え方である。

国防は歴史的な問題である。友好関係、すなわち社交性を否定する勢力に対して、啓蒙はどう対応するのか。自らの防衛はどうするのか。自立を目指す啓蒙は、当然、自ら武装し、好戦的な敵から自衛するであろう。正規軍か民兵軍か。スミスがグラスゴウ時代に直面した問題の一つはこれであった。スミスは分業の進展は不可避的であるから軍事もまた専門化せざるを得ないと考えた。しかし、国防をすべて常備軍に委ねることはきわめて高くつく。そもそも軍事は不生産的であるし、必要悪である。こうしてスミスは産業に負担にならない形で、民兵を常備軍の補助軍として活用するように提唱した。

このように啓蒙は民兵を支持した。軍を民兵だけにすべきであるという見解を説いた人物は、スミスの時代にはあまりいなかった。けれども、民兵は補助軍だとしても国防に有益であるし、また専制政治に対する抵抗の拠点として国民の自由にとっても、民衆のモラルの維持にとっても有益であると多くの啓蒙思想家は考えた。こうして武勇の精神も啓蒙は必要とした。啓蒙と共和主義の関係がこうして生じざるを得ない。民兵はしたがって啓蒙の共和主義にとって象徴的な意味を持っていた。

スミスと同じくヒュームもケイムズも国防問題に関心を持っていた。しかし、とくに熱心だったのは、スミスの友人であったアダム・ファーガスンである。『市民社会史論』で知られるファーガスンは文明社会に強い危機意識を抱いていたが、経済学に余り造詣が深かったわけではない。一七四五年のジャコバイトの乱によって震撼された大ブリテン政府はスコットランド人から武器を奪った。代わって国境線は政府軍が守備にあたったが、一七五六年に始まる英仏七年戦争がアメリカを主戦場としたために陸海軍はアメリカに送られた。そのために国防が手薄となったので、とりわけフランスの私掠船の脅威に備えるために、一七六一年に民兵法案が上程された成立したが、スコットランドは適用範囲から除外された。かつての反乱の記憶が障害となった。そのために、ファーガスンなどの穏健派牧師が中心となって、スコットランドにも民兵を導入することを政府に働きかける運動を展開する。ポーカー・クラブと呼ばれる社交団体が拠点となった。

興味深いことに、同じブリテンの辺境であったペンシルヴァニア植民地で、フランスとインディアンの脅威から国を守るために、スコットランドに先駆けて一七五〇年代に民兵運動が展開され、人口の相当数を占めるクエーカー教徒の支持を得ることはできなかったが、民兵は実現を見た。その運動を率いていたのは後にケイムズやヒュームの友人となったフランクリンである。マサチューセッツでもやがて民兵が組織され、独立革命軍となる。

前述のように、スミスは労働者階級にとって軍事訓練は有益な教育手段となると考えたが、しかし、ファーガスンはスミスとは逆に有産階級を中心に民兵を組織すべしとして、下層階級を民兵に組織することには反対であった。

そもそも経済学と国防問題は重要なトピックである。国際法が幼弱であったこの時代には、公海は弱肉強食の自然状態と見なされたから、公海上の私掠船はいまだ日常茶飯事だった。いかに国富を蓄積しても、侵略者による富の強奪に遭遇するというリスクはこの時代には避けがたいことだった。国防、自衛は不可決であった。

したがって、啓蒙の精神は、賢者が愚者の蒙を啓くという狭隘なイメージで理解してはならない。人間精神への信頼を強化し、よりよき社会、公共の生存空間を構築していく実践的な精神が啓蒙の精神であった。Enlightenment が啓蒙と訳されたことに、誤解の余地があったことも確かである。光を当てること、理性の力で闇を照らすことを意味する、Aufklärung はまさに教育と研究の精神に他ならない。

啓蒙の多様性と統一性

啓蒙の起源をルネサンスに、その盛期を西欧の一八世紀に求めるという点では、共通の観念が成立しており、カントに倣って啓蒙を「理性」の力への信頼として、したがって啓蒙の時代を「理性の時代」として把握する啓蒙概念が長く通説であった。しかしながら、序章で研究史をサーヴェイして知ったように、「歴史的概念としての啓蒙」の理解は、今日では多様になっている。時代的差異とともに地域的差異も無視できないと考えられており、ポーコックが牽引する複数の啓蒙概念が今では主流となりつつある。ポーコックに反対してジョン・ロバートスンが主張するように[10]、こうした動向に反対する啓蒙の普遍的解釈もあるものの、研究が進めば進むほど、多元的な啓蒙の存在と、相互間の差異が浮き彫りになってくる傾向がある。

二〇世紀半ばのトータル・ウォーの悲劇は国際連合を生み出した。各国が協力して二度と世界大戦を起こさない地球をつくろうという協調の時代の幕開けであった。以来半世紀が過ぎた。社会主義全体主義体制は崩壊した。冷戦も終焉を迎えた。にもかかわらず、忘れっぽい人間は、世界大戦こそ回避してきたが、大小さまざまな地域紛争を繰り返してきている。国家や民族の利益を求める紛争はやむことがない。地域紛争は先進国の周辺で起こっている。周辺国はいまだ経験不足なのか。惨禍の経験が忘れられるとき、戦乱の悲劇は繰り返される。しかし、周辺国の紛争には、先進国が関与している場合も多い。アメリカとロシアをはじめとして、先進国の手は汚れている。

加えて、資本主義の猛威がしばしば牙をむく。獲得欲が人間を支配し、正気を失わせることも多い。経済的な利潤の追求は地球の生態系の破壊をものともしない。とすれば、啓蒙は歴史的過去の遺産にとどまらないであろう。われわれは現代の啓蒙の多くの困難な課題に直面している。

第五節　現代の啓蒙

グローバリゼーションとアメリカ

冷戦後、特にソ連・東欧社会主義の崩壊後、従来以上に際立ってきた超大国アメリカの世界戦略とグローバリゼーションは、地球の各地でアメリカへの反感を生み出している。アメリカ政府は圧倒的な国力を持っているために、国連を軽視して、人道と正義の名の下に、単独行動主義による軍事行動をとって失敗を繰り返してきた。中南米でも、中東でも、アメリカの介入は有無を言わせぬ帝国主義的な介入であることが多い。

冷戦後の火種は中東にあることは早くから予測されていた。石油という戦略的に重要な資源がなければ、中東はもっと平和であっただろう。イラクのクェートへの侵略から始まった湾岸戦争は演出された戦争、仕組まれた戦争であった。資源をめぐる戦争に加えて民族紛争がある。また独裁国家における民主化闘争もある。そうした紛争にアメリカは頻繁に介入してきた。なぜ、不介入策を取れないのか。介入するとしても、なぜ国連に任せないのか。国連が合議体ゆえに機動性がないというのがその理由であろう。しかし、介入してよかったかというと疑問である。

イグナティエフの『軽い帝国』[11]論は、民族紛争・内乱で国家機能が解体した紛争地域（ボスニア、コソボ、アフガニスタン）に「帝国」としてのアメリカが介入し、インフラストラクチュアとしての国家機能を構築することを擁護するものであるが、それには一抹の説得力もあれば、疑念もあるように思われる。彼は言う。ボスニアなどの

これらの破綻した国家は、自ら招いた傷であろうとなかろうと、その傷を自分の力だけでは癒しえない。平等と自治の権利を熱狂的に信じる人びとが、これらの国々には自ら国家建設を遂行できると思い込むのは、完全な思い違いである。[12]

こうした緊急事態には秩序形成のために「一時的な帝国による支配」が正当化されるというのである。この議論は、もちろん、微妙である。介入しないほうがよい場合もあるだろう。

民族間のジェノサイドは近年、アフリカでしばしば起こってきた。この場合、「適切に」介入できればよかったであろう。だが、「適切な介入」はきわめて困難であり、それができる保証はない。根源的に考えれば、どの国民も民族も自分で選択する自由があるはずである。国連やアメリカの介入によってインフラとしての国家機構を作ってもらって、当該国は満足するものであろうか。

戦後日本は、アメリカから憲法を与えられた。GHQの指導に従って、民主化を進め、やがて経済大国への道を驀進してきた。そして今日まで「押し付け憲法」の記憶が国民を悩ませている。したがって、戦後のアメリカの支配がよかったかどうか、もちろん、微妙である。しかし、アメリカの支配がなかった場合、もっと悪くなった可能性も大きい。そして、憲法が悩みの種であることは確かだとしても、憲法の理念が間違っているわけではない。それは歴史の遺産に照らして、理想が書き込まれたからである。

したがって、今日のわが国では、自主憲法はそれほど焦点にはなっていない。むしろ、少子高齢化が憂慮されている。ブリテンのほぼ二倍の一億三千万人もの人口が、この小さな島国に暮らしている。しかも、七〇パーセントの山林には住めないから三〇パーセントの平地に大半が暮らしているために、都市は高過密社会である。しかも、工業国として各地に工業地帯を抱え、工場など関連施設が占めている土地も大きいので、国民はさらに狭い地域に押し込められている。住宅の一人当たりの居住面積はさほど先進国に劣らない。一人当たりGDPも大きいし、世界第二位の経済大国だと言われている。しかし、富はどう使われているのだろうか。日本は人間が文化的に暮らせるほどの国になっているだろうか。戦後の傾斜生産方式、朝鮮戦争の特需、そして高度成長と公害問題の噴出。こうして経済大国にはなったが、国民に満足な生活はない。

J・B・プリーストリは、一〇〇年余り以前にイングランドを周遊する旅をして、「一九世紀のイングランド」について書いた。

一九世紀は緑の快適な大地を見いだし、そこに汚いレンガの荒野を残した。……世界に石炭、鉄、綿製品、化学製品を売って豊かになることには汚染と混乱は付き物である。……しかしこの島国をゴミ捨て場にしてしまう許可を誰が彼ら〔個人主義者を指す〕に与えたのか。彼らは私たちに富は残してくれなかった代わりにゴミの山を残してくれたことは間違いない。……考えれば考えるほど、この時代のイングランドの産業の隆盛は、とてつもなく大規模な詐欺のように見える。(13)

これは二〇世紀後半から現在までの日本にどれほど当てはまるだろうか。未だ美しい山河はあるが、すでに山村も農村も疲弊しかかっており、街は汚い。広告と電柱、電線が景観を破壊している。木とモルタルで作られた住宅やコンクリートのビルは、乱雑で、悲惨なほど汚い。そして文化活動は低調で、しかも文化は高くつく。博物館、美術館、植物園、社寺などの公共施設はほとんどが有料である。公園の芝生は入ってはいけない。産業廃棄物は山間部や海浜に埋められて捨てられる。公共空間の公共性は日本ではどうなっているのだろうか。啓蒙も経済学もわが国では十分に役割を果たしているとは思えない。

わが国は、それでも平和で繁栄した社会を享受している部類かもしれない。しかし、人間に相応しい生活は、もっと質がよい文化と自然、落ち着いて暮らせる社会環境とともにあるものでなければならないであろう。自然や環境を含めて、社会生活の質の転換をいかに実現するか、課題は大きい。イングランドやスコットランドは斜陽の国であるかもしれない。しかし、今では、人口の減少もあったとしても、地に足をつけた生活が各地で営まれている。それはわが国にとって参考になるであろう。

現代の貧困と格差

九・一一は小規模テロリストによる大国アメリカへの挑戦であった。九・一一以後アメリカはテロとの戦いに乗り出したが、それはさらにイスラム圏のアメリカとその同盟国に対する反感を増幅してきた。パレスティナ問題という難問もある。利害の複雑な対立と権力政治はテロを常態化している。テロは小規模集団が国家、いな大国と戦う手段となっている。

争点は未だに富であり、生存権であり、権力であり、格差であり、正義である。国民の富が奪われ、格差が拡大し、飢えた民が常に再生産され、権力の暴力の犠牲者が日々発生している地上の現実を見ていると、シンパシーによって同胞感情を確かめつつ、信頼を構築し、自由に取引する社会的空間としての市民社会＝文明社会＝商業社会の原像は、失われてしまうかの錯覚に捉えられる。自由な公共空間としての市民社会を構築したいという強い関心は、実際に、多くの人々の胸中から、いつの間にか失われてしまったのかもしれない。シンパシーとセルフ・ラヴのバランスなどは、最初から幻想だったのだろうか。

過度な不平等は不正である。一人が二人分の分け前を得ることは、自然的正義に反する。啓蒙思想は社会の原理の原点を教えている。ロックやルソーは文明とは不平等の別名であると説いた。急進的な労働所有権論を説いたロックは、貨幣の発明によって自然的平等は階級社会に止揚されたという。それはブルジョア的な思想家という一面をもったロックの余りにも有名な議論である。各人の勤勉さの帰結として貧富の格差の発生が正当化された。ルソーもまた所有権の発見によって、「自己愛」は所有物への愛を意味する「利己心」へと「堕落」したと説いて、文明を批判した。

では自然状態の平等がよいのだろうか。ある程度はそうかもしれないが、しかし、ルソーも、ロックも自然的平等は、もはや失われ、回復不可能であると考えた。スミスは、二人の論理を踏まえて、自由な商業社会では各人が自分の才覚によって社会的分業の一端を担い、自由かつ平等に暮らすことができると説いた。スミスは厳密な平等を説いたわけではないが、自由な商業社会では、勤労を通じて、社会の最下層階級でも、生活必需品に事欠くようなことはない、それなりに潤沢な暮らしが可能であると主張したのである。したがって、厳密な平等はスミスにとってはもはや争点ではなかった。

スミスの勤労、生産、豊富に訴える戦略（Industry、あるいは交換システム）は、過去二〇〇年余りの市場経済の経験によって、支配や搾取による戦略（Dominion、あるいは脅迫システム）や、愛の共同体（Benevolence、キリスト教や家族などの同胞愛を原理とする共同体）による戦略より、現実的であり、無理が無く、安定的・持続的であり、また支持しうるものであった。

愛の共同体は美しいが、人間の本性にとって、無理が大きかったのも事実である。汝の隣人を愛することは、不可能ではないが、常に可能というわけではない。愛さなくても共存できればまだしも、害しあうこともしばしば起こりうる。環境が厳しい時代や社会ではとくにそうである。私有財産の蓄積も無く、公共財も解体してしまったとき、人はもはや信仰に縋るしかないであろう。それを無力な状態として、蔑視するのは当たらない。図らずも、そのような状態に巻き込まれることはありうることである。戦災であれ、自然災害であれ、そういう事態はある。しかし、宗教に縋っても、飢えを満たさなくてもよいということにはならない。飢えと渇きは満たす必要があるだろう。飢えを満たすための生活資材は、共同体全体が飢えているとき隣人愛で調達することはできない。外部の隣人愛に頼ることができれば応急措置としてはそれでもよい。しかし、長期の一方的な支援は支配を生む。

いずれにせよ、共同体は自立しなければならないであろう。共同体の自立はいかにして可能なのか。結局、経済的に富裕を目指すこと以外に方法はないのではないか。こうして富を蓄積し、自立した強い共同体＝国を作るために、貿易差額が注目された。そして貿易差額を順にするためには、有利な交易条件を求めることも重要であるが、それは相手を出し抜くような「貿易の嫉妬」に終わらずに、勤労と生産に励むことも重要であった。ヒュームが指摘したように、勤労と生産に励むことが可能になれば、もはや貿易差額に一喜一憂する必要もない。なぜなら、交易条件は変動し、最終的に均衡に収斂するだろうからである。先進国も後進国も競争によって相互に富裕になっていくことが可能である。どちらが勝つかということは問題ではない。共に栄え、豊かに共存できることが重要なのである。したがって、結局のところ、重要なのは、政策によって有利に立ち回るということではなく、勤労と生産、商業、トレードに励むことであろう。競争がそうした収斂をもたらす。

このプロセスを隣人愛という擁護を用いて解釈しておこう。理念的に隣人愛が間違っているということではない。けれども、隣人愛が清貧＝貧困の共有ではなく、生産的原理になるためには、いったんは、それは個人主義へと展開、あるいは転化しなければならなかった。隣人愛を原理とする道徳哲学は明らかに近代の啓蒙の時代において否定されていく。しかし、同胞愛、人間愛がなくなったわけではない。同胞愛や公共無き、孤立した利己に喜びなどないであろう。勤労が喜びになるのも社会、社交世界、公共世界があるからである。むしろ、アウグスティヌス的、プロテスタント的な利己心による人間愛の否定を媒介することによって、キリスト教的な人間愛ではないにしても、エピクロス的な人間愛、エピクロス主義は蘇るということは言えるかもしれない。隣人愛、Beneficience, Benevolence の哲学は、利己性から出発して、挫折を経るか、巧みな装置などの媒介を経て、エピクロス的繁栄に導くという論理にとって代わられる。

マキァヴェッリ、ホッブズ、マンデヴィル、ハチスン、ルソー、ヒュームなどによって利己心は繰り返し発見されていた。断罪されることが依然として多かったけれども、ルネサンスから啓蒙の時代にかけて利己心はすでに強力な活動の原理であった。本書のペティ論にもその事情は垣間見られたであろう。マキァヴェッリは利己的な大衆を前提にして為政者に統治術を説いた。利己的で、恩義を忘れる、民衆には愛されるより怖れられよ、とマキァヴェッリは説いた。もとより、マキァヴェッリにおいても、他の思想家においても利己心はいかに強力であるとしても、価値として公共精神に優るものではなかった。

ホッブズは自己保存を人間の一貫した行動原理として取り出したが、自然状態では自己保存は貫徹できなかった。自然法、すなわち公共的道徳が利己心に優位してはじめて自己保存は貫徹できるとされており、そこにはいわば利己心の挫折があった。マンデヴィルは利己心を肯定したが、それは市場によって公共の繁栄に導かれるからであって、それ自体を丸ごと肯定したのではない。ハチスンの場合は、利己心は同胞愛 Benevolence によって克服とまで行かずとも、少なくとも均衡されなければならなかった。ヒュームもスミスも、個人の利己的活動より、立法者の公共的使命を遥かに立派な価値ある行為として評価している。ここにはこのような連続性がある。

では、利己心それ自体の大胆な肯定は、いったい無かったのか。あったとすれば、誰によっていつなされたのか。少なくとも、ヒュームとスミスによって、利己的な人間の擁護論が確立されたのではないか。勤労は快活な生活を可能にする。ヒュームは勤労を賛美した。そこには私利の追求にかつて結び付けられた後ろめたい原罪性の痕跡はもはやない。ハチスンやケイムズまでも捉えていたアウグスティヌス主義、すなわち欲望追求に罪深い原罪の影を見たアウグスティヌス主義は、彼らによってついに克服されたのではないか。人間の利己心が改善を導くという発見が彼らによってなされた。利己心は自己の境遇を改善する性質であるとスミスは述べた。だとすれば、それぞれが自らの境遇を改善しようとするとき、個々の行為を集合すれば社会のヴォランタリな改善に繋がるであろう。社会や公共は個人の利己的行為からおのずと形成される。市場も社交世界も公共財も自ずから、個人の利己的行為から形成されるのだという自由主義の公共性哲学がここに成立した。国家は、不足分に配慮すればよい。この個人主義的公共哲学は、利己心に決定的に新しい原理を発見したのであった。とはいうものの、彼らもまた文明社会のなかでの利己心の堕落、人間の徳の喪失を問題にせざるを得なかったことも確かである。しかし、それは原罪の問題ではなかった。

権力的、軍事的な支配・抑圧・不正なシステムは、権力独占による脅迫のシステムであり、およそ擁護などできないが、しばしば、局地的に成立することがある。そのもとで苦しんでいる民衆をいかにして解放するかというのは難問である。

こうして市場経済の交換システムが唯一原理となりうるものであるが、しかし、このシステムは完全ではないから、同胞愛の共同体＝配分的正義（政府またはヴォランティア）による補完が必要である。しかしまた、社会の最下層階級が、生活必需品に事欠く現象は、二一世紀の地球社会でもなくなっていない。さらに、豊かな市場社会でも、失業や飢えという現実がある限り、スミスの主張が全面的にあてはまるわけではない。

現代社会において「よく生きる」ということ

問題は生存権の保証だけではない。豊かな社会の内実も問題である。六〇億人を超えた人類の一人ひとりが「よく生きる」という啓蒙の課題は、夢のようなものかもしれない。しかし、社会の学問の最大の課題は、社会的概念を用いて、よく生きることの可能な「社交的世界」のデザインと実践哲学（方法）を提供することである。平和で安全で、物質的にのみならず精神的、文化的に豊かな社交的世界への思いを啓蒙思想家たちは表明した。それは貴重な遺産ではなかっただろうか。彼ら啓蒙思想家は依然として貴族的世界の住人であったか、そこに寄生する根無し草（デラシネ）であったかもしれない。しかし、そうした啓蒙知識人の啓蒙思想のなかから啓蒙の戦略的学問である経済学が生まれた。それは普遍的な人権、自然権の思想を一歩具体化する実践哲学であった。一方で、それは人間の欲望をますます刺激することによって原罪を深刻化したかもしれない。しかし、野生動物同然に差別され、抑圧されていた下層民を同胞とみなし、文明社会のまっとうな住人として彼らの境遇を引き上げることに、啓蒙と啓蒙思想家の課題と役割があったとすれば、それを断罪するのは当らない。そのことこそ、近代の、あるいは啓蒙の、名誉である。

貴族のみならず、エリートのみならず、大衆に啓蒙の世界を垣間見せ、そのなかに大衆を引き入れたことは、もちろん、啓蒙思想家だけの力でなされたことではない。

啓蒙思想家はローカルな社交世界で活動したが、コスモポリタンであった。啓蒙の生み出した経済学もどこにも移植できるというだけではなく、コスモポリタンであった。それこそ重商主義と決定的に異なる啓蒙の経済学の特質である。啓蒙の経済学は各国民の自由競争を支持した。国家の敵対に反対した。啓蒙の経済学は、国家間の敵対や戦争にたんに反対しただけではなく、なぜ国家間の対立が生じるのかという理由も明らかにした。

啓蒙はナショナリズムと結びついて大衆を「国民」へと鍛造した。「国民」というものは、多かれ少なかれ、フィクションであった。

永続革命としての啓蒙

しかし、本来の啓蒙は教育の精神を形作るものであり、研究を導く星であり、未来への指針である。啓蒙のエピステーメーとしての経済学は一八世紀に成立したが、いまだ永久革命としてのその使命を持続している。経済的自立の夢は、個人も社会も、国もそして地球も、いまだ追い続けなければならない。啓蒙のエピステーメーとしての経済学、啓蒙の戦略的学問としての経済学は一八世紀の中葉になって、哲学者の手で、ようやく社会の学問として確立したのであって、それには固有の理由があった。したがって経済学は啓蒙の戦略的学問であったというのは啓蒙の成果を国民大衆のものにし、国富を民富に転換する視座、平和と繁栄の学問とイデオロギーがこのときに確立したという意味である。

封建社会のように、少数者が社会の大半の富を独占することはよくない。戦争は暴力死に人を晒す悪である。貧困は自由をそこなうし、可能性を断ち切ってしまうという意味で、悪である。国民大衆が富を豊かに享受し、その上で社交的、公共的文化を共有することが望ましいことを啓蒙の経済学は教えた。以来、人類は、二百数十年を経過しているが、我々はどこまで来たのであろうか。真に友好的な社交的文化をどれほど実現したか。余りにも利己的な反社会的な欲望を、同感によって、どこまで克服できたか。利己心を啓蒙し、それに適切な表現を与えることにどこまで成功できたか。よき社会を築こうとする社会的感情の育成に十分に努力してきたであろうか。そしてよく生きようとする希望をみなが持てるように相互に支援してきたであろうか。このような懐疑を抱く限り、啓蒙の経済学の精神を顧みる価値はなくならないであろう。

参照文献

Foucault, Michel (1975), *Surveiller et punir*, Gallimard.（田村俶訳『監獄の誕生——監視と処罰』新潮社、一九七七年）

Ignatieff, Michael (1978), *A Just Measure of Pain: the Penitentiary in the Industrial Revolution 1750–1850*, New York: Pantheon Books, 1978.

Ignatieff, Michael (2003), *Empire Lite, Nation-building in Bosnia, Kosovo and Afganistan*, London: Vintage.（中山俊宏訳『軽い帝国　ボスニア、コソボ、アフガニスタンにおける国家建設』風行社、二〇〇三年）

Pocock, J. G. A. (1977), "Historical Introduction" to his edition, *The Political Works of James Harrington*, Cambridge University Press, pp. 1–152.

Robbins, Caroline (1759), *The Eighteenth-Century Commonwealthman*, Harvard University Press.

Robertson, John (2005), *The Case for the Enlightenment: Scotland and Naples, 1680–1760*, Cambridge University Press.

Schumpeter, *History of Economic Analysis*, Oxford University Press, 1954. Pt. II.（東畑精一訳、シュンペーター『経済分析の歴史』岩波書店、一、一九五五年）

Skinner, Quentin (1996), *Reason and Rhetoric in the Philosophy of Hobbes*, Cambridge University Press.

Tully, James (1991) "Introduction" to his edition, Pufendorf, *On the Duty of man and Citizen According to Natural Law*, Cambridge University Press.

Zirker, Malvin R. ed. (1988), Henry Fielding, *A Enquiry into the Causes of the Late Increase of Robbers and Related Writings*, *The Wesleyan Edition of the Works of Henry Fielding*, Wesleyan University Press.

大森郁夫（一九九五）『ステュアートとスミス』ミネルヴァ書房。

小林昇（一九七七）『小林昇経済学史著作集V　J・ステュアート研究』未來社。

——（一九八八）『小林昇経済学史研究X　J・ステュアート新研究』未來社。

ステュアート、サー・ジェイムズ、小林昇監訳、竹本洋ほか訳（一九九八、一九九三）『経済の原理I、II』名古屋大学出版会。

竹本洋（一九九五）『経済学の創成』名古屋大学出版会。

J・B・プリーストリ、橋本槙矩訳（二〇〇七）『イングランド紀行』岩波文庫。

渡辺邦博（二〇〇七）『ジェイムズ・ステュアートとスコットランド——もうひとつの古典派経済学』ミネルヴァ書房。

注

(1) フランスの事例については、フーコーの研究（Michel Foucault, *Surveiller et punir*, Gallimard, 1975. 田村訳『監獄の誕生』新潮社、一九七七年）が詳しい。イングランドについては、より狭く産業革命期に限定されたものであるが、Michael Ignatieff, *A Just Measure of Pain: the Penitentiary in the Industrial Revolution 1750–1850*, New York: Pantheon Books, 1978を参照。

(2) 警察組織の形成には『ジョナサン・ワイルド』（一七四三年）、『トム・ジョーンズ』（一七四九年）など数多くの作品で知られる作家のフィールディングが、治安判事として、大きな貢献をした。Malvin R. Zirker ed., Henry Fielding, *A Enquiry into the Causes of the Late Increase of Robbers and Related Writings*, The Wesleyan Edition of the Works of Henry Fielding, Wesleyan University Press, 1988を参照。

(3) 本書の第二章はペティに即して修辞学と説得術の問題を掘り下げているが、Q・スキナーはホッブズにおけるレトリックの重要性を明らかにした。Quentin Skinner, *Reason and Rhetoric in the Philosophy of Hobbes*, Cambridge University Press, 1996.

(4) Tully, "Introduction" to his edition, Pufendorf, *On the Duty of man and Citizen According to Natural Law*, Cambridge University Press, 1991, pp. xix-xx.

(5) モールズワースについてはとりわけ、古典的な研究、Caroline Robbins, *The Eighteenth-Century Commonwealthman*, Harvard University Press, 1959を参照せよ。

(6) Schumpeter, *History of Economic Analysis*, Oxford University Press, 1954. Pt. II. 東畑精一訳、シュンペーター『経済分析の歴史』岩波書店、一、一九五五年を参照。

(7) 小林昇監訳、竹本洋ほか訳（一九九八、一九九三）『経済の原理』I、II、名古屋大学出版会。主なものを二、三挙げるにとどめる。小林昇（一九七七）『小林昇経済学史著作集V　J・ステュアート研究』未來社、同（一九八八）『小林昇経済学史研究X　J・ステュアート新研究』未來社、竹本洋『経済学の創成』（一九九五）名古屋大学出版会、大森郁夫（一九九五）『ステュアートとスミス』ミネルヴァ書房、渡辺邦博（二〇〇七）『ジェイムズ・ステュアートとスコットランド―もうひとつの古典派経済学』ミネルヴァ書房。

(8) 小林昇監訳『経済の原理』前掲、上、一〇頁。

(9) J. G. A. Pocock, "Historical Introduction" to his edition, *The Political Works of James Harrington*, Cambridge University Press, 1977, pp. 1-152.

(10) John Robertson, *The Case for the Enlightenment: Scotland and Naples, 1680–1760*, Cambridge University Press, 2005.

(11) Ignatieff, M., *Empire Lite, Nation-building in Bosnia, Kosovo and Afghanistan*, London: Vintage, 2003. 中山俊宏訳（二〇〇三）『軽い帝国　ボスニア、コソボ、アフガニスタンにおける国家建設』風行社。

(12) 同上、邦訳、一五八―五九頁参照。訳文は変更した。

(13) 『イングランド紀行』橋本槇矩訳、岩波文庫、二〇〇七年、二七七―七八頁。

おわりに

第二次大戦後、日本の都道府県に国立大学が新たに設立され、戦前からの旧帝国大学に加えて、高等教育の充実がはかられた。本書の執筆者の半数は、そのころに生まれ、経済の高度成長期に少年時代を送り、大学紛争を経験した世代である。当時すでに大学進学率が二〇パーセントを越えて二五パーセントになりつつあったように記憶する。時代の流れに異議を申し立て、大学解体を叫んだ全共闘運動が終わり、学園が再構築される時期に、編者の世代は大学院を経て、大学に職を得る専門家となったが、以来、三〇年間、人文社会科学は、あらゆる分野にわたって膨大な成果を生み出してきたにもかかわらず、とりわけ近年の大学の再編成のなかで、ますます苦境に立たされるようになってきた、というのが偽らざる実感である。

研究だけでなく、教育も困難な時代となってきた。大学進学率はさらに高まり、それに比例して大学生の学力低下が指摘されるようになってきたが、何より学生の知的関心が変わってきたように思われる。教養的な要素の強い、歴史系・思想系の分野への学生の関心が著しく低下してきた。本書の執筆者のほとんどが経済学部に勤務するものであるから、そうした実感を共有するものである。プラクティカルな分野や、サブ・カルチャー的な学科に学生が戯れるかのように集まり、またコンピュータ・リテラシーなど様々な能力を身に付けるようになっているものの、思考力は必ずしも深くなっているようには思えないし、古典も専門書もまるで読まなくなったという印象なのである。まして原書を読む学生は学部では稀で、大学院生も意識して鍛えなければ原書をしっかり読むことも身につかないのが現状である。

大学では古典を読み、専門書で勉強するのが当たり前の時代があった。今では教科書は専門書と違うものとして出版されており、過度に高度な知識は講義でも避ける傾向にある。大学でも、高校までと同じように、整理された知識を効率よく習得すべきであるかのような傾向になってきた。それが不要というつもりはないけれども、もっと根源的に考えるという方向へ進むべきではないかと思う。そのためには、知的資源と余暇あるいは余裕が必要であって、わが国はそれが可能な段階に到達しているはずである。

二一世紀を迎えて、社会思想史や経済思想史といった分野の研究は、ますます疎んじられつつあるという印象がある。しかし、経済現象や社会現象は複雑な現象であって、正確な理解を得ることはなかなか困難である。したがって、理論と歴史を通じて現象の理解に迫る必要があるのだけれども、歴史を通じた現状認識というものは、個別的という特徴があり、またどうしても迂遠にならざるを得ないから、ますます時間が早くなっている現在の状況の中では、緊急性が低いとされがちである。

しかし、時間が早くなっているのは、テクノロジーや情報によってであって、社会自体はそう容易に変わらない側面もある。歴史的な現在を理解するためにも歴史の知識が必要であるが、歴史研究はこれから人々がいかに生きていくか、どのような社会を求めるのかという常に直面している課題に、様々なヒントを与えてくれる知的玉手箱のようなものでもありうる。啓蒙の時代に、経済学の形成に取り組んだ哲学者たちの仕事を掘り下げて理解することは、迂遠ながら、現代のわれわれの社会や経済の諸問題を考える際にも、様々な導きの手がかりとなりうる。

本書を構成する全一〇編は、本書の主題に即して徹底的に原典を読み、緊密に考え抜いて執筆された専門的な論考であり、そのようなものとして、専門家、大学院生、あるいは学生や一般社会人、市民に読んでほしいものである。啓蒙の知、エピステーメーと経済学という学問の誕生に、偶然を超えた関連を見出そうとして検証をかさねた論考が、啓蒙の時代の豊穣な可能性を、その問題性とともに、従来にもまして、明らかにしているかどうか、その判断は読者に委ねたい。

社会の学問に単純な処方箋がないように、社会の歴史を思想の次元で垣間見ようとする学史と思想史の仕事にとって、対象の一義的で明快な解法などないであろう。しかし、そのように主張することは、知的敗北ではない。むしろ、歴史研究はきわめて複雑な営為なのだということに思いを致すとき、歴史研究の役割が明らかになるであろう。

なお、「はしがき」でも記したが、本書のもとになった「近代のイングランドとその近隣英語圏における啓蒙思想と経済学形成の相互関連の研究」には日本学術振興会の科学研究費が与えられた。すでに報告書は刊行済みであるが、本書はその最終成果でもある。改めて関係者にお礼を申し上げたい。

最後に、本書の出版に関しては、京都大学学術出版会の斎藤至さんのお世話になった。斎藤さんは若い編集者であるが、これからのわが国の自然科学系だけではなく、人文社会科学系の学問が豊かな成果を生み、それが専門家のみならず、学生や市民の糧となるような厚い文化を構築するという学問共同体の共通の仕事に尽力されるよう期待している。

本書が、一人でも多くの読者に恵まれることを願っている。

執筆者を代表して　　田中秀夫　二〇〇八年六月二一日記す

[ま行]

[や行]

[ら行]

[わ行]

[その他]

[た行]

[な行]

[は行]

人名索引

[あ行]

イズリール 4，33

[か行]

[さ行]

[ま行]

[や行]

[ら行]

[わ行]

政治算術 10, 44, 54-56, 60, 61, 63, 65, 68, 72, 76-78, 81, 82, 85, 87-89, 95, 97, 99, 102, 106-108, 111, 114-117, 121, 126-128, 205, 206, 244, 263, 389, 390

[さ行]

事項索引

渡辺恵一（わたなべ　けいいち）［第5章］
京都学園大学経済学部教授。研究テーマ：アダム・スミス研究。
主要業績：「アダム・スミスと古典的共和主義の再興 ―『道徳感情論』（初版）研究序説」（田中秀夫・山脇直司編『共和主義の思想空間』名古屋大学出版会、2006年、所収）。"Adam Smith's politics of taxation: reconsideration of the image of 'Civilized Society' in the Wealth of Nations", in *The Scottish Enlightenment and the Rise of Political Economy,* eds. by Sakamoto T. and H. Tanaka, Routledge, 2003.「『ジェントルマン資本主義』論とアダム・スミス」（『経済学史学会年報』第36号、1998年10月所収）。「『国富論』の成立問題 ―「政治家および立法者の学」としての経済学」（『立命館経済学』第44巻第3号、1995年8月、所収）。

篠原　久（しのはら　ひさし）［第7章］
関西学院大学経済学部教授。研究テーマ：アダム・スミスとスコットランド啓蒙思想。
主要業績：『アダム・スミスと常識哲学 ― スコットランド啓蒙思想の研究』（有斐閣、1986年）。A. J. エア著『ヒューム』（翻訳、日本経済評論社、1994年）。I. S. ロス著『アダム・スミス伝』（共訳、シュプリンガー・フェアラーク東京、2000年）。『アダム・スミス哲学論文集』（共訳、名古屋大学出版会、1993年）。"The Practical System of Morality in Adam Smith", in *Adam Smith: International Perspectives,* eds. by H. Mizuta and C. Sugiyama, Macmillan, 1993.

川名雄一郎（かわな　ゆういちろう）［第8章］
ユニヴァーシティ・カレッジ・ロンドン、大学院博士課程 (School of Public Policy/ Department of Political Science, University College London)。研究テーマ：J. S. ミルと18・19世紀社会経済思想史。
主要業績：「ジョン・オースティンの功利主義論とJ・S・ミル」（『イギリス哲学研究』第29号、2006年、所収）。「J・S・ミルとアメリカ ― 思想形成期における意義」（『思想』岩波書店、No. 953、2003年、所収）。

[執筆者紹介（執筆順）]

田中秀夫（たなか　ひでお）［序章、第6章、終章］
奥付「編著者紹介」を参照。

大倉正雄（おおくら　まさお）［第1章］
拓殖大学教授。研究テーマ：イギリス財政思想史。
主要業績：『イギリス財政思想史』（日本経済評論社、2000年）。坂本達哉編『黎明期の経済学』（共著、日本経済評論社、2005年）。竹本洋・大森郁夫編『重商主義再考』（共著、日本経済評論社、2002年）。小林昇編『資本主義世界の経済政策思想』（共著、昭和堂、1988年）。P・ハドソン『産業革命』（翻訳、未来社、1999年）。

伊藤誠一郎（いとう　せいいちろう）［第2章］
大月短期大学教授。研究テーマ：17・18世紀イングランドの経済思想史。
主要業績：「「重商主義」の時代 ― 貧困と救済」小峯敦編『福祉の経済思想家たち』（ナカニシヤ出版、2007年、所収）。「17-18世紀の貨幣価値論の系譜について」（大友敏明、池田幸弘、佐藤有史編『経済思想にみる貨幣と金融』三嶺書房、2002年、所収）。“Charles Davenant's Politics and Political Arithmetic”, *History of Economic Ideas,* vol. 13, no. 1, 2005, July.「政治算術とホッブズの時代」（『経済学史学会年報』第41号、2002年、5月）。

生越利昭（おごせ　としあき）［第3章］
兵庫県立大学経済学部教授。研究テーマ：17・18世紀のイギリス経済思想史。
主要業績：『ジョン・ロックの経済思想』（晃洋書房、1991年）。坂本達哉編著『黎明期の経済学』（共著、日本経済評論社、2005年）。『成熟社会のライフサイクル』（共編著、リベルタ出版、2001年）。大林信治・山中浩司編著『視覚と近代』（共著、名古屋大学出版会、1999年）。“Morality, Polity and Economy in Francis Hutcheson”, in *The Scottish Enlightenment and the Rise of Political Economy,* eds. by Sakamoto T. and H. Tanaka, Routledge, 2003.

後藤浩子（ごとう　ひろこ）［第4章］
法政大学経済学部教授。研究テーマ：アイルランド経済思想史。
主要業績：『〈フェミニン〉の哲学』（青土社、2006年）。「18世紀アイルランドにおける古来の国制論と共和主義」（田中秀夫・山脇直司編『共和主義の思想空間 ― シヴィック・ヒューマニズムの可能性』名古屋大学出版会、2006年、所収）。「「労働」神話とジェンダー ― 偽なる問題の客観的な〈体〉としての経済学」（原伸子編、法政大学比較経済研究所『市場とジェンダー ― 理論・実証・文化』法政大学出版局、2005年、所収）。「市場社会と平等 ― 思想史的回顧」（佐藤良一編『市場経済の神話とその変革 ―〈社会的なこと〉の復権』法政大学比較経済研究所、法政大学出版局、2003年、所収）。「政治的独立と便宜性 ― 1780-82年アイルランドのイデオロギー的局面」（『経済志林』法政大学経済学部、2002年、所収）。

[編著者紹介]

田中秀夫（たなか　ひでお）

京都大学大学院経済学研究科教授。

研究テーマ：啓蒙と経済学の形成。

主要業績：『啓蒙と改革　ジョン・ミラー研究』（名古屋大学出版会、1999年）。『共和主義の思想空間』（共編著、名古屋大学出版会、2006年）。*The Rise of Political Economy in the Scottish Enlightenment*, eds. by T. Sakamoto and H. Tanaka, Routledge, 2003. J.G.A. ポーコック『マキァヴェリアン・モーメント』（共訳、名古屋大学出版会、2008年）。H. ディキンスン『自由と所有』（監訳、ナカニシヤ出版、2006年）。

啓蒙のエピステーメーと経済学の生誕

2008年11月20日　初版第一刷発行

編著者　田中秀夫

発行人　加藤重樹

発行所　京都大学学術出版会

京都市左京区吉田河原町15-9

京大会館内（〒606-8305）

電話（075）761-6182

FAX（075）761-6190

URL http://www.kyoto-up.or.jp

振替 01000-8-64677

ISBN 978-4-87698-755-9

Printed in Japan

印刷・製本　㈱クイックス東京

定価はカバーに表示してあります